A RTP
E O SERVIÇO PÚBLICO DE TELEVISÃO

ALBERTO ARONS DE CARVALHO

A RTP
E O SERVIÇO PÚBLICO DE TELEVISÃO

A RTP E O SERVIÇO PÚBLICO DE TELEVISÃO

AUTOR
ALBERTO ARONS DE CARVALHO

EDITOR
EDIÇÕES ALMEDINA. SA
Av. Fernão Magalhães, n.º 584, 5.º Andar
3000-174 Coimbra
Tel.: 239 851 904
Fax: 239 851 901
www.almedina.net
editora@almedina.net

PRÉ-IMPRESSÃO | IMPRESSÃO | ACABAMENTO
G.C. – GRÁFICA DE COIMBRA, LDA.
Palheira – Assafarge
3001-453 Coimbra
producao@graficadecoimbra.pt

Abril, 2009

DEPÓSITO LEGAL
293131/09

Os dados e as opiniões inseridos na presente publicação
são da exclusiva responsabilidade do(s) seu(s) autor(es).

Toda a reprodução desta obra, por fotocópia ou outro qualquer
processo, sem prévia autorização escrita do Editor, é ilícita
e passível de procedimento judicial contra o infractor.

Biblioteca Nacional de Portugal – Catalogação na Publicação

CARVALHO, Arons de, 1949-

A RTP e o serviço público de televisão.
ISBN 978-972-40-3862-9

CDU 654
    339
    346

Siglas e Abreviaturas

AACS	– Alta Autoridade para a Comunicação Social
ACT	– Associação das Televisões Comerciais Europeias
ANIM	– Arquivo Nacional das Imagens em Movimento
AOS	– Arquivo Oliveira Salazar
APAP	– Associação Portuguesa das Agências de Publicidade
APIT	– Associação dos Produtores Independentes de Televisão
AR	– Assembleia da República
ASEF	– Acordo de Saneamento Económico-Financeiro
CC	– Contrato de concessão
CCS	– Conselho de Comunicação Social
CERC	– Comissão Eventual para a Revisão Constitucional
Cl.	– cláusula
CMVM	– Comissão do Mercado de Valores Mobiliários
COM	– Comissão Europeia
CRFT	– Comissão de Reflexão sobre o Futuro da Televisão
CSA	– Conseil Supérieur de L'Audiovisuel
DAC	– Diário da Assembleia Constituinte
DAR	– Diário da Assembleia da República
Desp.	– Despacho
DL	– Decreto-lei
DG	– Diário do Governo
DAC	– Diário da Assembleia Constituinte
DR	– Diário da República
DS	– Diário das Sessões
CRFT	– Comissão de Reflexão sobre o Futuro da Televisão
EBU-UER	– União Europeia de Radiodifusão
EN	– Emissora Nacional
EPG	– Guia Electrónico de Programação
EPRA	– European Platform of Regulatory Authorities
ERC	– Entidade Reguladora para a Comunicação Social
FCC	– Federal Communications Commission
GMCS	– Gabinete para os Meios de Comunicação Social
ICAM	– Instituto do Cinema, Audiovisual e Multimédia

ICP	– Instituto das Comunicações de Portugal
ICS	– Instituto da Comunicação Social
IGF	– Inspecção-Geral de Finanças
IPTV	– Internet Protocol Television
MES	– Ministério do Equipamento Social
MFA	– Movimento das Forças Armadas
Min.	– Ministro
NUTS	– Nomenclaturas de Unidades Territoriais para fins estatísticos
OE	– Orçamento do Estado
OEA	– Observatório Europeu do Audiovisual
PTDP	– Plataforma de Televisão Digital Portuguesa
Resol.	– Resolução
S	– Série
SE	– Secretário de Estado
supl.	– suplemento
TDP	– Teledifusora de Portugal
TDT	– Televisão Digital Terrestre

Introdução

O serviço público de televisão desempenha, desde a sua origem, ainda antes da segunda guerra mundial, um papel de indiscutível importância cultural, social, económica e mesmo política, não apenas no âmbito dos *media*, mas também nas próprias sociedades contemporâneas.

A sua criação, bem como o seu desenvolvimento, seguiriam modelos diversos, bem evidentes caso se analisem comparativamente as experiências dos operadores dos diferentes países europeus, mas igualmente a do operador público norte-americano.

Em todo o caso, ao estudarmos o papel passado e presente dos operadores europeus de serviço público, poderemos encontrar um conjunto de características comuns que permitem tornar doutrinariamente inquestionável a existência de um *modelo europeu de serviço público de televisão*, inicialmente como monopólio, mais tarde repartindo o crescente mercado televisivo com operadores comerciais.

De facto, as preocupações com a qualidade e a diversidade da programação, o seu carácter distintivo face à concorrência, a capacidade para interessar todos os segmentos do público e não apenas as maiorias, a universalidade das emissões e a isenção e o pluralismo dos seus conteúdos informativos pautam os documentos estruturantes do *modelo europeu de serviço público de televisão*. Na verdade, com pequenas variantes, tais princípios decorrem, tanto dos documentos fundadores e estruturadores dos diferentes operadores nacionais, como dos aprovados por diversas entidades europeias, de acordo com o consenso que existiu desde sempre entre todas as principais famílias políticas, da esquerda à direita.

Na caracterização completa desse modelo europeu figurariam igualmente, entre outras, a forma de financiamento dos operadores através de uma taxa, inicialmente sobre a venda de receptores, mais tarde baseada no contributo das famílias, e apenas secundariamente na emissão de publicidade comercial, um modelo de governação que assegure a sua independência face ao poder político e, mais recentemente, o quadro definidor do seu papel na era digital.

No entanto, uma análise mais detalhada de cada uma das experiências nacionais permite encontrar características diferenciadoras, decorrentes de uma multiplicidade de factores, desde o contexto histórico da sua fundação às diversas influências políticas, económicas e culturais que condicionam a origem e o percurso de cada um dos operadores de televisão nos respectivos países.

O objectivo deste estudo é precisamente o de encontrar os traços caracterizadores da especificidade portuguesa no quadro do modelo europeu de serviço público de televisão. Fizemo-lo não apenas analisando as épocas marcantes no desenvolvimento do serviço público de televisão, como igualmente os seus traços essenciais resultantes das políticas definidas pelos governos e pelas diversas instâncias europeias.

Uma vez que, na generalidade dos países, o serviço público de televisão herdou grande parte das características do operador público de radiodifusão, tornou-se ainda imprescindível examinar a origem deste serviço, no quadro geral da evolução das comunicações à distância, de tanto interesse estratégico, político e económico.

Ao examinar as razões históricas, técnicas, económicas e políticas que conduziram, na generalidade dos países europeus, ao monopólio da rádio, e depois também da televisão, procurámos assinalar os seus aspectos cruciais, cuja comparação com a experiência portuguesa permite evidenciar a sua especificidade, patente na criação de uma empresa de serviço público de televisão autónoma da Emissora Nacional, concessionária do serviço público de rádio nos anos 50, quando a RTP foi fundada.

No entanto, após algumas décadas, mais cedo em alguns países do que noutros, as inovações tecnológicas, o desenvolvimento económico, a internacionalização dos investimentos e dos mercados, a crescente importância da televisão e a insanável contradição entre a adesão a uma economia de mercado e a manutenção de um monopólio televisivo geraram as condições para o seu inexorável fim. Deste modo, a seguir à época definidora da sua fundação, é esse o segundo momento marcante na evolução histórica do serviço público de televisão, com evidentes consequências na sua definição, características e influência.

Um terceiro momento incontornável no percurso do serviço público de televisão é a transição para a era digital, cujas dimensões técnica, económica, política e sociológica não cessam de influenciá-lo, criando novos desafios e oportunidades. Também aqui se procura, depois de uma análise da evolução do novo quadro televisivo europeu, abordar com justificado detalhe a experiência portuguesa, não só a decorrente do novo quadro televisivo, marcado pelo fim do oligopólio dos três operadores generalistas, pela progressiva fragmentação das audiências e pela emergência de novas plataformas de difusão do sinal televisivo, mas também pela imperiosa exigência de adaptação da RTP ao novo contexto digital.

A apreciação da génese e da evolução do serviço público de televisão no quadro dos diferentes países europeus, comparando-as com a experiência portuguesa, visando apontar a sua especificidade a partir destas três épocas decisivas – era do monopólio, fim do período monopolista e consequente era da concorrência e era digital – permitem abranger as suas etapas marcantes.

No entanto, a definição da especificidade portuguesa no modelo europeu de serviço público de televisão impõe ainda um outro ângulo de análise, decorrente do aprofundamento do estudo das políticas públicas para o sector da comunicação social.

Desta forma, optámos por apreciar com maior detalhe dois elementos cruciais que reflectem as opções do poder político na definição do quadro de actividade do serviço público de televisão: o modelo de governação e o modelo de financiamento.

Em relação a cada um deles, coerentemente com a estrutura de análise empreendida na parte anterior deste estudo, começámos por enunciar os traços marcantes das experiências dos diferentes operadores de serviço público europeus, para seguidamente, de forma mais evidente, assinalarmos os aspectos distintivos da especificidade do modelo português. No entanto, na apreciação da experiência portuguesa, procurámos abranger todo o quadro evolutivo dessas matérias, desde a fundação da RTP até hoje, de forma a mais concludentemente identificarmos as suas singularidades.

***

O presente livro reproduz grande parte da dissertação de doutoramento, com o título *"O modelo europeu de serviço público de televisão – o caso português"*, que defendi no passado mês de Abril de 2009 na Faculdade de Ciências Sociais e Humanas da Universidade Nova de Lisboa.

Quero, deste modo, agradecer ao respectivo júri, constituído pelos professores Manuel Pinto, Helena Sousa, Nelson Traquina, Cristina Ponte, Francisco Rui Cádima e Enrique Bustamante, o honroso reconhecimento da validade desse trabalho académico. Igualmente agradeço aos orientadores, professores Francisco Rui Cádima e Enrique Bustamante, a total disponibilidade e o apoio sempre manifestados.

A referida tese reflecte o trabalho de investigação que empreendi com essa finalidade desde o final de 2003, mas traduz igualmente a experiência e os conhecimentos que pude obter não só através do meu percurso académico, mas também nos cargos públicos que desempenho, quase ininterruptamente, há mais de três décadas.

Por isso, cumpre-me agradecer a todos aqueles que na Faculdade de Ciências Sociais e Humanas da Universidade Nova de Lisboa me proporcionaram as condições para que pudesse conciliar a continuação da actividade lectiva, que não quis interromper nos últimos cinco anos, com a elaboração desta tese. Agradeço igualmente à Direcção do Grupo Parlamentar do Partido Socialista na Assembleia da República a compreensão que sempre demonstrou face à necessidade de conciliar a actividade parlamentar com a redacção deste trabalho, tal como sempre aconteceu em relação à actividade lectiva.

Ao longo dos trabalhos de investigação e redacção deste estudo pude igualmente contar com a colaboração de um vasto conjunto de pessoas, a quem devo inúmeros conselhos, sugestões, informações e críticas, que se revelaram de extrema utilidade. A elas devo, não apenas a ajuda solidária, mas inesquecíveis gestos de amizade. Entre essas pessoas, quero destacar o inultrapassável apoio do António

Monteiro Cardoso e do João Pedro Figueiredo, amigos e colegas das lides do Direito da Comunicação Social, que leram e comigo debateram a totalidade deste trabalho; a regularidade com que o Pedro Jorge Braumann me enviou dezenas e dezenas de referências, estudos e outros trabalhos e a ilimitada disponibilidade que encontrei no Centro Museológico e Documental da RTP, que dirige; os preciosos conselhos, informações e sugestões de vários profissionais ligados, actualmente ou no passado, à RTP e profundamente conhecedores desta temática – Ismael Augusto (novas tecnologias e era digital), Alberto Miranda (gestão), Carlos Vargas (televisão móvel), ou à regulação, como Rui Assis Ferreira.

Ao Vasco Grácio, a Marina Dutra e a Alberto Miranda agradeço a preciosa e pronta ajuda na elaboração dos gráficos e dos quadros com que pretendi ilustrar este estudo.

Nas longas pesquisas a que procedi no Centro Museológico e Documental da RTP, no Centro de Documentação da Assembleia da República e na Hemeroteca de Lisboa pude sempre contar com uma ilimitada colaboração de todos os seus responsáveis e funcionários, a quem faço questão de igualmente aqui agradecer. Não esqueço igualmente a ajuda e o vasto conjunto de informações prestadas por Francisco Teotónio Pereira, responsável pela área do multimédia da RTP.

A António Reis, Couto dos Santos, Albino Soares, Magalhães Crespo, Brandão de Brito, Agostinho Branquinho, Teresa Ribeiro, Pinho Cardão, António Gomes da Costa, Francisco Sarsfield Cabral, Graça Bau, Francisco Teotónio Pereira, Célia Quico, Luís Soares, Maximiano Martins, Nuno Cintra Torres, Luís Andrade, Luís Queirós e Manuel Monteiro (ambos da Marktest), José Manuel Vidigal (Contera), Manuel Pedroso Lima, Carlos Landim, Guilherme Oliveira Martins, Vítor Gonçalves, José Manuel Nunes e a Lúcia Leitão agradeço as informações e os conselhos recebidos.

Agradeço também a disponibilidade com que o Ministro Augusto Santos Silva e o seu gabinete acolheram as minhas solicitações para obter informações e dados relativos à RTP.

Evoco igualmente o comovente entusiasmo com que o falecido Professor Manuel Lopes da Silva me forneceu preciosas pistas sobre os primórdios da RTP.

Devo igualmente a um vasto número de pessoas outras informações ou ajudas, que me impõem que expresse desta forma o meu agradecimento ao Director Geral do Tesouro, dr. Castelo Branco, a José Rodrigues dos Santos, José Pedro Castanheira, Jorge Trigo, Ruben Raposo, Teresa Moraes Sarmento, Sofia Rodrigues, Maria José Ribeiro, Jorge Figueiredo, António Santos, Miguel Anjo, Luís Santos Ferro, Pedro Quartim Graça, Mário Freitas, Abel Gomes de Almeida, Joana Ramado Curto, José Maria Oliveira, João Paulo Faustino e Margarida Guadalpi.

Na primeira fase de elaboração da dissertação de doutoramento, tive um percalço de saúde que me leva a exprimir uma palavra de profundo apreço e de agradecimento ao dr. José Manuel Bívar. Da mesma forma, agradeço ao dr. Manuel Melo e Castro e ao Prof. João Paço, pela sua amiga e permanente disponibilidade.

Dedico este trabalho à minha mãe, que, ao longo destes cinco anos de trabalho, nunca deixou, de forma sempre discreta, de me incentivar a obter o doutoramento, à Nazaré e ao meu (fantástico) filho Pedro, que sempre me criaram, com muito amor, as condições ideais para me concentrar horas e horas neste trabalho.

ALBERTO ARONS DE CARVALHO

PARTE I

As três fases do serviço público
de televisão em Portugal

Título I
A era do monopólio

Capítulo I
As origens do monopólio
do serviço público de televisão na Europa

1. A evolução tecnológica nas comunicações à distância: da radiotelegrafia à televisão

A primeira experiência pública de televisão foi promovida por um escocês, John Baird, num grande armazém de Londres, o *Selfridge,* em 1925, perante algumas dezenas de clientes.

Baird não pode todavia ser considerado como o inventor da televisão, que foi, de facto, fruto de uma importante sequência de descobertas realizadas, em vários países, por um vasto número de investigadores e cientistas. A primazia nas primeiras experiências de transmissão televisiva seria, de facto, invocada por diversos países: Alemanha, França, Inglaterra e Estados Unidos.

O caminho percorrido pelos inventores da televisão fora, todavia, longo. As três principais descobertas que conduziriam à sua criação estavam, de facto, já concretizadas no final do século XIX: o efeito fotoeléctrico, descoberto pelo irlandês Christian May em 1873, a capacidade para transmitir imagens em movimento, através de um dispositivo inventado pelo berlinense Paul Nipkow em 1884, e a as primeiras transmissões de sinais através de ondas electromagnéticas, realizadas por Marconi em 1885.

A telegrafia sem fios substituía progressivamente o telégrafo eléctrico, sendo nomeadamente utilizada nas comunicações marítimas e nos contactos das potências coloniais com os territórios de outros continentes.

Os rápidos progressos técnicos verificados no domínio das comunicações foram também induzidos pelo seu aproveitamento em operações militares, cuja importância e frequência aumenta nos anos que precedem o início da primeira guerra mundial.

A criação da radiodifusão, primeiro sonora, mais tarde também televisiva, passa desta forma por três etapas de desenvolvimento tecnológico. Depois da ligação hertziana, uma segunda fase inicia-se com a utilização da voz humana para a transmissão. As primeiras experiências decorrem em 1908, em Paris e em Nova Iorque.

Mais tarde, no início dos anos 20, é dado mais um passo: as emissões são difundidas para um auditório disperso e não identificado, "ponto-multiponto".

A importância das comunicações e a escassez do espaço radioeléctrico conduzem, entretanto, a um crescente intervencionismo dos governos.

Em 1837, o governo francês decretara já o monopólio da transmissão de sinais emitidos por máquinas telegráficas ou qualquer outro meio. Em 1851, o monopólio alargar-se-ia às transmissões através de linha telefónica e, mais tarde, ao telefone.

Em Inglaterra, a primeira lei sobre telegrafia sem fios foi aprovada em 1904. A *Wireless Telegraph Act* fazia depender de autorização governamental a possibilidade de instalar aparelhos transmissores ou apenas receptores (Costa, 1986:43).

A circulação da informação torna-se um elemento essencial no desenvolvimento comercial e industrial.

Em 1919, o Presidente norte-americano Wilson terá afirmado ao director-geral dos serviços americanos de radiocomunicações que *"a Grã-Bretanha deve a sua influência no mundo a três factores: ao seu vasto império colonial, à sua poderosa frota e à sua rede de cabos submarinos que envolvem o planeta e asseguram o primeiro lugar nas comunicações internacionais"*. Esta vantagem inglesa recomendaria – de acordo com o presidente Wilson – que a *General Electric of America* fosse convencida a não vender à *Marconi* uma nova aparelhagem, cuja capacidade colocaria os americanos em primeiro lugar, se fosse utilizada em exclusivo (Dibie, 2000:15).

A *Marconi* em Inglaterra e a *Telefunken* na Alemanha tornam-se companhias poderosas e influentes. A elas se juntariam a *Radio Corporation of America* e a francesa *Compagnie Générale de TSF*.

Mau grado existir uma acesa concorrência pelo domínio de novos mercados, as principais empresas harmonizam as formas de exploração das comunicações.

São criadas organizações internacionais, que estabelecem, não só regras sobre as técnicas e a linguagem telegráficas, mas também acordos tarifários. Em 1855, foi fundada a União Telegráfica da Europa Ocidental. Dez anos depois, suceder-lhe-ia a União Telegráfica Internacional e, em 1906, a União Radiotelegráfica. A UIT – União Internacional das Telecomunicações seria criada em 1932.

No final da primeira guerra mundial, estão asseguradas as condições técnicas para o início da radiodifusão.

O desenvolvimento das primeiras estações de radiodifusão reflecte o aperfeiçoamento tecnológico, mas, sobretudo, a crescente adesão do público a esta nova forma de comunicação. A telefonia sem fios converte-se em radiodifusão. As acessibilidades técnica e económica tornam dificilmente controlável a criação de estações.

Em 1920, nos Estados Unidos, a empresa *Westinghouse* criou a *Radio Pittsburgh*. O êxito foi retumbante: no ano seguinte, já existiam 32 estações de rádio; em meados de 1922, o número ascendia a 254 e, pouco depois, a produção de receptores não conseguia acompanhar a procura (Costa, 1986:47).

Na Europa, o crescimento é mais lento, mas o êxito da rádio não é menor.

Na mesma época em que a *Radio Pittsburgh* iniciava as suas emissões, na Holanda, uma rádio começava a emitir uma programação musical e no leste da Inglaterra, em Chelmsford, aparecia uma *rádio pirata*. A experiência desta emissora seria, no entanto, efémera, uma vez que o Governo limitaria a utilização do espaço radioeléctrico aos serviços oficiais e às forças militares (Miquel, 1984:8).

No ano seguinte, em 1921, Paris recebia as emissões da nova *Radio-Tour Eiffel*, instalada nesta torre, cuja altura a dotava de excelentes condições para as comunicações.

A rápida adesão das populações à radiodifusão, potenciada pela facilidade com que a indústria ou mesmo muitos curiosos construíam aparelhos receptores, criou as condições para que surgissem igualmente diversos interessados na constituição de estações emissoras.

Em 1937, a dois anos do início da segunda guerra mundial, a radiodifusão constituía já um meio de comunicação de massas. Havia 26 milhões de receptores nos Estados Unidos, 4 milhões em França – um por cada dez habitantes... –, 8,5 milhões na Alemanha e na Grã-Bretanha e perto de 4 milhões na União Soviética. Mas também em pontos mais longínquos do globo, a rádio se desenvolvera de forma fulgurante: existiam 3 milhões de receptores no Japão, perto de um milhão na Austrália, 141 mil na África do Sul, muitos milhares na Índia, na Indonésia ou no norte de África (Miquel, 1984:9).

O rápido desenvolvimento da radiodifusão deveu-se igualmente à sua capacidade para encontrar temas de interesse para a generalidade dos ouvintes.

Nos Estados Unidos, cujo avanço na criação deste novo meio de comunicação é indiscutível, algumas emissões alcançariam grande êxito, prenunciando o sucesso que teriam as emissões consagradas à política e a transmissão dos grandes acontecimentos desportivos. A reportagem sobre a eleição do republicano Warren Harding para presidente norte-americano na *Radio Pittsburgh* e, mais tarde, a utilização pioneira das emissões feita pelo presidente Hoover para a sua campanha eleitoral, tal como a transmissão directa por uma estação da *RCA* do combate de boxe entre Damsey e Carpentier, contribuem para o crescente impacto da rádio.

Nos Estados Unidos e na Europa, os anos 20 consagram o crescimento exponencial da rádio, mas a regulamentação da sua actividade iria ser estabelecida pelos governos norte-americano e pelos europeus de forma completamente diversa, que marcaria igualmente o nascimento e o desenvolvimento da televisão.

Nos Estados Unidos, até 1927, havia uma total liberdade de instalação de emissores, não sendo requerida autorização prévia nem exigida qualquer taxa. Previsto para abranger apenas as comunicações ponto a ponto, o *Radio Act* de 1912 viria a tornar-se obsoleto face ao rápido aumento do número de novos operadores e ao malogro das tentativas de auto regulação da utilização do espaço radioeléctrico, ensaiadas pelo Secretário de Estado do Comércio, Herbert Hoover, no início dos anos 20.

Face à anárquica proliferação de estações, que utilizavam frequências destinadas às novas experiências de radiodifusão, o Congresso aprovaria, em Fevereiro de 1927, um novo *Radio Act*, que tornaria obrigatória, para instalar um emissor, a obtenção de uma licença, atribuída por uma *Federal Radio Commission*, cujos cinco membros eram designados pelo Presidente. Esta *Federal Radio Commission* daria lugar, em 1934, depois da publicação do *Communications Act*, à *Federal Communications Commission (FCC)*, entidade reguladora ainda hoje existente.

A rádio manter-se-ia, no entanto, nas mãos de interesses privados. Ao Estado competiria apenas a atribuição de licenças e a definição, quer das características técnicas dos emissores, quer das frequências utilizáveis. A publicidade, fonte de receitas dos operadores, era autorizada, desde que não fosse anónima. Em 1937, as receitas publicitárias das principais estações ascendiam a um valor global de 70 milhões de dólares (Miquel, 1984:27).

A ausência inicial de qualquer regulamentação sobre concentração e o gradual aumento das receitas publicitárias permitiriam o rápido desenvolvimento de *networks*, levando as principais estações (*NBC – National Broadcasting Company, CBS – Columbia Broadcasting System* e *MBC – Mutual Broadcasting Corporation*) a estabelecerem associações com centenas de emissores espalhados pelo território norte-americano, que ficavam apenas responsáveis por *janelas* de programação local.

Em Outubro de 1938, o célebre episódio da *Guerra dos Mundos* de Orson Welles – a transmissão da adaptação de uma peça que simulava uma invasão de marcianos – testemunha o poder conquistado pela rádio nos Estados Unidos.

2. As razões do monopólio da rádio e da televisão na Europa

O início da rádio na Europa assumiria contornos diferentes. Porém, tal como nos Estados Unidos, foi ainda a iniciativa privada, sobretudo graças ao impulso da nascente indústria radioeléctrica, que promoveu as primeiras experiências, sobretudo nos países de maiores dimensão e desenvolvimento, como a Inglaterra, a Alemanha e a França, mas também noutros, como a Bélgica, a Noruega e a Dinamarca.

O Estado não se alheou, contudo, do novo meio de comunicação de massas, tanto mais que as comunicações à distância eram, desde o seu início, acompanhadas com interesse, dada a sua importância nas manobras militares, na afirmação nacional, nas ligações às colónias, no desenvolvimento industrial, na segurança da marinha mercante ou na consolidação de lideranças políticas.

Deste modo, a generalidade dos governos rapidamente promoveria a constituição de monopólios nacionais na radiodifusão sonora.

Esta política, contrária à seguida nos Estados Unidos, constituiu igualmente um aparente desvio ao padrão normal das economias de mercado.

Não faltam razões que explicam esta evolução, que teria naturais consequências no desenvolvimento da televisão, duas a três décadas depois. Motivos de natureza histórica, técnica, económica e política condicionavam os governos da época e as suas opções no domínio da radiodifusão.

Na ausência de departamentos administrativos específicos, são os sectores estatais que tutelam as comunicações quem se encarregaria de acompanhar os primeiros passos da rádio. Não tendo alcançado a influência social que mais tarde obteria, a rádio era ainda considerada uma mera continuação das comunicações à distância, de tanto interesse estratégico, político e económico.

Impunha-se, por outro lado, a necessidade de gerir o limitado espectro radioeléctrico, face à confusão, ao *caos hertziano*, motivados pelo nascimento, por vezes anárquico, de novas estações emissoras.

Aliás, a organização do espectro começava a ser entendida como uma questão supranacional. Em 1925, realizou-se a primeira Conferência Europeia de Planeamento da Radiodifusão. Foram então estabelecidas as primeiras regras relativas à repartição de frequências. A cada país ficava reservada pelo menos uma frequência, mas 16 outras seriam atribuídas para uso colectivo (Ed Hollander in Jankovski, Prehn e Stappers, 1992:7). Ainda na mesma década, em Genebra (1926), Bruxelas (1927) e Praga (1929), seriam aprovados novos regulamentos relativos à radiodifusão, designadamente à utilização das frequências e ao espaço entre as estações (Santos, 2005:32-33).

A gestão das frequências, tornada ainda mais premente pela necessidade de harmonização internacional da sua utilização, legitimaria os governos para intervirem. Estes não se limitariam, todavia, a criar um espectro radioeléctrico nacional: fixaram as regras da sua utilização, estabeleceram leis e regulamentos, criaram os departamentos estatais que tutelariam a rádio – alargando em alguns países as competências dos ministérios dos correios e comunicações –, promoveram a criação de empresas e estipularam as suas formas de financiamento. E mesmo que, em alguns países, lhes reconhecessem uma autonomia considerável, os governos conservariam sempre uma poderosa arma: quem concedeu a licença para uma rádio emitir pode igualmente revogá-la.

Fruto do voluntarismo de alguns entusiastas, entre os quais engenheiros e outras pessoas ligadas às comunicações, a rádio despertou desde o seu início também o interesse dos sectores económicos, nomeadamente ligados à indústria electrónica. A expansão do negócio passava todavia muito mais pela rápida propagação da rede de emissores, pelo fabrico em massa de aparelhos receptores e pelo interesse e popularidade das emissões, que conduziriam a um mais rápido aumento dos receptores vendidos, do que pela ambição de transformar a empresa radiofónica em si mesma numa significativa fonte de lucros.

Longe de ser ainda um meio de comunicação de massas, a rádio não se revelou, no início, suficientemente aliciante para os anunciantes.

A pressão que estes fazem sobre os governos é, aliás, bem mais inexpressiva do que a proveniente dos sectores ligados à imprensa. Em Inglaterra, foi sobretudo a imprensa que levou o Governo britânico a decidir que a BBC ficaria sem acesso à publicidade. Nalguns países, a rádio apenas podia difundir noticiários a partir do fim da tarde, depois de serem distribuídos os jornais vespertinos. Noutros ainda, os noticiários do monopólio estatal da rádio eram assegurados por agências noticiosas ou pelos jornais.

Face à crescente importância do novo meio, os proprietários dos jornais desejavam apenas salvaguardar o seu espaço, tanto nas receitas de publicidade como no privilégio de difundir notícias. Sabiam que ele seria mais facilmente defendido no quadro de uma empresa estatal, que podia ser financiada por uma taxa, do que num sector aberto a uma iniciativa privada, cujos recursos inevitavelmente se limitariam à publicidade comercial de que tanto dependiam.

Para a indústria electrónica, o Estado poderia ser um parceiro mais fiável no desenvolvimento da radiodifusão e no estímulo à venda de receptores do que uma iniciativa privada pouco convicta dos benefícios a tirar de eventuais empresas comerciais de radiodifusão, no contexto europeu de limitado desenvolvimento económico dos anos 20 e 30.

Para os governos, a criação de um monopólio estatal na radiodifusão parecia ser a medida mais sensata. Não se tratava apenas de encarar a rádio como mera continuidade das comunicações à distância ou de ceder ao *lobby* da imprensa. Para muitos Estados europeus, a rádio tornava-se um importante instrumento de afirmação nacional, de difusão cultural, de expressão da diversidade linguística ou mesmo de mobilização política dos governados pelos governantes. De resto, depressa se perceberia que a rádio tinha uma influência na opinião pública bem mais relevante do que a imprensa.

Quando a seguir à segunda guerra são retomadas as experiências de televisão, os governos europeus não hesitariam. Tal como a rádio fora encarada como uma continuação das outras formas de comunicação à distância, também a televisão seria vista sobretudo como um desenvolvimento tecnológico da rádio. Em quase todos os países europeus, as empresas monopolistas de rádio foram encarregadas de criar departamentos de televisão e de colocar no ar as primeiras emissões regulares.

Esta opção generalizada não oferecia dúvidas, nem suscitaria resistências. Ninguém estava mais preparado do que as empresas de rádio para organizar os meios técnicos indispensáveis, acompanhar o alargamento da rede de difusão do sinal, conceber e produzir programas, contactar e contratar produtores, realizadores, quadros técnicos, locutores e apresentadores de programas, ou medir o impacto das emissões no público.

De resto, a televisão não suscitava então um particular interesse como potencial fonte de lucros para investidores privados. Não tendo uma difusão nacional ou generalizada – pelo contrário, durante anos foi mesmo um sinal de prosperidade das famílias mais abonadas que viviam nos centros urbanos – a televisão não oferecia uma plataforma suficientemente apetecível para os anunciantes. Aliás, era um meio cuja produção, sendo várias vezes mais cara do que a rádio, apenas estava ao alcance de sectores económicos mais poderosos e em número relativamente limitado.

Tornava-se ainda necessário alargar a rede de emissores e investir em novos equipamentos para obter um retorno todavia insuficiente: apenas uma minoria seguia as emissões de televisão durante algumas horas por semana, o que não entusiasmava os grupos económicos a reclamarem a posse e exploração de um canal comercial. De resto, após a segunda guerra mundial, a Europa levaria mais de uma década a retomar um crescimento económico sustentado.

A relativa escassez do mercado de bens de grande consumo, mesmo nos países europeus mais desenvolvidos, não justificava a realização de investimentos em publicidade que permitissem o financiamento integral dos operadores de televisão. Uma forma de financiamento alternativo, ou pelo menos complementar, tornava-se então imprescindível.

Face aos custos envolvidos e à escassez de frequências, a alternativa era pois clara: ou um monopólio estatal gerido no interesse geral ou a criação de oligopólios a que dificilmente se poderia impor o respeito pelo pluralismo ou a defesa do interesse nacional. Aliás, em muitos países, as receitas da publicidade seriam então insuficientes para manter um canal televisivo. A taxa representava então, sem margem para dúvidas, a mais relevante fonte de financiamento da televisão, o que naturalmente legitimava o monopólio estatal.

A questão não chegou a criar grande controvérsia. Mesmo quando nos anos 50 e 60, em países como a França ou a Itália, a governamentalização da televisão foi mais acentuada, a oposição política não reclamou então uma abertura à televisão comercial mas apenas outra política para o monopólio televisivo. De resto, os tribunais constitucionais alemão, francês e italiano legitimariam os monopólios públicos na rádio e na televisão.

Estavam assim criadas as condições para que os governos responsabilizassem os monopólios radiofónicos pelas primeiras emissões televisivas. A decisão revestiu-se das indispensáveis cautelas face à potencial influência da televisão.

A utilização da rádio pelos regimes nazi-fascistas e pela União Soviética não estava esquecida, tanto mais que era já perceptível o impacto bem superior deste novo meio que associava o som à imagem. Em alguns países, como a Alemanha, esse poder influenciava a estrutura descentralizada do seu modelo organizativo. Noutros, como a França, pelo contrário, legitimaria a sua utilização pelos governos da V República como *"voz da França"*, na expressão utilizada por Pompidou, ou seja, na prática, porta-voz do poder político.

Esta utilização político-ideológica que diversos governos europeus faziam do monopólio televisivo traduzia uma concepção paternalista, que oferecia ao espectador apenas uma alternativa entre receber o fruto dos padrões culturais da classe média alta ou desligar o receptor (Bustamante, 2003:167). Mas nem por isso se coloca então em causa a existência de apenas uma empresa de televisão, considerada tão natural como o facto de haver apenas uma política educativa ou uma política de negócios estrangeiros.

Aliás, este monopólio paternalista era absolutamente coerente com a concepção de Estado Social nascida após a segunda guerra, em que a garantia de acesso à saúde, à educação, à protecção social e à cultura se estenderia também à televisão pública, entendida como um espaço de pedagogia e de divulgação cultural.

É nesse pressuposto que se conceberia o modelo europeu de serviço público, inicialmente definido pelo clássico tríptico *"formar, informar, divertir"*, que a BBC levaria aos quatro cantos do mundo.

Em quase todos os países da Europa Ocidental seria assim constituído *"um modelo específico de televisão estatal de serviço público, caracterizado por objectivos pedagógicos de oferta de programas, um financiamento predominantemente realizado por intermédio de um imposto ad hoc (a taxa) e por uma relativa mas progressiva autonomização da sua gestão face aos governos* (Bustamante, 1999:31).

3. As diferentes experiências nacionais

Se os argumentos justificativos do intervencionismo estatal eram diversos, vários seriam igualmente os modelos de organização, desde o inglês, edificado em torno de uma empresa monopolista sem publicidade e que justamente alcançaria um estatuto de independência face ao poder político, até ao modelo do Luxemburgo, pequeno país onde foi criado um monopólio privado aberto ao capital estrangeiro, passando pelas experiências de representatividade social da Holanda ou de diversidade linguística da Suíça e da Bélgica.

A variedade de regimes organizativos, mesmo de meios como a rádio e a televisão que ultrapassam as fronteiras nacionais, testemunha aliás a incontestável pluralidade de culturas nacionais da Europa.

A formação das empresas públicas de rádio influenciaria decisivamente o início da televisão, quase três décadas depois.

Apenas quatro países – Estados Unidos, Alemanha, Inglaterra e França – tinham emissões de televisão com alguma regularidade antes do início da segunda guerra mundial. Em Itália e na União Soviética, eram conhecidas algumas emissões experimentais.

Nos Estados Unidos, as estações televisivas nasceram sobretudo por iniciativa dos operadores de radiodifusão. O desenvolvimento de uma indústria de fabrico de aparelhos receptores foi prejudicado pelas mudanças na definição do número de linhas por imagem. Durante a guerra, o desenvolvimento da televisão diminuiu, mas, ao contrário do que se passou na Europa, prosseguiram algumas emissões (Dibie, 2000:32).

Em Inglaterra, a *BBC* chegaria a emitir vinte e quatro horas semanais para vinte mil televisores, mas a guerra interrompeu essa experiência, que se iniciara em 1936.

As emissões televisivas na Alemanha tiveram também origem no operador de radiodifusão – a *Reichs Rundfunk Gessellschaft,* Companhia de Radiodifusão do *Reich,* que começou a emitir com regularidade em 1932. Os Jogos Olímpicos de Berlim de 1936 seriam objecto de algumas transmissões directas para salas de espectáculo em diversas cidades alemãs. A guerra interromperia, todavia, a continuidade destas experiências e o crescimento da nascente indústria de receptores.

O fim da guerra permitiria o recomeço das emissões, mas modificaria as condições para o desenvolvimento da televisão. Os progressos na tecnologia das telecomunicações, dinamizados pelo esforço militar, permitiram um alargamento do número de frequências disponíveis. No entanto, sobretudo na Europa, as sequelas do conflito militar reflectiram-se na fragilidade inicial das indústrias ligadas à televisão, desde as fabricantes de receptores até aos anunciantes. De resto, ao contrário da rádio, cuja tecnologia mais simples permitia a realização de reportagens em directo, a televisão não tinha ainda essa maleabilidade, nem se vislumbrava então quando ela se tornaria possível. A complexidade técnica e o custo dos investimentos necessários tornariam, aliás, mais lento o desenvolvimento da televisão.

A evolução das emissões a seguir à segunda guerra far-se-ia em modelos diferentes na Europa e nos Estados Unidos.

Nos Estados Unidos, as novas frequências utilizáveis em *UHF* criaram condições para a fundação de mais operadores, mas tornariam muitos televisores obsoletos, o que prejudicava os fabricantes de receptores, gerando um antagonismo entre estes e as empresas operadoras. No entanto, o *"Final Television Allocation Report"*, publicado pela *FCC* em Abril de 1952, autorizaria a criação de duas mil novas estações, o que provocou um enorme dinamismo do mercado televisivo. O número de televisores, que era de 3,9 milhões em Janeiro de 1950, passaria para 15 milhões no início de 1952 (Miquel, 1984:184).

Na Europa, a televisão desenvolveu-se em torno da oferta promovida pelos operadores públicos, que a pouco e pouco começariam (ou recomeçariam) a sua actividade e tornariam mais frequentes as suas emissões regulares.

Capítulo II

Portugal: a RTP. Um monopólio maioritariamente privado mas governamentalizado

1. Os estudos da Emissora Nacional

As emissões regulares de televisão em Portugal iniciaram-se em 7 de Março de 1957, a partir de um emissor provisório dotado de uma potência irradiada de apenas 1 kw, situado em terrenos da própria RTP na serra de Monsanto.

No entanto, o emissor de 100 kw previsto para cobrir a região de Lisboa apenas começaria a funcionar oito meses depois, no mesmo dia em que foi instalado o emissor da Lousã, destinado a cobrir Coimbra. Um mês depois, em 31 de Dezembro de 1957, arrancaria o emissor para a região do Porto. Até meados de 1958, estariam a operar emissores nas serras de Montejunto, a partir de 10 de Março, e em Monchique/Fóia, desde 25 de Abril (Teves, 1998:34).

As primeiras emissões públicas de televisão, ainda a título experimental, tinham decorrido, durante cerca de duas horas por dia, excepto às quartas-feiras, *"para descanso do pessoal e revisão do equipamento"*, na Feira Popular de Lisboa, em Palhavã, entre 4 e 30 de Setembro de 1956. Antes, em Julho de 1955, realizara-se a primeira transmissão de um programa de televisão, uma demonstração de equipamento *Grundig*, efectuada na Feira Popular do Porto, perante inúmeras personalidades, incluindo o governador civil do distrito (Cádima, 1996b:30).

Todavia, a história da televisão em Portugal não começara apenas nos anos 50.

Ainda nos anos 20, um grupo de radioamadores terá conseguido transmitir imagens animadas, embora de forma fugaz (Bívar, 1967:9). Mais tarde, em 1940, um industrial do Porto, Álvaro de Oliveira, solicitaria à Direcção Geral dos Serviços Radioeléctricos Portugueses uma autorização para instalação de um posto experimental de televisão, para um raio de 15 km, mas esse pedido seria considerado *"inoportuno"* (Cádima, 1996b:25).

Em 1946, Bordalo Machado, funcionário dos quadros da Emissora Nacional apresentara um trabalho para o seu concurso de promoção a engenheiro de 1.ª classe com o título *"Televisão – Estado Actual e Possibilidades de Instalação em Portugal"*.

Em Novembro de 1954, mediante um despacho ministerial, uma firma portuense, *Santos, Guimarães e Oliveira*, receberia uma licença para instalação de um emissor experimental de televisão, a qual seria suspensa em Março do ano seguinte, na sequência de notícias na imprensa desportiva sobre uma próxima transmissão directa de um jogo de futebol (Cádima, 1996b:27).

O início das emissões regulares coroaria, no entanto, um trabalho de cerca de quatro anos, levado a cabo essencialmente pelo *Grupo de Estudos de Televisão*, criado em 1953 no âmbito do Gabinete de Estudos e Ensaios da Emissora Nacional de Radiodifusão e, mais tarde, por uma *Comissão de TV*, nomeada pelo Governo em Janeiro de 1955.

O relatório final elaborado pelo *Grupo de Estudos de Televisão*, intitulado *"A Televisão em Portugal"* tinha cinco partes: o estado actual da TV e a oportunidade da sua introdução em Portugal; o sistema de exploração a adoptar; a solução que parece possível; esboço de um plano inicial e respectivos encargos; e estudo económico (Arquivo Oliveira Salazar, Comissão de Televisão, 1955).

Os quadros da Emissora Nacional predominavam na Comissão designada pelo Governo em Janeiro de 1955. Nomeada através de uma portaria de 27 de Janeiro de 1955, assinada por Marcelo Caetano, então Ministro da Presidência, dela faziam parte além do Brigadeiro Luís de Pina, antigo adido militar nas embaixadas de Washington e Londres, que presidia, três representantes da Emissora Nacional, entre os quais Manuel Bívar e Stichini Vilela, que viria a desempenhar um importante papel na RTP, um representante das estações particulares de radiodifusão, o major Jorge Botelho Moniz, presidente do Rádio Clube Português, e dois representantes da Administração-Geral dos Correios, Telégrafos e Telefones.

A atribuição à Emissora Nacional do pioneirismo dessas reflexões não constituía uma solução original, uma vez que, tal como na generalidade dos países europeus, ninguém estaria aparentemente mais apto a estudar e a desenvolver o novo meio de comunicação do que a empresa nacional de radiodifusão.

No entanto, se a Emissora Nacional alcançou pelo menos o acordo do Governo para essas diligências, a verdade é que, numa fase inicial, este manifestava – ou simulava... – então ainda alguma hesitação. Um despacho do então Ministro da Presidência, Prof. Costa Leite (Lumbralles), de 9 de Novembro de 1953, testemunhava-o: *"O Governo continua a considerar prematuro tomar posição quanto ao problema, pelo que a atitude da Emissora não deve, por enquanto, desviar-se da linha até agora adoptada; isto é, não deve ir além do estudo do problema, acompanhando a sua evolução e sem ter como perspectiva a instalação e exploração do serviço, visto que nada está ainda definido a tal respeito e o Governo não dispõe dos elementos necessários para marcar, desde já, uma orientação definitiva".*

Mais tarde, em Janeiro de 1954, um novo despacho do mesmo ministro, que em Julho de 1955 seria substituído por Marcelo Caetano, permite já antever a solução encontrada para a criação da empresa de televisão em Portugal: *"Não deverá ultrapassar-se a fase de estudos a que se refere o despacho de 9 de Novembro. Deverá estudar-se a hipótese uma concessão única utilizável por várias entidades, como forma de conciliar a vantagem de aproveitar a iniciativa privada com a unidade que parece imposta pelo custo e natureza do empreendimento"* (Teves, 2007).

A liderança da Emissora Nacional no processo manter-se-ia, de facto, por pouco mais tempo.

Em 1955, na sequência das propostas da comissão presidida pelo Brigadeiro Luís de Pina, o Governo publicaria um decreto-lei – o DL n.º 40 341, de 18/10/55 – definindo os aspectos essenciais do projecto televisivo. Embora estipulasse que a instalação de receptores de televisão carece de *"autorização da Emissora Nacional"* – ficando sujeita ao pagamento de uma taxa de 360 escudos anuais, que começaria a ser cobrada no início de Janeiro de 1958 – o executivo promovia a constituição de uma sociedade anónima de responsabilidade limitada, com a qual contrataria a concessão do serviço público de televisão. A concessão era dada por um período de vinte anos, prorrogáveis por períodos de dez

Poucos dias depois, o Governo fixava as normas técnicas das emissões. Reconhecendo uma *"manifesta tendência para uniformizar os sistemas a instalar"* o Governo reconheceria *"a vantagem do sistema português seguir as normas mais usadas na Europa Ocidental e recomendadas pela Comissão Consultiva Internacional das Radiocomunicações"* – a largura de um canal de TV, incluindo as vias de imagem e som, seria de 7Mc/s, com 625 linhas por imagem, com um entrelaçamento de 2:1 e a frequência de 25 imagens por segundo (Portaria n.º 15609, de 19/11/55, do Ministério das Comunicações).

Face à generalidade das experiências europeias de serviço público de televisão, a originalidade portuguesa dificilmente poderia ser maior. Os serviços públicos de rádio e de televisão seriam desempenhados por empresas diferentes. A maioria do capital da nova empresa de televisão seria privada. Esse facto não a impediria de estar estreitamente dependente do poder político, constituindo mesmo um dos seus instrumentos fundamentais.

A concessão do serviço público de televisão foi desta forma atribuída a uma nova empresa e não à concessionária do serviço público de rádio, a Emissora Nacional, que tinha inclusivamente desempenhado um papel determinante em toda a fase de estudo e preparação da instalação da televisão. Aliás, um terço do capital social da nova empresa seria atribuído a um conjunto de nove rádios privadas suas concorrentes, mas nem sombra da Emissora Nacional...

A Emissora Nacional não estava, todavia, completamente ausente do enquadramento legal da RTP. Competia-lhe proceder à cobrança da taxa de televisão devida pela *"utilização ou simples detenção de aparelhos receptores de televisão"* (artigo 4.º do referido Decreto-lei de Outubro de 1955). Era obrigada a entregar anualmente à RTP 10% das taxas de radiodifusão (artigo 5.º do mesmo diploma) que, nos primeiros anos, constituiu, por larga margem, a principal receita da empresa. De acordo com o contrato de concessão outorgado entre o Governo e a RTP (III Série n.º 21 do DG de 25/1/56), estava-lhe reservada uma percentagem de *"utilização do tempo das emissões"* atribuído ao Estado, que, embora também prevista para as emissoras particulares de radiodifusão accionistas da RTP, nunca se concretizaria na prática, dado que seria a própria RTP a elaborar a programação. A sede da RTP era inicialmente na Rua do Quelhas, 2, onde se situava a sede da Emissora Nacional. E seria no gabinete da direcção da Emissora Nacional, em 15 de Dezembro de 1955, que seria assinada a escritura de constituição da sociedade anónima de responsabilidade limitada, sob a designação de RTP – Radiotelevisão Portuguesa, SARL.

O Relatório da *"Comissão de Televisão"*, presidida pelo Brigadeiro Luís de Pina, fundamentara a decisão do Governo: *"Debateu-se, na Comissão, a conveniência de não separar o problema da televisão do da radiodifusão sonora, também presentemente em estudo, dado aquele serviço ser uma modalidade particular deste último e parecer lícito admitirem-se condições económicas mais favoráveis, através de uma solução de conjunto.*

Reconheceu-se, a breve trecho, que essa orientação provocaria, por certo, demoras no estabelecimento do serviço, incompatíveis com a urgência que o Governo lhe reconhece, pois implicaria o exame de problemas que, pela sua complexidade e diversidade, talvez excedessem a competência da Comissão de Televisão e possivelmente levariam a estudar a reorganização completa da radiodifusão nacional". (Comissão de Televisão – Relatório, págs 1 e 2, Arquivo Oliveira Salazar).

2. A opção por uma empresa de economia mista

Afastada a hipótese de atribuir à Emissora Nacional a responsabilidade pelas emissões de televisão, impunha-se assim definir o quadro legal da nova empresa.

De acordo com a *Comissão de Televisão*, *"encararam-se, então as duas soluções extremas: exploração do serviço directamente pelo Estado e concessão do serviço, mediante concurso público, a uma empresa privada".*

"Foram examinadas detidamente" – continuava o documento – *"todas as vantagens e inconvenientes destas soluções, mas concluiu--se que nem uma nem outra satisfazia ao fim em vista. Na verdade, se a Administração melhor pode cuidar do interesse público, verdade é também não poder ela alhear-se facilmente das peias burocráticas e das influências político-sociais que, por vezes, condenam o sistema de administração directa, mesmo em regime de autonomia. Por seu turno, a entrega da concessão a uma empresa privada, oferecendo, embora, melhores possibilidades no que respeita à economia da exploração e ao aperfeiçoamento dos métodos de trabalho, seria, neste caso, pouco viável sem a comparticipação do Estado nos grandes riscos a correr.*

Estas circunstâncias e, mais ainda, a natureza especial do serviço de televisão, aconselham, portanto, a instituição e exploração deste serviço em condições diversas".

A Comissão fundamentava então a natureza desejavelmente pública do serviço de televisão: *"A televisão, pelo seu poder de comunicabilidade e de penetração, constitui poderoso e completo instrumento educativo, cultural, recreativo e de informação dos povos, necessitando, como tal de ser orientada pelo próprio Estado. A exploração do serviço, sobretudo a organização de programas, obriga, assim, a constante e rigorosa vigilância do Estado, para que não sejam deturpados ou, até, subvertidos princípios institucionais que a televisão deve servir e que o Estado tem o dever de salvaguardar* (Comissão de Televisão, 1955:2-3).

Uma clara maioria de dois terços do capital social da empresa concessionária – a RTP – seria assim privada, o que não era comum nos regimes políticos mais autoritários ou com um serviço público de rádio ou televisão mais dependente e próximo do poder político.

De acordo com um dos seus membros mais influentes, o eng. Manuel Bívar, a Comissão designada pelo Governo *"concordou na generalidade com as sugestões do Relatório da E.N., nomeadamente que a TV devia ser explorada por uma empresa de economia mista de preferência a um serviço do Estado"*. As razões determinantes desta escolha foram, em seu entender, *"o facto de a rádio particular, através do RCP não se desinteressar do problema; o elevado custo das instalações não aconselhar a pulverização de meios como se verifica na nossa rádio; a necessidade de recorrer também à publicidade comercial como fonte de receita; os inconvenientes resultantes das dificuldades burocráticas a que estão sujeitos os Organismos do Estado, de que a Emissora Nacional tinha já longa e penosa experiência, reconhecida até por Acórdãos do Tribunal de Contas"* (Bívar, 1967:20).

Marcelo Caetano, Ministro da Presidência e interino das Comunicações desde 8 de Julho de 1955, como responsável governamental pelos assuntos da informação, desempenharia um papel decisivo na criação da televisão e na definição do seu quadro legal, acolhendo a generalidade das propostas formuladas pelas comissões que tinham estudado o nascimento da televisão em Portugal (Caetano, 1977:472).

Definido o esquema de distribuição do capital entre o Estado, as emissoras privadas e os bancos, cujo modelo igualmente conceberia, Marcelo Caetano contactou os diversos interessados, promoveu a aprovação da legislação e patrocinou a formação da sociedade concessionária.

A opção por um modelo diverso do seguido na generalidade dos países europeus, onde a sequência tecnológica entre rádio e televisão e o contexto económico da época pós guerra conduziram a uma intervenção das concessionárias do monopólio da radiodifusão, terá sido originada, de facto, por uma multiplicidade de razões, designadamente as referidas pela *Comissão de Televisão*.

A acrescer ao próprio aparente desinteresse da Emissora Nacional, que se consideraria sem meios financeiros suficientes para se transformar numa concessionária de rádio e de televisão, o Governo terá optado por satisfazer igualmente as pretensões do Rádio Clube Português, que aliás tinha requerido autorização para emitir televisão (Bívar, 1966:19). De facto, numa entrevista radiofónica, em 19 de Novembro de 1955, o seu líder, Jorge Botelho Moniz, que seria mesmo um dos membros do primeiro conselho de administração da RTP em representação dos operadores de radiodifusão, admitiria que, face à criação da RTP por impulso governamental, o RCP tinha cedido "*e muito bem, a primazia que tinha num pedido de instalar em Portugal a TV*". Interrogado sobre se o advento da televisão iria prejudicar a rádio, Moniz afirmaria acreditar que "*o advento da TV nada prejudicará a rádio. Pelo contrário, os dois serviços tenderão a complementar-se mutuamente, mais do que a prejudicar-se entre si. Cada um terá o seu público, conforme a natureza e o horário dos programas. Não é preciso lembrar que a TV requer atenção visual que a radiodifusão sonora dispensa*" (Teves, 2007).

O Rádio Clube Português, que emitia em ondas médias e ondas curtas, tinha alcançado incontestável popularidade e influência, graças ao seu dinamismo, potenciado pelo envolvimento dos seus ouvintes na própria estação. Ganharia o apoio do regime, o que lhe permitiria emitir publicidade, após um pequeno período de proibição, e tornar-se-ia ainda mais reputada, no decorrer da guerra civil espanhola, depois de as suas emissões terem sido captadas pelos nacionalistas sitiados em Toledo (sobre o RCP, ver Santos, 2005:165-180).

O Governo, como aliás recomendava a Comissão que designara, entendeu assim associar não só o RCP como a Rádio Renascença, que igualmente desejara participar na nova empresa de televisão, e outras emissoras então existentes no país. Ao interesse das rádios privadas não terá sido estranho o temor que teriam face à concorrência da televisão nas receitas publicitárias (Caetano, 1977:471). Do projecto seria excluída outra empresa interessada, a *Standard Electric*, ligada à *ITT*, que também solicitara, no início dos anos 50, autorização para obter a concessão da actividade de televisão em Portugal. Propunha-se edificar as instalações e implantar a rede de emissores, mas em contrapartida reclamava o monopólio da venda de aparelhos receptores, o que motivaria a recusa do Governo (depoimento do eng. Lopes da Silva, membro das estruturas técnicas que procederam aos primeiros estudos sobre a televisão em Portugal, autor da primeira tese de doutoramento sobre a televisão no nosso país e membro dos quadros da RTP na sua fundação).

A activa participação de operadores radiofónicos privados correspondia igualmente à sua influência.

Ao contrário da televisão, cujo nascimento decorreu de uma activa intervenção do Governo, a rádio deve a sua origem em Portugal não só ao contributo da Marinha como igualmente à iniciativa e ao entusiasmo de diversos radioamadores (sobre o início da rádio em Portugal ver Santos, 2005).

As primeiras emissões radiofónicas surgiram em Lisboa e no Porto em 1924 e 1925, resultado da iniciativa de pioneiros amadores de radiotelegrafia, radiofonia e radiodifusão (Santos, 2005:49). Em Dezembro de 1925, havia a indicação de oito postos de emissão. No entanto, cinco anos depois, apenas uma delas se manteria, a CT1AA (idem, 99). Esta estação era propriedade de Abílio Nunes dos Santos Júnior, igualmente dono dos Grandes Armazéns do Chiado, que chegaria a reflectir sobre a criação de uma estação de televisão, mas desistira, como afirmaria ao *Diário Popular*, em entrevista publicada em 1 de Setembro de 1970: *"A Televisão é por enquanto impraticável para um posto amador. Os conhecimentos técnicos que exige são de tal forma complicados e demandam uma tal soma de capitais para serem postos em prática que pus de parte absolutamente esta ideia"* (Teves, 2007).

Em 1936, já o panorama da rádio seria bem diverso, existindo em Lisboa e no Porto um conjunto de perto de duas dezenas de estações. As estações pioneiras tinham dado lugar a operadores com alguma dimensão organizativa. Em 1939, existiam três operadores grandes (Emissora Nacional, Rádio Clube Português e Rádio Renascença) e sete estações mais pequenas (Rádio Hertz, Rádio Graça, Rádio Luso, Rádio Sonora/Voz de Lisboa, Rádio Peninsular e Clube Radiofónico) (Santos, 2005:103).

No entanto, as pequenas estações teriam por vezes uma vida efémera. Sem qualquer subvenção estatal, os operadores comerciais – excepto o Rádio Clube Português, desde Fevereiro de 1936 – estavam, desde Julho de 1934, proibidos de emitir publicidade, pelo que tinham de recorrer à criação de grupos ou ligas de amigos com quotizações mensais, geralmente insuficientes para assegurar a sua continuidade (Santos, 2005:136-137).

A chamada rádio oficial teve as suas primeiras emissões experimentais em 1933, na sequência da publicação, três anos antes, do Decreto-lei n.º 17899. Este diploma criou os Serviços Radioeléctricos, autorizou a aquisição de dois emissores em ondas médias e ondas curtas e atribuiu ao Estado o monopólio dos serviços de radiotelegrafia, radiotelefonia, radiodifusão e radiotelevisão, sob administração, fiscalização e exploração do Ministério do Comércio e Comunicações, por intermédio da Administração Geral dos Correios e Telégrafos, a qual estabelecia as condições de emissão e recepção particulares e autorizava a construção de emissores nacionais.

Após um ano de funcionamento a título experimental, a Emissora Nacional seria inaugurada em 1 de Agosto de 1935, graças ao impulso do eng. Duarte Pacheco, então Ministro das Obras Públicas e Comunicações (RDP, 1986:294-304). Passara-se quase uma década sobre o início das emissões regulares de radiodifusão.

A opção por uma empresa de televisão maioritariamente privada decorria igualmente dos estudos económicos realizados.

O custo dos investimentos a efectuar era excessivamente elevado face aos meios ao alcance da Emissora Nacional. A operadora de televisão teria de recorrer às receitas da publicidade comercial, vedada à E.N., e a um capital inicial superior a 60 mil contos, verba então considerável, mesmo para as possibilidades do Estado e dos operadores de rádio, o que justificaria a abertura do capital à subscrição pública, prontamente assumida por vários bancos. No entanto, nos primeiros anos, a RTP seria sobretudo financiada graças a uma percentagem de 10% das taxas de radiodifusão cobradas pela Emissora Nacional de Radiodifusão. De facto, apenas em 1959, graças ao crescimento do número de aparelhos vendidos, as receitas da taxa de televisão (perto de 7 500 contos) seriam superiores à receita (pouco mais de seis mil contos) proveniente desta percentagem. As receitas da publicidade não ultrapassariam então os 1 489 contos aproximadamente (Relatório e Contas do Conselho de Administração da RTP relativo a 1959). Finalmente, considerou-se que o dinamismo exigível a uma empresa que utilizava uma nova tecnologia como a televisão era incompatível com *"as dificuldades burocráticas"* a que estavam sujeitos *"os organismos do Estado"*, como referia o citado relatório da Comissão liderada pelo Brigadeiro Luís de Pina. É verdade que a Emissora Nacional, criada, como se referiu, em 1935, se emancipara em 1940 da Direcção dos Serviços Radioeléctricos, quando foi publicada a sua primeira Lei Orgânica (DL 30 752), mas a sua estrutura permaneceria aparentemente incapaz de responder a um desafio dessa envergadura.

Seriam deste modo fundadores da RTP, o Estado, com vinte mil acções, representando um terço do capital social, um conjunto de nove operadores de rádio – o Rádio Clube Português, com 9260 acções, a Rádio Renascença (4630), os Emissores do Norte Reunidos (2310), o Rádio Clube de Moçambique (2310), os Emissores Associados de Lisboa (1400), a Rádio Ribatejo (30), a Rádio Pólo Norte (30), o Posto Emissor do Funchal (20) e a Rádio Clube de Angra (10) –, doze bancos – a Caixa Geral dos Depósitos, Crédito e Previdência (2150 acções), o Banco Nacional Ultramarino (2125), o Banco Espírito Santo e Comercial de Lisboa (2150), o Banco Fonsecas, Santos e Viana (2150), o Banco Lisboa & Açores (2150), o Banco Borges & Irmão (2150), o Banco José Henriques Totta (2150), o Banco Português do Atlântico (2150), o Banco Pinto & Sotto Mayor (1000), o Banco Burnay (1000), o Crédit Franco-Portugais (500) e o Banco of London & South America Lda. (300) e ainda Armando Stichini Vilela com 25 acções.

Stichini Vilela, director administrativo da Emissora Nacional, tinha feito parte da Comissão nomeada pelo Governo para o estudo da implantação da televisão e seria um dos membros do primeiro conselho de administração, em representação dos bancos. O conselho seria presidido por Camilo de Mendonça, um engenheiro de apenas 33 anos, e incluiria ainda Jorge Botelho Moniz, em representação das emissoras de radiodifusão.

Em 16 de Janeiro de 1956, no acto de outorga do contrato do serviço público de televisão à RTP, realizado no Palácio de S. Bento, no seu gabinete de Ministro da Presidência, Marcelo Caetano traçaria o objectivo fundamental da empresa: *"A televisão é um instrumento de acção, benéfico ou maléfico, consoante o critério que presidir à sua utilização. O Governo espera que os dirigentes do novo serviço público saibam fazer desse instrumento um meio de elevação moral e cultural do povo português"* (Cádima, 1996b:29).

2. A dependência do poder político

A participação minoritária do Estado no capital da RTP não impediu que o Governo assegurasse uma influência decisiva na estrutura e no quotidiano da empresa.

Como se analisará com maior detalhe (Parte II, Título 1), esse papel resultava não apenas do conjunto das normas que regulavam a estrutura e a actividade da empresa, e dos poderes de nomeação, fiscalização e orientação atribuídos ao Governo, mas igualmente do contexto político da época, em que avultavam, entre outros, alguns mecanismos de controlo da comunicação social, nomeadamente a censura prévia.

A total subordinação da empresa ao Governo impediria qualquer dissonância face à linha oficial do regime. A RTP seria igualmente um instrumento de mobilização da opinião pública, por exemplo, através das *Conversas em Família* de Marcelo Caetano. A escolha criteriosa dos colaboradores e a apertada vigilância, sobretudo sobre os conteúdos informativos, constituem exemplos deste controlo. *"A televisão é nos tempos correntes um instrumento essencial de acção política e nós não podemos hesitar na sua utilização – nem em vedar aos adversários da ordem social essa arma de propaganda"* – confessaria Marcelo Caetano numa carta a Ramiro Valadão, Presidente da RTP, em 28 de Dezembro de 1970.

Não se pode todavia comparar o modelo português então vigente com o modelo governamentalizado predominante nessa mesma época em alguns países do sul da Europa, como a França ou a Itália. Nos operadores públicos destes estados, existia uma clara distinção entre os conteúdos informativos – sujeitos a um controlo governamental – e a restante programação, onde imperava a liberdade dos profissionais da empresa, ainda que condicionada pela uma visão pedagógico cultural que entendia a televisão como um bem público (Musso, 2005:60) ou de acordo com os padrões paternalistas dos *standards* culturais das classes média-alta (Bustamante, 2003:167).

Entretanto, a importância da televisão consolida-se à medida que cresce a percentagem do território abrangido pelas emissões.

Em 1958, completada a primeira fase do plano de cobertura do território, as emissões eram recebidas por 60% da população e em 44% do território (Bívar, 1966:23). O número de televisores registados aumenta em média 2 mil por cada mês. (Teves, 2007).

Em 1960, a RTP emite 1285 horas e é recebida em 47 372 televisores registados, cujos proprietários pagam a correspondente taxa. O número de televisores registados está todavia longe de representar o universo de espectadores, a maior parte dos quais vê os seus programas favoritos em cafés e outros locais públicos.

A facturação publicitária, que no ano anterior não atingira os 4 mil contos, ultrapassa pela primeira vez os 10 mil contos (Relatórios e Contas da RTP de 1959 e 1960). Dez anos depois, a RTP 1 emite cerca de 3547 horas e o segundo canal, inaugurado no Natal de 1968, 888 horas. Há cerca de 370 mil receptores registados. As receitas publicitárias chegam perto dos 80 mil contos, oito vezes mais do que dez anos antes... A generalidade dos portugueses, que antes tinha acesso às emissões sobretudo nos cafés, começa a recebê-las maioritariamente em casa.

A partir de meados dos anos 60, a televisão chega a grande parte dos lares portugueses. De acordo com os dados da empresa referentes à rede de distribuição do sinal, publicados no Relatório e Contas de 1966, as emissões podem já ser vistas por 89,5% da população. A televisão tornara-se indiscutivelmente o mais influente meio de comunicação. Nas conversas do dia-a-dia, RTP confunde-se com televisão, já que todos vêem a mesma programação.

Na ausência de uma lei sobre a actividade de televisão – a primeira Lei da Televisão apenas entraria em vigor depois do 25 de Abril, em 1979 – a regulamentação relativa à RTP cinge-se então aos estatutos da empresa (DG, III Série n.º 303, de 31/12/55), e ao *contrato de concessão outorgado entre o Governo Português e a sociedade Radiotelevisão Portuguesa, sociedade anónima de responsabilidade limitada, relativo ao estabelecimento e exploração do serviço público de televisão em território português*, (DG, III Série, n.º 21, de 21/1/ /56), que aliás reproduzia textualmente as *Bases da Concessão*, publicadas no final de 1955 (DL n.º 40 341, DG, I Série n.º 226 de 18/10/55).

Nos estatutos, semelhantes ao de qualquer sociedade comercial da época, realce-se apenas a autorização concedida à RTP para o exercício complementar da exploração comercial de *"venda e aluguer de filmes com programas; venda e aluguer de aparelhos de televisão e de radiodifusão e seus acessórios; e serviço de assistência técnica aos aparelhos de televisão e de radiodifusão"* (art. 3.º).

O contrato de concessão incluía apenas duas modestas normas (art. 10.º) sobre obrigações de programação: *"A concessionária obriga-se a organizar programas de nível elevado, com a composição e a duração aconselháveis, de modo a preencher, nas melhores condições possíveis, as necessidades do público"* (n.º 1); *"Os programas deverão ter carácter essencialmente educativo, recreativo, cultural e de informação, dentro dos princípios morais e sociais instituídos pela Constituição Política da Nação"* (n.º 2).

Em 1972, é inaugurada a RTP-Madeira. Apenas três anos depois, já a seguir ao 25 de Abril, os Açores viam televisão pela primeira vez. Em ambos os arquipélagos, no entanto, eram produzidas emissões regionais cuja programação se baseava fundamentalmente na transmissão diferida de parte substancial das emissões da RTP, que, até 1997, abrangeriam assim, em directo, apenas o continente.

Em 1973, na fase final do regime, através do DL n.º 319/73, de 23 de Junho, o Governo abriria o caminho à instalação da RTP no Ultramar. Previa-se a constituição de empresas, onde a RTP e o Estado teriam pelo menos 51% do respectivo capital. Esta extensão da RTP ao *Ultramar Português* fora estudada pela empresa desde 1958 (Teves, 2007).

Paralelamente, concebia-se o incremento da produção nacional de programas tendo em vista *"as enormes e crescentes potencialidades do mundo de língua portuguesa"*, como sublinharia o deputado à Assembleia Nacional, Filipe Themudo Barata, no *aviso prévio,* apresentado naquele hemiciclo em Fevereiro de 1974, *"Sobre a televisão como serviço público e o regime da sua concessão em Portugal"*.

Nos fundamentos da figura regimental do *aviso prévio,* aquele deputado questionar-se-ia sobre as responsabilidades do Estado na programação da RTP. *"Num Estado de preocupações marcadamente sociais e constitucionalmente corporativo"* – referia Themudo Barata – *"pensa-se que as entidades que melhor possam representar os diversificados interesses morais e culturais do País deveriam ter directa e forte interferência nesta matéria"* (Diário das Sessões, 3.º Suplemento ao n.º 27, 13/2/74).

Dois meses depois do debate parlamentar, eclodia o 25 de Abril e, pouco tempo depois, a independência das ex-colónias. Nenhum destes projectos viria a ser concretizado.

Título II
O fim do monopólio e a era da concorrência

Capítulo I
As diferentes experiências europeias

1. As transformações nos monopólios televisivos

A escassez do espectro radioeléctrico, a fragilidade das economias e das indústrias audiovisuais, a traumatizante instrumentalização da rádio pelos regimes nazi-fascistas e comunistas e a vontade de controlar ou, pelo menos, vigiar meios potencialmente tão persuasivos, entre outras razões, justificaram que a rádio e, algumas décadas depois a televisão, se tivessem consolidado na generalidade dos países europeus como monopólios estatais, mesmo assumindo em cada um deles, como atrás se procurou demonstrar, origens, características e modelos organizativos bem específicos.

No entanto, as circunstâncias de natureza técnica, histórica, económica e política que os criaram e legitimaram não se viriam a perpetuar. Ao longo de várias décadas, mais cedo em alguns países que noutros, as inovações tecnológicas, o desenvolvimento económico, a internacionalização dos investimentos e dos mercados, o crescente impacto da televisão e a insanável contradição entre a adesão à economia de mercado e a manutenção de um monopólio televisivo geraram as condições para o seu inexorável fim.

As experiências dos serviços públicos de televisão num quadro monopolista foram todavia evoluindo desde o seu início, na maior parte dos países nos anos 50, até à implantação, em geral cerca de três a quatro décadas depois, de um sistema dual caracterizado pela coexistência de um serviço público com operadores comerciais. De facto, algumas das circunstâncias que conduziriam ao fim do monopólio do serviço público motivaram os governos e as próprias empresas a introduzirem importantes mudanças, antes mesmo do aparecimento desses novos operadores.

O desenvolvimento das tecnologias associadas à televisão permitiu a introdução da cor. As possibilidades oferecidas pelas novas frequências e o reconhecimento da diversidade de escolhas e gostos dos públicos induziram um progressivo alargamento dos horários de emissão e a criação de novos canais de âmbito nacional e igualmente regional. Estes segundos e mesmo terceiros canais de serviço público permitiriam aos operadores introduzir formas de concorrência interna ou adequar mais facilmente as grelhas de programas aos tipos de audiência. Em contrapartida, o substancial aumento das horas de programação envolveria um tal incremento dos custos que conduziria diversos operadores de serviço público a uma inevitável dependência das receitas publicitárias. Estas tornavam-se cada vez mais imprescindíveis à medida que, generalizando-se o consumo de televisão, diminuía o ritmo de crescimento das receitas provenientes da taxa, porque seria cada vez menor o número de famílias sem televisão ou, numa segunda fase, sem receptor a cores.

No início dos anos 60, algumas inovações determinam, de facto, mudanças assinaláveis na importância social e económica da televisão.

A televisão a cores, melhorando a qualidade das imagens, acentuava a crise do cinema e provocava um novo impulso na indústria de aparelhos.

Nos Estados Unidos, pioneiros na televisão a cores, a comercialização dos novos aparelhos inicia-se em 1956, tendo sido adoptado o sistema *NTSC (National Television System Committee)* (Miquel, 1984:240). .

A Europa dividiu-se entre dois sistemas: os franceses criaram o *SECAM (Séquenciel Couleur à Memoire)* que estreou as emissões do segundo canal em 26 de Novembro de 1964, cinco anos depois das primeiras experiências; os alemães desenvolveram através, da *Telefunken,* o sistema *PAL (Phase on Alternate Lines),* apresentado em

1963. A maioria dos países europeus, incluindo os do leste, adopta o sistema francês, mas a República Federal da Alemanha, a Bélgica, a Áustria, a Espanha, Inglaterra, Irlanda, Finlândia, Noruega, Suécia, Holanda e Portugal escolhem o *PAL*.

A *guerra das cores* torna-se um elemento essencial da diplomacia económica, reflectindo uma acesa rivalidade comercial (Miquel, 1984:242).

Na mesma década, o desenvolvimento tecnológico ofereceria também a possibilidade de transmissão de imagens utilizando frequências em *UHF*. Um dos argumentos que tinham conduzido ao monopólio televisivo – a escassez das frequências – ficava notoriamente enfraquecido, mas a inovação seria inicialmente aproveitada pelos próprios operadores públicos, que, um após outro, criam segundos canais.

A Itália em 1960, a Alemanha Federal em 1963, França e Inglaterra em 1964, a Espanha em 1966 passam a dispor de uma pluralidade de canais, permitindo aos responsáveis pelos conteúdos do serviço público de televisão fornecer alternativas mais sofisticadas à programação, muitas vezes considerada como excessivamente popular dos primeiros canais, reconciliando a televisão com as elites intelectuais. O exemplo destes países seria seguido em praticamente toda a Europa. Tratava-se igualmente de um primeiro reconhecimento da existência de uma pluralidade de gostos, cuja satisfação não poderia ser satisfatoriamente assegurada apenas por um só canal.

Na generalidade dos países europeus, os operadores públicos criariam igualmente canais de cobertura regional, reflectindo tendências descentralizadoras que ganham novo alento na década de setenta (Costa, 1986:166).

As experiências são muito heterogéneas, de acordo com as tradições administrativas e culturais dos diferentes estados, desde a Alemanha e a Espanha, onde os canais regionais representavam formas de afirmação regional até à França, país com uma incontestável tradição centralista.

O terceiro canal alemão, dependente da sociedade que gere a *ARD*, começou as suas emissões em 1964. O canal francês, que se chamaria *FR3*, foi lançado no último dia de 1972, com uma escassa programação regionalizada. Em Dezembro de 1979, iniciar-se-iam as emissões do terceiro canal da RAI, que incluiria programas de produção e difusão regionais, programas de produção regional difundidos por toda a rede nacional de emissores e programas produzidos centralizadamente e igualmente difundidos na rede nacional (Costa, 1986:171). Os diversos canais regionais espanhóis começaram a emitir ao longo da década de 80, fruto da aprovação da Constituição de 1978, que configurou o Estado espanhol como um Estado *"autonómico"*.

A generalidade dos serviços públicos europeus acolheria formas regionalizadas de televisão, embora nessa expressão possam caber situações bem diferenciadas, desde os centros de produção regional que apenas produzem para as emissões nacionais até às emissoras regionais que emitem programação própria, cuja concepção é totalmente independente de qualquer organização central nacional, passando por formas intermédias de produção e difusão regionais.

Ao mesmo tempo que se completavam os planos de cobertura nacional, que finalmente permitiriam a difusão nas zonas rurais de menor densidade populacional, os operadores públicos alargavam igualmente os horários de emissão, primeiro às manhãs, horas de almoço e tardes, depois prolongando-os pela madrugada.

O alargamento das horas de emissão continuaria a verificar-se pelos anos 80. Entre 1975 e 1985, a *TVE* aumentaria as horas de emissão em 150%. Outros canais teriam então já procedido a aumentos menores: a belga *RTBF* com um acréscimo de 39,4%, a *TF1* (22,4%), a *A2* (20,6%), a *FR3* (26,7%), a *RAI1* (29%%), a *RAI2* (25%) e a *ZDF* (28%) teriam igualmente aumentos significativos. A *BBC* teria neste período apenas um aumento de 14% (Lange e Renaud, 1988:101).

A utilização dos videogravadores, cujos modelos iniciais foram lançados pela empresa norte-americana *Ampex*, facilita a concretização desse passo, uma vez que permitirá aos operadores televisivos, a partir do início dos anos 60, gravar e montar programas, difundindo-os posteriormente com a qualidade de imagem rigorosamente igual à das transmissões directas, cuja *magia* constituíra um dos segredos do sucesso da programação inicial da televisão. Mais tarde, a comercialização dos videogravadores junto do público permitirá aos seus utilizadores o registo e posterior visionamento dos programas, o que constitui, de facto, uma primeira alternativa à imperatividade dos horários de programação televisiva estabelecidos pelos operadores. A conjugação dessa possibilidade com a exibição de filmes alugados em *clubes de video* reflectia afinal a procura de uma diversidade que a programação dos operadores públicos não consegue então oferecer satisfatoriamente.

A par da utilização da cor e dos videogravadores, uma terceira inovação contribuiria nessa época para a profunda transformação da televisão: a possibilidade de utilização dos satélites permitia a troca de programas ou simples notícias em difusão internacional e mesmo intercontinental.

Todas estas modificações decorrentes da evolução tecnológica – cor, *UHF*, videogravador, satélites – terão um efeito aparentemente perverso. Ajudam a conferir à televisão, mesmo no quadro do monopólio de um operador de serviço público, maior impacto e influência social. No entanto, o seu custo acrescido, nomeadamente com o substancial aumento das horas de programação, impele alguns deles a recorrer cada vez mais às receitas da publicidade, alargando o horário da sua emissão. A televisão tornava-se progressivamente uma indústria, o que acelerava a inevitabilidade do aparecimento de operadores comerciais.

2. As origens do fim do monopólio do serviço público

As modificações operadas na actividade televisiva, sobretudo a partir da década de 80, decorrentes de uma conjugação de factores de natureza técnica, económica, social e política, estenderiam a sua influência muito para além dos operadores de serviço público.

Ainda que a evolução da televisão não possa ser separada da tendência geral para a diminuição do papel do Estado na economia, ela assumiria características bem diferenciadas, não se traduzindo na privatização dos operadores de serviço público ou dos seus canais e serviços. Com a excepção do primeiro canal da televisão francesa – *TF1* – devida a circunstâncias políticas bem precisas que adiante se analisarão, do departamento de produção da *NOS* e, mais tarde, de alguns canais públicos nos países do leste europeu, a mudança consiste essencialmente, numa primeira fase, no licenciamento e na autorização de novos operadores, que passarão a concorrer com os operadores públicos, disputando-lhes audiências, programas e, na maioria dos países, receitas publicitárias.

De facto, mau grado algumas alegadas intenções de privatização, os governos não extinguem operadores ou canais de serviço público, que todavia se defrontam com um rápido crescimento do número de operadores e canais comerciais.

Se tomarmos apenas em conta os canais cuja emissão podia ser captada em mais de cinquenta por cento dos lares do respectivo país, entre 1980 e 1990 apenas a Alemanha (de 3 para 4), a Holanda, a Grécia e a Espanha (de 2 para 3, incluindo a rede de canais *autonómicos*) e a Dinamarca (de 1 para 2) viram aumentar o número de canais públicos. Em contrapartida, face à inexistência de operadores comerciais de âmbito nacional em 1980 (com excepção do Luxemburgo), o panorama em 1990 seria totalmente diverso: perto de trinta canais privados estavam a emitir nos 17 países da Europa Ocidental considerados neste quadro evolutivo, sendo então excepções Áustria, Dinamarca, Noruega, Portugal, Suécia e Suíça (McQuail e Siune, 1998:26).

A concorrência na actividade televisiva era encarada como factor de desenvolvimento e mesmo como condição para a existência de pluralismo. O *pluralismo interno,* que alguma doutrina – particularmente o Tribunal Constitucional alemão no seu Acórdão de 1961 – chegara a confirmar como plenamente assegurado pela mera existência de um serviço público atento à diversidade de gostos e representativo da pluralidade social e sobretudo política, seria considerado insuficiente, sobretudo face à inesgotável riqueza e variedade da oferta televisiva que se esperava da aplicação das leis do mercado.

O fim do monopólio do Estado na televisão e a consequente abertura da televisão a operadores comerciais constituíam dessa forma um aspecto da *desregulamentação* em curso em vários sectores da economia. Aplicada à televisão, a palavra *desregulamentação,* de resto sem expressiva utilização na doutrina portuguesa, revestia-se, no entanto, de evidente ambiguidade: as licenças atribuídas a novos operadores eram acompanhadas, em alguns casos, de regras complexas e exaustivas, como as constantes dos cadernos de encargos dos novos operadores comerciais franceses e do elenco de obrigações impostas à britânica *ITV*.

Ao mesmo tempo, o aparecimento de novos operadores televisivos suscitava a criação de *autoridades administrativas independentes* autónomas face ao Governo e à administração dele dependente. Criados a partir dos anos 80 em quase todos os países europeus, estes organismos teriam atribuições de arbitragem da concorrência entre operadores públicos e comerciais, de escolha independente dos novos operadores, tarefa que deste modo não devia ser realizada pelos governos, e, em alguns países, de fiscalização e garantia da independência dos operadores públicos face ao poder político. Actuavam no novo espaço de actuação da rádio e da televisão, mas a sua intervenção era, de forma geral, posterior às significativas alterações que suscitariam o licenciamento de novos operadores e o consequente fim do monopólio dos operadores públicos.

Uma relevante parte dessas alterações era de índole técnica – aumento do número de frequências hertzianas terrestres disponíveis, difusão por satélite e através de redes de cabo. Diminuía significativamente a legitimidade do monopólio baseada na raridade das frequências adstritas à difusão de televisão.

Regulamentada a nível internacional pela União Internacional das Telecomunicações, que responsabiliza os diferentes Estados pelo cumprimento dos mapas estabelecidos, a distribuição de frequências destinadas à difusão do sinal de televisão constituíra durante muitos anos um dos argumentos legitimadores do monopólio fundado na escassez do espectro radioeléctrico.

No entanto, o exemplo norte-americano, permitindo a utilização da mesma frequência em pontos diferentes do território, desde que com uma potência reduzida, viria a demonstrar a relativa elasticidade do mapa radioeléctrico, já comprovada com o alargamento para as *Ultra High Frequencies (UHF)*.

Em Itália, depois de reafirmar a validade do monopólio da RAI na difusão hertziana mesmo a nível local, o Tribunal Constitucional viria a reconhecer, dois anos depois, em 1976, a compatibilidade de um limite no número de frequências com a existência de "*uma disponibi-*

lidade suficiente para permitir a liberdade de iniciativa económica", cujo aproveitamento se faria inicialmente a nível local.

A difusão de emissões televisivas através das redes de cabo e de satélites de difusão directa contribuiria, em plenos anos 80, para o aumento do número de canais disponíveis num significativo número de lares europeus, colocando definitivamente em causa o argumento da escassez do espectro radioeléctrico como legitimador do monopólio dos operadores públicos.

Depois das primeiras experiências, realizadas em 1948-49, em Astoria, Oregon (Estados Unidos), como forma de ultrapassar obstáculos físicos à difusão do sinal (Bustamante, 2003:175), na Europa, a difusão das emissões de televisão através do cabo iniciou-se na Bélgica em 1961, devido a dificuldades na rede de difusão hertziana terrestre para a cobertura de zonas do vale do Meuse. Também na Suíça, o cabo visou inicialmente suprir dificuldades de cobertura de algumas regiões, dada a montanhosa orografia do país.

No entanto, a televisão por cabo desenvolver-se-ia nestes países, na Holanda, e mais tarde igualmente na Irlanda e na Áustria, sobretudo como forma de distribuição de canais de países vizinhos com afinidades linguísticas. Aliás, a possibilidade de acesso a uma diversidade de canais, quase todos de operadores públicos, constituiria até, paradoxalmente, um travão à criação de canais comerciais, devido aos efeitos da fragmentação das audiências (e do mercado publicitário...) provocada pela oferta das redes de cabo no previsível menor sucesso do investimento em novos canais.

Depois da Bélgica, onde o cabo permitiu a difusão do número de canais suficientes para acolher a programação das diferentes comunidades linguísticas do país e dos países limítrofes (canais franceses na região da Valónia e canais britânicos e alemães na Flandres), seguiram-se outros exemplos semelhantes: na Holanda, o cabo distribuiu os canais ingleses e alemães, na Irlanda, os ingleses, na Suíça, os franceses e os alemães e na Áustria, os programas alemães (Andre Lange in Bustamante e Monzoncillo, 1999:143).

A instalação de redes de cabo teve lugar mais rapidamente em países industrializados e com maior densidade populacional e ainda onde a oferta de canais televisivos era mais diversificada. No entanto, na generalidade dos países, a sua implantação deveu-se a imperativos de política industrial relacionados com a *era da informação* e como forma de desenvolver novas infraestruturas relacionadas com o desenvolvimento e a competitividade da indústria nacional, muito mais do que como resultado de uma política de comunicação social. A televisão por cabo representou mesmo, em alguns países, sobretudo uma forma de atrair consumidores para a adesão e o financiamento dos projectos relacionados com as *autoestradas da informação* (Atkinson in Atkinson e Raboy, 1997:22).

A expansão das redes de cabo nos diferentes países europeus far-se-ia assim em ritmos muito diversos. Em 1987, Bélgica, Holanda, Suíça e Luxemburgo tinham mais de dois terços dos lares ligados a uma rede de cabo, Noruega e Irlanda perto de um terço, Áustria, Dinamarca, Finlândia, Alemanha e Suécia variavam entre cerca de 13 e 21 por cento e França com 0,5% e Grã-Bretanha com 1,2% registavam valores muito baixos.

O ambicioso *Plan Cable* francês, lançado pelo Governo em 1982 no início da *era Miterrand*, e o plano inglês, aprovado pelo *Cable and Broadcasting Act* de 1984, que pelo contrário recorria ao investimento privado, redundaram em clamorosos fracassos. Em França, a fraca adesão terá resultado da concorrência de novos canais comerciais, difundidos por redes hertzianas terrestres e do *Canal+,* emitido por satélite em sistema de *pay tv*. Na Grã-Bretanha, o cabo defrontou-se com uma agressiva concorrência dos canais emitidos por satélite pela *British Satellite Broadcasting (BSB)* e pela *SkyTV*, de Rupert Murdoch, empresas que, em 1990, criariam a *BSkyB*. Em contrapartida, na Alemanha Federal, o maior desenvolvimento do cabo resultou da difusão de novos canais comerciais.

Em 1992, a generalidade dos países apresentava percentagens mais elevadas, como sucedia na Suécia (50,2% dos lares), na Dinamarca (50%), na Finlândia (42%) e na Alemanha (32,5%) (Humphreys, 1996:165).

A maior ou menor adesão à distribuição de canais televisivos através da ligação a uma rede de cabo esteve, na maior parte dos países, relacionada com a oferta de televisão por satélite. Onde esta recebeu maior adesão, como foram os casos francês e inglês, a difusão por cabo foi relegada para segundo plano.

De qualquer forma, essa *rivalidade comercial* não impediu uma complementaridade *técnica* na forma de distribuição do sinal de televisão. A generalização das transmissões por satélite permitiu às redes de cabo difundirem canais oriundos de outros países. Em Agosto de 1988, trinta canais eram *fornecidos* por satélites de telecomunicações às redes de cabo europeias (Lange e Renaud, 1988:12).

O desenvolvimento da difusão de emissões por satélite sofrera um considerável impulso com o lançamento pelos Estados Unidos do satélite de telecomunicações *Telstar* em Julho de 1962, permitindo pela primeira vez uma transmissão transatlântica.

Em 1969, graças à sua rede de satélites, a *Intelsat* tinha capacidade para difundir imagens para todos os continentes, embora a fraca potência dos sinais emitidos pelos satélites impusesse a sua captação por estações terrestres para posterior retransmissão nas redes hertzianas ou de cabo.

No entanto, a entrada em funcionamento de uma segunda geração de satélites, de *difusão directa,* cujo sinal podia ser captado por pequenas antenas instaláveis em cada habitação por um custo relativamente acessível, permitiria as condições técnicas e sociais necessárias à generalizada difusão de canais de televisão através do satélite. Estava assim criada uma situação até aí inédita – a difusão televisiva supranacional, que poria irremediavelmente em causa a concepção da política audiovisual como indissociável da plena soberania de cada Estado. Aliás, intensificam-se então os esforços de harmonização técnica e jurídica das transmissões por satélite. O primeiro satélite de difusão directa foi o alemão *TV-Sat,* lançado em Novembro de 1987, mas falhas técnicas impediriam o seu funcionamento (Lange e Renaud, 1988:12).

A difusão hertziana terrestre já propiciara uma inevitável difusão transfronteiriça das emissões, embora em pequena escala. Os belgas podiam desde há muito receber emissões francesas, os austríacos podiam ver a televisão alemã, muitos irlandeses eram espectadores da BBC, tal como em algumas regiões portuguesas se observava a televisão pública da vizinha Espanha. De um modo geral, em muitas regiões fronteiriças europeias recebia-se com suficiente *definição* a imagem dos canais públicos vizinhos.

Em 1992, 17% dos lares austríacos, 14% dos britânicos e 11,5 dos alemães ocidentais tinham antenas parabólicas (Humphreys, 1996:169) Um estudo da *Pan-European Television Audience Research* indicava que as audiências dos canais por satélite tinham duplicado durante o ano de 1989 (Traquina, 1998:2).

O relativo sucesso da difusão por satélite, potenciado pelo baixo custo das antenas de recepção, teria, no entanto, consequências bem mais relevantes: a criação de um espaço audiovisual europeu, que induziria o aparecimento de vários canais supranacionais, a generalizada difusão em países estrangeiros de alguns canais públicos, mas igualmente dos primeiros canais comerciais originariamente de cobertura nacional – como a *ITV* ou o *RTL* – e a imperiosa necessidade de desenvolver um quadro jurídico e técnico homogéneo de âmbito europeu.

O intercâmbio de forma organizada de programas entre os operadores públicos foi promovido inicialmente pela *Eurovisão,* criada em 1954, com uma troca de dezanove programas, a maior parte dos quais desportivos, entre a França, o Reino Unido, a Alemanha, a Bélgica, a Holanda, a Dinamarca, a Itália e a Suíça. Entre 1957 e 1959, adeririam à Eurovisão também o Luxemburgo, o Mónaco, a Suécia, a Noruega, a Jugoslávia e a Finlândia (Costa, 1986:126). A *Associação da Televisão Comercial* – ACT seria criada em Novembro de 1989 pela *TF1, CLT, ITV, SAT1* e pela *Fininvest* de Berlusconi.

Das três primeiras experiências de associação de operadores públicos nasceram a *TV5,* que depois de 1984 associou os canais públicos franceses (*TF1, A2 e FR3),* a *RTBF* e a *SSR;* o *3-Sat,* cujas emissões começaram em 1985, reunindo a *ZDF,* a *SRG* e a *ORF;* e a *Europa TV,* que emitiu entre Outubro de 1985 e Dezembro de 1986 sob a responsabilidade dos operadores públicos *RAI, NOS, RTE, ARD* e *RTP.*

Em Agosto de 1988, existiriam mais de 20 canais comerciais difundidos por satélite para vários países europeus, entre os quais canais desportivos (como o *Screen Sport* inglês), de filmes (como o *Filmnet* holandês), dirigidos aos públicos infantis (como o *Children's Channel* inglês) ou musicais como o *MTV,* criado em 1987, difundido pelo satélite *Astra* e captado quatro anos depois em 28 países europeus. Em 1989, seria criado um canal desportivo que teria grande popularidade: em 1991, o *Eurosport* podia ser visto em 24,2 milhões de casas.

A possibilidade de captar as emissões de uma maior diversidade de canais, entre os quais um conjunto de estações estrangeiras, não implicava que os europeus deixassem de manifestar uma incontestável preferência pelos canais do seu país, o que significava, no curto prazo, uma clara identificação com os operadores públicos, mas já deixava antever um desejável espaço para a televisão comercial.

Em 1989, a audiência alemã, que tinha acesso à televisão por cabo, e por esta via aos canais emitidos por satélite, repartia-se da seguinte forma: canais nacionais e regionais recebidos por via hertziana (53,3%), canais nacionais recebidos via satélite (45,3%), canais estrangeiros recebidos via satélite (1,4%). Richeri (1993:68) apontava três conjuntos de razões para esta esmagadora preferência pelos canais nacionais: a afinidade linguística e cultural, os hábitos e o estilo de vida; a lei do menor esforço, que prevalece nas actividades de tempos livres e entretenimento como o consumo de televisão; e o facto de os canais nacionais, mesmo dos pequenos países, investirem muito mais na programação do que os internacionais. Richeri exceptuava desta tendência os canais internacionais vocacionados para as comunidades linguísticas, identificando cinco: a alemã com quase 90 milhões de indivíduos na Alemanha, Áustria, Suíça, Luxemburgo, Bélgica e Liechtenstein; a francesa com mais de 60 milhões em França, Bélgica e Suíça; a inglesa, com quase 60 milhões no Reino Unido e na Irlanda; a italiana, com 57 milhões em Itália e na Suíça; e a holandesa com 20 milhões na Holanda e na Bélgica.

A criação de televisões comerciais alojadas em países diversos daqueles para onde se pretendia dirigir a sua programação reflectia então já uma incontestável contradição entre as expectativas dos investidores do sector audiovisual e de crescentes sectores da opinião pública e a legislação em vigor na maioria dos estados europeus.

A *RTL,* emitindo do Luxemburgo para a Bélgica e para a *Lorraine* francesa, a *Télé Monte Carlo (TMC),* emitindo do Mónaco para o sul da França e, depois de 1974, também para a Itália, a *Tele Capodistria,* da Jugoslávia para a Itália, a *RTL Plus,* do Luxemburgo para a Alemanha Federal, e a *Tele Uno,* da Itália para o Tirol austríaco, constituíram exemplos desta difusão transfronteiriça, que em alguns casos tinham a óbvia intenção de combater o monopólio da televisão pública (Lange e Renaud, 1988:54).

O facto não podia deixar de ter consequências, mesmo a nível internacional. Assim, depois de cinco anos de complexas negociações, a Comunidade Europeia aprovaria em 1989 a Directiva "*Televisão sem Fronteiras*", que obrigava os Estados membros, respeitadas algumas normas, nomeadamente sobre a publicidade e o conteúdo da programação, a admitir canais e serviços provenientes de outros países comunitários.

A difusão transnacional de alguns canais, sobretudo comerciais, consolidada posteriormente pelas regras da Directiva comunitária, tornaria cada mais complexa a situação dos países onde vigorava ainda o monopólio do operador público de televisão, tanto mais que não era facilmente defensável que à opinião pública desses países fosse tecnicamente possível e permitido visionar canais comerciais estrangeiros e, em contrapartida, vedado aceder aos propostos na sua própria língua pelos investidores do seu país.

O crescimento económico a que a Europa assistiria a partir de meados dos anos 50 oferecera as condições adequadas para tornar a televisão um negócio cobiçado e apetecível, a exemplo dos Estados Unidos da América. Não faltaram, a partir dessa época, sobretudo nos países de maior crescimento e riqueza, estudos que pretendiam comprovar as potencialidades da televisão comercial.

Na Grã-Bretanha, o Governo optaria por um sistema misto, criando a *ITV*. Na República Federal da Alemanha, foi o Tribunal Constitucional que travou as pretensões do Governo do chanceler Adenauer, que visava retirar competências aos estados federados na definição da política de televisão. Em Itália, também é o Tribunal Constitucional que numa primeira sentença trava os partidários da abertura à iniciativa privada.

Na década de 70, uma crise de crescimento gerada pela saturação do desenvolvimento do mercado de aparelhos de televisão, com reflexos na estagnação das receitas da taxa, obrigaria os operadores públicos a recorrerem crescentemente à publicidade comercial.

Foi, de facto, muito rápido, embora desigual, o crescimento do número de aparelhos de televisão nos diferentes estados europeus. O milhão de aparelhos foi atingido pela Grã-Bretanha em 1952, pela

Alemanha em 1957 e pela França em 1958. Em 1959, a Grã-Bretanha tinha já 10 milhões, número atingido pela Alemanha em 1964 e pela França em 1970 (Costa, 1986:96). De acordo com dados do Ministério da Informação e Turismo espanhol, relativos a 1969, existiriam na Suécia 296 receptores por cada mil habitantes, contra 283 na Grã-Bretanha, 247 na República Federal Alemã, mas apenas 122 em Espanha, 31 em Portugal e 6 na Grécia (Laffond e Merayo, 2006:83).

Nos anos 70, o crescimento nestes países tornar-se-ia bem mais lento. Na Alemanha Federal, o número de licenças de televisão, que crescera 27% em 1962 face ao ano anterior, aumentaria apenas 4,5% em 1972, dez anos depois (Mahle e Richter, 1975:82). Noutros países, o crescimento é mais lento. Na Suécia, por exemplo, o número de televisores por cada cem habitantes passa de 22 em 1963 para apenas 31,2 em 1972 (Furhoff, Jönsson e Nilsson, 1975:79).

A posse de receptores varia igualmente de forma clara, pelo menos em alguns países, de acordo com as classes sociais. Em Espanha, em 1969, enquanto 98% das classes com maiores rendimentos tinham já pelo menos um receptor de televisão, apenas 30% dos menos abastados podiam beneficiar do mesmo *luxo* (Laffond e Merayo, 2006:415).

O recurso às receitas da publicidade pelos operadores públicos não decorria apenas da estagnação do crescimento da taxa, originada pela generalização dos aparelhos de televisão. O aumento do número de canais, dos horários de programação e dos próprios custos de produção, as isenções do pagamento da taxa a reformados, pobres e desempregados, promovidas em alguns países, e a evasão ilícita ao pagamento, muitas vezes associada a estas medidas, contribuíam para um impasse, agravado pela relutância de muitos governos em aumentar a taxa, pelo menos de forma a acompanhar o ritmo da inflação.

O recurso à publicidade ou o aumento do seu espaço, que a generalidade dos operadores públicos conquista entre 1965 e 1970, não constituiu então o único recurso. As dificuldades de tesouraria impuseram a adopção de critérios de gestão mais eficientes, que a prosperidade anterior tinha secundarizado. Uma das consequências consistiu no crescente recurso à produção externa, alegadamente mais eficaz e com menores custos do que a oferecida pelas estruturas internas das empresas.

Todas estas alterações no contexto económico e orgânico dos operadores públicos de televisão criariam, todavia, as condições para uma forte contestação ao seu monopólio.

O acesso à publicidade comercial criava dificuldades aos outros órgãos de comunicação social, especialmente à imprensa, que passaria a ter um poderoso concorrente na angariação de anunciantes. Os proprietários da imprensa começaram por defender a proibição da emissão de publicidade pela televisão. Revelando-se, porém, pouco realista impedir os espaços publicitários na televisão pública ou mesmo o seu aumento, uma vez que aos governos agradava a possibilidade de não serem obrigados a compensar essa eventual proibição com uma impopular subida dos montantes da taxa, restava ao *lobby* da imprensa defender a abertura da televisão à iniciativa privada e a ela concorrer, aproveitando a sua experiência nos *media* e conseguindo deste modo partilhar as receitas publicitárias televisivas.

A crescente influência da televisão, designadamente expressa no crescimento do número de lares dotados de receptores, atraía cada vez mais anunciantes. De acordo com Berlusconi (entrevista em 1985 ao *Le Monde*) "*uma boa televisão proporciona um suporte de qualidade à publicidade, que faz aumentar as vendas dos bons produtos; as vendas permitem aumentar os investimentos e criam novos postos de trabalho*" (Cortés, 1999:33). No entanto, a necessidade de negociar preços de difusão com um operador em situação de monopólio constituiu uma limitação que não existiria num mercado concorrencial de televisão.

As associações de anunciantes constituir-se-iam deste modo num poderoso grupo de pressão favorável ao fim do monopólio, conscientes de que essa seria uma condição essencial para o alargamento do mercado publicitário e a consequente quebra do preço da publicidade. Em 1980, as associações europeias ligadas à publicidade e aos *media*, entre estas a *Communauté des Associations des Editeurs de Journaux (CAEJ)* e o *European Group of Television Advertisers (EGTA)* criaram a *European Advertising Tripartite – EAT*, grupo de pressão que visava lutar por uma mercado publicitário concorrencial na Europa (Humphreys, 1996:172).

O recurso à produção externa por parte dos operadores públicos acabaria por ter um efeito de *boomerang*. A criação de uma indústria audiovisual geraria igualmente um poderoso aliado das correntes defensoras da abertura, que ambicionam então beneficiar de um mercado alargado e concorrencial, essencial ao seu desenvolvimento e prosperidade.

As indústrias ligadas aos equipamentos audiovisuais e os meios financeiros, alicerçados na opinião de muitos analistas que vêem no desenvolvimento das indústrias associadas à televisão um sector com significativas potencialidades para os investidores e um importante vector de crescimento económico, contribuiriam igualmente para este movimento de alargamento do mercado da televisão.

O crescimento da economia europeia e a evolução das tecnologias associadas à difusão da televisão não constituíram, todavia, condições suficientes para o fim do monopólio dos operadores públicos. Este manteria raízes, sobretudo, em importantes sectores da opinião pública, sobretudo nos meios políticos da esquerda e nos sectores culturais temerosos do modelo comercial americano e do enfraquecimento do que consideravam ser um importante bastião da cultura e da identidade nacionais.

A defesa da continuidade desse monopólio revelar-se-ia impossível.

As virtudes do *pluralismo interno,* garantido através de uma empresa monopolista, como forma suficiente de garantir a diversidade e a representatividade das correntes de opinião de uma sociedade, eram postas em causa, face ao *pluralismo externo*, assegurado por uma multiplicidade de operadores.

No plano dos princípios, identificava-se liberdade de expressão com *liberdade de empresa* – o direito de constituir empresas, e monopólio com restrição à liberdade. O monopólio deixava de ser uma componente essencial ou mesmo inseparável do conceito de serviço público. Considerava-se que, face à heterogeneidade do público – ou dos públicos...–, a concorrência e o confronto entre operadores constituíam a única forma de garantir o pluralismo e satisfazer os seus gostos e preferências.

No relatório da Comissão Peacock, que o governo britânico criou para estudar o financiamento da BBC, podia ler-se que *"o objectivo fundamental da política televisiva deveria ser (...) o de aumentar tanto a liberdade de escolha do consumidor como as oportunidades dos produtores de programas de oferecerem ao público formatos alternativos"* (Peacock, 1986:28).

A abusiva identificação da televisão do Estado com uma televisão do Governo, sobretudo comum nos países do sul da Europa, incitaria também as oposições políticas a reclamarem alternativas, procurando na diversidade de operadores o pluralismo inexistente no operador público.

A submissão da *ORTF* ao poder político constituiu um dos temas do *Maio de 68* em França. A contestação ao monopólio televisivo ganharia mais adeptos nos anos 80, quando alguns líderes da direita europeia, como Kohl ou Thatcher, reagem à crise económica com políticas neoliberais, seguindo a *"reaganomics"* norte americana e erigindo a ideologia da concorrência como padrão.

A onda de privatizações em sectores chave da economia, designadamente nas telecomunicações, fortaleceria também a posição dos adversários do monopólio, uma vez que o esforço de desenvolvimento da sociedade da informação, de que todos os governos se reclamavam, implicava um aproveitamento de todas as oportunidades proporcionadas pelas novas tecnologias.

A internacionalização da televisão criaria igualmente um contexto desfavorável aos defensores da continuidade do seu monopólio televisivo.

A expectativa criada pelo acesso a canais de outros países constituiu um importante argumento dos defensores da abertura da televisão à iniciativa privada. No entanto, a adesão do público aos canais estrangeiros viria a desmentir esse *entusiasmo,* já que, exceptuando os casos singulares de países de língua comum – a adesão dos alemães a um canal luxemburguês em língua alemã ou dos austríacos face a um canal comercial alemão, entre outros exemplos – o *share* desses operadores nunca foi relevante.

A difusão extra fronteiriça de um número crescente de canais, proporcionada sobretudo pela conjugação do cabo e do satélite, obrigaria as instâncias europeias a um esforço de harmonização legislativa. A Comissão Europeia, crescentemente sensível às questões da concorrência entre operadores públicos e privados, encarava a televisão sobretudo numa *"lógica de mercado"* (Wieten, Murdock e Dahlgren, 2000:26).

Ao mesmo tempo, o Conselho da Europa, fiel ao princípio da livre circulação de informações e ideias previsto no artigo 10.º da Convenção Europeia dos Direitos do Homem e do Cidadão, as associações profissionais europeias, como a UER e a *European Advertising Tripartite,* e os diferentes Estados europeus, obrigados a adaptar a regulamentação nacional de forma a permitir a recepção de canais estrangeiros, criam progressivamente um espaço audiovisual europeu, cuja principal característica consistia numa crescente circulação dos serviços televisivos (Lange e Renaud, 1988:61).

Os primeiros exemplos de países que iniciam o processo de abertura da televisão à iniciativa privada – desde os casos específicos da Grã-Bretanha e da Finlândia aos exemplos da Itália e, mais tarde, da França e da Alemanha Federal – generalizam a ideia da inevitabilidade do derrube dos velhos monopólios públicos.

À medida que, uns após os outros, os governos vão abrindo a televisão aos operadores comerciais e à concorrência, mais penosa se tornaria a situação dos governos que resistem a essa mudança, defendida em todos os países em nome da modernidade, da liberdade de escolha e do pluralismo, por um conjunto de sectores empresariais e políticos, com um crescente apoio da opinião pública.

3. O início da televisão comercial e as suas diversas experiências

O inexorável fim do monopólio estatal da televisão em todos os países da Europa, que constitui a mais marcante evolução da política para o audiovisual entre os anos 60 e 90 do século passado, assumiu, no entanto, características bem específicas, consoante os países onde se foi sucessivamente verificando.

O estudo sobre as circunstâncias, os protagonistas e os aspectos formais que marcaram essa mudança revelam essa diversidade, tornando mais complexa qualquer tentativa de a sistematizar.

As épocas em que a mudança se verificou – desde o modelo britânico e, mais tarde, a *anárquica* explosão de novos operadores em Itália ou as experiências francesa e alemã, no início dos anos 80, seguida dos países dotados de desenvolvidas redes de cabo (Holanda e Bélgica) até à abertura, no início dos anos 90, nos países escandinavos e nalguns países da Europa do Sul (Grécia, Portugal e Espanha) e, mais tarde, a verificada nos países do leste europeu decorrente da *implosão* do bloco soviético – oferecem-nos condições técnicas, económicas e políticas bem diversas.

Os modelos de abertura variam entre a forma controlada como foi realizada na Grã-Bretanha e em França, onde os operadores privados ficariam obrigados a cumprir um rigoroso caderno de encargos, ou até pela original concepção vigente em Espanha, segundo a qual toda a actividade televisiva, mesmo a privada, é considerada, embora sem grandes consequências, como *serviço público essencial*, até ao formato bem mais *liberal* dos países do leste.

Os principais protagonistas da mudança exprimem, na sua variedade, a profusão de experiências: os juízes de alguns tribunais constitucionais (exemplos da Itália e Alemanha); os *lobbies* da imprensa, que visam alargar a sua actividade à televisão (Itália, Alemanha, Bélgica, Dinamarca e Espanha); os anunciantes, para quem a televisão privada constitui um meio indispensável (Itália, Finlândia e Espanha); os partidos da direita política, por convicção ideológica ou contestação a uma pretensa maior identificação do operador público com a esquerda (Alemanha, Dinamarca, Noruega, Grécia), mas também alguns partidos de esquerda, como forma de liderar um processo inevitável (Itália, França e Espanha); os sectores ligados às telecomunicações (Alemanha); as multinacionais, desde a *CLT,* que a partir do Luxemburgo influenciaria a televisão em vários países limítrofes, como a Alemanha, a Bélgica e a Holanda, até aquelas que, nos países do leste europeu, se aproveitam da fragilidade das respectivas economias para ocuparem o espaço das suas congéneres nacionais.

4. O novo contexto televisivo e as diferentes respostas do serviço público

A entrada da televisão na era do pluralismo concorrencial alterou profundamente o seu papel na economia e na sociedade. A televisão passa a ser então, sobretudo, um sector de actividade económica, sujeito como outros às regras de mercado, dependente das suas necessidades de desenvolvimento, deixando de constituir, como aconteceu em vários países, um mero departamento estatal.

O fim dos monopólios de difusão e sobretudo de programação dos operadores de serviço público traduziu-se no aparecimento de operadores privados, de assumida vocação comercial, mas representaria igualmente a diminuição do papel do Estado, que mais do que organizador passa a assumir essencialmente um papel regulador, e a progressiva substituição de uma doutrina baseada no conceito de interesse geral por uma outra baseada na predominância das leis do mercado (Lange e Renaud, 1988:22).

O número de novos operadores licenciados varia de país para país e está dependente, sobretudo, da dimensão do mercado publicitário e, em alguns Estados, igualmente da disponibilidade dos mapas de frequências. Além disso, conforme adiante se analisará, esse número não deixaria de aumentar com o desenvolvimento da indústria audiovisual e graças às condições de emissão proporcionadas pelas novas plataformas, do cabo ao satélite, e ao advento da era digital.

As mudanças no contexto televisivo não ficam por aqui. Cresce a oferta, graças a novos operadores, mas igualmente ao aumento dos horários de emissão. A televisão, enquanto indústria, ganha definitivamente uma dimensão internacional, devida ao carácter transnacional de muitas emissões, à progressiva inclusão nas grelhas de programação de conteúdos ou *formatos* produzidos ou concebidos noutros países e à presença, em muitos mercados nacionais, de operadores e de produtoras com capital estrangeiro. Ultrapassando a taxa, a publicidade assume o papel determinante no financiamento da televisão, mesmo de muitos operadores públicos e, inevitavelmente também nas escolhas dos programadores, tanto mais que ela *procura* as grandes audiências e a satisfação das camadas sociais com maiores índices de consumo. Associada aos aumentos dos horários de emissão, a concorrência entre operadores inflaciona os custos de programação. Fragmenta-se o consumo de televisão, agora dividido entre vários operadores rivais, diminuindo a influência, o efeito de coesão social dos operadores públicos e também a função político ideológica de muitos deles.

Na era da concorrência, a televisão continuará a ser um fluxo contínuo de programas sequencialmente organizados e disponibilizados por um operador. O seu consumo será ainda durante alguns anos meramente passivo, sem qualquer interacção. O seu acesso é, numa primeira fase, gratuito. Mais tarde, começarão a emitir canais cujo visionamento fica sujeito a pagamento específico, o que criará uma diferenciação social e cultural face aos que não acedem a esses conteúdos.

Para os operadores públicos de televisão, os desafios são agora outros. Defrontam-se com empresas concorrentes frequentemente integradas em grupos económicos fortes, com experiência na área da comunicação social e, muitas vezes, de âmbito multinacional. São agora obrigados a disputar, no nascente mercado da indústria de televisão, conteúdos e formatos televisivos, direitos de transmissão dos grandes espectáculos desportivos e, também, as vedetas do ecrã. Para fazer face ao acréscimo de custos, não podem contar com um aumento das receitas da taxa, uma vez que, a partir dos anos 70, o número de famílias com televisor atinge já valores muito elevados e os governos dificilmente decidem pedir aos cidadãos contribuintes que financiem mais uma televisão pública que eles vêem agora menos. As suas estruturas, moldadas na época do monopólio e baseadas num financiamento seguro e previsível decorrente da taxa e, na maioria dos casos, das receitas da publicidade, são agora visivelmente demasiado pesadas, custosas e pouco preparadas para tempos de concorrência e competição, o que obrigaria a difíceis e polémicas medidas de reestruturação interna das empresas. Estão sujeitos a uma *fiscalização popular* particularmente exigente: os espectadores, contribuintes através do pagamento da taxa, consideram-se legitimados para exigir mais qualidade à *sua televisão*.

Os responsáveis pela programação deparam com novas exigências: não basta optar por uma oferta adequada às funções pedagógico culturais do serviço público e, em alguns países, aos desígnios político ideológicos dos governos. Importa agora conhecer os gostos e preferências do público espectador, ter em conta a programação dos concorrentes, assegurando o interesse e a fidelização da audiência, suficientes para legitimar a existência e o próprio contributo dos cidadãos para o financiamento do operador público. Importa igualmente conciliar a qualidade inerente ao serviço público com a popularidade que o legitime e assegure a sua influência no conjunto da oferta televisiva, conseguindo aquilo que para muitos será uma *equação* dificilmente alcançável – *a televisão popular de qualidade*. E, ainda, conjugar os *formatos televisivos* destinados ao *grande público*, que garantam o seu tradicional papel de coesão social, com a programação diversificada que atinja igualmente os públicos minoritários, inevitavelmente secundarizados ou mesmo esquecidos pelos operadores comerciais. Ou saber ultrapassar as consequências da tendência para uma certa uniformização de conteúdos, que facilita a sua exportação para os mercados internacionais, com prejuízos para a sua criatividade, para a expressão das culturas nacionais e impede a procura da inovação e do risco inerentes aos novos *formatos televisivos*, ainda não testados noutros países ou noutros operadores.

Para os decisores políticos, a evolução do panorama televisivo, devida a circunstâncias económicas e técnicas, que se lhes impuseram, obriga à aprovação de um novo quadro jurídico, onde avultam, em relação ao serviço público, a garantia de um financiamento adequado e previsível e a definição das suas missões, agora num quadro concorrencial. Em relação aos tempos do monopólio televisivo, torna-se crucial assegurar a legitimidade do serviço público, face a concorrentes privados que contestarão com crescente veemência o seu financiamento mediante dotações públicas e a partilha, mesmo com limites mais exigentes, do mercado publicitário. Essa legitimidade exigirá uma diminuição ou mesmo o fim da publicidade comercial e uma clara distinção na programação, que os operadores privados gostariam que se aproximasse da emitida pelos operadores públicos norte-americanos, de conteúdo marcadamente educativo e cultural, mas reduzida audiência.

A era da concorrência faria mergulhar a generalidade dos operadores públicos numa situação bem difícil. Sucedem-se os estudos e as análises sobre os novos desafios que lhe são impostos. Entre os mais detalhados e citados, Richeri (1993:47 e segs.) refere-se a crises de legitimidade, financeira e de identidade; Achille (1994:10) a crises de identidade, de financiamento e de funcionamento; e Bustamante (1999:58 e segs.) situa-a nos terrenos económico-financeiro, político e sócio-cultural.

Não faltariam igualmente as apreciações sobre a forma tão díspar como os governos e os diferentes operadores públicos europeus reagiram aos desafios do novo contexto televisivo. De uma forma geral, os operadores públicos tiveram de optar por uma destas duas alternativas estratégicas: o reforço da suas missões de serviço público, correndo o risco de marginalização, ou a procura da *maximização comercial* da sua oferta, diminuindo a sua legitimidade social e política (Bustamante, 2003:168).

A concorrência entre operadores públicos e privados introduziria um novo factor no sector televisivo: as recorrentes queixas de muitos operadores privados face a uma alegada *concorrência desleal* a que estariam sujeitos em muitos estados europeus. De facto, o financiamento dos operadores públicos, além das receitas provenientes da taxa, por fundos públicos e, ainda, pela exploração da publicidade, embora, em alguns deles, com acesso temporalmente mais limitado, suscitaria frequentes protestos de operadores privados, obrigando, a partir dos anos 90, à intervenção das instâncias europeias, como se analisará na Parte II, título 2.

Ao mesmo tempo, as instituições europeias enfrentavam o crescente carácter transnacional das emissões e da produção audiovisual.

A intervenção do Tribunal Constitucional Europeu, em 1974, devido ao *caso Sacchi* – apreciação da legalidade da actividade de um operador privado italiano – constituiria, desta forma, apenas a primeira apreciação de uma instância europeia, a que se seguiria o documento, de Junho de 1984, da então ainda designada *Comunidade Económica Europeia, Televisão Sem Fronteiras – livro verde para o estabelecimento de um mercado comum audiovisual, especialmente para o satélite e o cabo*, que visava criar um amplo mercado audiovisual europeu que competisse com a forte indústria audiovisual norte--americana.

A era da concorrência, cujas características fundamentais se foram acentuando à medida que crescia o número de operadores privados, segmentando a oferta televisiva, sofrerá novo e decisivo impulso com o advento das tecnologias digitais, como adiante se analisará.

Capítulo II
O fim do monopólio televisivo em Portugal

1. As especificidades portuguesas

No nosso país, um diversificado conjunto de motivos específicos acresce às razões de natureza histórica, técnica, económica e política que explicam a permanência durante décadas, na generalidade dos países europeus, de um monopólio dos operadores públicos nacionais na rádio e depois igualmente na televisão, desde a sua criação até pelo menos aos anos 80.

Entre esses motivos, avulta desde logo um de natureza político ideológica: antes de 1974, o monopólio da RTP decorria também do apertado controlo imposto a toda a comunicação social.

Todavia, a existência de um monopólio da RTP seria raramente posta em causa, incidindo as críticas da oposição democrática sobretudo sobre a existência de uma apertada censura prévia. Não existe qualquer referência a propostas da oposição ao regime que visassem a criação de um operador concorrente da RTP.

Paradoxalmente, nesse período anterior ao 25 de Abril, o monopólio da RTP seria apenas questionado na Assembleia Nacional, através dos deputados da *Ala Liberal*. Pinto Balsemão defenderia mesmo que um dos princípios em que deveria assentar uma futura lei da rádio e da televisão seria o da *"livre concorrência"*. Na sua intervenção, proferida em 7 de Dezembro em 1972, Balsemão, afirmando que *"a concepção que defendo de uma sociedade portuguesa democrática e participada implica a utilização pluralista da rádio e da televisão"*, faria uma dura crítica à situação existente naqueles meios: *"enquanto durarem as dificuldades de concessão de emissoras de rádio e continuar o monopólio da RTP, enquanto não houver permanente acesso à televisão e à rádio tanto para informar como para ser informado, enquanto os programas forem escolhidos de acordo com critérios puramente comerciais ou defensores apenas do modo de ver de uma corrente política, enquanto os bons profissionais tiverem de trabalhar lado a lado com oportunistas, enquanto persistirem as várias censuras internas e externas – não podemos esperar que a rádio e a televisão desempenhem a missão que lhes compete perante a comunidade* ("*Diário das Sessões*" de 9/12/72, p. 4038 e segs.).

Mais tarde, em Fevereiro de 1974, o deputado Mota Amaral apresentaria um requerimento ao Governo perguntando se "*foram efectuados, ou estão em curso, quaisquer estudos sobre a concessão de licenças de instalação de novas estações emissoras de televisão, quando terminar o exclusivo da actual concessionária RTP*" e "*qual a orientação adoptada pelo Governo nesta matéria*" ("*Diário das Sessões*" n.º 29 de 15/2/74).

Antes, em 1970, os deputados da *Ala Liberal* Sá Carneiro, Pinto Balsemão, Mota Amaral, Miller Guerra, Magalhães Mota e Correia da Cunha, tinham apresentado um projecto de Revisão Constitucional (n.º 6/X). Embora limitasse a liberdade de fundação a empresas jornalísticas, editoras e noticiosas (art. 23.º, n.º 6), o projecto incluía uma norma (art. 23.º) sobre a rádio e a televisão onde se estabelecia que elas seriam "*organizadas por lei com os seguintes objectivos; 1.º Comunicação entre todos os portugueses; 2.º Objectividade da informação; 3.º Prioridade dos programas educativos*" (Diário das Sessões, supl. ao n.º 59, 19/12/70). A revisão constitucional não acolheria estas propostas, pelo que o texto da Constituição não incluiria qualquer referência à televisão.

A política para este meio seria ainda debatida em dois *avisos prévios*, figura regimental que permitia a qualquer deputado requerer a possibilidade de intervir no período *antes da ordem do dia*, apresentando previamente o sumário do discurso que projectava fazer.

O primeiro, "*sobre meios de comunicação social e problemática da informação em Portugal*", requerido três anos antes da sua realização pelo deputado Magalhães Mota, pertencente à *Ala Liberal*, permitiu, durante cinco sessões entre 30 de Janeiro e 7 de Fevereiro de 1973, várias intervenções críticas sobre a situação da informação.

Mais tarde, em Fevereiro de 1974, o deputado Filipe Themudo Barata, apresentaria um novo *aviso prévio* em que se questiona se seria conveniente manter a estrutura da RTP, onde o Estado detém então apenas uma parte do capital social, e se "*será suficiente a faculdade que o Estado reservou para si quanto a programas – uma simples função de fiscalização – ou senão se tornaria vantajoso tentar encontrar novas soluções, mesmo quanto à forma de orientar a própria programação"*. *"Num Estado de preocupações marcadamente sociais e constitucionalmente corporativo"* – acrescenta o deputado – *"pensa-se que as entidades que melhor possam representar os diversificados interesses morais e culturais do País deveriam ter directa e forte interferência nesta matéria"*. Face à intenção de criar empresas televisivas no *"Ultramar"*, com a participação da RTP, preconiza-se ainda o incremento *"em quantidade e qualidade"* da produção nacional de programas, *"pensando nas enormes e crescentes potencialidades do mundo de língua portuguesa"* (*"Diário das Sessões"*, 13.º supl. ao n.º 27, 13/2/74).

Depois do 25 de Abril, os contextos político e económico não modificariam substancialmente a situação da televisão, sob o ponto de vista da continuidade do monopólio do operador público. Num quadro europeu ainda profundamente marcado pelo referido conjunto de razões, que explicam a prolongada duração dos monopólios das empresas de serviço público, o período revolucionário vivido em Portugal até ao final de 1975 e a profunda retracção do investimento privado, que a ele esteve associado, tornariam inimaginável qualquer candidatura a uma empresa comercial de televisão.

A exiguidade do mercado da comunicação social tinha antecedentes longínquos.

Portugal tivera no passado evidentes características de natureza política – um longo período de censura, que tornava distantes as épocas de liberdade durante o século XIX e no primeiro quartel do século XX, sobretudo depois da instauração do regime republicano em 1910, mas igualmente de natureza cultural, que afastavam o país das sociedades industriais desenvolvidas, designadamente a faceta basicamente urbana e elitista da imprensa, fruto de elevadas taxas de iliteracia funcional e mesmo de analfabetismo (Agee e Traquina, 1988:31).

Mesmo no período subsequente ao 25 de Abril, a comunicação social não se assumiria na sua plenitude como uma actividade económica ou como um contra poder ou um quarto poder, mas seria antes, sobretudo, uma correia de transmissão do poder político partidário. De facto, como pano de fundo que explica a tardia e tímida implantação do sector privado dos média em Portugal está a circunstância de a comunicação social ter sido encarada durante muito tempo, quer no período ditatorial que antecedeu a revolução de 1974, quer no conturbado período que se lhe seguiu, quer ainda já com a democracia pluripartidária solidamente implantada, sobretudo como um instrumento político e não como uma indústria (Mesquita, 1987:64).

Além disso, o contexto pós-revolucionário induziria ainda uma situação inédita no quadro da Europa Ocidental. A nacionalização da banca, concretizada em Março de 1975 por motivações claramente políticas, acarretou a nacionalização indirecta de grande parte dos principais jornais portugueses, que a partir do final dos anos 60 tinham passado de empresas familiares para a propriedade dos grupos económicos liderados por entidades bancárias. Passaram desta forma para o controlo estatal os jornais *O Século*, com as publicações nele integradas (*Vida Mundial, Século Ilustrado e Modas e Bordados*), *Diário Popular, Jornal do Comércio, Comércio do Porto* e *A Capital*. Já dependiam do Estado, antes do 25 de Abril, através da *Caixa Geral dos Depósitos*, o *Diário de Notícias* e o *Jornal de Notícias*. O *Diário de Lisboa*, embora a maioria do seu capital fosse privado, também ficou ligado ao Estado, através da quota que pertencia ao *Banco Nacional Ultramarino*.

No sector privado, permaneceriam apenas o *Expresso, A República*, que poucos meses depois seria encerrada, e o *Primeiro de Janeiro* (Mesquita, 1987:7).

De qualquer forma, a consolidação do regime democrático e a crescente afirmação da liberdade de expressão e do direito à informação, limitada embora pela tradicional governamentalização deste alargado sector público, não seriam suficientes para minorar os efeitos na comunicação social dos atrasos estruturais da sociedade portuguesa, particularmente visíveis na exiguidade do mercado e na diferença entre as audiências televisivas e as dos jornais.

O número de jornais diários em Portugal – 45 por cada mil habitantes – era, no início da década de 80, o mais baixo dos países da Europa, bem atrás da Espanha (79 jornais por dia em cada mil habitantes) e da Grécia (102) (Reis e Nunes, 1994:384).

A concorrência da televisão, a falta de hábitos de leitura da grande maioria da população, associada ao então relativamente elevado analfabetismo funcional e o aumento do custo dos jornais (de 2,5 escudos para 40 escudos entre 1974 e 1987) (Reis e Nunes, 1994:385) explicam a fragilidade da imprensa, agravada pela consequente preferência dos anunciantes pelos meios audiovisuais – em 1985, 56% do investimento publicitário escolhia a televisão, face a 27% na imprensa e 17% na rádio (na Europa, no mesmo ano, 58% para a imprensa, 22,9% para a televisão e 5,5% para a rádio) (Mesquita, 1987:37 e Agee e Traquina, 1988:69).

A existência de um sector público de comunicação social, mas sobretudo a sua hegemonia – no início dos anos 80, incluía a principal imprensa diária, a agência noticiosa (ANOP), a monopolista RTP e a Radiodifusão Portuguesa (RDP), que repartia com a Rádio Renascença um duopólio radiofónico – impediam na prática o desenvolvimento de qualquer outro grupo empresarial no sector. Havia então uma única excepção – a Igreja Católica, à qual estavam ligados, além da referida Rádio Renascença, algumas centenas de publicações periódicas de natureza confessional e âmbito regional ou local espalhadas por todo o país.

A existência de um monopólio televisivo e a irrisória difusão dos produtos audiovisuais portugueses no Brasil e nos fragilíssimos mercados das ex-colónias portuguesas em África constituíram barreiras ao desenvolvimento da indústria audiovisual, mau grado a apetência dos espectadores por um *prime time* falado em português, decorrente da elevada taxa de analfabetismo funcional e da ausência de qualquer tradição de dobragem de filmes ou séries. Desta forma, o grande sucesso da televisão portuguesa seria, durante mais de duas décadas, a exibição das telenovelas...brasileiras produzidas pela *TV Globo*.

Num período marcado por uma *revolucionária* hostilidade aos grupos económicos privados, a existência de um hegemónico sector público em todos os meios de comunicação social de âmbito nacional, não chegando a ser teorizada ou abertamente defendida, também não era criticada.

A estreita ligação da RTP ao regime deposto não implicaria assim qualquer proposta para encontrar uma empresa alternativa ou concorrente, nem criaria qualquer preconceito sobre a sua utilização como televisão do novo regime, tanto mais que as chefias e muitas das *caras* do *écran* tinham sido quase imediatamente afastadas a seguir ao 25 de Abril. Em todo o *país político*, na comunicação social e na própria gíria popular, as expressões *RTP* e *televisão* são então indistintamente usadas.

A inexistência de grupos económicos ligados ao sector dos media, associada à profunda retracção do investimento privado e da actividade publicitária, oferece o restante cenário para a inevitável continuação do monopólio televisivo.

Sintomaticamente, as duas primeiras tentativas para quebrar esse monopólio – em 1978, da Rádio Televisão Independente (RTI) e dois anos depois, da Igreja Católica – surgiriam de entidades que não tinham, no seu arranque, motivações essencialmente comerciais.

Em 1982, seria o próprio Governo a considerar a criação de um terceiro canal de âmbito nacional vocacionado para a educação, aproveitando a experiência da TV Escolar e Educativa, a *Telescola*, que emitia nas tardes dos dias úteis, através da RTP (Ministério da Educação, 2008:195).

A iniciativa coube ao então Ministro da Educação, Prof. Fraústo da Silva, durante o seu curto mandato nessa pasta, de Junho de 1982 a Junho de 1983. O Governo, liderado por Pinto Balsemão, aprovaria mesmo, em 4 de Dezembro de 1983, uma resolução que criava um grupo de trabalho incumbido de elaborar, num prazo de 90 dias, um relatório em que se analisaria *"o interesse, a conveniência e a viabilidade técnica e financeira da criação de uma estrutura própria para a rádio e a televisão educativa, explicitando as medidas necessárias ao seu correcto dimensionamento e financiamento"*.

O projecto, que visava a constituição de um operador de fundos públicos independente da RTP, viria a ser apresentado ao Conselho de Ministros em Abril de 1983. No texto, aliás, referia-se que a RTP não dera *"o mínimo auxílio"* ao trabalho daquele grupo (*Expresso* de 16/4/83).

No entanto, a crise na coligação governamental (PSD/CDS) precipitara a realização de eleições e a consequente mudança de governo – Mário Soares toma posse como primeiro-ministro em 9 de Junho de 1983, pelo que o projecto não viria a ter qualquer sequência.

Na fase final dos anos 80, o cenário da comunicação social portuguesa sofre mudanças assinaláveis.

O contexto económico, dinamizado pela recente integração portuguesa na Comunidade Económica Europeia e a vontade do Governo liderado por Cavaco Silva conduzem então à privatização da imprensa estatizada. Em 1988 e 1989, foram realizados os concursos públicos de venda dos jornais *A Capital* e *Diário Popular* e das participações públicas nas empresas proprietárias do *Record*, do *Jornal de Notícias* e do *Comércio do Porto*. Em 1991, foi vendida a empresa proprietária do *Diário de Notícias* (Helena Sousa in Pinto, 2000:35).

Esta privatização proporciona a criação de grupos económicos ligados à comunicação social, que a utilizam como fonte de receitas e de influência.

O mercado publicitário beneficia com o crescimento da economia, mas mostra, ao contrário de outros países, uma clara preferência pela televisão como veículo difusor.

Dados de 1983, que não sofreriam alterações significativas, assinalam que 56% do investimento publicitário era canalizado para a televisão, face a 27,4% para a imprensa e 13,3% para a rádio. A média europeia era bem diversa: 22,9% para a televisão, 58% para a imprensa e 5,5% para a rádio (Mesquita, 1987:37). Dados da *European Adevertising & Media Forecast International*, relativos a 1987, confirmariam a continuação desta singularidade portuguesa: 53,6% do investimento publicitário escolhia a televisão, contra 29,9% para a imprensa, 8,6% para a rádio e 7,9% para a publicidade *outdoor* (Francisco Rui Cádima e Pedro Braumann, revista *Publicidade e Marketing*, n.º 40, Outubro de 1990, págs 32 e segs.).

A evolução tecnológica nas suas diversas vertentes (a generalização das antenas parabólicas que permitem a recepção de canais estrangeiros e o acesso à televisão espanhola nas regiões mais próximas da fronteira, mas também o imparável aparecimento de centenas de rádios locais *piratas*) tornariam, entretanto, crescentemente insustentável a continuação do monopólio estatal, já politicamente contestado pela maioria dos partidos – sobretudo os oposicionistas... – e condenado por uma opinião pública cada vez mais ávida de alternativas à RTP.

Simbolicamente, seria na mesma revisão constitucional de 1989, que foram revogados os preceitos que impunham tanto a irreversibilidade das nacionalizações como o monopólio estatal da televisão.

No final da década de 80, apesar de tudo mais cedo do que em alguns outros países europeus, Portugal assistia ao princípio do fim do *velho* monopólio televisivo, que cairia *de facto* com o início das emissões da SIC em 6 de Outubro de 1992.

2. A origem do obstáculo constitucional

A redacção do preceito constitucional – *"A televisão não pode ser objecto de propriedade privada"* (art. 38.º, n.º 6) –, que assegurou, até aos anos 90, o monopólio da RTP, não constituiu então objecto de qualquer polémica. Votada em 29 de Agosto de 1975, em pleno *Verão quente*, na vigência do V Governo Provisório, que merecia uma firme oposição do Partido Socialista e de todas as forças políticas situadas à sua direita, a norma recolheria o voto favorável de todos os grupos parlamentares, tendo apenas a abstenção de um único deputado, Marcelo Rebelo de Sousa. Durante o debate no plenário da Assembleia Constituinte, este deputado do PPD apresentara uma proposta, em nome do seu grupo parlamentar, segundo a qual a televisão seria objecto de *"propriedade de empresa pública autónoma"*. Não era assim posta em causa a propriedade pública da televisão. Todavia, essa proposta teria apenas os votos favoráveis do seu partido.

O texto aprovado, proposto pela Comissão dos Direitos e Deveres Fundamentais – comissão parlamentar que tinha como missão promover uma primeira apreciação dos diferentes projectos de Constituição e apresentar uma proposta de articulado para apreciação pelo plenário da Assembleia – retomava, nesta matéria, a norma (art. 49.º, n.º 5) constante do projecto de Constituição apresentado pelo PCP.

No entanto, antes de votarem favoravelmente a proposta da Comissão, dois partidos – CDS e PPD – deixariam entrever alguma abertura à titularidade não pública da televisão. No seu projecto de Constituição, o CDS incluía, aliás, uma norma (artigo 56.º n.º 2) segundo a qual seriam *"admitidas as organizações e empresas privadas que se proponham exercer a liberdade de expressão, sem prejuízo da sua regulamentação por lei e da sua fiscalização pelo Estado"*. Por sua vez, no projecto do PPD (artigo 23.º) dispunha-se que *"o estatuto regulador das emissoras de televisão e radiodifusão garantirá a sua utilização pelas entidades públicas e privadas representativas de interesses colectivos e correntes de opinião, salvaguardando o pluralismo das ideias e das confissões"*.

Os outros partidos defendiam posições bem diversas. No projecto do MDP/CDE (artigo 45.º), previa-se que "*a exploração da televisão compete exclusivamente ao Estado*", justificando-se essa medida com a necessidade de "*impedir os grupos de pressão contra-revolucionários de manipularem e desvirtuarem os meios de comunicação social*" e com o interesse público de que se reveste aquele meio "*na formação da consciência democrática e socialista dos Portugueses*". Os projectos do PS e da UDP omitiam qualquer referência à televisão.

Esta aparente abertura à televisão privada não impediria, todavia, aqueles dois partidos do centro direita de votarem favoravelmente a norma proposta pela Comissão, sem que tivessem sentido qualquer necessidade de explicar essa mudança nas declarações de voto pronunciadas, quer no momento da aprovação das propostas de sistematização do texto constitucional, quer a seguir à votação do próprio articulado do artigo.

Na declaração de voto sobre a proposta do PPD, que preconizava que "*a televisão seria objecto de propriedade de empresa pública autónoma*", o deputado do CDS, Adelino Amaro da Costa, afirmaria todavia que o seu partido votara a formulação proposta pela Comissão, na medida em que ela, "*revestindo a fórmula negativa, permite o encontro de soluções jurídicas positivas diversificadas*", acrescentando que "*como sabemos, há outras figuras que até eventualmente poderão acautelar de forma mais exemplar o desiderato "pluralismo" de independência e de isenção da televisão*"(DAC n.ᵒˢ 30, de 13/8/75, e 39, de 29/8/75).

Recorde-se, entretanto, que no Programa do PPD, aprovado pouco tempo depois do 25 de Abril, se afirmava que, quanto à rádio e à televisão, "*seria de evitar tanto o monopólio do Estado como a liberdade de criação de empresas capitalistas*". Preconizava-se, por isso, que "*apenas empresas de Direito Público e sem fins lucrativos e controladas por organismos democraticamente designados pelos utentes deverão ser autorizadas a emitir*" (ponto 7.1). Este texto estaria formalmente em vigor até 1990, altura em que o programa foi profundamente alterado, mas tinha deixado de ser há muito tempo um documento de referência para o partido.

3. As primeiras tentativas de quebrar o monopólio

3.1. *A candidatura da RTI (Rádio e Televisão Independente)*

A primeira tentativa de quebrar o monopólio televisivo da RTP surge em Maio de 1978. Um conjunto de personalidades politicamente conotadas com a direita e a extrema-direita, liderado por um antigo presidente da RTP, João Tomás Rosa, funda a RTI. Entre elas, além de Tomás Rosa, contavam-se Vera Lagoa, Sanches Osório, Galvão de Melo, Odette de Saint-Maurice, Orlando Vitorino, Salvador Caetano, Américo Leite Rosa e o ex-primeiro ministro Pinheiro de Azevedo.

Com um capital social de 270 mil escudos, repartido por 174 sócios, o grupo começaria por requerer ao Governo, através do Ministro da Comunicação Social, "*a concessão, por meio de contrato a celebrar com o Estado, de autorização para o estabelecimento de um terceiro canal de rede de transmissão nacional de televisão ou, em alternativa, para a exploração integral do segundo canal que já se encontra em regime de aproveitamento parcial pela RTP*" e ainda "*a concessão de autorização para a exploração da televisão por cabo*". Os requerentes manifestavam também a ambição de se tornarem produtores de televisão.

Sobre o requerimento apresentado, o então Ministro da Comunicação Social, Almeida Santos, exararia um despacho admitindo que a sua assessoria técnica poderia para "*o efeito proceder a consultas junto da RTP*". Subscrito pelo Conselho de Administração presidido por João Soares Louro, o parecer de 24 páginas concluiria, por sua vez, "*que a falta de seriedade espelhada na argumentação desenvolvida pela RTI só tem correspondência na insubsistência jurídica das pretensões por ela manifestadas*", pelo que "*outra solução*" não haveria que não fosse a de indeferir o requerido.

Uma carta de Vitoriano Rosa, um dos fundadores da RTI, ao Presidente da República Ramalho Eanes, em 15 de Junho de 1977, apresentaria de forma mais clara o propósito da iniciativa (RTI, 1978:42).

Por um lado, os proponentes expunham as suas ideias relativamente à programação. A carta era acompanhada por um projecto de mapa-tipo, integralmente preenchido com programas portugueses, propondo-se uma emissão entre as 18h30 e as 23 horas nos dias úteis e a partir das 14 horas no fim-de-semana. O noticiário internacional do telejornal (chamado *"o que aconteceu hoje"*) seria limitado à leitura dos respectivos títulos incluídos na imprensa vespertina (RTI, 1978:47-53).

Por outro lado, a RTP era duramente criticada. Argumentando contra a *"Televisão única"* e *"o monopólio salazarista-caetanista--gonçalvista-soarista da Televisão"*, os candidatos, que nada adiantavam sobre a origem dos recursos financeiros necessários para os seus objectivos, obedeceriam a motivações inseridas num plano marcadamente político-ideológico.

Um dos seus principais mentores, o capitão Tomás Rosa fora, aliás, demitido do cargo de presidente da RTP em 1 de Março de 1977, pelo então Secretário de Estado da Comunicação Social, Manuel Alegre, na sequência de um inquérito à actividade da administração da empresa sobre as suas responsabilidades na divulgação de um documento assinado por 22 jornalistas sobre alegada censura no Telejornal. Cerca de duas semanas depois, o inquérito seria todavia arquivado, mas Tomás Rosa já fora substituído por Edmundo Pedro. (*"O Diabo"*, de 14/8/79).

Organizados numa sociedade cooperativa, a *Rádio e Televisão Independente – Sociedade Cooperativa de Responsabilidade Limitada*, os candidatos à televisão privada intentariam também uma acção declarativa de simples apreciação contra o Estado, pretendendo que fosse reconhecido *"o direito de as sociedades cooperativas poderem ser proprietárias de meios televisivos, de estações de televisão e outros instrumentais a tal actividade conducentes, podendo produzir e emitir os programas gerados pela sua actividade"*. A candidatura da RTI baseava-se no facto de o próprio texto constitucional prever a existência de um sector cooperativo, a par dos sectores público e privado e de ele não impor a propriedade pública da empresa de televisão, limitando-se apenas o artigo 38.º, n.º 6 a proibir a propriedade privada (RTI, 1978:7-11).

A pretensão da RTI não passaria das instâncias judiciais, sendo contraditada nas sucessivas réplicas e tréplicas do Estado, argumentando o Ministério Público, entre outras razões, que era "*abusivo concluir que no art. 38.º, n.º 6 da Constituição se pretende que a televisão possa ser explorada pelo sector cooperativo como meio de produção*" (RTI, 1978:14). De nada valeria também um requerimento – que não obteria resposta – apresentado no Ministério das Finanças em 2 de Julho de 1978, solicitando autorização para lançar uma subscrição de acções através dos bancos.

A alegada ambiguidade da norma constitucional terminaria em Novembro de 1979, com a aprovação da Lei da Televisão (Lei n.º 75//79, de 29 de Novembro), o primeiro diploma legal que regulamentava a actividade televisiva no nosso país. No artigo 2.º, visava-se claramente impedir as pretensões da RTI: no n.º 1 desse artigo, dispunha-se que "*a radiotelevisão só pode ser objecto de propriedade do Estado*" e no n.º 2, definia-se a radiotelevisão como um serviço público "*objecto de concessão a empresa pública*".

A lei obteve apenas os votos favoráveis do PS e do PCP, tendo o PSD e o CDS votado contra.

O PSD apresentara a debate um projecto de lei (167/I), que obteria na generalidade os votos favoráveis do PS e do PSD e a abstenção do CDS e da UDP. Neste projecto, definia-se televisão como "*serviço público do povo português*" (art. 3.º, n.º 1), dispunha-se (art. 3.º, n.º 3) que "*o serviço público de televisão não pode ser objecto de propriedade privada*", mas as empresas titulares desse serviço público poderiam "*contratar, em regime de concessão devidamente autorizado pelo Estado e fixado por lei especial, a exploração de programas de televisão por quaisquer empresas públicas, privadas e cooperativas ou outras entidades sem fins lucrativos*"(art. 4.º, n.º 1). O projecto incluiria uma norma (art. 4.º, n.º 3) ainda mais clara: "*...a eventual concessão a empresas privadas, cooperativas ou mistas só pode ser autorizada por lei da Assembleia da República*".

O debate sobre os diplomas, coincidente com a discussão na generalidade de um *pacote* de projectos sobre a comunicação social, incidiu apenas muito lateralmente sobre a questão da propriedade privada da televisão. Numa das intervenções finais, já no segundo dia consagrado ao debate na generalidade, o deputado do PCP, Vital

Moreira, apontou a inconstitucionalidade que consistiria na possibilidade de concessão da actividade de televisão a entidades não públicas, que também a iniciativa do PS não afastava explicitamente ("*A Radiotelevisão constitui um serviço público e pode ser objecto de concessão em termos a definir por lei especial*" – art. 2.º, n.º 2). Informado pela *bancada* socialista de que essa fórmula não revelava qualquer intenção de permitir a concessão a entidades privadas, o PCP votaria favoravelmente o projecto socialista, mas foi precisamente esse esclarecimento que motivou o PSD a abster-se na votação da iniciativa socialista, de acordo com a declaração de voto formulada pelo deputado Nandin de Carvalho (DAR n.ºs 79 e 80, I Série, 4 e 5/7/79).

3.2. O projecto de Televisão da Igreja Católica

Em 29 de Dezembro de 1980, o Patriarcado de Lisboa formalizou junto do então primeiro-ministro, Pinto Balsemão, o pedido de concessão de um novo canal de televisão para a cobertura da região da Grande Lisboa. Era invocada a Concordata bem como a norma constitucional (então o n.º 4, hoje o n.º 5 do art. 41.º) que garante às confissões religiosas "*a utilização de meios de comunicação social próprios para o prosseguimento das suas actividades*".

O Cardeal Patriarca de Lisboa, D. António Ribeiro, justificaria a opção inicial por um canal regional: "*Parece-me que uma rede nacional de televisão seria impossível à Igreja. Por isso, aquilo que pedi era uma estação local, que hoje não implica essa despesa de meios. Há numerosíssimas experiências e, sobretudo com o auxílio de publicidade ou coisa do género, podem-se manter. De outra forma não*" (entrevista à *Revista da Casa do Pessoal da RTP*, n.º 5, Setembro/Outubro de 1985). A ideia de um canal limitado à Grande Lisboa, por iniciativa do Cardeal Patriarca de Lisboa e não da Conferência Episcopal, terá causado algum mal-estar no seio da Igreja (artigo de António Mega Ferreira, *Igreja: apenas uma "estação local"*, *Expresso* de 9/11/85, págs 16-R e 17-R).

Iniciava-se desta forma a pretensão da Igreja Católica de obter no meio televisão aquilo que nos anos 30 conseguira com a Rádio Renascença, um condomínio Estado-Igreja no meio rádio. Recorde-se que a Rádio Renascença, cujas emissões diárias tinham começado em 1 de Janeiro de 1935, participaria na fundação da RTP, da qual seria accionista até à sua nacionalização em 1975.

A iniciativa da Igreja teve, no entanto, alguns antecedentes assinaláveis: em Julho de 1974, a Rádio Renascença transmitira ao Presidente da Junta de Salvação Nacional, General Spínola, o seu interesse em se candidatar a um canal de televisão (Lucas e Martins, AESE, 1994). De acordo com o mesmo documento da AESE, em Fevereiro de 1980, e (ou) de acordo com os jornalistas do Expresso (edição de 17.3.90, p. 20-R), José Pedro Castanheira e Mário Robalo, em plena campanha eleitoral para as legislativas de Outubro de 1980, poucos meses antes de falecer, o primeiro-ministro Francisco Sá Carneiro terá oferecido à Igreja, através da Rádio Renascença, a exploração do 2.º canal da RTP.

Tal como acontecera com a RTI, a iniciativa do Patriarcado de Lisboa não visava a exploração televisiva para fins prioritariamente comerciais. Por outro lado, embora fosse proposta a concessão de um terceiro canal, a necessidade de erguer uma nova rede nacional de emissores levaria a Igreja a aceitar, em alternativa, a concessão do segundo canal da RTP.

A resposta governamental à solicitação da Igreja seria favorável.

Numa primeira fase, o Governo começou por solicitar aos requerentes a fundamentação do pedido, pelo que seria apresentado um segundo documento com uma versão já fundamentada em 6 de Abril de 1981 (intervenção do Secretário de Estado da Presidência do Conselho, Marcelo Rebelo de Sousa, no debate parlamentar, DAR, I Série, n.º 45, de 3/2/82, págs. 1840 e 1846). Mais tarde, o Governo constituiria uma comissão encarregada de estudar as implicações jurídicas do projecto, composta por Margarida Salema, constitucionalista e deputada do PSD, Carlos Sousa Brito, administrador da Tobis, ex-secretário de Estado da Comunicação Social e ex-administrador da RTP, e Fausto Quadros, jurista da Presidência do Conselho de Ministros (José Júdice, *"A Televisão dos Cardeais"*, Expresso de 31/10/ /1981, p. 31-R).

Na véspera de Natal de 1981, o primeiro-ministro Pinto Balsemão, através de um despacho, considerava não existir *"impedimento constitucional ao pedido do Patriarcado"* e pedia à Igreja a indicação da pessoa de direito eclesiástico *"que assumirá a titularidade ou a concessão em causa"*.

Porém, pouco mais de um ano depois da data do requerimento da Igreja, em 21 de Janeiro de 1982, o Conselho de Ministros aprovaria a Proposta de Lei n.º 80/II, em cujo artigo único se incluía uma norma (que teria o n.º 3), estabelecendo que *"Poderá ser atribuído à Igreja Católica um canal de radiotelevisão, em termos a regulamentar por decreto-lei e de acordo com o presente diploma, excepto na parte incompatível com as finalidades e a autonomia próprias daquela entidade"*. Por outro lado (n.º 2 do mesmo artigo), a proposta referia que, *"quando propriedade do Estado"*, a televisão constituía um *"serviço público"*, o que permitiria concluir que se pretendia abrir a possibilidade de uma excepção, ou seja de um canal que, não sendo estatal, não seria integrado no âmbito do *serviço público*. De resto, numa terceira norma do mesmo artigo, visando salvaguardar princípios conotados com o serviço público, determinava-se que, *"para defesa dos valores culturais do País"*, seriam aprovadas em Decreto-Lei *"normas disciplinadoras da quantificação e selecção qualitativa de programas com base na literatura, na música e, em geral, nos valores da cultura portuguesa"*

Na exposição de motivos da proposta, sublinhava-se *"o papel extremamente significativo, em alguns casos determinante"* da Igreja Católica na História de Portugal e *"o objectivo de valorização e fortalecimento da sociedade civil"*, ao mesmo tempo que se assegurava que a fórmula jurídica encontrada, que decorria da *"situação específica da Igreja Católica na sociedade portuguesa, por força do regime concordatário"*, tinha sido *"escrupulosamente pensada para não ofender o texto e os princípios da Constituição"*.

A proposta governamental provocaria uma primeira querela em torno da respectiva constitucionalidade. Estariam em causa uma discriminação entre confissões religiosas (artigo 13.º da Constituição), a possibilidade de concessão da gestão de um canal de televisão a entidades privadas (art. 38.º, n.º 6) e a utilização de meios de comunicação social por confissões religiosas (art. 41, n.º 4).

Poucos dias depois, PS e PCP interporiam recurso do acto de admissão da proposta junto do Presidente da Assembleia da República, alegando a sua inconstitucionalidade, mas a maioria parlamentar (PSD, CDS e PPM, que então formavam a Aliança Democrática), a que se juntariam os votos dos deputados da ASDI na votação do recurso apresentado pelo PCP, rejeitaria os requerimentos de impugnação (DAR, supl. n.º 46, 30/1/1982).

Apesar disso, até à sua demissão no final de 1982, o Governo não solicitaria o agendamento da proposta com vista à sua discussão e aprovação, eventualmente por temer que um diploma desse teor viesse a ser declarado inconstitucional ou, de acordo com a opinião de alguns sectores da oposição, por pretender afinal, mais do que permitir um novo canal de televisão, agradar à Igreja Católica.

A substituição dos governos PSD/CDS/PPM, liderados por Francisco Sá Carneiro e, depois da sua morte, por Francisco Pinto Balsemão, pelo executivo do *bloco central* (PS/PSD), em Junho de 1983, interromperia as diligências da Igreja, dada a manifesta oposição dos socialistas à ideia.

A derrota dos socialistas e o regresso do PSD à liderança do Governo, em Setembro de 1985, com o executivo de base parlamentar minoritária de Cavaco Silva, reabririam o *dossier.*

O tema figuraria mesmo no Programa do X Governo Constitucional: *"É igualmente propósito do Governo, fazendo, de resto, jus à opinião pública já dominante e ao que se defendeu claramente em campanha eleitoral, atribuir a concessão da exploração, total ou parcial, de um canal de televisão à iniciativa privada, acautelando, contudo, a preservação de valores essenciais, o que, prevalentemente, aponta para que o beneficiário da concessão venha a ser a Igreja Católica"* (Programa do X Governo Constitucional, 1986, p. 40).

Cerca de dois meses depois do início do seu mandato, em 19 de Dezembro de 1985, o Governo apresentaria uma nova proposta de lei (n.º 5/IV), muito semelhante à anterior, de Janeiro de 1982.

A nova proposta tinha essencialmente duas diferenças. A mais importante visava responder ao argumento relativo à violação do princípio da igualdade entre confissões religiosas, pelo que se incluía uma nova norma, segundo a qual as outras confissões religiosas, para além da Igreja Católica, poderiam *"ter acesso à utilização de meios de radiotelevisão, em termos a definir por decreto-lei".* Por outro lado, o diploma reproduzia a norma constitucional (art. 38.º, n.º 7) – *"a televisão não pode ser objecto de propriedade privada"* e considerava, no seu n.º 2, que *"a radiotelevisão constitui um serviço público e poderá ser objecto de concessão a empresa pública, em termos a definir por decreto-lei e de acordo com o presente diploma"*. Ficava claro que o Governo considerava então a possibilidade de atribuir um canal de serviço público à Igreja Católica e, igualmente, às outras confissões religiosas, uma vez que no n.º 4 do mesmo artigo, se estipulava que *"as restantes confissões religiosas poderão ter acesso à utilização de meios de radiotelevisão em termos a definir por decreto-lei"*.

No entanto, a Assembleia da República, onde o executivo não era apoiado por uma maioria parlamentar, aprovaria, por iniciativa do PRD, como adiante se recordará, um requerimento para que a proposta fosse, sem submissão a votação, analisada por uma comissão eventual constituída para esse efeito, o que inviabilizaria a sua aprovação. Votaram a favor do requerimento PSD, CDS e PRD e contra PS, PCP e MDP/CDE (DAR, I Série, n.º 37, de 28/2/86, p. 1279).

A prioridade reconhecida à Igreja Católica voltaria, porém, a constar, ainda que de forma mais mitigada, do programa do XI Governo Constitucional (1987-1991), liderado de novo por Cavaco Silva, agora com uma clara maioria absoluta. O Governo promete empenhar-se *"na rápida aprovação de uma lei de televisão, com a consequente abertura da actividade televisiva à iniciativa não estatal, objectivo hoje generalizadamente aceite e que decorre da necessidade de consagrar na lei o direito à diferença e ao pluralismo informativo"*, adiantando que *"nesta matéria, deve ter-se presente o papel fundamental da Igreja Católica na sociedade portuguesa"* (Programa do XI Governo Constitucional, AR, 1987, p. 44).

A atribuição *"preferencial"* à Igreja de um período de emissão num dos dois novos canais a licenciar esteve ainda prevista no projecto governamental de nova Lei da Televisão, anunciado pelo próprio primeiro-ministro Cavaco Silva no encontro com a comunicação social, em 9 de Fevereiro de 1990, em que anunciaria o futuro licenciamento de dois canais privados.

No entanto, depois de desistir, ainda em Fevereiro de 1990, da concessão de um espaço de emissão na RTP2, na sequência de pareceres de vários juristas sobre a inconstitucionalidade de tal medida, o Governo abdicaria igualmente de *repartir* a emissão de um dos novos canais, medida que, aliás, chegara a ser proposta, em 18 de Setembro de 1989, pelo Presidente da RR, eng. Magalhães Crespo, mandatado pela Igreja, ao então primeiro-ministro Cavaco Silva. A sugestão, que visava garantir a utilização do *horário nobre,* seria recusada. Em 7 de Fevereiro do ano seguinte, o primeiro-ministro comunicaria ao Cardeal Patriarca de Lisboa que o Governo considerava inviável essa partilha (AESE, 1994).

O tema chegaria a ocupar largo espaço na comunicação social e nos debates parlamentares. Em 9 de Julho de 1990, o Conselho Permanente da Conferência Episcopal Portuguesa emitiria uma *Declaração relativa à Televisão da Igreja*, reafirmando os seus pontos de vista, mas anunciando que, tal como rejeitara o projecto que visava atribuir-lhe *"tempo de emissão em um dos novos canais a licenciar",* também recusava *"a última proposta do Governo e do leader parlamentar do PSD, segundo a qual viria a pertencer à Igreja, mediante concurso com outras confissões e seitas religiosas, um período inferior a duas horas no 2.º canal da RTP, em termos completamente indefinidos e só mais tarde concretizáveis por negociação directa com a mesma RTP".*

No entanto, mais de dez anos depois do requerimento inicial do Patriarcado de Lisboa, um canal afecto à Igreja Católica receberia, finalmente, a *bênção* do poder político. O respectivo licenciamento não seria realizado, porém, de acordo com as pretensões formuladas pela Igreja, mas antes com as regras impostas pelo espartilho constitucional, principalmente o concurso público, e pela existência, na fase inicial, de um significativo número de outros candidatos a um canal privado de televisão. Por outro lado, não se trata já da concessão de um canal à Igreja Católica, como esta chegou a ambicionar, mas de uma *televisão de inspiração cristã*, como referia o eng. Magalhães Crespo, porta-voz da Igreja Católica para este desígnio (entrevista ao DL, 12.7.90, p. 4).

4. O processo de mudança: das novas tecnologias ao aparecimento dos grupos de media

Em meados dos anos 80, o contexto político e económico que impedira a abertura da televisão à iniciativa privada sofreria profundas modificações.

É verdade que se mantém então o impedimento constitucional, mau grado a interpretação actualista que alguns realizam sobre a norma que garantia o monopólio do serviço público. De facto, a interpretação da norma constitucional não dividiria apenas as forças políticas, mas igualmente a comunidade jurídica. O constitucionalista Jorge Miranda defendia que a Constituição *"somente veda a propriedade privada da televisão, não a sua gestão por entidades privadas"* (Miranda, 1990:206). Em sentido oposto se pronunciavam outros constitucionalistas, como Gomes Canotilho e Vital Moreira (Canotilho e Moreira, 1985:242).

No entanto, a par da mudança que progressivamente ocorria noutros países europeus, o crescimento económico, a crescente importância da televisão como veículo informativo, a contestação ao *governamentalizado* monopólio da RTP e a tremenda evolução tecnológica que permitia a recepção do sinal de televisão através de antenas parabólicas criavam as condições para que, progressivamente, se instalasse tanto na opinião pública como nos parceiros do sector a ideia de que a chegada da televisão privada era inevitável... e necessária.

Por outro lado, no final dos anos 80, mesmo antes da privatização dos jornais *estatizados* em Março de 1975, começam a formar-se grupos económicos na comunicação social, iniciando-se um lento processo de concentração no sector.

A vontade de vastos sectores da opinião pública manifesta-se das formas mais diversas e concludentes, como o demonstram, de forma insofismável, vários estudos de opinião. De facto, uma sondagem da *Norma*, publicada na edição do *Semanário* de 1 de Junho de 1985, revelava que 71,9% dos inquiridos entendiam ser indispensável ou interessante a existência de canais alternativos aos emitidos pela RTP, enquanto que apenas 12,4% consideravam essa hipótese desnecessária. Entretanto, apenas 7,4% defendiam que esses canais alternativos deveriam ser do Estado. Dois anos depois, na edição do *Expresso* de 19 de Setembro de 1987, 51% dos inquiridos do painel *Expresso/ /Euroexpansão* defendiam a abertura da televisão à iniciativa privada, contra 37% que preconizavam a manutenção do monopólio da televisão pública.

O crescente recurso a antenas parabólicas testemunha igualmente essa ânsia pela diversidade de escolha. Em Novembro de 1985, existiam já no nosso país seis empresas que comercializavam ou se preparavam para comercializar antenas parabólicas: *Contera, Televés, Citac, Cintra&Leal, Grundig, Ikusi, FNAC, Gauge, TV Babo, Luxor* e *Philips*. A opção mais barata custava 327 mil escudos, permitindo com uma antena de 1,8 metros de diâmetro receber oito canais do satélite europeu *ECS-1* (*Expresso* de 9 de Novembro de 1985, p. 15-R).

Apesar das diferenças linguísticas, o acesso aos canais estrangeiros públicos e privados – e a uma alternativa à RTP...- levou à instalação de antenas parabólicas por todo o país, primeiro em hotéis e aldeamentos turísticos, mais tarde através de iniciativas de municípios, empresas ou simples particulares. Os espectadores tinham acesso a vários canais europeus e à própria *CNN*. Em 1993, ano em que a TVI iniciou as suas emissões, 7,5% dos lares portugueses (16,6% na região de Lisboa e Vale do Tejo) tinham acesso à televisão por satélite (Sousa, 1996:212).

O período áureo das empresas que comercializavam antenas parabólicas, iniciado em 1986, terminaria em meados dos anos 90, sobretudo quando a TV Cabo, pressionada pelo Governo, inicia o seu serviço de *DTH,* de forma a permitir a difusão por todo o país, e não apenas através da rede de cabo, do canal *Sport TV*. No período entre 1986 e 1996, terão sido instaladas no país cerca de 90 a 120 mil antenas parabólicas (estimativa do eng. José Manuel Vidigal, dirigente da empresa *Contera).*

No entanto, sublinhe-se que, mesmo quando, na segunda metade dos anos 80, a opinião pública portuguesa estaria mais disponível para a concorrência na televisão, nenhum eventual candidato se propôs chegar aos lares portugueses por satélite, ladeando as restrições da legislação que mantinha o monopólio do operador de serviço público. Aparentemente, a apetência da opinião pública pela televisão privada não encontrava resposta no arrojo dos empresários candidatos ao sector, certamente cépticos face à capacidade de viabilizar economicamente um canal apenas mediante uma distribuição por esse meio.

Ao mesmo tempo, um pouco por todo o país, com inegável sucesso comercial, surgiriam *clubes de vídeo*, oferecendo a possibilidade inédita de ver *cinema* em casa.

A proliferação de *retransmissores* ou *repetidores* da TVE nas regiões mais próximas da fronteira constituiu outro eloquente sinal da procura de uma televisão alternativa.

Especialmente frequente no norte do país, o fenómeno, que surge no início dos anos 80, levou mesmo à criação de uma efémera *Associação de Repetidores de Televisão da Região Norte*. Esta associação visava resistir à ofensiva – escudada num parecer emitido pela Procuradoria-Geral da República – dos Serviços Radioeléctricos dos CTT, que desmontaram então um *repetidor* localizado na Póvoa do Varzim. O fenómeno teria um desenvolvimento tal que a própria Associação Comercial e Industrial de Guimarães protestaria face a uma ordem de suspensão de um repetidor perto daquela cidade, em defesa da cerca de uma centena de comerciantes, cujas vendas de televisores e de antenas tinham aumentado graças a esse sistema alternativo de difusão do sinal (*Expresso* de 31/3/84, artigo de Joaquim Fidalgo, p. 21-R).

O tema chegaria mais tarde à Assembleia da República, onde o PS apresentou, em 1987, um projecto de lei (100/V), que *liberalizava* a instalação de antenas parabólicas individuais e colectivas. O projecto seria então entendido como uma medida que visava objectivamente criticar as medidas repressivas tomadas pelo Governo face às iniciativas de algumas autarquias (por exemplo, Fafe) de criarem retransmissores locais das emissões da TVE, que podiam assim ser recebidas por antenas individuais não parabólicas. No entanto, o projecto socialista seria rejeitado pelos votos do PSD (*DAR* de 16/1/88, p. 1306).

Para uma crescente percentagem de portugueses era cada vez mais incompreensível que se pudesse ter à disposição um vasto conjunto de canais privados estrangeiros, mas não se autorizassem operadores privados em língua portuguesa.

A cada passo se apontava a situação das rádios locais. A inércia do poder político conduzira a que, desde as primeiras emissões em

1977, pela *Rádio Juventude* e, no ano seguinte, pela *Rádio Imprevisto*, ambas na região de Lisboa, emitissem cerca de 600 estações *piratas*, antes da aprovação da legislação que as legalizou em 1988 (Fernandes, 1984). Também na radiodifusão local, a evolução tecnológica e o dinamismo social e económico impor-se-iam aos legisladores.

Na arena política, todos estes sinais de apelo à mudança eram ajudados pela sistemática crítica proveniente de todos os quadrantes...oposicionistas à dependência perante o poder político da RTP, cujos gestores mudavam ao ritmo da sucessão das maiorias governamentais. A televisão privada começava assim a ser também encarada como um inestimável factor de pluralismo político, dado que os portugueses, que nunca tinham tido um serviço público de televisão independente e plural, confundiam naturalmente *estatização* com *governamentalização*.

É verdade que a RTP procurava adaptar-se ao inevitável contexto concorrencial. Entre 1985 e 1986, o número de horas de emissão cresceu 18,3% na RTP1 e 62,5% na RTP2. No ano seguinte, voltaria a crescer 16,9% no primeiro canal. No Relatório e Contas da empresa relativo a 1986, seria referida a prioridade a conceder a programas com maior índice de audiência.

No entanto, tal como acontecera com as rádios locais, em que as acessibilidades técnica e económica permitiriam a erupção de centenas de operadores, face à inércia de um poder político incapaz de regulamentar atempadamente o respectivo licenciamento, também na televisão, sobretudo a partir de 1984/85, os sucessivos governos se veriam confrontados com operadores *piratas*, embora o seu número fosse bem mais reduzido e as emissões não passassem, na maior parte dos casos, de experiências efémeras.

De facto, as experiências de emissões *piratas* de televisão não teriam continuidade. A primeira terá ocorrido em 12 de Fevereiro de 1984, a partir do Porto, com a *TV Maravilha*, por intermédio de um retransmissor da TVE. Nos anos seguintes, sucederam-se outras iniciativas: *Televisão Regional de Loures, Televisão Regional da Amadora, Sul TV* (Amadora), *Televisão Regional de Guimarães, TV Alto Ave, Aves TV, Televisão Independente da Trofa*, etc. Assinale-se ainda uma emissão promovida em 15 de Novembro de 1985 pelo *Fórum Por-*

tucalense, integrada nas *Jornadas sobre Televisão Privada Regional*: a *TVN (Televisão Regional do Norte)* emitiria durante uma hora e meia a partir do Casino da Póvoa do Varzim, sendo o sinal recebido na região do Porto e do litoral norte (edições do *Expresso* de 31/03/84, 23/11/85, 14/3/87 e 7/1/89). Nenhuma destas experiências perduraria no tempo.

De qualquer modo, a proliferação de emissões piratas, a invasão da televisão espanhola e o acesso a canais de todo o mundo, graças à *"vulgarização acelerada das parabólicas"*, conferiam excelentes argumentos para os que defendiam o fim do monopólio televisivo, invocando *"uma crescente ameaça à identidade nacional e à nossa cultura"*, como salientava na época, Pinto Balsemão (entrevista ao "Tempo" de 19/1/87 in Mesquita, 1987:45).

5. A evolução da opinião dos partidos sobre o monopólio televisivo

O consenso partidário estabelecido na Assembleia Constituinte em relação ao artigo 38.º, n.º 6, mau grado a proposta do PSD visando a atribuição do serviço público a uma *"empresa pública autónoma"* e a declaração de voto do deputado Amaro da Costa em nome do CDS, apontando outras possibilidades de interpretação daquela norma, viria a revelar-se, todavia, progressivamente mais frágil.

Seriam, aliás, os centristas, então ainda na oposição, que mostrariam os primeiros sinais de inconformismo.

Em Outubro de 1976, o Grupo Parlamentar do CDS apresentaria na Assembleia da República um projecto de lei sobre a *"criação de uma nova empresa pública de televisão"* (13/I in DAR n.º 27 de 14/10/76).

A empresa teria sede no Porto e, ao contrário da RTP, a quem seria interdita a emissão de publicidade comercial, não beneficiaria de receitas resultantes da cobrança da taxa de televisão. A criação de uma nova empresa era justificada pela necessidade de assegurar a concorrência, tanto mais que, acrescentava-se, *"a centralização das emissões televisivas na capital do País acaba, assim, por ser tida como mais um sinal jacobino da omnipresença de Lisboa na vida dos Portugueses"*.

Significativa, mas discretamente, no projecto previa-se ainda, no seu artigo 5.º (e último...), que as duas empresas públicas de televisão poderiam, "*nos termos dos respectivos estatutos, contratar serviços especiais de empresas subsidiárias, públicas ou privadas, designadamente no campo da informação, da publicidade e da acção cultural e recreativa*".

A revisão constitucional de 1982 propiciaria um novo debate em torno do monopólio televisivo, tanto mais que estava ainda fresca a polémica sobre a pretensão da Igreja relativa à concessão de um canal. Se sobre a proposta de lei (n.º 80/II), relativa à atribuição de um canal à Igreja, se verificara já uma clara clivagem entre esquerda e direita, o mesmo aconteceria nos trabalhos preparatórios da Revisão.

Apenas duas forças políticas apresentaram propostas de modificação do preceito constitucional em causa – o artigo 38.º, n.º 6. A *AD* (*Aliança Democrática,* que coligava PSD, CDS e PPM), mantendo a televisão como "*objeto de propriedade pública*", propunha, no entanto, uma alteração que visava permitir a "*possibilidade de concessão de exploração a entidades privadas ou cooperativas*". O MDP/CDE pretendia clarificar o alcance da norma constitucional de 1976, propondo que ficasse claramente consagrado que "*a televisão não pode ser objeto de propriedade, exploração ou gestão privada*". PS e PCP não formularam qualquer proposta de alteração.

Nenhuma das propostas chegaria a ser votada, tanto mais que, manifestamente, não alcançaria a maioria de dois terços necessária para a respectiva aprovação.

No decorrer dos trabalhos da Comissão Eventual de Revisão Constitucional – o tema não seria já debatido no plenário da Assembleia – seria evidente uma importante clivagem relativamente à interpretação da norma constitucional e às alterações a introduzir nos trabalhos parlamentares.

A direita parlamentar entendia que a norma constitucional não impedia a possibilidade de concessão a entidades privadas, impondo-se antes a sua clarificação. A esquerda não concordava com essa alteração, nem aceitava essa interpretação mais *liberal*.

Nesse sentido, a proposta do MDP/CDE era mesmo entendida como podendo indirectamente fragilizar uma interpretação mais restrita da norma constitucional, ao sugerir a sua clarificação. No entanto, o próprio professor Jorge Miranda, deputado da ASDI (coligada com o PS e a UEDS na FRS), reiterava que o texto constitucional nada dizia *"quanto a uma eventual concessão da gestão"*, pelo que, acrescentava, se deixava à lei ordinária *"uma grande liberdade, seja no sentido de proibir ou de permitir"* (DAR, II Série, supl. ao n.º 10, sessão de 23/9/81, p. 176-15).

Desta forma, ao não forçarem uma votação sobre as propostas, tanto os deputados da AD como os do MDP/CDE terão pretendido evitar que a incapacidade de obterem a aprovação por dois terços dos deputados, de acordo com as regras constitucionais, pudesse ser entendida como uma legitimação das interpretações contrárias àquela que cada uma dessas forças defendia como a mais adequada ao texto constitucional. Além disso, no seio do PSD, alguns deputados defendiam o monopólio do Estado. Francisco Sousa Tavares manifestara-se contra *"a existência de televisões privadas"* (DAR, II Série, supl. ao n.º 10, sessão de 23/9/81, p. 176-15). Mais tarde, em Julho de 1983, no debate sobre a lei que aprovaria o Conselho de Comunicação Social, outro proeminente deputado do PSD, Silva Marques, diria que a televisão *"pela sua natureza"* deveria ser *"propriedade exclusiva do Estado"* (DAR, I Série, n.º 14, de 5 de Julho de 1983, p. 469).

A polémica sobre a interpretação do preceito constitucional – que depois da revisão constitucional de 1982, passaria a ser o n.º 7 do artigo 38.º – teria um novo episódio com o projecto de lei n.º 305/III, que o CDS apresentou em Março de 1984 (DAR, II Série, n.º 100, 21/3/84). Era a primeira vez que um partido político propunha um diploma que previa a abertura à televisão privada, sem que se visasse, pelo menos explicitamente, como antes, a concessão de um canal à Igreja Católica.

Ao fundamentar a iniciativa, apresentada durante o governo do *bloco central,* os centristas sublinhavam a necessidade de assegurar o pluralismo informativo, lembrando a sua iniciativa de 1976, recordavam a *invasão* do território nacional pela televisão espanhola e as emissões piratas. Invocavam ainda o desejo dos portugueses de terem *"a possibilidade de escolha na televisão"* e defendiam *"uma interpretação actualista e útil do pensamento do legislador constitucional".*

Em conformidade com este entendimento, o projecto distinguia entre *"meios nacionais de distribuição e transporte de sinais de televisão"* e o direito à utilização dessa rede de distribuição. Os primeiros só podiam ser *"objecto de propriedade do Estado quer através de uma empresa pública, quer através de serviços próprios, quer através de uma empresa pública ou de qualquer outro tipo de entidade da qual o Estado detenha o controle, em termos a definir por lei da Assembleia da República"* (artigo 2.º, n.º 1). O direito à utilização poderia ser concedida pelo Estado, *"mediante concurso público (...) a pessoas colectivas de direito público ou de direito privado que reúnam as condições técnico-financeiras necessárias e que assegurem o cumprimento dos objectivos referidos no número imediato"*.

Os objectivos impostos às *"emissões de radiotelevisão"* eram, entre outros, os de *"contribuir para a informação e formação da população portuguesa, defendendo e promovendo os valores culturais do País, designadamente a língua portuguesa (...) contribuir para o desenvolvimento moral, social e cultural da população, no respeito pelos direitos e liberdades fundamentais de uma sociedade livre, democrática e pluralista (...) contribuir para a projecção do conhecimento de Portugal no estrangeiro e das realidades exteriores em Portugal, particularmente no que respeita aos países de expressão oficial portuguesa"*.

Tal como sucedera em 1982 com a proposta governamental de atribuição de um canal à Igreja Católica, também o PS, o PCP e o MDP/CDE interpuseram recursos sobre a admissão do projecto centrista, que seriam aprovados por maioria, apesar dos votos contrários dos deputados do CDS e do PSD, que compunham as bancadas de apoio ao governo minoritário liderado por Pinto Balsemão (DAR, I Série, n.º 91, 30/3/84).

No debate ocorrido em duas sessões parlamentares, confrontaram-se, uma vez mais, duas teses antagónicas.

Do lado dos proponentes do projecto de lei centrista – por exemplo, o deputado Luís Beiroco –, argumentava-se com a necessidade de distinguir *"dois conceitos de televisão"*: televisão enquanto *"distribuição e transporte por intermédio de ondas electromagnéticas de imagens permanentes e sons destinados à recepção directa pelo público"* e televisão como *"um órgão de comunicação social que produz e difunde programas concretos de conteúdo diversificado"*, apenas o primeiro estando abrangido pelo espartilho constitucional (DAR, I Série, n.º 91, 30/3/84, p. 3944).

Os opositores contestavam esta dicotomia, afirmando o deputado Jorge Lacão, por exemplo, que, nesta versão, o conceito de televisão *"ficaria expurgado (...) do que materialmente é o cerne do acto televisivo – a própria emissão de televisão – para simplesmente se confinar a uma infra-estrutura de telecomunicações"* (DAR, I Série, n.º 90, 28/3/84, p. 3905).

No entanto, enquanto o PCP e o MDP/CDE não demonstravam qualquer vontade de apoiar uma eventual futura mudança, o porta-voz do PS neste debate, Jorge Lacão, deixaria um eloquente sinal de abertura. No final da sua intervenção inicial, este parlamentar sublinharia que a interpretação que fizera do texto constitucional não contrariava *"as opções que, no domínio público e pelo legislador ordinário, possam fazer-se em matéria de autonomia e concorrência de canais de televisão"*, acrescentando que tal também não abalava *"as opções que o futuro legislador, com poderes de revisão constitucional, entenda vir a tomar em tal matéria"* (idem, p. 3906). Os sinais de mudança de posição dos socialistas eram cada vez mais claros. Na época, na qualidade de dirigente do PS, afirmaríamos que a abertura à iniciativa privada era irreversível (*Expresso* de 7/4/84). Noutro artigo, publicado no *Diário de Notícias* da véspera, escreveríamos que apenas no fim da década *"liberalizar a televisão, será liberalizar e democratizar a informação. Hoje, isso ainda não é verdade"*.

As modificações no contexto político, nomeadamente a mudança na chefia do PSD, iriam acelerar a evolução do quadro legislativo da televisão. A coligação PS-PSD, claramente em crise desde a ascensão de Cavaco Silva à liderança do PSD, na sequência da morte de Mota Pinto, vigorava apenas formalmente, visto que, face à intenção manifestada pelo PSD de abandonar o Governo, o Presidente da República Ramalho Eanes já dissolvera o Parlamento e marcara eleições antecipadas, que permitiriam, em Setembro de 1985, a formação do primeiro Governo, embora minoritário, de Cavaco Silva. Na época, em 12 de Junho, Portugal assinava o Tratado de Adesão à CEE.

Desta forma, em Julho de 1985, *libertos* dos compromissos do *Bloco Central*, dois deputados do PSD, Agostinho Branquinho e Jaime Ramos, apresentariam uma nova iniciativa visando uma mitigada abertura à televisão privada.

Jaime Ramos já se notabilizara por apresentar, em Novembro de 1983, conjuntamente com um deputado do PS, Dinis Alves, um projecto de lei (252/III) visando a legalização das rádios locais. Nas duas ocasiões, os projectos surgiram por iniciativa dos deputados, à margem de qualquer decisão política das respectivas direcções partidárias.

Jaime Ramos e Dinis Alves chegaram mesmo a preparar um projecto que possibilitava o acesso de operadores privados à produção e emissão de televisão de âmbito nacional e regional. Aqueles deputados, que afirmavam desejar provocar um debate sério que preparasse uma revisão constitucional que julgavam necessária para possibilitar a televisão privada, propunham que numa primeira fase fossem concessionados canais regionais abrangendo um distrito ou conjunto de distritos, aproveitando a rede da RTP.

Desta vez, o projecto de lei dos dois deputados, o projecto de lei n.º 537/III (DAR, II Série, n.º 115, 12/7/85) visava alterar diversos artigos da Lei da Televisão, mas o seu aspecto essencial consistia num artigo (o 1.º), onde embora se considerasse que *"a rede de radiotelevisão constitui um serviço público"* objecto de concessão, se admitia *"a concessão de períodos de emissão, através da rede de radiotelevisão, a pessoas colectivas de direito privado ou a cooperativas"*, mediante autorização da Assembleia da República. No preâmbulo do diploma, em que se propunham alterar a lei em vigor, *"dentro dos actuais limites constitucionais"*, os proponentes afirmavam não desconhecer *"os perigos de abrir a emissão televisiva à iniciativa privada"*, mas, acrescentariam, *"não hesitam, porém, entre estes e os decorrentes da manutenção do actual monopólio do Estado, eivado de compadrio e de uma quase absoluta subordinação aos poderes político-partidários"*.

Com o Parlamento já dissolvido, o que impossibilitaria a sua discussão, a iniciativa dos dois deputados do PSD tinha um claro propósito pré-eleitoral, marcando distâncias face aos socialistas, parceiros de uma coligação que chegava ao fim.

Todavia, enquanto que os socialistas nada preveriam sobre o tema no seu programa para as eleições de Outubro de 1985, o Programa do Governo do PSD que delas emerge voltaria a centrar a abertura à televisão privada na concessão da exploração total ou parcial de um canal à Igreja Católica.

Apesar dos sinais de progressiva flexibilidade, os socialistas, tal como toda a oposição de esquerda ao primeiro governo minoritário de Cavaco Silva, voltariam, como atrás se referiu, a recusar uma nova tentativa de concessionar um canal.

No entanto, ao remeter a proposta de lei para apreciação de uma comissão parlamentar eventual, por iniciativa do PRD, que assim evitaria a sua rejeição, a Assembleia da República iria criar, porventura involuntariamente, um *fórum* de debate que, entre Junho de 1986 e Fevereiro de 1987, animaria a discussão pública sobre a televisão privada, considerada cada vez mais como inevitável à medida que os diferentes candidatos expunham as suas pretensões, aproveitando a circunstância de as sessões da comissão serem abertas à comunicação social.

Um dos candidatos, a *Sojornal,* liderada por Pinto Balsemão, tinha mesmo, em Janeiro de 1986, requerido *"a atribuição da exploração de um canal privado de televisão a nível nacional"* e *"a celebração preferencial, para esse efeito, de um contrato de exploração do actual segundo canal da RTP".*

A *Comissão Eventual para a Apreciação da Proposta de Lei n.º 5/IV* foi presidida pelo deputado do CDS, Abel Gomes de Almeida. Inicialmente, o prazo destinado aos trabalhos da Comissão era de 20 dias, mas apenas em 5 de Fevereiro de 1987, quase um ano depois da deliberação visando a sua constituição, os trabalhos seriam concluídos sem que, todavia, fosse aprovado um relatório conclusivo...

De facto, rapidamente a Comissão se afastou da mera apreciação da proposta de lei do Governo visando a atribuição de um canal à Igreja Católica, optando por proceder a um vasto conjunto de audições.

Assim, os deputados ouviram, entre outros:
– o secretário de Estado da tutela, Marques Mendes, a quem seria comunicado que, por maioria, a Comissão considerava inade-

quada a proposta do Governo. Na reunião, Marques Mendes declararia que o Executivo admitia a concessão do segundo canal da RTP à Igreja (Acta de 19/6/86);
- diversas entidades sobre a existência de uma 3.ª ou de uma 4.ª rede nacional de emissores, como o Secretário de Estado dos Transportes e Comunicações, Sequeira Braga, o Conselho de Administração da RTP, administradores da *Companhia Portuguesa Rádio Marconi* e dirigentes dos CTT, e sobre a possibilidade de difusão alternativa das emissões, nomeadamente por satélite;
- candidatos à implantação de uma rede de cabo, como a *Omegatronics,*
- pessoas ligadas ao sector, como, entre outros, Soares Louro, ex-presidente da RTP, que recordaria que entre todos os países europeus, apenas em França se optara pela privatização de um canal e o autor deste trabalho, que manifestaria dúvidas sobre a viabilidade de mais do que um canal privado face à exiguidade do mercado publicitário português (actas da Comissão Eventual, respectivamente, de 4/7/86 e de 23/9/86);
- e ainda o diversificado conjunto de candidatos a uma futura licença para televisão privada: *Sojornal* (representada por Pinto Balsemão), *TV Norte* (António Vilar), *Edipress* (Marcelo Rebelo de Sousa), *Telecine Moro* (Galveias Rodrigues), *Atlântida Estúdios,* Valentim de Carvalho, *Canal III* (ligado a personalidades socialistas e a Maxwell), *Editorial Caminho* e o representante do Patriarcado de Lisboa, eng. Magalhães Crespo.

No final dos trabalhos, em Fevereiro de 1987, a Comissão não tinha qualquer proposta para submeter ao plenário da Assembleia da República, mas, entretanto, era claro que, com a mudança na posição do Partido Socialista, havia já uma mais do que suficiente maioria política para aprovar o licenciamento da televisão privada.

Somavam-se, de facto, os indícios sobre a mudança de posição dos socialistas. Logo no início de 1985, o então ainda primeiro-ministro Mário Soares, numa intervenção feita no decorrer de um almoço debate promovido pelo Clube Português de Imprensa, afirmava que a evolução tecnológica tornaria a televisão privada inevitável (*Expresso* de 19/1/85, p. 2). Dois anos depois, no programa do PS, já então dirigido por Vítor Constâncio, para as eleições de Julho de 1987, formalizava-se a mudança de orientação dos socialistas que garantiam defender *"inequivocamente, a abertura da Televisão ao sector privado"*.

Aparentemente, restaria apenas modificar o quadro constitucional, aproveitando a projectada Revisão de 1988/89, mas diversas forças políticas apostariam na antecipação.

Tradicional adversário de uma interpretação *actualista* do texto constitucional, que permitisse a concessão da actividade de televisão a operadores privados, seria o próprio PS que, todavia, tomaria a iniciativa de apresentar um detalhado projecto de lei nesse sentido – a Lei de Bases dos Meios Áudio-Visuais.

O projecto de lei n.º 274/IV, *Lei de Bases dos Meios Áudio--Visuais,* (DAR, II Série, 11/10/86), considerava as actividades de radiodifusão e televisão como *"serviços públicos, a prosseguir pelo Estado, através de uma ou mais empresas públicas, nos moldes constantes dos respectivos estatutos, e por operadores privados, mediante concessão e licenciamento"* (art. 2.º, n.º 1). A definição dos regimes de concessão e licenciamento era remetida para lei própria.

Esta original integração num único diploma da regulamentação das actividades de radiodifusão e de televisão não constituía a única novidade relevante. O projecto socialista, cujos primeiros subscritores eram os deputados Raul Junqueiro e Jorge Lacão, defendia a criação nas empresas públicas de rádio e de televisão de conselhos gerais com uma vasta e diversificada composição, cujas principais competências seriam as de eleger, por uma maioria qualificada de dois terços dos seus membros, os conselhos de administração e de aprovar as propostas destes conselhos para as nomeações dos directores--gerais e a orientação geral da programação (art. 38.º n.ºs 2 e 3). Antes da sua discussão em plenário, o Grupo Parlamentar do PS solicitaria, porém, a desanexação deste capítulo do projecto relativo ao modelo de gestão da RTP, por ter sido recusada a sua pretensão de ser realizada uma votação separada desta parte.

O projecto de lei do PS mereceria, porém, duras críticas de um dos seus mais destacados dirigentes. Em carta dirigida às direcções do Grupo Parlamentar e do partido, Almeida Santos, manifestando a convicção de que o Tribunal Constitucional *chumbaria* a iniciativa, criticava sobretudo que se abandonasse "*a posição tradicional do PS nesta matéria, ou seja a de que a Constituição proíbe a TV privada e só em sede de revisão pode ser arredado o obstáculo constitucional, estando o PS disposto a encarar a abertura nessa sede e nessa oportunidade*".

Pouco tempo depois, PRD e CDS apresentariam, por sua vez, projectos com idêntico objectivo.

No Projecto de Lei da Televisão do PRD (n.º 313/IV, de 10/12/86) estipulava-se que a televisão constituía um serviço público, objecto de concessão a uma empresa pública, da qual dois canais seriam reservados para a produção e programação próprias, podendo os restantes ser cedidos a terceiros em regime de subconcessão, mediante concurso público (art. 2.º). O PRD proclamava uma recusa simultânea do "*monopólio estatal da TV*" e da "*sua liberalização selvagem*".

A iniciativa legislativa do CDS (n.º 387/IV, de 13 de Março de 1987) reiterava uma anterior formulação mais cara aos centristas, distinguindo entre sistema de distribuição, propriedade do Estado, e a actividade de televisão, que poderia ser exercida por empresas privadas após a concessão por concurso público de exploração do canal (artigos 3.º e 6.º).

Estes três projectos seriam debatidos em 26 e 27 de Março de 1987, bem antes de se iniciar o processo de revisão constitucional. Dois deles seriam mesmo aprovados na generalidade. O projecto do PS foi aprovado com os votos favoráveis do PS, do PRD, do CDS e de dois deputados independentes, a abstenção do PSD e os votos contra do PCP e do MDP/CDE. O projecto do CDS seria igualmente aprovado com idêntica votação, salvo o facto do PSD ter engrossado os votos favoráveis. O projecto do PRD foi rejeitado com os votos contrários do PSD, do CDS, do PCP e do MDP/CDE e votos a favor do PS, do PRD e de dois deputados independentes (DAR, I Série, n.º 63, 1/4/87, p. 2472).

No entanto, cerca de um mês depois, a Assembleia da República seria dissolvida, anulando todo o processo legislativo em curso, na sequência da queda do Governo minoritário de Cavaco Silva, provocada por uma moção de censura do PRD ao Governo, apoiada por toda a oposição de esquerda.

6. O aguardado fim do monopólio da RTP na revisão constitucional de 1989

Iniciada em Outubro de 1987, com a apresentação dos respectivos projectos de lei, e concluída em Julho de 1989 com a aprovação da Lei Constitucional n.º 1/89, a revisão constitucional seria marcada sobretudo pela eliminação da proibição de privatização de empresas nacionalizadas após o 25 de Abril e, no domínio da comunicação social, pelo fim do monopólio estatal na televisão e pela criação da Alta Autoridade para a Comunicação Social, em substituição do Conselho de Comunicação Social.

Dos dez projectos de lei de revisão, cinco – todos os principais partidos menos o PCP – propunham a quebra do monopólio estatal. Apresentaram projectos, por ordem de entrada na Mesa da Assembleia, CDS, PCP, PS, PSD, o deputado Sottomayor Cardia, a deputada Helena Roseta, Intervenção Democrática, Verdes, PRD e os deputados do PSD eleitos na Região Autónoma da Madeira.

O CDS propunha uma redacção que estaria bem próxima da que seria adoptada: *"As estações emissoras de radiodifusão e de televisão só podem funcionar mediante licença, a conferir nos termos da lei"*. O PSD apresentou uma proposta semelhante (*conceder* em vez de *conferir*), mas integrada no artigo seguinte (39.º). O PS propunha que *"o regime de licenciamento por órgão independente do exercício por entidades privadas das actividades de radiotelevisão e radiodifusão"* fosse definido num estatuto da informação. O PRD, coerente com as propostas antes apresentadas, defendia que *"A radiotelevisão constitui um serviço público, que será prestado pelo Estado, podendo sê-lo ainda por outras entidades, mediante concessão temporária, a atribuir por concurso público e nos termos da lei que defina critérios de preferência e direitos e obrigações dos concessionários e que garanta o pluralismo, a independência e a qualidade da programação e informação"*. Finalmente, o partido ecologista *"Os Verdes"* propunha *"o acesso das comunidades locais a televisões de âmbito regional e local, em condições idênticas às previstas para o licenciamento de rádios locais"* (Trabalhos Preparatórios da Revisão Constitucional, Segunda Revisão, 1989, Volume V, AR, p. 4547 e segs.).

Os debates em torno da televisão privada não ofereceram grandes surpresas.

Os partidários da mudança sublinharam sobretudo a evolução tecnológica e a inevitabilidade do fim do monopólio com a crescente recepção da televisão por satélite, mas também as vantagens obtidas com o pluralismo televisivo. Mais céptico face às apregoadas vantagens da televisão privada, o deputado socialista Almeida Santos não deixaria de referir que *"ainda havemos de ter saudades do monopólio da televisão estatal"*(DAR, I Série, Número 70, 27/4/89, p. 3357). Em contraste, na mesma sessão parlamentar, o deputado centrista Narana Coissoró afirmaria que *"seríamos capazes de ir até ao limite de não existir, de todo, televisão pública"* (idem, p. 3360).

Os seus adversários contestariam essas apregoadas vantagens, sublinhando sobretudo que essa abertura baixaria a qualidade da televisão e permitiria a constituição de grupos económicos nacionais e internacionais no sector. O deputado José Magalhães (PCP) referir--se-ia mesmo ao *"modelo berlusconiano da televisão do music-hall, da lantejoula sexual e dos detritos culturais"* (Acta n.º 71, DR n.º 73-RC, de 10/2/89, p. 2211).

No entanto, bem mais que a aguardada abertura da televisão à iniciativa privada, causaram então polémica a substituição do Conselho de Comunicação Social por uma governamentalizada Alta Autoridade para a Comunicação Social, a não *constitucionalização* do Conselho de Imprensa e uma norma, que chegou a ser acordada entre PS e PSD, sobre um *serviço público mínimo de rádio e de televisão*, expressão, aliás, incluída no Programa do XI Governo Constitucional, liderado por Cavaco Silva a partir de Agosto de 1987. Face às duras críticas do PCP, o PS recuaria, solicitando por intermédio do deputado Almeida Santos, que a palavra *mínimo* fosse retirada, o que o PSD viria a aceitar (ver a este propósito, a Acta acima referida, pp 2200 e segs.).

O PS seria igualmente criticado pelo PCP por ter abdicado no decorrer dos trabalhos da sua proposta de submeter a regulamentação da comunicação social a um *Estatuto da Informação*, a aprovar por lei paraconstitucional, que exigiria uma maioria qualificada de dois terços dos deputados.

No decorrer dos trabalhos, PS e PSD, sem cujo entendimento seria inviável a criação da maioria qualificada de dois terços dos deputados necessária para a revisão, chegaram a acordo sobre o texto do que viria a ser o artigo 38.º, n.º 7: *"As estações emissoras de radiodifusão e de radiotelevisão só podem funcionar mediante licença, a conferir por concurso público, nos termos da lei"*.

Na votação, realizada em 11 de Maio de 1989, PSD, PS, CDS, Verdes e os deputados independentes Carlos Macedo e Helena Roseta votariam a favor de uma primeira redacção que não incorporaria ainda a frase *"por concurso público"* proposta pelo PRD. Uma nova votação do preceito, instantes depois, já com esse *inciso*, obteria uma surpreendente unanimidade.

O PRD, através do deputado Marques Júnior, explicaria através de uma declaração de voto, a importância da inclusão da obrigatoriedade do concurso público, esclarecendo indirectamente o voto contrário na primeira votação do preceito. O PCP, que votara contra na primeira votação, não apresentaria qualquer declaração, fundamentando o seu voto favorável na segunda votação, podendo admitir-se que terá considerado estar então em causa apenas o princípio do concurso público (DAR, I Série, N.º 78, 12/5/89, p. 3815). De qualquer forma, a irreversibilidade da abertura à iniciativa privada já conduzira o PCP a colocar uma editora afecta ao partido, a *Caminho* entre as empresas pré-candidatas a uma licença. Na audição perante a Comissão parlamentar eventual, em 6 de Janeiro de 1987, responsáveis da editora tinham-se mostrado interessados numa candidatura *"a canais regionais ou nacionais, em tempo inteiro ou repartido"* (Actas da Comissão Eventual de 6/1/87)

Uma outra norma sobre a televisão privada seria incluída no artigo 39.º, relativo à Alta Autoridade para a Comunicação Social, a quem passaria a competir *"emitir parecer prévio à decisão de licenciamento pelo Governo de canais privados de televisão, decisão essa que, quando favorável à outorga de licença, só pode recair sobre candidatura que tenha sido objecto de parecer favorável"*. Esta norma, que recolheu na CERC os votos favoráveis do PS e do PSD e contrários do PCP, *cairia* na revisão constitucional de 1997.

Desta forma, a revisão constitucional de 1989 modificaria um importante conjunto de normas em matéria de televisão (artigos 38.º, 39.º e 40.º):

- eliminação da norma que vedava a propriedade privada de televisão;
- introdução do princípio segundo o qual o Estado assegura a existência e o funcionamento de um serviço público de televisão;
- o funcionamento dos operadores privados de televisão fica dependente de licença e da sujeição a concurso público;
- atribuição à nova entidade reguladora – a Alta Autoridade para a Comunicação Social – de competência para a emissão de um parecer prévio à decisão de licenciamento pelo Governo de canais privados de televisão, a qual, quando favorável à outorga de licença, só pode recair sobre candidatura que tenha sido objecto de parecer favorável;
- restrição do direito de antena fora dos períodos eleitorais e do direito de resposta e de réplica política de partidos políticos que não façam parte do Governo ao serviço público de televisão e alargamento do direito de antena também às organizações representativas de actividades económicas.

7. O longo caminho até à selecção dos novos canais privados

Publicada a lei constitucional, em 8 de Julho de 1989, iniciou-se um inesperadamente longo processo de aprovação do novo quadro jurídico que estabeleceria as regras indispensáveis à escolha dos novos operadores privados.

O primeiro projecto seria apresentado pelo Partido Socialista, no final de Dezembro de 1989, perto de meio ano depois da aprovação da revisão do texto constitucional. Aliás, ao anunciar a sua iniciativa legislativa, o PS acusaria o PSD de atrasar propositadamente a aprovação da nova Lei da Televisão. Em intervenção feita na Assembleia da República em que anunciámos uma próxima entrega de um projecto de Lei da Televisão, afirmámos então que *"só a evidente von-*

tade de aproveitar, até às eleições de 1991, o menos independente e mais governamentalizado monopólio público de Televisão da Europa Ocidental justifica este atraso, que o próprio Presidente da República lamentou há dias numa declaração pública" (DAR de 29/11/89, I Série, n.º 20, p. 664 e segs). As críticas dos socialistas à alegada falta de vontade política de concretizar a mudança da legislação seriam recorrentes até às eleições de 91.

O Governo do PSD apresentaria a sua proposta de diploma em meados de Fevereiro de 1990, mas nem a circunstância de dispor de uma clara maioria absoluta nem o facto de não existirem, notoriamente, insuperáveis diferenças entre os textos dos dois partidos – excepto no que concerne à hipótese de concessão à Igreja Católica... – permitiria o aceleramento do processo legislativo.

O projecto do Governo, tal como aliás o do PS, limitava o serviço público de televisão à actividade exercida pela respectiva concessionária, que, no entanto, na formulação dos sociais-democratas podia ter capitais *"exclusiva ou maioritariamente públicos".*

As diferenças fundamentais entre os dois projectos tinham de novo a ver com o papel reservado à Igreja Católica. O Governo previa a possibilidade de os novos canais serem objecto de licenciamento integral ou *"desdobrado em períodos distintos de emissão"*, podendo ser fixado num dos canais a licenciar *"um período de emissão especial, destinado à Igreja Católica e demais confissões religiosas".* De qualquer forma, na intervenção de abertura do debate parlamentar das propostas relativas à Lei da Televisão, o ministro Couto dos Santos admitiria que o texto governamental *"tinha ficado aquém"* do que o Executivo desejaria e *"daquilo que o pensamento e vontade do Partido que sustenta o Governo reclamaria"*, embora – acrescentaria o ministro – se fosse *"tão longe quanto o nosso entendimento dos limites constitucionais nos permitiu"* (DAR, I Série, N.º 50, 9/3/90, p. 1769).

O projecto socialista considerava a actividade de televisão como um *"serviço de interesse público a prosseguir pelo Estado e por operadores privados"* e estabelecia o modelo de gestão do serviço público, prevendo a criação de um conselho geral representativo dos *"interesses da comunidade"* a quem competiria, designadamente, eleger o Presidente e dois dos membros do conselho de administração da RTP por maioria qualificada de dois terços.

Nenhum dos dois projectos estabelecia qualquer caderno de encargos para os operadores privados, em especial em matéria de programação, cujo incumprimento viesse a legitimar a aplicação de qualquer tipo de sanção, como a não renovação da licença.

No entanto, terá sido precisamente a polémica intenção de atribuir um *"período de emissão especial, destinado à Igreja Católica e demais confissões religiosas"*, consagrada no artigo 9.º da proposta de lei governamental, que alegadamente contribuiria para o atraso na própria discussão dos projectos realizada em sede de comissão parlamentar.

Finalmente, em Julho de 1990, o Governo optaria por incluir na lei um espaço de emissão para as diferentes confissões religiosas, de acordo com a respectiva representatividade, com um máximo de duas horas no segundo canal da RTP, longe do que fora prometido à Igreja Católica.

A nova Lei da Televisão (Lei n.º 58/90), consagrando a abertura à iniciativa privada, seria aprovada em 12 de Julho de 1990, com os votos favoráveis do PSD, do PS, do PRD, de Os Verdes e do deputado independente Carlos Macedo, os votos contra do CDS e as abstenções do PCP e do deputado independente Raul Castro.

O voto contra do CDS deveu-se ao *"não cumprimento de uma promessa política"* feita à Igreja Católica (declaração de voto do dep. Basílio Horta, DAR n.º 100, I Série, 13/7/90, p. 3571). Aliás, o CDS requerera sem êxito a discussão em plenário dos deputados do artigo 25.º, relativo ao tempo de emissão atribuído às confissões religiosas, propondo mesmo que à Igreja Católica fosse atribuído um espaço de cinco horas diárias no horário compreendido entre as 18 e as 24 horas (idem, p. 3569). 67 deputados do PSD, encabeçados por Pedro Roseta, manifestaram igualmente, através de uma declaração de voto conjunta, a sua convicção de que *"os compromissos assumidos pelo PSD e pelos seus governos para com a Igreja Católica, ao longo de quase 10 anos, não são satisfatoriamente alcançados pela solução adoptada"* (idem, p. 3585).

Pelo contrário, o desaparecimento de qualquer privilégio à Igreja Católica, à consagração de um serviço público com dois canais e não *mínimo*, como se previra no Programa do Governo, ou *nulo*, como defendiam alguns, entre os quais o deputado Pacheco Pereira (por exemplo, intervenção na discussão parlamentar do Programa do Governo em 1987, DAR, I Série, n.º 004, de 27/8/87, p. 65), e sobretudo a consagração da abertura à iniciativa privada levaram os socialistas a não quererem excluir-se do elenco dos protagonistas da reforma, mesmo contestando que não fosse alterado o quadro estatutário da RTP, considerado *"o mais governamentalizado e dependente do poder político que existe na Europa comunitária"* (intervenção da nossa autoria, DAR n.º 100, I Série, 13/7/90, pp. 3569 e segs).

Aparentemente, estaria aberto o caminho para uma rápida realização do concurso público, indispensável para a selecção dos novos operadores privados, tanto mais que, entretanto, fora já aprovada, na sequência do estipulado no novo quadro constitucional, a lei da nova entidade reguladora – a Alta Autoridade para a Comunicação Social. A Lei da AACS (n.º 15/90) fora publicada em 30 de Junho. Apreciados diversos factores, entre os quais a *"qualidade técnica e a viabilidade económica do projecto, o tempo e horário de emissão com programas culturais, de ficção e informativos"*, ou destinado à *"produção própria, nacional e europeia* e a *capacidade do candidato para satisfazer a diversidade de interesses do público"*, o Governo atribuía a licença de exploração ao *"candidato que apresentasse a proposta mais vantajosa para o interesse público, desde que esta tivesse obtido o parecer prévio favorável da AACS"* (art. 11.º, n.ᵒˢ 1 e 2 da Lei n.º 58/90, de 7 de Setembro).

No entanto, o Regulamento do concurso público para o licenciamento dos 3.º e 4.º canais de televisão seria apenas publicado no último dia de 1990, estabelecendo um prazo entre 2 de Janeiro e 2 de Abril de 1991 para a apresentação de candidaturas (Resolução do Conselho de Ministros n.º 49/90, publicada na I Série do DR, n.º 300 de 31/12/1990). Antes de iniciado o processo de licenciamento de operadores privados, foi necessário proceder à reorganização da 4.ª rede de cobertura. Ao mesmo tempo, o Governo atribuía a titularidade, gestão e exploração dos sistemas de transporte e difusão do sinal de televisão a uma sociedade anónima de capitais públicos – a Teledifusora de Portugal – a quem a RTP venderia os seus emissores.

Antes, fora necessário estabelecer o âmbito da abertura à iniciativa privada. Nos meses que antecederam a decisão governamental, não faltaram diversas sugestões sobre essa matéria, motivadas, designadamente, pela análise da capacidade do mercado publicitário para financiar não apenas a RTP, mas igualmente os novos operadores privados.

Alguns, como Soares Louro, limitaram-se a expor o seu cepticismo sobre a viabilidade de dois novos operadores privados num limitado mercado como o português. Um profundo cepticismo sobre a possibilidade de coexistência de quatro canais nacionais *"com um mínimo de qualidade no nosso pequeno e pobre mercado e território"* seria confessado, em várias ocasiões pelo antigo Presidente da RTP (por exemplo, numa intervenção em Ponta Delgada num colóquio promovido pela RTP Açores em 10/7/91 e no artigo *"A TV privada pode e deve esperar"* no *DN* de 4/8/86). Idêntica opinião tinha sido emitida, alguns anos antes, na Primavera de 1984, por Daniel Proença de Carvalho numa intervenção proferida na Universidade Católica. Este advogado, que fora Ministro da Comunicação Social no final dos anos 70 e mais tarde lideraria a candidatura derrotada a uma licença de televisão, afirmaria que *"Portugal não apresenta um mercado susceptível de rentabilizar várias estações de televisão"*, pelo que defendia *"como passo inicial importante no sentido de uma melhor alternativa a atribuição à Igreja Católica de um dos canais existentes"* (Nuno Cintra Torres, *"Da RTP/EP à TV da Igreja"*, DN de 5/7/84, p. 8). As mesmas dúvidas sobre a viabilidade de um panorama televisivo com quatro canais em concorrência seriam manifestadas por dois docentes e investigadores da Universidade Nova de Lisboa, Francisco Rui Cádima e Pedro Braumann, em textos então divulgados (por exemplo, na revista *Publicidade e Marketing* n.º 40, publicada em Outubro de 1990, págs. 32 e segs.). Cádima e Braumann, que recordavam a aparentemente contraditória hegemonia da televisão no mercado publicitário português, ao contrário da maioria dos outros países europeus, apresentavam cenários alternativos, desde um maior financiamento do serviço público até ao diferimento do licenciamento de um dos novos operadores privados.

Outros, como Francisco Pinto Balsemão, sensíveis ao mesmo problema, apresentam outras possíveis soluções. Balsemão propunha um 1.º canal funcionando como serviço público e sem publicidade, financiado pelas taxas e *"pelas rendas a pagar pelas concessionárias privadas"*; um 2.º canal concessionado por concurso a entidades privadas; um 3.º canal, sem publicidade, a atribuir à Igreja Católica ou a uma entidade privada nas mesmas condições do 2.º canal; e um 4.º canal *"financiado pela publicidade ou instituições que não o Estado, a atribuir, de novo por concurso público, a nível regional e/ou especializado, a entidades que, local ou regionalmente ou representando sectores minoritários, demonstrem a sua representatividade e a viabilidade económica do meio que querem pôr no ar"* (*"Os problemas legais e políticos da televisão privada em Portugal"*, Colóquio sobre *"Os meios de comunicação de massa e a cultura europeia: que opções para Portugal?"*, Fundação Calouste Gulbenkian, 1/7/86).

O Governo optaria por promover uma abertura baseada em dois canais privados que *concorreriam* com os dois canais concessionados à RTP. No entanto, essa deliberação foi precedida pela realização de um estudo económico, cujas conclusões eram, no entanto, muito reticentes sobre a viabilidade de um 4.º canal, cuja abertura se propunha que fosse adiada.

Realizado pelo Prof. Amado da Silva, a solicitação do ministro e do secretário de Estado da tutela da Comunicação Social, respectivamente Couto dos Santos e Albino Soares, o estudo sustentaria que *"apesar da profunda incerteza que rodeia o futuro da televisão hertziana, quer em termos de concorrência de outros meios, quer em termos de internacionalização do mercado, há espaço para entrada de um terceiro canal, desde que o nível de crescimento das receitas de publicidade seja razoável, mesmo que bastante inferior às taxas de crescimento dos últimos anos"*. No entanto – acrescentava o relatório – *"quanto à possibilidade de um 4.º canal, parece-nos extremamente difícil que haja espaço desde já para ele, a menos que houvesse uma notável taxa de crescimento de publicidade televisiva ou um afundamento radical da taxa de audiência da RTP, no que não acreditamos"*. Deste modo, os autores do estudo colocavam a hipótese de uma *"entrada desfasada"* do canal, embora defendessem que seria *"aconselhável protelar qualquer decisão relativa a este canal"* (Relatório, p. 3).

A viabilidade económica dos operadores privados viria ainda a ser indirectamente condicionada pela deliberação governamental, tomada em 26 de Janeiro de 1991, de abolir a taxa de televisão, substituindo-a pela inscrição no Orçamento de Estado de uma verba – insuficiente face aos custos da empresa – a título de indemnização compensatória. A RTP ficava desta forma mais dependente das verbas provenientes da publicidade, o que implicava uma acrescida *luta* pelas audiências.

Neste contexto, apesar de cerca de uma dezena de pré-candidatos ter manifestado interesse na televisão privada ao longo do prolongado período de mudança do quadro legal que a permitiria, apenas três candidaturas apresentariam a sua candidatura no concurso: a *SIC – Sociedade Independente de Comunicação, S.A.*, a *TV 1 – Rede Independente, S.A.* e a *TVI – Televisão Independente, S.A.*. Entre outros documentos, e da prestação de uma caução de meio milhão de contos, os processos de candidatura deveriam incluir uma proposta detalhada da actividade de televisão que a sociedade anónima concorrente se propunha exercer, *"com especial referência ao número de horas de emissão semanal, discriminando os tempos de emissão em claro e codificada, de ficção e informativos, a grelha de programação, os tempos de emissão destinados à produção própria, à nacional e à europeia, bem como a programas de língua portuguesa"*.

A *SIC*, liderada por Francisco Pinto Balsemão, tinha como principais accionistas a *SOINCOM*, onde estavam associadas, entre outras, a *Sojornal*, o Grupo *Projornal* (*O Jornal, JL, TSF*, entre outros), o grupo de jornais regionais liderados por Adriano Lucas (*Diário de Coimbra, Diário de Aveiro e Diário de Leiria*), o Grupo *Impala*, os *Filmes Castello Lopes*, as editoras *Europa-América* e Porto Editora e a produtora *Costa do Castelo Filmes*, a *Rede Globo* do Brasil, a *Lusomundo/Jornalgeste* e alguns *sócios financeiros*, entre os quais o Grupo José Manuel de Mello, a *Império*, a *Promoindústria*, etc..

A *TV-1*, liderada pelo advogado Daniel Proença de Carvalho, tinha a maioria de capital (perto de 60%) controlada por três grupos: a *Presselivre* (*Correio da Manhã, O Independente, Correio da Manhã Rádio e Marie Claire*), cujo principal accionista era Carlos Barbosa, um grupo de sete cooperativas e empresas ligadas à indústria farmacêutica e José António Santos, proveniente do sector da agro-pecuária e da produção agrícola. Eram ainda accionistas, entre outros, o próprio Proença de Carvalho, Manuel Rui Azinhais Nabeiro (*Cafés D*elta) e a empresa *Cintra&Leal*, ligada à instalação de antenas parabólicas.

Na *TVI*, predominava a *Rádio Renascença*, associada a uma empresa francesa – a *IP* – *Information et Publicité*, filial da agência *Havas*, diversas organizações da Igreja Católica – entre as quais o Seminário Maior de Cristo Rei, a Universidade Católica e as Misericórdias, nomeadamente a União das Misericórdias Portuguesas e a Santa Casa da Misericórdia de Viseu.

A AACS levaria perto de 4 meses a formular a sua opinião. Em 8 de Agosto, aprovaria um extenso parecer de 73 páginas, onde se concluía que os três candidatos reuniam *"os requisitos mínimos necessários para a atribuição das licenças postas a concurso, todos eles tendo condições para satisfazer o interesse público, embora cada um com diferentes características e méritos próprios"*(Informação AACS, supl. ao n.º 5, Maio de 1992, p. 72).

O parecer não deixava de sublinhar as diferenças entre os diversos *dossiers* de candidatura.

O projecto da *SIC* era considerado como *"equilibrado, quantitativamente prudente e qualitativamente exigente, atento à diversidade sócio-cultural do público"*. A *SIC* propunha-se apresentar uma programação *"com um tempo de emissão quantitativamente prudente, com significativa percentagem de produção nacional, em boa parte a cargo de produtores externos associados, com especial incidência na informação e na ficção"* (Parecer da AACS, p. 71).

A *TV 1* apostava, de acordo com o texto da AACS, *"num projecto deliberadamente ousado, quantitativamente ambicioso e qualitativamente popular, virado para o grande público"*. A *TV 1* apresentava o projecto mais ambicioso: mais do que o dobro das horas diárias de emissão dos seus concorrentes, logo no primeiro ano (15 horas, contra 6h30 da *SIC* e 7h20 da *TVI*) e dos custos de programação (7,19 milhões de contos, contra 3,39 da *SIC* e 2,75 da *TVI*), e maior volume de receitas previstas até ao final de 1996 (63,9 milhões, contra 43,7 da *SIC* e 28,6 da *TVI*) (Parecer da AACS, p. 15 a 30).

A *TVI* centrava-se *"num projecto mais modesto, quantitativamente moderado e qualitativamente menos exigente, em que a predominância da defesa dos valores do humanismo cristão influencia coerente-*

mente o conteúdo e o estilo dos programas". O Parecer da AACS (p. 72) assinalava, comparando-o com os outros concorrentes, *"o custo médio de programação mais baixo, com os previsíveis reflexos na qualidade e capacidade de atracção do público"*. De qualquer forma, a TVI esperava resultados positivos apenas a partir de 1996, mais tarde do que a SIC (1994) e do que a TV-1 (1995) (Parecer da AACS, p. 31).

Apreciadas as três propostas, a AACS não excluiria nenhuma delas, nem mostrava qualquer preferência que permitisse ajudar o Governo na sua deliberação.

Finalmente, em 6 de Fevereiro de 1992, o Governo deliberaria excluir a *TV 1*, liderada por Daniel Proença de Carvalho, atribuindo a licença relativa ao 3.º canal à SIC e a relativa ao 4.º canal à TVI.

O monopólio televisivo terminaria, em termos práticos, em 6 de Outubro de 1992 com o início das emissões da SIC. Cerca de quatro meses depois, em 20 de Fevereiro de 1993, a *TVI – Canal 4,* a chamada *"Televisão da Igreja"* começaria igualmente a emitir através de uma rede própria de emissores, completando-se assim o processo de abertura da televisão à iniciativa privada, iniciado perto de quatro anos antes com a Revisão Constitucional.

8. A RTP face ao novo quadro concorrencial

Em Fevereiro de 1993, quando alguns meses depois da SIC, a TVI iniciou as suas emissões, a RTP não ficaria apenas perante dois concorrentes nacionais, com quem teria de partilhar as audiências de televisão. Os dois canais privados, que emitiam como a RTP por via hertziana terrestre, disputavam-lhe também as receitas publicitárias, as vedetas do ecrã, os novos *formatos* televisivos e os direitos de exibição de programas nacionais e estrangeiros. A generalidade dos custos da programação de televisão sofreu igualmente um aumento, directamente decorrente dessa competição entre os operadores.

Pior do que isso. Como na Parte II, Título 2 se analisará com maior detalhe, sensivelmente um ano antes de ser aprovada a nova legislação que abria finalmente a televisão à iniciativa privada, a RTP deixara de receber os proveitos da cobrança da taxa de televisão, que o Governo de Cavaco Silva decidira extinguir, sem polémica.

É verdade que o montante então recolhido pela cobrança da taxa representava apenas cerca de 18 por cento do total das receitas da RTP. No entanto, como melhor veremos adiante, o montante das indemnizações compensatórias atribuídas à empresa, em substituição daquela receita, não seria suficiente para garantir o seu equilíbrio financeiro. Como se isso não chegasse, o atraso sistemático na entrega à empresa destes montantes agravaria ainda mais a sua situação, contribuindo para a *espiral deficitária* que marcaria a vida da empresa durante cerca de uma década.

O início da era de concorrência televisiva ficaria igualmente marcado pela *timidez* da nova lei da actividade televisiva na definição das obrigações cometidas ao operador público, bem como aos operadores privados.

Aliás, a legislação de 1990 (Lei n.º 58/90, de 7 de Setembro) nem estabelecia qualquer distinção entre os fins da actividade de televisão estabelecidos para aqueles operadores. De facto, nem ao operador de serviço público eram impostas obrigações decorrentes deste estatuto, nem os operadores licenciados, quer por via do acto de licenciamento, quer pela própria lei, estavam sujeitos a qualquer caderno de encargos.

Na prática, a legislação de 1990 impunha apenas, como *fins genéricos da actividade de televisão* (artigo 6.º) um conjunto de obrigações de alcance vago, como "*contribuir para a informação e formação do público e para a promoção e defesa dos valores culturais que exprimem a identidade nacional, bem como para a modernização do país*" e "*contribuir para a formação de uma consciência crítica, estimulando a criatividade e a livre expressão do pensamento*", etc. As únicas imposições aos operadores decorriam na transposição para a lei de preceitos da Directiva europeia *Televisão sem Fronteiras* e da *Convenção Europeia sobre a Televisão Transfronteiras*, ambas aprovadas em 1989, mas as normas estavam longe de ter um carácter imperativo ("*as emissões devem, se possível, ..."*) e o seu incumprimento nunca foi objecto de qualquer coima, cuja aplicação seria, aliás, da responsabilidade do Governo e não da entidade reguladora – então a *Alta Autoridade para a Comunicação Social*.

Esta especificidade do panorama televisivo português, porventura equiparável à experiência espanhola, levaria a que se então se considerasse a abertura da televisão à iniciativa privada como uma *desre-*

gulamentação selvagem, expressão utilizada em vários estudos por Nelson Traquina (entre outros, 1997:51), citando Pierre Musso e Guy Puneau. Traquina associava essa expressão a diversos aspectos da política do governo da época para o sector: *"não houve medidas específicas de protecção do cinema e outras produções nacionais; não houve garantias em relação ao apoio financeiro à produção audiovisual; não houve regulamentação de conteúdo de programação"* (1997:55).

A abertura da televisão à iniciativa privada seria acompanhada, nos primeiros anos da década de 90, por algumas alterações ao enquadramento jurídico do serviço público de televisão. O Governo e a maioria parlamentar social-democrata na Assembleia da República promoveriam então a aprovação de um novo estatuto para a RTP e de um novo contrato de concessão do serviço público. O novo contrato preenchia um vazio criado pela ausência de um instrumento desse tipo, desde a rescisão do contrato de 1956 estabelecida num Decreto--Lei de Dezembro de 1975 (DL n.º 674-D/75), que também nacionalizou as posições sociais no capital da RTP não pertencentes directa ou indirectamente ao Estado.

O novo Estatuto, aprovado por lei da Assembleia da República (Lei n.º 21/92, de 14 de Agosto), apresentava como maior novidade o regresso da RTP à categoria de sociedade anónima – que tivera no período entre a sua fundação e Dezembro de 1975 – mas agora com capitais exclusivamente públicos.

Tal como a transformação de empresa pública em sociedade anónima de capitais públicos não envolveria, na prática, significativas alterações, também o conteúdo dos novos estatutos publicados em anexo à referida lei pouco acrescentaria ao elenco de obrigações da empresa, designadamente em matéria de programação, já previstos em legislação anterior.

O contrato de concessão do serviço público de televisão de Março de 1993 estabelecia um conjunto de *obrigações específicas* cometidas à empresa – direito de antena, tempo de emissão para as confissões religiosas, tempos de emissão para a Universidade Aberta e para a Administração Pública, apoio ao cinema e à indústria audiovisual, promoção da *"produção e emissão de programas educativos ou formativos"*, destinados a crianças, jovens, minorias e deficientes auditivos", etc. A generalidade destas obrigações constava já da legislação em vigor e era cumprida, com excepção do tempo de emissão das confissões religiosas, que só passaria a ser emitido alguns anos depois, na vigência do contrato de concessão de Dezembro de 1996.

O contrato estipulava também algumas obrigações de carácter genérico relativamente aos fins da programação, que também não constituíam qualquer significativa inovação face aos estatutos da empresa e à Lei da Televisão, nem eram detalhadas ou quantificadas.

De resto, a fiscalização do cumprimento do contrato competiria apenas aos dois membros do Governo que tutelavam a empresa, os ministros das Finanças e do responsável pela área da comunicação social, e, no plano financeiro, à Inspecção-Geral das Finanças.

A única inovação relevante no novo contrato respeitava ao cálculo da indemnização compensatória. Ao não incluírem qualquer parcela dos custos de programação dos dois canais da RTP, os outorgantes do contrato – o Governo e o Conselho de Administração da empresa – *obrigavam* os responsáveis pelos conteúdos a procurar nas receitas publicitárias o financiamento daquela que constituía a principal fonte de despesas da RTP.

As consequências desta controversa opção seriam fáceis de enumerar: não tendo praticamente obrigações específicas, nem fontes de financiamento diferentes dos operadores privados, a RTP1 era *atirada* para uma concorrência directa, no mesmo *terreno* destes.

Por sua vez, submetida pelo contrato de concessão a uma *orientação estratégica* que a obrigava a emitir uma programação vocacionada *para servir públicos potencialmente minoritários, e integrando programas de carácter educativo nos domínios da Literatura, da Ciência, da Música, do Teatro, da Ópera, do Bailado e das Artes Plásticas* (Cláusula 4.ª, n.º 2 ii), a RTP2 via estreitar-se a margem para obter audiências que permitissem significativas receitas publicitárias.

A programação da RTP2 (então *TV2*), que chegara a incluir no *prime time*, em Abril de 1993 (ou mais precisamente na semana de 5 a 12 desse mês), uma fortíssima componente de desporto (43%) e de telenovelas (20%) (Traquina, 1997:67), teria agora obrigatoriamente de mudar.

De facto, foi isso que aconteceu. O mesmo estudo realizado por Nelson Traquina, agora em relação a uma semana de Outubro de

1994, revela que a percentagem de desporto no *prime time* tinha diminuído para 11,3%, não havia já telenovelas e, em contrapartida, a programação cultural subia de 10% para 41,2% (Traquina, 1997:134). Ao mesmo tempo, entre Abril de 1993 e Outubro de 1994, o *share* do segundo canal da RTP baixava de 18,8% para 7,2%...

Não estando prevista na indemnização compensatória qualquer parcela para financiar a sua programação e vendo, na prática, restringida a sua capacidade para angariar publicidade, a RTP2 constituía--se assim na principal origem do défice que, ano após ano, agravaria a situação da empresa.

No entanto, a par de *crise de financiamento*, a RTP mergulhava igualmente numa *crise de legitimidade*. É verdade que a programação do segundo canal era claramente distinta da oferta dos operadores privados. No entanto, as opções para a RTP1 eram claramente marcadas pelo objectivo de obter maior *share*, pela competição directa com a concorrência. A publicidade comercial tornara-se claramente a maior fonte de receitas: 69,1% do total dos proveitos em 1992, 73,6% em 1993.

A RTP preparara-se para a competição com os operadores privados. Traquina (1997:69) recorda o aumento dos programas de entretenimento entre 1990 e 1992 (ou seja, antes da televisão privada) de 10,9 para 18,9%. No próprio Relatório e Contas anual da empresa referente a 1990 se confessa que a política de programação tinha duas "*finalidades principais*": "*a preparação para o embate das futuras estações privadas de televisão e o. aumento substancial das receitas realizadas através da publicidade*". Aliás, Traquina (1997:70) recorda que já em 1986 se assumia, igualmente no Relatório e Contas da empresa, que um dos critérios da programação visava a intensificação da "*componente recreativo-espectacular, de forma a elevar os índices de audiência e a criar uma maior apetência popular pelas emissões da RTP, num período em que se avizinha a concorrência das televisões privadas e das televisões por via satélite*".

De facto, não havia então diferenças fundamentais entre a oferta de programação da RTP1 e a dos operadores privados. Depois de analisar a programação de uma semana de televisão (5 a 12 de Abril de 1993), Traquina (1997:63) refere que "*utilizando as megacategorias de 'programas sérios' (informação, programas infantis, cultu-*

rais, educacionais e outros) e de 'programas populares' (filmes, séries, programas recreativos e desportivos) apresentados por De Bens e outros no seu estudo da programação de 52 canais europeus, o ratio de 'programas sérios' para 'programas populares' é quase igual para os três operadores: 33% para 67% na RTP, 37% para 63% na SIC e 35% para 65% na TVI. (...) Comparando com os outros operadores públicos, na Europa, a RTP oferece, juntamente com o operador público austríaco, o índice mais baixo de 'programas sérios'."

Apesar da programação emitida, a RTP1 foi perdendo audiência (e receitas publicitárias...) a um ritmo invulgarmente rápido. Em Maio de 1995, a SIC teria pela primeira vez um *share* superior ao da RTP1 (40,3% contra 39,1%, de acordo com os dados da AGB). De Outubro de 1993 para Outubro de 1995, em dois anos, a RTP1 passou de um *share* de 54,1% (17,1% para a RTP2, 18,3% para a SIC e 10,5% para a TVI) para 34,7% (6,8% para a RTP2, 44,9% para a SIC e 13,6% para a TVI). O rápido crescimento do *share* da SIC permitiria que este operador alcançasse resultados positivos ao fim de três anos de emissões. Pelo contrário, o crescimento da TVI estaria rodeado de bem maiores dificuldades, uma vez que o operador apenas obteria esse objectivo em 1999.

A substituição do contrato de concessão de 1993 por um outro, celebrado em 31 de Dezembro de 1996, modificaria parcialmente a situação do serviço público.

Fruto da mudança de governo – nas eleições de Outubro de 1995, o Governo PSD dera lugar a um executivo socialista liderado por António Guterres –, o novo contrato respondia a diversas das críticas antes formuladas ao texto de 1993.

Essencialmente, o documento apresentava três importantes inovações:

– o conjunto de obrigações de programação era mais detalhado e incluía mesmo obrigações quantificadas, embora pouco exigentes, designadamente as relativas à produção e transmissão de obras dramáticas, dramático-musicais e coreográficas, criadas para televisão ou representadas por companhias independentes); de *"obras de ficção de autores qualificados e em língua portuguesa";* de *"documentários de criação"* (cada um

destes temas num mínimo de 26 horas por ano); e produção e transmissão de primeiras obras de ficção num mínimo de 12 horas anuais;
- na determinação da indemnização compensatória a atribuir anualmente à empresa era considerado o custo real de exploração dos dois principais canais da RTP, nele se incluindo, conforme se analisará adiante com maior detalhe, o conjunto de custos relativos à preparação, difusão e emissão da programação, deduzidos os proveitos decorrentes da exploração, nomeadamente as receitas publicitárias;
- a RTP1 ficaria sujeita a um limite de sete minutos e trinta segundos de publicidade, enquanto que a RTP2 não poderia emitir qualquer publicidade comercial.

O teor do novo contrato de concessão, a par da orientação imprimida pelos responsáveis pela programação da empresa, contribuiria para diferenciar a programação da RTP1 face à emitida pelos seus concorrentes privados, apesar da reduzida expressão dos valores previstos e das precárias condições financeiras da RTP (Carvalho, 2002:57).

As novas condições de previsão dos montantes a atribuir à empresa a título de indemnização compensatória tornariam mais transparentes os processos de financiamento do serviço público, mas não impediriam, como se apreciará na Parte II deste trabalho, a profunda *crise de financiamento* que condicionaria a vida da empresa até 2003.

Entretanto, a RTP diminuiria claramente a sua dependência perante as receitas da publicidade. Em 1993, recorde-se, elas correspondiam a 73,6% das receitas totais da empresa. Esse valor baixaria para 37,8% em 1999.

TÍTULO III
A transição para a era digital

CAPÍTULO I
O caminho europeu para a era digital

1. O novo contexto da televisão

Criada em torno de um único canal generalista, difundida por uma rede hertziana analógica e financiada por uma taxa e (ou) pela publicidade, a televisão representa hoje uma realidade bem diferente: desde os modelos de financiamento aos suportes tecnológicos, muito mudou nos países mais desenvolvidos, em especial no continente europeu.

De acordo com o seu desenvolvimento tecnológico, a televisão será em breve um meio integralmente digital, da produção à recepção. Entretanto, a televisão dispõe já de um modelo económico influenciado pelo enorme crescimento do número de operadores e de canais (ou, mais rigorosamente, serviços de programas), pela entrada de novos actores, como os operadores de telecomunicações, os operadores de telefones móveis e os ISP's, e pela expansão de uma nova forma de financiamento, o pagamento específico. Obedece a um enquadramento jurídico que regulamentou o licenciamento e a autorização de uma multiplicidade de novos operadores e serviços, pondo em causa a hegemonia e até o papel do serviço público e dos próprios canais generalistas privados. Assim, mais do que as opções políticas e legislativas do poder político, a televisão reflecte progressivamente a elasticidade do mercado e das suas formas de financiamento e a relevância das inovações tecnológicas. É difundida através de diversos meios, como o satélite, o cabo e a rede hertziana digital terrestre. Disponibiliza uma enorme diversidade de novos serviços, formatos e temáticas. Pode ser recebida em diversos suportes, desde o tradicional televisor até ao telefone móvel. O crescimento da oferta televisiva já não depende de limites técnicos, impostos pela escassez do espaço radioeléctrico, mas da sua viabilidade económica. A diversidade de canais e serviços, muitos dos quais sujeitos a pagamento específico, cria novas desigualdades, extinguindo o antigo efeito de coesão social promovido pelos canais que toda a população via. Oferece vantagens incontestáveis no melhor aproveitamento do espectro radioeléctrico, na qualidade do som e da imagem, na diminuição dos custos de difusão do sinal televisivo e na possibilidade da sua utilização em serviços adicionais e interactivos.

A evolução da televisão representa, no entanto, apenas uma parte da profunda evolução dos *media* electrónicos:

- uma *evolução técnica,* reflectida não só na transição da era analógica para a era digital como na *revolução informática*, o que, conjugadamente, cria uma inédita diversidade, tanto nos meios de produção, de distribuição, de difusão e de recepção, como nas tecnologias utilizadas;
- uma *evolução do mercado*, com a entrada em cena de um crescente número de novos operadores – uma *segunda vaga* de novos operadores a seguir à verificada nos anos 80 e 90 –, e com a sua internacionalização, consequência também da superação das barreiras tecnológicas à difusão tradicional do sinal televisivo;
- uma *evolução da legislação*, principalmente pela transição de uma era de escassez da oferta para uma situação de abundância e pelo envolvimento da União Europeia e de outros organismos internacionais da área das comunicações na regulamentação dos *media*;
- e uma *evolução do comportamento* dos consumidores, devida a uma crescente individualização da relação dos cidadãos com os *media* (UER, 2006:22).

Essa evolução decorre de uma convergência que envolve diversas facetas inovatórias (Olaf in Nissen, 2006:97): não se trata apenas da distribuição dos mesmos conteúdos em múltiplas redes e plataformas, mas igualmente de uma convergência regulamentar, traduzida na progressiva substituição dos mecanismos jurídicos tradicionais aplicados a cada meio de comunicação social por uma regulamentação abrangendo todas as plataformas e redes; de uma convergência dos mercados, que se reflecte em fusões e alianças; de uma convergência das redes, o que significa que a mesma rede pode servir de suporte a diferentes tipos de meios e serviços; e de uma convergência de aparelhos receptores, agora – como se verificou no *Consumer Electronic Show (CES) 2008*, em Las Vegas – aptos para múltiplas funções: televisão digital, acesso à Internet, leitor de vídeo, GPS e telefone.

A era digital está também associada ao desenvolvimento de formas alternativas às redes de emissores de difusão hertziana terrestre analógica, como o cabo e o satélite, e à evolução tecnológica que estes sofreram.

A utilização das redes de cabo e do satélite tornaria mais insustentável a defesa do monopólio dos operadores públicos nos Estados europeus, em vigor desde o início da televisão, dado que um dos argumentos mais fortes então sustentados baseava-se na escassez do espaço hertziano terrestre. Na generalidade dos países europeus, assistir-se-ia, a partir dos anos 80 do século passado, ao fim do monopólio dos operadores de serviço público, que permitiria a entrada no mercado televisivo de um número crescente de novas empresas de capital privado e vocação comercial.

A tecnologia digital está a mudar substancialmente o quadro televisivo.

Como já sublinhavam Chalaby e Segell em 1999, *"a digitalização está a mudar não só a forma como vemos a televisão, como usamos a televisão, mas também a forma como a televisão é feita"* (Papathanassopoulos, 2002:33).

2. As dimensões da era digital

2.1. *A dimensão técnica*

A evolução tecnológica assumiu um papel determinante na evolução do quadro televisivo, designadamente quando permitiu o fim do constrangimento imposto pela escassez do espaço hertziano.

A abundância de formas de difusão do sinal de televisão proporcionadas pelas redes de cabo coaxial, pela difusão directa via satélite, entre outras possibilidades desenvolvidas mais tarde, como a TDT – Televisão Digital Terrestre (para recepção fixa, portátil e móvel), as redes de *broadband* (ADSL/IPTV) e a oferta de serviços em redes híbridas, como a *mobile TV*, contribuiria para modificar de forma substancial a oferta televisiva.

Mais recentemente, a progressiva introdução da tecnologia digital nas redes de cabo permitiria até a sua utilização, não só para a distribuição dos serviços de televisão, mas também de telefone fixo e de acesso à Internet (fornecendo um serviço *triple play*), o que permitiria aos operadores de cabo concorrer eficazmente não só com a difusão por satélite, como com as próprias empresas de telecomunicações.

Estas, todavia, responderiam com o desenvolvimento de uma plataforma de distribuição de TV sobre IP (*Internet Protocol*), a IPTV, à qual se associam operações de *triple play*, complementadas com a oferta de telefone móvel suportada em redes locais de *Wi-Fi*, criando uma operação *quadruple play* ou *quad play*.

A difusão do sinal televisivo pela Internet, a partir de 2002, e pelos telefones móveis, depois de 2005, acentuaria o processo de convergência entre a televisão, as comunicações e a Internet. Em alguns países europeus, como a Itália, a Finlândia, a Suíça, a Áustria e a Holanda, os serviços de *mobile TV* assumiam, em Julho de 2008, uma expressão assinalável (IMCA, 2008:28). De acordo com as estimativas de vários analistas (InSat, ABI, NSR, Datamonitor), o número de utilizadores de *mobile TV* situar-se-ia nos 11 milhões em 2007 e atingirá os 335 milhões em 2011.

O desenvolvimento da distribuição de televisão pela rede *ADSL* (*IPTV*), permitindo aos consumidores a recepção do sinal televisivo tanto no seu receptor tradicional como no próprio computador, e os serviços de *webcasting*, que oferecem conteúdos não disponíveis nas formas de difusão tradicionais ou difundidos em diferido, ou ainda de programas de televisão complementares dos textos disponibilizados em *sites* de publicações periódicas, completam uma oferta em constante crescimento e diversificação.

Essa evolução prolongar-se-á pelos próximos anos com a transição para a televisão digital terrestre através do *switch off* analógico em todos os países, a generalização da televisão de alta definição (*HDTV*) e o crescimento da *Mobile TV* e dos serviços interactivos, que estarão na agenda europeia até 2015. A universalização das *Next Generation Networks* possibilitará novos serviços e aplicações. As redes sem fios oferecerão também significativas larguras de banda contribuindo para alterar os hábitos dos consumidores em termos de armazenamento de informação e conteúdos e de acesso a volumes crescentes de informação.

Esta mudança do panorama europeu da televisão e dos *media*, terá, porém, ritmos bem diferentes conforme os países. Em alguns Estados do leste europeu, a era digital ainda não começou. Pelo contrário, na Grã-Bretanha, a recepção digital já abrange cerca de três em cada quatro lares (Ofcom, *The Future of Digital Terrestrial Television*, 2007:12).

As técnicas de codificação e compressão do sinal, associadas à digitalização dos vários componentes da cadeia audiovisual, permitem uma utilização muito mais eficaz da capacidade das redes de distribuição e difusão e também de armazenamento de conteúdos.

De facto, as elevadas quantidades de informação dos componentes de vídeo áudio digitais e de dados não permitiriam, de forma prática, a sua utilização, se não existissem já essas técnicas de codificação e compressão de elevada eficácia.

O ritmo de desenvolvimento das tecnologias aplicadas às indústrias da convergência dependerá em grande medida do progresso que se verificar nos domínios da compressão de sinais.

Por outro lado, a utilização mais eficiente do espectro permite a utilização da televisão para uma multiplicidade de novos serviços, desde a *pay per view*, o *video on demand* ou o *near video on demand* até ao *home banking*, sem esquecer os que visam auxiliar o consumo de televisão por deficientes auditivos e por outras pessoas com necessidades especiais ou aqueles que permitem o acesso a serviços da Sociedade da Informação.

Exigindo significativos investimentos e opções de alguma complexidade – bastará assinalar a coexistência de quatro sistemas mundiais – *ATSC* nos EUA, *DVB-T* na Europa, *ISDB-T* no Japão e *DMB-T* na China –, as vantagens da televisão digital terrestre foram rapidamente evidenciadas: economia no espaço hertziano utilizado (depois do final das emissões analógicas) e o seu consequente embaratecimento, aumento da capacidade de difusão de programas, melhoria da qualidade do som e da imagem, possibilidade de fornecer serviços interactivos, redução dos custos de produção, portabilidade, mobilidade e acesso à Internet. A Televisão Digital Terrestre (TDT) é um sistema de difusão de televisão que, na Europa e em alguns países fora do espaço europeu, se baseia no *standard DVB-T (Digital Vídeo Broadcasting – Terrestrial)*, concebido para a transmissão de sinais de televisão utilizando técnicas de modulação e codificação digitais. No âmbito da televisão digital, foram igualmente desenvolvidos outros *standards*, como o *DVB-S (Digital Vídeo Broadcasting – Satellite)*, para as emissões provenientes de satélites geoestacionários, o *DVB – C (Digital Vídeo Broadcasting – Cable)* para emissões através de redes de cabo e o *DVB – H (Digital Vídeo Broadcasting – Handheld)*, que reflecte uma evolução tecnológica do *DVB – T* e permite a recepção da televisão terrestre em receptores portáteis alimentados por baterias.

A tecnologia digital induziria ainda novos desenvolvimentos associados à difusão e ao consumo de televisão, desde o *EPG* (guia electrónico de programação), ao *multiplex* ou ao *packager* (agregador), ou ainda à Televisão de Alta Definição (*HDTV*), com uma maior resolução na imagem, o que traduz a sua crescente complexidade, mas igualmente as novas vantagens e possibilidades propiciadas por esses meios.

As primeiras experiências de *HDTV* na Europa, em curso desde 2006 na Grã-Bretanha (na plataforma de satélite *BSkyB*), na Alemanha (*Premiere*), em França (*TPS*) e em Espanha (*Canal AD* no *Hispasat*), demonstraram as potencialidades deste *upgrade* tecnológico, que oferece novas opções aos decisores políticos e aos operadores do sector.

Esta evolução, aliás, está longe de ter terminado. Recorde-se, por exemplo, os aperfeiçoamentos recentemente introduzidos no *standard* de codificação – do *MPEG – 2* para o *MPEG – 4/10*, que possibilita, com idêntica qualidade, uma dupla capacidade de transmissão, e no *DVB-T2*, ainda em fase de aprovação do *standard* e início do período experimental em 2008, que permite um aumento de cerca de 30% da capacidade de cada multiplex da Televisão Digital Terrestre ou de

160% no caso da introdução conjugada destas duas tecnologias (Ofcom, The Future of Digital Terrestrial Television, 2007:6).

A convergência entre tecnologias, principalmente quando baseadas em *IP,* possibilitará, a prazo, o acesso às diferentes redes de comunicação através de qualquer meio ou dispositivo, incluindo o televisor. A rede de televisão digital terrestre permite a concretização de vantagens tão diversas como o acesso ao correio electrónico e a contas bancárias ou a participação interactiva em programas de televisão. No passado, o teletexto constituía a única forma de utilização interactiva.

2.2. A dimensão económica

As profundas transformações nas tecnologias associadas à produção, difusão e consumo da televisão implicam ainda mudanças radicais noutros domínios, nomeadamente no económico.

Graças à tecnologia digital e à diminuição dos custos de transmissão que ela envolve – calculada em 90% (Papathanassopoulos, 2002:34) –, aumentou exponencialmente o número de canais disponíveis: de 103 existentes em toda a Europa em 1990, a oferta alargar-se-ia até aos cerca de 4 mil em 2005 (Iosifidis, 2007:3). Por outro lado, no final de 2006, 39,3% dos lares da União Europeia (ou perto de 30% dos lares de toda a Europa) estariam equipados para receber emissões de televisão digital (OEA, 2007-2:86). Aliás, tendo em conta o rápido desenvolvimento da televisão digital terrestre, estes dados estarão já desactualizados, como indicaria o estudo *Eurobaromètre 293* para a Comissão Europeia, de Junho de 2008, de acordo com o qual o número de lares da União Europeia com acesso à televisão digital terrestre tinha aumentado 7% num ano (IMCA, 2008:8).

A assinalável diminuição dos custos de transmissão facilita agora o equilíbrio financeiro de operadores que visem cativar pequenas audiências, localizadas em reduzidas áreas geográficas ou com interesses muito particulares – o *narrowcasting*.

O continente europeu, com os seus 731 milhões de habitantes, representa o maior mercado audiovisual do Mundo, tanto mais que uma esmagadora maioria dos seus habitantes (cerca de 99 por cento se considerarmos a União Europeia com 25 Estados) dispõe de pelo menos um aparelho receptor em casa.

Esse enorme mercado não proporcionaria, no entanto, a rápida emergência de um número significativo de canais pan-europeus. Desde o *Music Box* (que passaria a designar-se *Super Channel* em 1987) e o *Sky Channel* até aos mais recentes *Eurosport* e *Euronews*, poucos foram aqueles que ultrapassaram com visível impacto as fronteiras linguísticas, obtendo uma relevante presença nos diversos Estados do continente, apesar de, no início de 2006, existirem cerca de 400 canais destinados a outros mercados, para além do relativo ao país de origem da emissão (André Lange in Nissen, 2006:3).

Recentemente, como instrumento de política externa, alguns estados promoveram o lançamento de canais informativos de vocação internacional: *CCTV9* (China), *France 24* (que emite em inglês, francês e árabe), *Rússia Today* (em inglês e árabe) e o *Al Jazeera* (em inglês) (Ofcom, The International Communications Market 2007:100).

Por outro lado, apesar de existirem ainda na Europa, nos anos 80, diversos grupos com alguma expressão (*CLT*, *Maxwell*, *Fininvest*, *Canal+*, *Kirch* e *Esselte*), apenas o primeiro, hoje a *RTL*, adquiriria uma dimensão europeia, o que contrastava com a expansão de grupos norte americanos, principalmente nos países do leste europeu (André Lange in Nissen, 2006:4).

Esta inexistência de uma dimensão europeia de cada operador não impediria que se verificassem significativas alterações no mercado de cada um dos Estados, visível noutros parâmetros.

Em primeiro lugar, no significativo crescimento de um novo tipo de empresas, decorrentes da evolução tecnológica da televisão. Se considerarmos a existência de seis tipos de empresas associadas à televisão – operadores de serviço público, operadores privados, operadores de *pay tv*, operadores de distribuição responsáveis pela selecção, agregação e disponibilização ao público de serviços de programas televisivos, canais temáticos e empresas de televenda –, verificar-se-á, analisando os dados entre 2000 e 2005, uma estagnação das receitas de exploração das primeiras e um crescimento das três últimas, nomeadamente das empresas de televenda e dos operadores de distribuição (OEA, 2007-2:11).

Em segundo lugar, no crescimento de uma terceira forma de financiamento dos operadores televisivos, depois da taxa e das receitas da publicidade. Os canais de acesso condicionado ao pagamento de montante correspondente à sua subscrição oferecem um produto destinado a pequenas audiências específicas, mesmo daquelas que mais dificilmente atrairiam a publicidade comercial.

Aliás, essa fonte directa de financiamento dos espectadores representa, desde há alguns anos, em alguns países, uma fatia mais significativa das receitas de televisão do que as clássicas formas da taxa e da publicidade. Em 2006, esse tipo de proveitos dos operadores de televisão tinha um montante superior às receitas da publicidade ou da taxa em países como a Grã-Bretanha, a França, a Holanda e a Suécia (Ofcom, The International Communications Market 2007:107). Essa tendência não ocorria ainda na Alemanha, onde a taxa assume a primazia e em Itália, Espanha e Irlanda, países em que as receitas publicitárias levam vantagem.

Esta alteração reflectiria, aliás, a progressiva dificuldade em assegurar um financiamento consistente para muitos canais, cuja limitada audiência não seria suficiente para suscitar o indispensável interesse dos anunciantes, no quadro de um mercado publicitário relativamente estagnado em muitos países europeus.

A televisão a pagamento resultaria assim de uma convergência de circunstâncias, onde avultariam a segmentação da oferta televisiva, a fragmentação da procura, um crescente clima cultural que induz a aceitação do pagamento directo dos programas escolhidos e recebidos e uma regulamentação cada vez mais aberta a novos tipos de iniciativas comerciais (Bustamante, 1999:171).

Criada nos anos 50 em Nova Iorque, a *pay tv* conheceria novos desenvolvimentos com a oferta da *Home Box Ofice*, a partir de 1972 nos Estados Unidos, e depois, igualmente ainda em formato analógico, com o *Canal +* francês (1984) e, entre outras experiências noutros países europeus como a Bélgica, a Espanha, a Alemanha e a Itália, a oferta do britânico *Sky Movies*, que se integraria a partir de Novembro de 1990 na *BSkyB*. Aliás, o *Canal +* e a *BSkyB* representam os dois modelos de *pay tv* que se formaram na Europa. O primeiro baseado num só canal codificado que oferece uma programação relativamente diversificada – embora com hegemonia de filmes e futebol –, com algumas horas por dia em sinal aberto e outras sujeitas a pagamento. O segundo assente numa oferta multicanal especializada, também com predomínio da ficção e do desporto, distribuída por satélite (Alcolea, 2003:103).

Outras modalidades de televisão paga – a *pay per view (PPV)*, o *near vídeo on demand (NVOD)*, e ainda o sistema de cartões pré--pagos, um novo processo de *PPV* ou *PPE* (*pay per event*) em uso em países como a Itália, a Alemanha, a Espanha e a África do Sul, e o *video on demand* (*VOD*) – correspondem já a formas de relação directa entre o pagamento e o consumo.

A crescente importância destas formas de escolha da programação, cada vez mais directamente associada à vontade do consumidor, conduzirá a uma (ainda mais) clara adequação da oferta às tendências do mercado (Nissen, 2006:16).

Em terceiro lugar, na mudança da própria actividade dos operadores tradicionais de televisão. Face à abundância da oferta e à crescente sujeição dos canais generalistas a uma concorrência proveniente de novos serviços, sobretudo temáticos, os operadores tendem a alargar o seu *negócio*, oferecendo eles próprios também um conjunto de canais, muitas vezes incluídos num *multiplex,* que desta forma substitui o *canal* como unidade básica de negócio. Deste modo, a saúde das empresas, antes medida pelos lucros de um único canal, passa a ser ponderada em função dessa nova e diversificada oferta, que se torna imprescindível para tentar obter, em conjunto, um mercado o mais possível aproximado ao garantido antes no quadro bem menos fragmentado da oferta analógica.

Em quarto lugar, no desenvolvimento da indústria de conteúdos audiovisuais, decorrente do inevitável aumento do número de canais televisivos, bem como das plataformas de distribuição e difusão ou da recepção através de múltiplos terminais, e consequentemente das horas de emissão produzidas. Deste crescimento resulta a chamada "*estratégia COPE*" (*Create Once, Publish Everywhere*), expressão criada em 1996 pelo líder da *Time Inc.*, Paul Zazzera, que pretendia chamar a atenção para o aproveitamento do custo marginal nulo dos conteúdos audiovisuais, que permitia os seus produtores vendê-los com acrescidos lucros para operadores de todas as plataformas e de diferentes países (Peter Olaf Looms in Nissen, 2006:124).

Em quinto lugar, na inevitável adaptação do mercado publicitário aos novos formatos televisivos e à fragmentação das audiências, impondo-lhes uma crescente migração dos intervalos entre programas para o seu interior, com o recurso ao *product placement* e a outras técnicas semelhantes, bem como a adopção de publicidade dirigida a *targets* muito específicos de consumidores (Bustamante, 1999:197).

Em sexto lugar, no menor crescimento do mercado publicitário televisivo. É verdade que as previsões dos analistas internacionais continuam a apontar um volume de gastos com publicidade televisiva que, em valor absoluto, aumenta todos os anos. No entanto, ao invés do crescimento previsto na Internet à escala mundial (6,4% em 2006, 11,5% em 2010) a percentagem no meio televisão face ao conjunto dos *media* – tal como aliás com os outros *media* tradicionais – sofreria uma pequena quebra no mesmo período, de 37,8% para 37,5% (Zenith Optimedia, Press Release, 3/12/2007). Em França, entre 2003 e 2007, a fatia do mercado publicitário relativo à televisão desceu de 32 para 29%, enquanto que a referente à Internet subia de 2 para 13% (dados da *TNS Media Intelligence*, citados no Relatório do CSA relativo a 2007).

Por último, na crescente presença dos operadores de telecomunicações. A convergência entre os sectores dos *media*, das telecomunicações e da Internet levou as principais empresas daquele sector à formação de poderosos conglomerados multimédia, com uma significativa presença no meio televisão.

Em suma, como recorda Bustamante (1999:171), "*a televisão digital não constitui uma revolução repentina, mas um fenómeno que se desenvolve em paralelo com as tendências dominantes que desde há anos atravessam este sector: multiplicação e crescente especialização da oferta, fraccionamento paralelo dos consumidores, concentração crescente e globalização dos produtos, dos programas e dos capitais*".

2.3. A dimensão política

A transição para a era digital assumiria uma dimensão política nacional, mediante um empenhamento dos Estados numa profunda mudança da legislação sectorial, mas igualmente internacional, com destaque para o envolvimento da União Europeia.

De facto, embora decorrente das opções de cada Estado, essa transição da televisão analógica para a televisão digital tem sido impulsionada e, em certa medida, coordenada pelas instâncias da União Europeia.

Depois das diligências, nos anos 90, para o *"Plano de Acção para a introdução de serviços avançados de televisão na Europa"*, que visava a generalização do *ecrã largo*, e em coerência com as tendências liberalizadoras patentes no *Relatório Bangemann,* de Maio de 1994 (*"A Europa e a Sociedade da Informação Global"*), e no *"Livro Verde sobre a Convergência"*, a Comissão adoptaria em 1999 duas comunicações que reflectiam a importância atribuída a uma política comunitária para o sector audiovisual na era digital (COM 1999 (539) final e COM 1999 (657) final).

Já no contexto da *Estratégia de Lisboa* – conjunto de linhas de acção política interdependentes, delineada em Março de 2000, no âmbito da Presidência portuguesa da União Europeia, dirigidas à modernização e crescimento sustentável da economia europeia –, a Comissão publicaria, em 2003, uma outra comunicação, onde se expunham as vantagens da tecnologia digital e se abria o debate em torno da futura utilização das frequências libertadas pelo abandono da difusão analógica (COM (2003) 541 de 17/9/2003).

Em 24 de Maio de 2005, a Comissão, através de uma nova comunicação sobre a aceleração da transição da difusão analógica para a difusão digital (COM (2005) 204 de 24/5//2005), propunha que o início de 2012 fosse fixado como data limite para o abandono da tecnologia analógica em todos os Estados da União Europeia. A fixação deste prazo de 2012 seria expressamente apoiada pelo Parlamento Europeu, através de uma resolução aprovada em 16 de Novembro de 2005. Sublinhe-se que no Luxemburgo, na Holanda e em algumas regiões da Alemanha, da Suécia e da Suíça já não havia emissões hertzianas analógicas no final de 2007.

Sublinhando a importância de um curto período de transição para a tecnologia digital, dados os custos e as limitações no espectro do período de *simulcast*, o documento da Comissão identificava os principais obstáculos a uma transição rápida: *"na arena política"*, *"a ausência de decisões políticas, nomeadamente em matéria de fim definitivo das transmissões analógicas a nível nacional, ou decisões políticas no sentido do não estabelecimento de datas para o fim dessas transmissões, a par da inexistência de uma abordagem e de uma política europeias"; "na arena económica/mercado, (...) a necessidade de uma ampla base instalada de receptores; a fraca procura por parte dos consumidores devido à falta de incentivos à mudança (valor acrescentado não perceptível, custo dos receptores, etc.); a relutância dos operadores em investirem devido aos riscos financeiros".*

No entanto, a Comissão sublinhava a importância e a legitimidade do seu próprio papel mobilizador da transição: *"Muitas das novas tecnologias e serviços dependem da formação de uma massa crítica de utilizadores a nível europeu e tornam-se mais atraentes com o aumento da base instalada de tecnologia na Europa".*

Cabendo todavia aos diferentes Estados definir os seus próprios modelos e *timings* de transição para o digital, os indicadores sobre o grau de penetração das diversas plataformas digitais de televisão (satélite, cabo, terrestre e Internet) nos diferentes países da União demonstram, no entanto, a existência de profundas assimetrias, reflectindo ritmos bem diversos na adopção das tecnologias digitais.

De acordo com dados do Observatório Europeu do Audiovisual de 2007 (IMCA, 2008:25), a Grã-Bretanha e a Finlândia eram os únicos países com uma penetração do conjunto das diferentes plataformas digitais superior a 50%, dado que o conjunto de lares com acesso à televisão digital ascendia, respectivamente a 74,2% e a 53%. França (49,7%), Suécia (44,9%), Áustria (44,8%), Irlanda (44,5%) e Alemanha (39.8%) ultrapassavam ou atingiam a média europeia (UE27), precisamente 39,8%. Seguiam-se, com mais de 30%, Espanha (36,6%), Itália (34,8%), Luxemburgo (33%) e Holanda (30,4%) e com mais de 20%, Chipre (25%) e Malta (22,6%). Portugal (17,2%), Polónia (17,1%), Grécia (17%), Eslováquia (13,8%), Roménia (13,2%), Bélgica (12%) e Letónia (10,5%) ultrapassavam os 10%. Hungria, República Checa, Estónia, Eslovénia, Lituânia e Bulgária, todos situados na Europa de Leste, atingiam percentagens inferiores a 6%.

A transição para a era digital e a fixação de uma data limite para o fim da difusão analógica reflectem o empenhamento da União

Europeia e de todos os Estados na participação na Sociedade da Informação, mas igualmente no desenvolvimento das indústrias ligadas ao audiovisual, na diversidade proporcionada pelo aumento do número de operadores e de canais e no alargamento do espectro radioeléctrico disponível que o fim das emissões analógicas permitirá.

O papel da Comissão Europeia, essencialmente coordenador e organizador da transição para a era digital (Leiva, 2006:52), seria ainda relevante na apreciação de diversas queixas sobre eventuais violações nas regras da concorrência em auxílios concedidos para o desenvolvimento da televisão digital terrestre na Suécia, Alemanha e Itália. Na sequência dessas queixas, que seriam consideradas procedentes nos casos das subvenções atribuídas pelo Estado italiano e a um operador no Estado alemão de Berlim-Brandeburgo, a Comissão reconheceria que a transição digital poderia atrasar-se, se fosse inteiramente deixada às regras da concorrência. Concluiria ainda que uma intervenção pública poderia ter vantagens, nomeadamente sob a forma de ajudas financeiras aos consumidores na compra de *set top boxes* (o que corrigiria em Junho de 2007 a decisão sobre as ajudas prestadas em Itália) e de subvenções destinadas a ultrapassar limitações do mercado ou para garantir a coesão social ou regional. Neste caso, era dado o exemplo do apoio financeiro ao desenvolvimento de uma rede de difusão em regiões, onde a cobertura do sinal televisivo fosse insuficiente.

2.4. *A dimensão social*

A evolução digital modificaria também profundamente o contexto social da televisão.

Na Europa, recorde-se, a televisão fora criada em torno de um único canal, que oferecia uma grelha de programas generalista, muitas vezes com uma acentuada faceta pedagógica e formativa. A programação não estava subordinada a grandes estudos de mercado que aferissem os gostos do público. As emissões eram recebidas num único aparelho, disponível para o conjunto da família, que apreciava sem outra alternativa, de uma forma passiva, a programação que lhe era submetida. Os mais importantes programas, sobretudo os emitidos em horário nobre, atingiam enormes audiências, tornando-se muitas vezes objecto de debate pelo conjunto das sociedades.

Tanto a oferta como o consumo de televisão mudaram muito. A oferta televisiva é variadíssima, sobretudo após a implantação da tecnologia digital em todas as fases do processo televisivo e, mais do que o vastíssimo conjunto de canais (ou serviços de programas) disponíveis, existe agora uma diversidade de suportes de recepção, do receptor tradicional ao ecrã do telemóvel.

A diversidade da oferta exprime-se na existência, já referida, de centenas de canais ao alcance de grande parte dos cidadãos europeus, mas igualmente na sua variedade, quer dos conteúdos – por exemplo, os canais temáticos de notícias, desporto, filmes, música, crianças, documentários, história, ciência, erotismo, ciência, etc. –, quer nas novas possibilidades de acesso a conteúdos escolhidos ou mesmo pré seleccionados – através de canais *pay tv, de video on demand (VOD)* ou de *near video on demand (NVOD)*, quer ainda no acesso a serviços de programas produzidos e emitidos com diferentes níveis de qualidade e de formato de imagem, como os programas em televisão de alta definição (HDTV), com som multicanal e formato 16:9.

O aparecimento de novos canais, a que apenas se acede mediante um pagamento específico, associa o tipo de consumo de televisão aos níveis económico e sócio-cultural das famílias, o que nunca acontecera no passado, criando uma diferenciação, antes inexistente, entre as elites com acesso a um número elevado de canais e serviços e as vastas camadas da população, que por motivos económicos e culturais a eles não acede. A rápida penetração no *universo* da oferta digital pode inclusivamente ser entendido como uma distinção social, graças à presença num grupo privilegiado (Alcolea, 203:109).

No limite, é hoje possível optar entre assistir passivamente a uma programação integralmente seleccionada pelo operador ou, no pólo oposto, *arquitectar*, recorrendo ao *EPG (Electronic Program Guide)*, uma grelha própria pessoal, através de uma oferta obtida em vários serviços, sequencialmente organizada de acordo com as preferências do consumidor. No início, víamos "*a*" televisão – e tantas vezes a palavra *televisão* era sinónimo do nome do canal ou do operador –, depois passámos a ver sobretudo um canal, agora vemos programas ou parte de programas, de acordo com a utilização que fazemos do telecomando (Moeglin e Tremblay, 2005:10). Aliás, o "zapping" através da utilização do telecomando constituiu o primeiro passo, já longínquo, de um consumo menos passivo da televisão.

Esta nova possibilidade de consumir uma programação organizada de acordo com os gostos de quem a concebe não invalida a importância da oferta dos canais tradicionais, sobretudo para a programação informativa e para a transmissão de grandes eventos desportivos, ou disponível para aqueles que preferem consumir conteúdos seleccionados pelos operadores, por mera inércia ou na expectativa de descobrir novos programas e obter novos conhecimentos.

O consumo é, no entanto, agora maioritariamente individualizado, tanto mais que são muitos os lares com (bem) mais do que um televisor, além de que os ecrãs dos computadores e dos telemóveis constituem receptores com uma significativa e crescente utilização.

Esta modificação induz duas outras.

Por um lado, a menor exposição à novidade e à originalidade, aos conteúdos antes desconhecidos e de que menos se gosta ou julga gostar. Por outro, a flagrante diminuição do efeito de coesão social, atingido pela televisão quando o conjunto da sociedade assiste e depois discute o mesmo programa. Ainda que se assinale que os espectadores da era digital tendem a concentrar-se, depois de um breve período de procura das novidades, no consumo de um pequeno número de canais, sobretudo generalistas, são cada vez mais raros os programas que atingem uma audiência e um *share* significativos.

De facto, na generalidade dos países, o *share* do canal mais visto não atinge um terço do total de espectadores: 32% em França, 23% na Grã-Bretanha e em Itália, 19% no Japão, 14% na Alemanha e 8% nos Estados Unidos. E se considerarmos o conjunto dos três principais canais (dados de 2006), o *share* total chega a 66% em França, ainda ultrapassa os 50% em Itália (55%), na Grã-Bretanha e no Japão (53%), mas atinge apenas os 41% na Alemanha e os 24% nos Estados Unidos (Ofcom, *"The International Communications Market 2007"*, p. 93).

A diversidade de receptores conduz também a uma alteração gradual nos horários de consumo, agora menos sujeitos ao *prime time*. O computador pode servir de ecrã durante o horário laboral e o telemóvel pode fazer a ponte entre aquele e o(s) receptor(es) de casa.

Acresce ainda a possibilidade de recurso ao *PVR* (*Personal Video Recorder*), que, conjugado com o *EPG*, permite, por exemplo, a criação de um serviço de programas personalizado e para visionamento no momento decidido pelo utilizador. A confirmar-se um uso expressivo desta faculdade, o que todavia não parece estar a acontecer na Grã-Bretanha (Ofcom, *Digital PSB, 2006:12*), poderia acentuar-se mesmo a tendência para um modelo em que, parafraseando Negroponte, o *prime time* teria como alternativa o *my time* (Negroponte, 1995).

No entanto, mau grado todas as mudanças tecnológicas, incluindo a interactividade, o consumo de televisão é crescentemente repartido com a utilização do computador (Internet), o que significa que se verifica uma tendencial diminuição nas audiências não só de cada canal como da televisão no seu conjunto.

Essa evolução já assumia aspectos relevantes nos anos 90: entre 1990 e 2000, enquanto que o número de canais subiu 44%, o tempo médio de visionamento nessa década apenas cresceu 13,7%, ou seja 22 minutos de televisão por espectador (Brown e Picard, 2005:90).

Dados recentes confirmam essa quebra. Um estudo relativo a 2004 da *European Interactive Advertising Association* demonstrava que 35% dos inquiridos viam menos televisão devido à Internet. Em Março de 2006, uma outra investigação sobre os hábitos dos ingleses, indicava que a sua actividade favorita deixara de ser a televisão, que ocupava em média 148 minutos, para passar a ser a Internet, utilizada diariamente durante 164 minutos (Iosifidis, 2007:26).

Um estudo recente da entidade reguladora britânica *OFCOM*, sobre os hábitos dos jovens entre os 16 e os 24 anos, estimava que, devido a um crescente interesse pela Internet, eles viam por dia menos uma hora de televisão do que a média dos espectadores (OFCOM, *"The Communications Market 2006"*, cit. in OFCOM, *"A new approach to public service content in the digital age"*, 2007:15).

Um outro estudo, igualmente divulgado pelo *OFCOM*, revelava que entre os jovens de 16 a 24 anos e os adultos a partir dos 45 anos havia uma notável diferença relativamente ao meio de comunicação cuja falta mais sentiriam: os primeiros privilegiavam o telemóvel, surgindo a televisão em segundo lugar com pouco mais de 20%; os mais velhos consideravam insubstituível a televisão (perto de 60%), seguida da rádio (cerca de 20%) (OFCOM, "*Digital PSB*", 2006:20).

Ao contrário da Internet e das consolas de jogos, o consumo de televisão pelo conjunto dos espectadores registou apenas (ainda?) uma pequena subida (Peter Looms in Nissen, 2006:110), tendendo a estabilizar, pelo que, tendo em conta o enorme aumento da oferta televisiva, medida pelo número de canais (serviços de programas), se verifica uma evidente fragmentação da audiência, ou seja, uma consequente diminuição do número de espectadores por canal, expressão da acentuada "*desmassificação*" dos *media*.

Por outro lado, as novas redes de *P2P* (*peer-to-peer*), criando formas socializadas de acesso e partilha de conteúdos na Internet estão a transformá-la de um importante canal de distribuição e consumo de media num meio de distribuição de conteúdos *on line* gerados pelos utilizadores. Desta forma, os consumidores estão a transformar-se também em produtores e distribuidores de conteúdos.

De facto, existe uma clara tendência, no sentido da participação e na produção e partilha de conteúdos. O envio de vídeos para o *You Tube*, a produção de blogues (mais de 110 milhões) e as formas de participação em espaços como o *Second Life* testemunham uma profunda mudança na forma de relação dos cidadãos, especialmente dos mais jovens, com os *media*. Além de uma maior participação com conteúdos próprios, os cidadãos ambicionam igualmente ter mais poder para organizar os seus tempos e as suas formas de consumo – podendo para isso agora recorrer aos *PVR* (gravadores de vídeo pessoais) e a telemóveis também ligados à Internet (Ofcom, "What is convergence", 2008:9).

Esta tendência para uma progressiva substituição do consumidor passivo por um novo paradigma de consumidor/produtor/distribuidor acentua-se graças à dificuldade sentida pelos operadores em satisfazer um elevado número de acessos simultâneos aos seus servidores para serviços a pedido, capacidade em que são crescentemente ultrapassados pelas redes *P2P*. Neste aspecto, empresas como a *Joost,* que iniciou a sua actividade em 2008, e a *Babelgum* constituirão a maior ameaça, uma vez que, contrariamente ao *You Tube* ou ao *My Space,* se fixarão em conteúdos profissionais, respeitarão os direitos de transmissão associados e, no caso da *Joost,* já estabeleceram parcerias para negócios nas áreas dos conteúdos e da publicidade com organizações como a *Viacom, Warner Music Group, CBS, Coca-Cola, Nike, Micro-soft, Sony, CNN*, etc (EBU, *Broadcasters and the Internet*, 2007, p.9)

O sucesso deste e de outros projectos poderá acelerar o processo de *desintermediação* de conteúdos, com os operadores destas plataformas a negociarem directamente com os detentores dos conteúdos e outras organizações, como, por exemplo, as desportivas.

3. As diferentes plataformas de distribuição e a transição para o digital

3.1. O cabo

A digitalização das redes de cabo, iniciada nos principais países europeus a partir de 1996, tornou-se indispensável para lhes permitir concorrer não só no domínio dos serviços de televisão, mas igualmente das comunicações telefónicas e da Internet. A oferta do *triple play* habilitou-os assim a repartir o extenso mercado de consumidores europeus com as plataformas de satélite e com os próprios operadores de telecomunicações.

A definição do *standard* digital para a difusão por cabo, e também por satélite, seria concluída antes de ter sido ultimada para a televisão digital terrestre, o que contribuiria para o rápido desenvolvimento do cabo (e do satélite) digital, cuja oferta inicial não teria inicialmente a sua concorrência. No final de 1997, havia no continente europeu mais de duzentos canais transmitidos através de redes de cabo que utilizavam a tecnologia digital.

Por outro lado, no final de 2006, havia na Europa 64,8 milhões de assinantes dos operadores de cabo, dos quais perto de 10 milhões tinham já acesso à tecnologia digital (dados do *Screen Digest* e da *Cable Europe*, OEA,2007:87).

A difusão por cabo constituíra a primeira alternativa, do ponto de vista tecnológico, à transmissão do sinal de televisão por ondas hertzianas.

Numa primeira fase, ela deveu-se à necessidade de permitir a difusão de televisão em zonas cujas condições orográficas impediam uma recepção adequada ou onde as redes de transmissão hertziana não estavam suficientemente desenvolvidas, designadamente por se considerar, num primeiro momento, que o seu custo era desproporcionado face ao conjunto de lares que visaria servir.

A transmissão era então realizada através de um cabo coaxial, que limitava a difusão a um relativamente reduzido número de canais. A partir dos anos 80 e 90, ela passaria a incorporar cabos de fibra óptica, o que associado a normas de compressão e codificação mais eficientes já permitiriam a difusão de dezenas de canais e a utilização de formas de comunicação interactiva.

De facto, depois das suas primeiras experiência nos Estados Unidos, no final do anos 40 e no início da década seguinte, promovidas sobretudo pelos vendedores de receptores de televisão que desejavam alargar o seu mercado aos habitantes de zonas sem cobertura hertziana, a difusão de televisão por cabo ganharia uma acrescida importância quando, além de uma solução para as insuficiências de distribuição do sinal, passaria a permitir a difusão de novos canais de televisão. Com as primeiras experiências de âmbito local e de canais musicais, iniciava-se então uma nova era no desenvolvimento da televisão por cabo, através de canais especificamente preparados para a difusão por este meio – o *"cabo activo"* (L. Ribeiro, 2007:34 e Alcolea, 2003:22).

O desenvolvimento do cabo nos Estados Unidos envolveria mais tarde, nos anos 70, a incorporação de canais já antes igualmente transmitidos por satélite, o que representaria um significativo alargamento da oferta, e a inclusão de canais, para cujo acesso era necessário pagar mensalmente um quantia adicional, como o *HBO (Home Box Office)*, que emitiria, a partir de 1972, no bairro nova-iorquino de Manhattan.

Estas experiências marcariam o início da *pay tv*, que teria uma notória influência no rápido desenvolvimento da difusão por cabo: nos Estados Unidos, apesar de algumas restrições impostas pela *FCC*, o número de redes de cabo cresceria significativamente na década de 70, tendo aumentado de 2500 para mais de 4000, enquanto que o número de lares ligados ao cabo passaria de 4,5 para 16 milhões (Alcolea, 2003:23)

No continente europeu, o desenvolvimento da televisão por cabo far-se-ia a partir dos anos 60, tendo tido, como atrás se analisou, um relevante papel na abertura da televisão à iniciativa privada.

Na Bélgica, dadas as más condições de recepção da televisão hertziana e o interesse, essencialmente devido a razões linguísticas, por canais de países vizinhos, nomeadamente da França, da Holanda e do Luxemburgo, o cabo conheceria um rápido desenvolvimento, depois das primeiras experiências em 1961 na cidade de Namur. Também na Holanda, na Suíça e no Luxemburgo, sintomaticamente pequenos países multilingues e multiculturais, a difusão por cabo abrangeria rapidamente uma elevada percentagem dos lares, tornando-se desde então a principal forma de difusão do sinal televisivo.

Nos grandes países do continente europeu, exceptuando a Alemanha, onde 56,5% dos lares recebem o sinal de televisão através de redes de cabo, este teria um desenvolvimento menor. Sobretudo em França, apesar do *Plan Câble* de 1982, e na Grã-Bretanha, o cabo não chegaria a ter uma difusão relevante, quedando-se, respectivamente, pelos 13,0% e pelos 12,8% (OEA, 2007).

A forte concorrência das redes de cabo com as outras plataformas de distribuição do sinal de televisão gerou uma forte tendência para a concentração dos operadores daquelas redes.

Na generalidade dos países europeus, um único operador dispõe de uma clara hegemonia no mercado nacional, o que acontece, sublinhe-se, quer nos países onde a distribuição por cabo constitui a principal forma de distribuição do sinal televisivo, como a Bélgica, a Holanda e a Alemanha, quer em muitos dos restantes Estados europeus, como a Grã-Bretanha, França, Irlanda, Espanha e Portugal (OEA, 2007:88).

3.2. O satélite

Mau grado ser tecnicamente possível sensivelmente na mesma altura – a partir de meados dos anos 90, a conversão à recepção digital foi mais rápida entre aqueles que recebem o sinal de televisão através do satélite do que entre os assinantes dos serviços de cabo.

Haverá duas razões para esta desigualdade na migração para o digital.

Por um lado, porque muitas plataformas de satélite consideraram economicamente vantajoso distribuir gratuitamente descodificadores para a generalidade dos seus clientes, que já eram assinantes de canais a pagamento, enquanto que tal não aconteceria com os operadores de cabo, cuja maioria de clientes subscrevia apenas o pacote básico de canais, mostrando-se menos interessada na oferta digital.

Uma segunda razão decorre da maior celeridade e menor custo da transição para o digital no satélite, uma vez que, não existindo uma relação entre o alcance da difusão e o seu custo, era apenas necessária a conversão digital do *transponder,* para que toda a área abrangida pela cobertura fosse abrangida. Em contrapartida, a conversão digital das redes de cabo seria realizada gradualmente, com prioridade para as áreas de maiores densidade populacional e poder de compra.

Uma lenta migração do cabo para o digital seria sobretudo notada na Dinamarca, França e Alemanha (Brown e Picard, 2005:338).

A difusão na Europa por tecnologia digital via satélite começou em França, em Março de 1996, com uma vintena de canais da *CanalSatellite*. No mesmo ano, o grupo alemão *Kirch* lançaria igualmente um *bouquet* de canais, *DF1*.

A expansão da televisão digital por satélite não pararia de crescer. No final de 2007, mais de 50 milhões de lares europeus estavam equipados para a recepção directa por essa via, o que representava mais de metade das casas onde é possível receber emissões de televisão com tecnologia digital.

A par do cabo, a difusão do sinal televisivo por satélite contribuíra, sobretudo a partir dos anos 80, como atrás se referiu, para a queda dos monopólios nacionais dos operadores públicos e para a diversidade de canais privados à disposição dos cidadãos europeus. Esse papel fora igualmente importante, mesmo nos casos em que a transmissão por satélite visava apenas levar o sinal de operadores de outros países, que as redes de cabo redistribuiriam.

O satélite dispunha, ainda, sobretudo depois dos aperfeiçoamentos tecnológicos dos anos 70 e 80, de importantes vantagens face às redes de cabo: podia abranger com o mesmo sinal vastas partes do globo ou, pelo menos, uma pluralidade de países; tinha um custo mais reduzido que não dependia, ao contrário das redes de cabo, da área abrangida; e atingia, quer as zonas que o sinal hertziano terrestre deixava na *sombra*, quer aquelas onde as redes de cabo não chegavam, nomeadamente por razões técnicas e económicas.

O carácter eminentemente supranacional da difusão televisiva por satélite – recorde-se aliás a constituição de consórcios internacionais como *Intelsat, Eutelsat* ou *Astra*, entre outros –, não acarretaria uma influência hegemónica ou sequer homogénea em todos os países europeus. Desta forma, a importância da difusão por satélite seria menos acentuada nos países onde a penetração do cabo era mais forte ou naqueles, como a França, a Itália e a Espanha, em que a abertura da televisão à iniciativa privada proporcionara a criação de uma mais ampla oferta de canais de distribuição hertziana terrestre, na maior parte gratuitos (Alcolea, 2003:34).

Tal como se verificou relativamente às redes de cabo, o fenómeno da concentração caracteriza o domínio das plataformas de satélite. Nos principais mercados – Grã-Bretanha, Alemanha, Espanha, Itália e França – existe um operador claramente hegemónico, enquanto que nos países nórdicos, Polónia, Albânia, Bulgária e Roménia subsistem dois ou mais operadores que disputavam a hegemonia daqueles mercados (OEA, 2007:87).

Embora, como atrás se referiu, a recepção por satélite seja hoje, na Europa, a forma mais disseminada de acesso à televisão digital, se considerarmos a recepção de televisão no seu conjunto, analógica e digital, esta continuava a ser realizada maioritariamente pela rede hertziana (41%), seguindo-se o cabo (34%) e só então o satélite (24%) (dados do Eurobarómetro 293 de Junho de 2008, in IMCA, 2008:27).

3.3. *A Televisão Digital Terrestre*

Fazendo parte do elenco de sistemas de difusão de televisão digital baseados no *standard DVB (Digital Video Broadcasting)* ou *DVB-T (Digital Video Broadcasting – Terrestrial)*, a Televisão Digital Terrestre (TDT) assume uma importância acrescida, não só pelas potencialidades inerentes a esta plataforma (melhor aproveitamento do espectro, melhor qualidade da imagem e do som, recepção portátil e móvel, diminuição dos custos de transmissão e oferta adicional de serviços interactivos, mas sobretudo por ser a *herdeira* da televisão analógica, assumindo as obrigações de universalidade que lhe estão associadas, depois do fim das suas emissões.

Já concretizado em alguns países (Suécia, Finlândia, Luxemburgo e Holanda) e regiões (em alguns Estados da Alemanha), o *apagão* analógico (*switch off*), previsto na quase totalidade dos países europeus até 2012, representa o final da transição para a era digital no domínio da difusão televisiva.

Nessa altura, o final das emissões analógicas proporcionará um alargamento do espectro disponível para as emissões digitais, o que então permitirá um importante acréscimo de novos canais e, inclusivamente de Alta Definição, bem como serviços de convergência como o *Mobile TV*, e a possível afectação de parte do espectro sobrante para outros serviços fora do âmbito do audiovisual e do multimédia. A política a seguir neste domínio integra-se na designada *revisão do dividendo espectral*.

Todavia, a TDT permite um número de canais inferior ao das plataformas de cabo e satélite. Em relação a elas, apresenta as vantagens da mobilidade, da portabilidade e da qualidade do som e da imagem.

Por sua vez, a plataforma digital de cabo tem como pontos fortes, a maior imunidade face a interferências, o baixo custo inicial dos equipamentos e o facto de não precisar de utilizar o espectro radioeléctrico, mas como pontos fracos as limitações da cobertura, que não abrange normalmente as zonas mais despovoadas, e o custo, estreitamente associado à dimensão das redes de difusão do sinal.

Pelo contrário, a difusão por satélite, que pode chegar à totalidade dos receptores de uma determinada região, o que não sucede com as outras plataformas digitais, tem um custo que, embora significativo, não depende da distância, mas é sensível a interferências, está sujeita a avarias de resolução difícil e cara e não é comercialmente adequada para a difusão de canais de âmbito geográfico limitado.

A TDT implica assim a necessidade de uma nova rede de transmissores digitais, que todavia podem ser, na maior parte das situações, instalados nos locais já utilizados para a difusão analógica e, para os consumidores, a instalação de um descodificador (*set top box*), similar ao utilizado para o cabo ou o satélite, apto a converter os canais digitais para os actuais televisores e com capacidade para receber os serviços interactivos, ou um televisor digital. Embora os preços dos descodificadores tendam a diminuir, atingindo os menos sofisticados (para codificação *MPEG-2*) preços inferiores a 50 euros, nota-se, em alguns países, uma tendência dos consumidores para a compra de um novo televisor digital, que dispensa a aquisição da *set top box*. Em Espanha, de acordo com o boletim mensal (Janeiro de 2008) da *Impulsa TDT*, os dados da venda de televisores relativos a Novembro de 2007 indicavam que 62,7% desses equipamentos incorporavam já um sintonizador da TDT.

Por outro lado, a TDT, além de envolver uma clara melhoria na transmissão do sinal de televisão, pode oferecer um conjunto diversificado de novos canais, serviços e conteúdos de grande importância social e cultural, nomeadamente porque abrem as portas da era digital a muitos lares, antes à margem do desenvolvimento da Sociedade da Informação.

Depois da experiência dos Estados Unidos da América, país pioneiro, a partir de 1996-1997, no lançamento planificado da televisão digital terrestre, na Europa, as primeiras experiências ocorreram na Grã-Bretanha, a partir de Novembro de 1998, com a *On Digital,* mais tarde denominada *ITV Digital,* na Suécia (*Boxer/Senda*), iniciadas em Janeiro de 1999, e em Espanha (*Quiero TV*), onde as emissões começaram em Outubro de 1999.

O modelo adoptado nestes três países tinha então várias características comuns: predomínio dos canais pagos sobre os canais em aberto na oferta da nova plataforma digital, poucos serviços complementares, previsão de um longo período de *simulcast* num contexto de maior implantação da televisão analógica terrestre em relação às outras plataformas, embora, com um crescimento assinalável do satélite em detrimento, excepto na Suécia, do cabo (Enter, 2005:29).

No primeiro semestre de 2002, todavia, o fracasso das empresas operadoras na Grã-Bretanha e em Espanha impunha uma nova reflexão sobre o modelo mais adequado para o sucesso da Televisão Digital Terrestre. Aparentemente, nestes dois países, a oferta da TDT não se mostrava competitiva face às plataformas de *pay tv* disponibilizadas por satélite. Na Grã-Bretanha, a *ITV Digital* competia com as ofertas de satélite e de cabo oferecendo menos canais, com conteúdos de *pay tv* limitados ao futebol e sem interactividade. Foram-lhe igualmente apontadas falhas no domínio das tecnologias e ainda no controlo dos custos na aquisição dos direitos desportivos e no *marketing.* Em Espanha, a *Quiero TV* competia mesmo com duas plataformas de satélite digital em acesa concorrência: a *Via Digital* e a *Canal Satélite Digital.* Ao encerramento da *Quiero TV* em Maio de 2002, suceder--se-ia aliás, no ano seguinte, a fusão das duas plataformas digitais por satélite, originando a *Digital+.*

O sucesso do relançamento da TDT na Grã-Bretanha (agora com a *Freeview,* a partir de Julho de 2002) e em Espanha (*Abertis Telecom,* em Novembro de 2005), assim como o êxito do seu lançamento em Berlim e, mais tarde (Março de 2005), em França parecem ter demonstrado que o sucesso da migração da plataforma terrestre do analógico para o digital depende da presença e desenvolvimento de plataformas alternativas (cabo, satélite e ADSL), do grau de acolhimento dos equipamentos de alta definição e da dimensão da oferta de novos canais gratuitos e igualmente de *pay tv.*

Deste modo, a TDT parece desenvolver-se com maior celeridade nos mercados onde existe uma boa penetração de ofertas multicanal, nomeadamente por cabo, e uma baixa percentagem de lares ainda servidos pela difusão analógica terrestre. Esta conclusão baseia-se no facto de ser, nessas condições, apenas necessário assegurar a migração de uma pequena parte dos lares para a recepção em equipamento digital terrestre e na possibilidade de proporcionar uma oferta gratuita alargada, competitiva face ao cabo, uma vez que, para as famílias, apenas será necessário comprar o descodificador ou um televisor apto a receber a TDT, o que não acontece com a oferta daquelas plataformas, sujeitas ao pagamento de uma mensalidade (Enter, 2005:31). Por outro lado, nestes países, os consumidores, que já têm acesso à televisão digital via cabo, conhecem as suas potencialidades, estando a mudança sobretudo dependente dos conteúdos oferecidos e das vantagens competitivas, nomeadamente em matéria de preços do serviço (Obercom, *Flash Report,* Julho de 2008:7).

Em contrapartida, nos países que ainda mantêm uma alargada distribuição do sinal televisivo pela clássica rede hertziana analógica, as dificuldades são de outro tipo: importa realizar uma vasta campanha de sensibilização dos consumidores, alertando-os para o *apagão analógico* e para a necessidade de comprarem o equipamento indispensável para o acesso à televisão digital.

No conjunto de processos nacionais de lançamento da Televisão Digital Terrestre emergiram três diferentes modelos de negócio:

- o modelo baseado numa oferta semelhante à do cabo e do satélite e principalmente financiado pelas receitas provenientes das assinaturas de canais a pagamento, como os exemplos iniciais da Grã-Bretanha, Espanha e Suécia;
- o modelo cuja oferta predominante sejam os canais gratuitos (*FTA, free-to-air*), financiados por fundos públicos, no caso dos operadores públicos, ou por verbas da publicidade, no caso dos operadores comerciais, exemplos das experiências originais da Itália, Finlândia e Alemanha, além da Grã-Bretanha, a seguir a Maio de 2002;
- e o modelo híbrido, em que se conjugam canais de *pay tv* com canais gratuitos, como aconteceu com a evolução das plataformas da Grã-Bretanha, Suécia e Finlândia (Analysys, 2005:24).

Uma análise dos modelos de lançamento da TDT, comparando os tipos de oferta, parece demonstrar que os casos de maior sucesso assentam numa oferta gratuita de um conjunto de canais em aberto. Um documento interno da RTP de Maio de 2005 (*Televisão Digital Terrestre – contexto actual e implicações para a RTP – Documento de discussão"*), comparava os ganhos anuais de quota de mercado nos países com um modelo gratuito (Itália 9%, Finlândia 5,3%, Grã--Bretanha – modelo *Freeview* – 5,2%,) com os fracos resultados nos modelos *comerciais* baseados numa oferta alargada de canais pagos (Suécia 1,1%, Grã-Bretanha – modelo *ITV Digital* – 0,8%, Holanda 0,4%, Espanha – modelo *Quiero TV* - 0,2%). O estudo referia ainda o caso da Alemanha, com um ganho anual de quota de mercado de 3,4%, assente na migração forçada para o digital, devido ao fim das emissões analógicas, e que constituía então o único caso de sucesso de introdução da TDT em países com boa penetração do cabo ou do satélite.

No entanto, uma atractiva oferta de novos serviços, sobretudo de canais, não constitui a única condição de sucesso para a afirmação das novas plataformas digitais terrestres. O baixo custo das *set top boxes*, a realização de uma forte campanha de comunicação sobre os benefícios e particularidades da nova oferta digital e um incentivo à mudança para o digital protagonizado pelos diversos intervenientes no processo – governantes, operadores de telecomunicações e de televisão, indústria de conteúdos – constituem igualmente factores considerados como decisivos (Analysys, 2005:24-31).

A diversidade dos contextos nacionais no momento das decisões relativas ao lançamento da televisão digital terrestre, impondo opções com alguma complexidade, reflecte ainda uma outra particularidade desta plataforma. É que, ao contrário dos operadores de difusão por satélite, cuja propriedade pertence a empresas privadas muitas vezes estrangeiras, as frequências destinadas à distribuição do sinal da TDT são propriedade dos diferentes Estados, competindo aos governos a definição dos modelos de lançamento da respectiva oferta de canais.

De facto, compete aos governos, com a participação das entidades reguladoras das comunicações e dos *media*, entre outras decisões, a organização do espectro de frequências utilizável, a determinação de regras sobre a composição dos *multiplexeres*, os regulamentos e os prazos para os concursos para operadores da rede e para o licenciamento dos canais, as opções relativas ao tipo de oferta televisiva, predominantemente gratuita ou a pagamento, e relativas às emissões em alta definição (*HDTV*), as políticas de incentivo à migração para o digital e sobre o papel do operador de serviço público.

O regime jurídico de licenciamento da televisão digital terrestre varia igualmente de país para país. E se na quase totalidade dos casos a atribuição de licenças é feita após concurso público, com uma intervenção decisiva das entidades reguladoras nacionais – nesta matéria entre as excepções, estão Itália, Espanha, Finlândia e Luxemburgo, em que essa competência é atribuída aos governos – já o objecto desse licenciamento mereceu duas soluções distintas. Em alguns países, optou-se pelo licenciamento por *multiplex* (Grã-Bretanha, Itália, Holanda, Irlanda, Bélgica, entre outros), noutros a selecção é realizada canal a canal (Suécia, Espanha, Finlândia, Eslovénia e Dinamarca) (Analysys, 2005:56).

Os governos estão igualmente colocados perante outra opção de alguma complexidade, relacionada com o aproveitamento das novas potencialidades da televisão digital no que respeita ao aumento do número de canais disponíveis. Para além das possibilidades relacionadas com a alta definição ou com serviços complementares, por exemplo para pessoas com necessidades especiais, compete aos governos nacionais definirem a forma de distribuição do espaço remanescente. O desenvolvimento de novos canais gratuitos pelos actuais operadores, a opção por abrir o mercado a novos *players*, uma opção que satisfaça simultaneamente as duas anteriores, a reserva desse novo espaço apenas a canais de *pay tv* dos actuais ou de novos operadores constituem diversas alternativas, condicionadas, nomeadamente, pela intenção de tornar a oferta da TDT mais atractiva, mas também pelas regras da concorrência, pela avaliação realizada sobre as potencialidades do mercado publicitário ou da televisão a pagamento e a sua compatibilidade com as exigências de diversidade e de pluralismo da oferta televisiva, ou ainda com o papel que se considera dever ser atribuído ao operador de serviço público.

3.4. A televisão móvel

Último meio de comunicação electrónico dependente de uma recepção fixa, muito depois da rádio, do telefone e do computador, a televisão começou, nos últimos anos, a poder ser recebida em terminais móveis, nomeadamente telefones.

Esta evolução decorre da ultrapassagem das questões técnicas que impediam a recepção móvel de emissões de televisão em tempo real. Agora, os receptores não precisam de ligação à rede eléctrica, nem de uma antena de dimensão incomportável para a sua (pequena) dimensão e toleram uma deslocação à velocidade dos veículos automóveis. Por outro lado, a crescente importância da mobilidade decorre ainda das vantagens que acarreta para o consumidor, da evolução tecnológica que lhe proporciona novas utilidades e de uma mais fácil aprendizagem.

Em fase de experiências desde Novembro de 2004 (em Helsínquia, Berlim, Oxford e Barcelona) e aprovada pela Comissão Europeia em 17 de Março de 2008 para inclusão na lista de normas oficiais da União Europeia, o *standard DVB-H* (*"Digital Vídeo Broadcasting – Handheld"*) decorre de uma evolução tecnológica da televisão digital terrestre, cuja norma europeia é a DVB-T. A recente deliberação da Comissão Europeia constituiu um passo essencial para a criação de um mercado europeu único de televisão móvel, que se prevê possa vir a atingir, em 2011, um valor de 5 mil milhões de euros (Screen Digest, *Emerging business models and opportunities"*, 2008).

A harmonização do uso de frequências para a televisão móvel à escala europeia, ainda não concretizada, permitirá obter importantes economias de escala no fabrico de telemóveis preparados para funcionar nas mesmas bandas de frequências, facilitará o *roaming* à escala europeia, que todavia não se afigura venha a ter uma importância decisiva no negócio da televisão móvel, e permitirá viabilizar e optimizar a utilização do espectro a libertar com o *switch-off* analógico previsto para o período entre 2012 e 2015.

Existe hoje, todavia, uma tendência para a regionalização das normas tecnológicas relativas à televisão móvel: na Europa, foi adoptada a norma *DVB-H*, nos Estados Unidos, predomina a *MediaFLO*, e em alguns países asiáticos, como, por exemplo, a Coreia do Sul, as variantes da *DMB,* excepto no Japão onde existe a *ISDB-T*.

Depois de aprovada a norma *DVB-H*, o desenvolvimento da televisão móvel depende hoje, essencialmente, do seu sucesso económico, embora permaneçam importantes questões por resolver, nomeadamente relacionadas com a gestão do espectro utilizado, os conteúdos difundidos, a gestão dos direitos e os modelos comerciais.

A difusão de televisão móvel tem, no seu início, aproveitado a tecnologia *3G (UMTS)*, recorrendo às redes existentes para a telefonia móvel. A sua utilização depara-se, no entanto, com dificuldades relacionadas com a capacidade de banda necessária. A difusão de vídeos impõe uma largura de banda com uma capacidade muitas vezes superior à necessária para o serviço de voz. Daí resulta não só a impossibilidade de uma utilização simultânea superior a dez a doze consumidores no último troço de recepção, com os consequentes elevados custos de utilização e uma baixa capacidade operacional na oferta de serviços.

A utilização de uma rede de radiodifusão permite, dadas as suas características, uma qualidade superior, tem um custo independente do tráfego (como acontece com o cabo, o satélite e a rede hertziana), mas exige um investimento capaz de desenvolver uma rede apta a abranger inclusivamente o interior das habitações e a ser recebida, com boa qualidade de sinal, por terminais móveis equipados com antenas de muito reduzida dimensão, mesmo em veículos em movimento.

Os conteúdos disponibilizados têm variado consoante se trate de uma oferta de operador de telemóveis, normalmente através de redes de terceira geração (*3G*), ou de um operador de televisão.

No primeiro caso, a oferta, normalmente entre 20 e 30 canais, desde os principais canais generalistas até a canais temáticos de informação, música, juventude, etc., constitui normalmente um dos factores de diferenciação na concorrência entre operadores. Estes disponibilizam normalmente vários tipos de pacotes de canais, desde a sua totalidade até a *bouquets* temáticos.

No segundo caso, a oferta é geralmente mais reduzida, entre 5 e 50 canais, de conteúdos igualmente diversificados, mas comercializados em bloco.

No entanto, a oferta predominante poderá consistir no *simulcast* dos canais existentes, o que teria menos custos do que a produção de conteúdos originais, potenciaria a notoriedade dos operadores televisivos e aproveitaria a presumível tendência de muitos consumidores para encararem a televisão móvel sobretudo como uma forma de continuidade dos canais disponíveis na recepção tradicional. No entanto, a especificidade técnica imposta pela pequena dimensão dos ecrãs imporá inevitáveis adaptações.

As primeiras experiências de televisão móvel indicam, porém, a possibilidade de diversos modelos de negócios, representando várias formas de articulação entre os parceiros deste novo sector: a *liderança* por um operador de televisão; a direcção pelo operador móvel de forma autónoma; ou outras hipóteses intermédias, competindo ao líder da plataforma em geral, a aquisição de conteúdos e eventualmente, no caso dos operadores de televisão, a sua produção.

Na maior parte dos países, os operadores de televisão aceitaram a predominância do modelo de comercialização por assinatura, apesar de vários terem anteriormente defendido um modelo *em aberto*, sem subscrição. Mas existe a possibilidade de virem a existir nesses mercado ofertas gratuitas, ainda que limitadas e subsidiadas pela publicidade, de modelo ainda não definido, complementadas por serviços *premium* (Digitag e EBU-UER, 2008:24).

Os primeiros anos da *mobile TV* demonstraram igualmente a existência de dois tipos de consumidores. O primeiro reflecte um telespectador que utiliza o seu telemóvel ou terminal móvel fundamentalmente para ultrapassar os *"tempos mortos"*, nos transportes, salas de espera, etc. Outros aproveitam-no antes para poderem estar permanentemente informados, eventualmente nos locais de trabalho, o que os levará a uma utilização mais interactiva. Em ambas as situações, existe um modelo de *televisão pessoal*.

No entanto, não se exclui que este novo ecrã possa ser aproveitado nos próprios domicílios, em alternativa, embora ainda de consumo individualizado, ao(s) receptor(es) do lar.

De qualquer forma, a sua reduzida dimensão, pelos problemas de visionamento que coloca, implicará um mais reduzido tempo de consumo consecutivo. De acordo com dados da *Digitag,* a duração média situar-se-ia entre os 16 e os 35 minutos (Digitag, *Television on handheld receiver,* 2007). E embora na Coreia do Sul, país onde a expansão da televisão móvel conhece um desenvolvimento sem paralelo, os dados referentes ao primeiro trimestre de 2007 apontem para um tempo médio de visionamento de 63,5 minutos, a verdade é que essa maior duração não tem constituído a regra.

Esta particularidade cria uma especificidade no tipo de programação emitida, pelo que, a par da retransmissão simultânea de canais existentes, em que o telemóvel surge como um novo receptor, a oferta televisiva é complementada com novos serviços, nomeadamente a pedido, especialmente concebidos para um consumo ocasional e de pequena duração. Os *mobisodes*, conjunto de pequenos episódios de curta duração assim designados pela *Fox Broadcasting Company*, constituem já uma expressão da singularidade deste tipo de oferta.

Esta dualidade de formas de consumo e de ofertas influencia o modelo económico da *mobile TV*, em que se conjugam serviços gratuitos e serviços a pagamento específico.

Embora ainda rodeado de algumas incertezas, como os modelos de exploração comercial, a televisão móvel parece vir a poder ser um importante factor de desenvolvimento no mercado das comunicações móveis.

Depois da Coreia do Sul, a partir de Maio de 2005 e do Japão, depois de Abril de 2006, o sucesso das primeiras experiências na Alemanha e em Itália, aproveitando o Mundial de Futebol de 2006, constituíram sinais considerados como encorajadores para as empresas envolvidas, pelo que se seguiram outras experiências na Grã-Bretanha, Finlândia, Rússia e França e, mais recentemente, em vários outros países, entre os quais Portugal.

Aproveitando o interesse pelo desporto, designadamente pelo futebol, de vastas camadas da população, sobretudo dos mais jovens – de resto aqueles que se mostram mais cativados pelas novas tecnologias – algumas empresas, sobretudo inglesas, italianas, francesas e alemãs, envolvendo parcerias entre operadores de televisão e de comunicações móveis, criaram recentemente serviços específicos para a cobertura de eventos desportivos, especialmente futebolísticos (Ofcom, The International Communications Market 2007:101).

A partir de 2007, em vários países europeus, a oferta de televisão móvel abrangia a difusão de um vasto número de canais e de serviços de *pay tv*.

O êxito, ainda incerto, da televisão móvel depende de uma multiplicidade de factores: o desenvolvimento das redes de transmissão, aptas a uma vasta cobertura do território, a adequação dos conteúdos às características específicas do consumo, a oferta de *bouquets* de canais suficientemente atractivos e diversificados, a adopção de formas de pagamento flexíveis, o decréscimo de custos dos terminais, sem prejuízo da contínua melhoria da sua qualidade (som, capacidade das baterias, armazenamento de dados), possibilidade de utilização *amigável* e intuitivo do *EPG*, entre outros.

Os últimos dados sobre o desenvolvimento da televisão móvel indicam, no entanto, alguma estagnação, atribuída à pouca clareza dos modelos económicos adoptados, à quantidade limitada do espectro utilizável e a uma fraca procura dos consumidores. O mercado com maior desenvolvimento na Europa tem sido o italiano, que iniciou os seus serviços comerciais em 2006, com assinalável sucesso, contrastante com o ocorrido no Reino Unido e na Alemanha, onde os serviços foram interrompidos. O lançamento de serviços no decurso de 2008 em diversos países, como a França, e o seu recomeço na Alemanha deverão abrir um período de expansão, que poderia ser potenciado pela libertação de mais espectro disponível (Digitag e EBU-UER, 2008:6).

3.5. A IPTV

A *IPTV* (*Internet Protocol Television*), também conhecida no mundo francófono como *televisão por ADSL*, é um serviço de televisão digital para os utilizadores através de redes de banda larga e baseado num *protocolo IP*. Trata-se assim de um sistema de televisão de perfil fechado, isto é com uma distribuição através de uma rede não pública, ao contrário do que sucede com a *Internet*.

Integra-se normalmente numa oferta *triple play* (telefone, *Internet* e televisão) ou *quad play*, o que permite, mediante uma subscrição fixa mensal, a oferta de seis serviços distintos (televisão fixa e móvel, telefone fixo e móvel, serviços *broadband* de alta velocidade e serviços *wireless – data*).

A distribuição de *IPTV* ao consumidor pode ser fornecida sobre infra-estruturas já existentes, como a linha telefónica, utilizando as mais rápidas tecnologias *xDSL*, e o cabo, através do *DOCSIS (Data Over Cable Service Interface Specification)*.

A *IPTV* tem sido dinamizada pelas empresas de telecomunicações, permitindo-lhes potenciar o seu negócio principal e simultaneamente concorrer com as outras formas de difusão.

Aliás, tal como as redes tradicionais de cabo, a *IPTV* envolve um sistema de distribuição particularmente adaptado ao meio urbano. Todavia, este sistema tem especificidades, operando de forma diferente dos sistemas tradicionais de televisão: nas redes convencionais, todos os serviços de programas são enviados para o consumidor, estando disponíveis à entrada do receptor; no *IPTV*, são disponibilizados a pedido. Em situações mais favoráveis de compressão do sinal, estarão presentes dois serviços de programas, o que permitirá o visionamento de um e a gravação de outro. De qualquer forma, a *IPTV* apresenta, por vezes, ainda algumas insuficiências técnicas – por exemplo, o acesso a um novo canal pode ter um *delay* superior ao dos sistemas convencionais e um acréscimo de utilizadores pode igualmente afectar a qualidade do serviço prestado.

Diversos factores têm condicionado o crescimento do *IPTV*, desde os relacionados com as tecnologias utilizadas (incluindo as redes e os acessos), às formas de concorrência com outros operadores de distribuição (preços e serviços disponibilizados) ou às opções relacionadas com os conteúdos, embora não se evidenciem diferenças substanciais face aos canais incluídos nas ofertas habituais das redes de cabo.

No entanto, para os consumidores, o *IPTV* dispõe de capacidade para oferecer uma combinação única das vantagens da *Internet* (dimensão global, alta interactividade para o utilizador e um vasto reportório de conteúdos) com serviços com qualidade *broadcast*, numa oferta através de um receptor de televisão, o que permite um confortável acesso. Adicionalmente, pode integrar ainda outro conjunto de serviços, possibilitando ofertas *triple* ou *quad play*.

O número de subscritores de *IPTV* na Europa, no final de 2007, era estimado pelo *MRG (Multimedia Research Group)* em 13,5 milhões, traduzindo a actividade de importantes operadores em França (*France Telecom/Ma Ligne* e *Freebox TV*), Itália (*FastWeb/FastsWeb TV*), Inglaterra (*VideoNetworks/Home Choice*), Espanha (*Telefónica/ /Imagénio*) e Alemanha (*T-Online/T-Online Vision*). A nível mundial, esse número situar-se-ia em 72 milhões de subscritores.

De acordo com o Anuário de 2007 do OEA (vol. 2, p. 88), no final de 2006, haveria na Europa 60 serviços operacionais de *IPTV*.

3.6. A *Internet*

O desenvolvimento da Internet, pelo crescimento exponencial dos seus utilizadores e pelo seu rápido aperfeiçoamento tecnológico, tornou-a um meio apetecível para os protagonistas da produção e difusão televisiva. Aliás, tal como a difusão da televisão na Internet, representou, a partir de 1995, com o advento das tecnologias *streaming* de áudio e vídeo, uma nova plataforma de difusão de canais e formatos televisivos, também a utilização da imagem e desses formatos televisivos se tornou um factor essencial na oferta disponível para os utilizadores da Internet.

Num meio televisivo durante muitas décadas limitado pela escassez do espectro radioeléctrico e predominantemente vocacionado para mercados nacionais, a Internet oferece desde logo, mais do que a difusão por satélite, a possibilidade de contacto com uma vastíssima audiência, sem fronteiras geográficas, apenas eventualmente condicionada por razões linguísticas e culturais (Bustamante, 2003: 167-206).

Quando não se limita a difundir, como mera rede de distribuição, o sinal dos canais *tradicionais*, a televisão na Internet proporciona outras vantagens face à televisão tradicional: permite associar diversos suportes de informação, numa lógica multimédia, desde o vídeo ao texto; admite formas de interactividade mais eficazes; oferece um permanente acesso aos arquivos de programas ou meramente ao seu visionamento diferido; e pode ser actualizada, com novos textos ou imagens, a qualquer instante, sem obedecer à lógica sequencial da programação típica dos canais tradicionais.

A evolução tecnológica, bem como o aumento da capacidade das redes, tem desta forma permitido o rápido desenvolvimento do *webcasting,* a difusão do sinal de televisão pela *Internet,* que envolve diversas modalidades: a difusão em directo da programação de um canal ou a disponibilização para a sua difusão posterior; ou, já para além do conceito estrito de televisão, a difusão de extractos de programas ou da sua totalidade, a difusão de imagens televisivas que completam a informação escrita – frequente nos sítios de muitos jornais – e a difusão de pequenos filmes por particulares, quer num sítio próprio, quer em sítios *comunitários,* como o *You Tube* ou o *My Space.*

Estes conteúdos não sequenciais, que não podem ser integrados no conceito de televisão ou de serviço de programas (canal), constituem aliás a maioria dos difundidos na denominada *web tv.*

As desvantagens desta forma de difusão face à televisão tradicional devem-se sobretudo à maior complexidade da utilização de um terminal de computador, à capacidade para aproveitar a rápida mutação nas tecnologias relacionadas com estes equipamentos e à menor qualidade das imagens.

Depois da televisão generalista, dirigida a uma vasta audiência que queria receber uma programação generalista, e da televisão temática, os operadores ou utilizadores televisivos da Internet – da *webcasting,* tenderão a aproveitá-la numa lógica hiper temática, quer através de formas sequenciais de programação, quer de uma oferta com uma grande componente *on demand*.

No entanto, os operadores tradicionais, principalmente os de serviço público, não deixaram de aproveitar as potencialidades da Internet, utilizando os seus recursos financeiros e profissionais, e promovendo a sua marca e os seus produtos. Na maior parte dos casos, estes operadores disponibilizam os seus programas mais populares, nomeadamente quando isso não colide com os direitos de autor estabelecidos, mas tornou-se frequente a oferta de conteúdos específicos adequados a este meio.

Nesta matéria, os operadores de televisão ganharam novos concorrentes, uma vez que os mais importantes grupos de media, mesmo aqueles cuja principal fonte de negócio é a imprensa ou a rádio, dispõem hoje também de sítios com uma forte componente audiovisual.

Além da oferta dos principais órgãos ou grupos de comunicação social, a Internet disponibiliza igualmente uma multiplicidade de outros produtos, de origens bem diversas, desde os operadores destinados a pequenos nichos de mercado, de conteúdos muito específicos, aos canais de empresas, associações ou vocacionados para pequenas regiões ou localidades, ou simples *webcams* que difundem em directo os mais diversos conteúdos.

A Internet apresenta desta forma, como *media*, especificidades assinaláveis: exige uma intervenção do utilizador a partir do seu computador ou de outro suporte como o telemóvel, o que implica sempre um consumo individualizado; disponibiliza conteúdos a qualquer momento; oferece uma multiplicidade de funções, algumas todavia acessíveis noutras plataformas, que se estendem a matérias tão diversas como transacções bancárias, participação em *chats* ou interagir com o conteúdo de emissões televisivas em directo, por exemplo através de votações ou de perguntas dirigidas aos apresentadores; finalmente, está frequentemente integrada numa difusão *cross media*, isto é a sua exploração simultânea em múltiplas plataformas, desde a televisão tradicional até à televisão móvel.

A Internet tem constituído igualmente um meio de crescente relevância para a indústria audiovisual europeia, sobretudo em três vectores fundamentais: o lançamento de serviços de *video on demand* (substituindo tendencialmente o tradicional mercado do *DVD),* através da distribuição directa de canais de televisão ou de alguns dos seus programas, e o lançamento ou a aquisição de sítios de partilha de vídeos, como aconteceu com o *My Space,* adquirido pelo grupo norte-americano, inglês e australiano *News Corp* (OEA, 2007- vol.2:126).

4. O serviço público na era digital

4.1. *As crises de influência e de legitimidade*

Quando, na primeira metade do século passado, a seguir à rádio e seguindo o seu modelo, a televisão foi criada na Europa, os espectadores, cujo número crescia à medida que aumentava o número de lares com televisor e a dimensão das redes de difusão analógica terrestre, dispunham das emissões de um único canal nacional, que transmitia apenas algumas horas por dia. Televisão confundia-se, muitas vezes, na linguagem comum do dia-a-dia com a própria designação do operador de serviço público.

O fim do monopólio, ou, de acordo com a expressão de Umberto Eco, da *paleo televisão,* abriria caminho a uma nova fase de concorrência entre operadores privados e o operador de serviço público, num quadro ainda limitado pela escassez do espectro radioeléctrico.

Hoje, a televisão, definida como uma multiplicidade de canais e serviços, está acessível 24 horas por dia em múltiplos suportes, que permitem um consumo cada vez mais individualizado. Depois de algumas décadas de monopólio do operador de serviço público, este partilha as audiências com um número de operadores privados que não cessa de crescer.

O papel do operador de serviço público encontra-se ainda condicionado por um complexo conjunto de alterações ao contexto televisivo, que vão muito para além da mera concorrência dos operadores privados nascidos na maior parte dos países europeus com o fim do monopólio, entre os anos 70 e 90 do século passado.

O serviço público perdeu influência social.

A fragmentação das audiências provocada pela concorrência de centenas de novos canais e serviços anulou em grande medida o seu anterior papel central nos *mass media,* seguido pelo conjunto da sociedade e objecto obrigatório de debate e apreciação. Mais do que isso, a evolução tecnológica, ao conferir meios de interacção aos consumidores, inverterá tendencialmente a tradicional relação entre estes e o difusor. Pertencerá cada vez mais ao passado a ideia de um espectador, cujo único poder consiste em aceitar a programação tal como ela é apresentada ou, em alternativa, mudar de canal ou desligar o receptor. Mais do que isso, depois de ter de escolher, numa primeira fase, entre um número bem limitado de canais e de estar, desde o início da era digital, perante uma oferta já considerável, o consumidor europeu começa a ter também agora à sua disposição um vasto conjunto de produtos mediáticos de que poderá usufruir se e quando quiser (Nissen, 2006:13).

No entanto, a coexistência de canais gratuitos, entre os quais os de serviço público, e de canais e serviços apenas disponíveis mediante pagamento altera um dos princípios basilares da televisão na era do monopólio do serviço público – o acesso gratuito e universal, criando uma indesejável diferenciação social e cultural, consoante se tenha ou não acesso aos canais de *pay tv.*

A progressiva transformação do antigo consumidor passivo em programador não anulará a importância da oferta sequencial disponibilizada por um operador. Como já atrás se referiu, a transmissão de eventos desportivos e também dos principais serviços noticiosos, pelo menos, continuará a justificar uma difusão não diferida. Haverá certamente um vasto número de consumidores disponíveis para conteúdos e formatos que ainda desconheça e, desta forma, receptivos a uma programação que lhe queiram oferecer. Haverá quem prefira confiar na capacidade de escolha dos responsáveis pela programação dos operadores ou quem queira manter as suas referências sociais, acompanhando a actualidade tal como a maioria a recebe, em temas tão diversos como a política, o desporto ou a moda, entre tantas outras matérias. E haverá ainda quem, por mera comodidade, prefira um papel mais passivo do que de construtor de uma grelha de programação própria.

No entanto, esta facilidade em organizar uma grelha própria individualizada, com o recurso nomeadamente ao *EPG – Electronic Programme Guide*, reduzirá drasticamente a importância da oferta sequencial protagonizada pelos canais, podendo-se conceber, pelo menos teoricamente, um modelo de consumo exclusivamente dependente da escolha feita a cada momento por cada espectador, o que extinguiria o conceito de televisão como fluxo contínuo de programas, sequencialmente organizados por um operador.

Esta evolução, de contornos ainda imprevisíveis, representaria a tendência para um consumo crescentemente individualizado, substituindo progressivamente o clássico visionamento em grupo.

O serviço público perdeu, igualmente, espaço no mercado audiovisual.

Os operadores públicos nacionais de televisão sofrem agora a concorrência de empresas multinacionais e (ou) associadas às grandes empresas de telecomunicações. Perdem alguma influência no *ranking* das empresas audiovisuais com maior volume de negócios: de acordo com dados dos Anuários do Observatório Europeu do Audiovisual, em 1997, 9 empresas de serviço público de televisão encontravam-se entre as 50.ª maiores do mundo, sendo a alemã ARD a primeira em 7.º lugar; mas no final de 2006, apenas 8, com a *BBC* em 12.º lugar, conseguem esse lugar entre as 50 maiores. Os operadores públicos utilizam plataformas de distribuição com capital privado e sujeitas a interesses puramente comerciais. Estão limitados no tipo de serviços que poderão oferecer, sobretudo aqueles considerados incompatíveis com os seus objectivos de universalidade, promoção da cultura e da identidade nacionais e da coesão social. Têm mantido uma actividade normalmente limitada aos meios da rádio e da televisão, enquanto que grande parte dos seus concorrentes está integrada em grupos de *media* que abrangem, por exemplo, jornais e revistas (Nissen, 2006:10).

A transição para a era digital envolve igualmente custos acrescidos no preço dos programas, nos investimentos tecnológicos, na presença em novas plataformas e na necessidade de financiar, durante o *simulcasting,* os custos das redes analógica e digital. Em contrapartida, o acréscimo de diversidade na oferta televisiva acentua os velhos problemas da legitimidade do serviço público, tornando mais impopulares eventuais decisões dos governos sobre o volume da taxa ou dos subsídios públicos aos operadores (Richeri, 2005:41).

No entanto, isso não impede que as receitas provenientes da taxa e de fundos públicos relativas aos operadores dos 27 Estados da União Europeia tenham aumentado mais entre 2001 e 2005 do que as receitas comerciais – um crescimento médio anual de 2,3% contra 0,4%. Aliás, o crescimento, ainda que limitado, das receitas comerciais deve-se sobretudo ao aumento substancial dos proveitos recolhidos por alguns operadores públicos (*BBC* e *RAI*, por exemplo) com canais de *pay tv*, uma vez que se verifica em geral uma quebra das receitas da publicidade e, sobretudo, do patrocínio (OEA, 2007:52).

O financiamento do *esforço digital* dos operadores públicos concretizou-se sem o recurso a uma taxa suplementar, mas apenas com as receitas correntes, o que todavia agudizou em muitos deles a necessidade de medidas de reestruturação e de redução de custos. Na Grã-Bretanha, um grupo de trabalho sobre o financiamento da BBC na era digital chegou a propor uma taxa autónoma para custear os serviços digitais, mas, em Fevereiro de 2000, o Governo britânico recusaria essa proposta, optando por uma pequena subida do respectivo montante (Fontaine, 2002:13). De resto, um eventual financiamento do esforço digital pela taxa, semelhante ao malogrado projecto britânico, teria de ter em consideração a diversidade de plataformas de recepção do sinal, desde o clássico receptor até ao computador ou o telefone móvel (Bustamante in AA.VV., 2007:32).

Aliás, esta diversidade de meios de recepção do sinal televisivo coloca outras questões relativas à taxa de televisão. Ela não mais poderá estar associada à compra de um aparelho receptor, como no início do serviço público de rádio e de televisão, nem corresponde já a uma retribuição de um serviço de que se usufruiu. Daí que, em alguns países (Suíça, Irlanda, Dinamarca, Suécia e França) a legislação imponha o seu pagamento independentemente do equipamento usado e noutros (Holanda, Bélgica, com excepção da região da Valónia, e Estónia), o financiamento através de uma taxa tenha sido substituído por um fundo assegurado por uma percentagem dos impostos sobre os rendimentos (Jakubowicz in Lowe e Bardoel, 2007:41). De qualquer forma, o financiamento do serviço público pelos cidadãos representa incontestavelmente uma forma de assegurar a sua existência, independentemente do seu efectivo consumo por parte dos cidadãos contribuintes.

O serviço público perdeu igualmente legitimidade.

A (agressiva) concorrência, quer de operadores privados em busca da maximização das audiências e das receitas publicitárias, quer dos novos serviços, tornou bem mais complexa a tarefa dos programadores do serviço público de televisão, obrigados simultaneamente a manter um *share* compatível com o esforço de financiamento exigido aos contribuintes e a assegurar a diferenciação e a qualidade exigíveis a uma televisão não comercial. Em suma, tratar-se-ia de conservar uma dupla legitimidade – pela popularidade e pela qualidade – face a um panorama televisivo e multimédia com uma oferta tão diversificada e apelativa.

Além disso, no contexto digital, acentuou-se a tendência para o recurso à produção externa, o que, contribuindo para o desenvolvimento da indústria audiovisual, limita a identidade própria dos operadores públicos (Hujanen in Brown e Picard, 2005:70). Por outro lado, a tendência de muitas produtoras independentes para produzir formatos adequados a vastos mercados plurinacionais, rentabilizando o investimento, anula as marcas distintivas do serviço público, onde se exigiria um vínculo à cultura nacional (Iosifidis, 2007:36).

Este difícil equilíbrio conduziria diversos operadores públicos, especialmente do sul da Europa, a uma escassa ou hesitante diferenciação face à programação dos operadores privados.

A extrema diversidade da oferta televisiva colocaria em crise a própria necessidade de um operador de serviço público. O fim dos constrangimentos à difusão, relacionados com a escassez do espectro radioeléctrico, assim como ao licenciamento ou autorização de novos canais e a drástica redução dos investimentos e custos financeiros necessários para a sua criação ajudaram a criar a convicção de que, nestas novas condições proporcionadas pela era digital, o mercado conseguiria, sem qualquer intervenção externa, satisfazer suficientemente o conjunto de necessidades dos diversos públicos. A televisão, como aliás a rádio, deveria ter assim um regime jurídico relativo à liberdade de criação de novas empresas idêntico ao da imprensa, tanto mais que as regras do mercado se tornaram praticamente no único obstáculo inultrapassável à criação de novos operadores.

Na era digital, em que as ofertas da televisão e da rádio, na sua diversidade, se aproximavam daquela que a imprensa tradicionalmente proporcionou, que sentido faria manter um operador público, financiado parcial ou totalmente por receitas não publicitárias, sobrepondo a sua programação àquela que o mercado estaria apto a fornecer sem financiamento público, tutela política e aparente distorção das suas regras de concorrência?

Num contexto de alguma indefinição sobre a adaptação do conceito de serviço público na era digital, a resposta dos operadores comerciais europeus não andaria longe desta argumentação. Num documento divulgado em 2004, juntamente com as associações de operadores de rádio e da imprensa, defenderiam a auto-suficiência da oferta televisiva proporcionada pela mera aplicação livre das regras do mercado, o que dispensaria mesmo a continuação de operadores de serviço público, ou, no máximo, limitaria a sua existência a uma mera oferta suplementar de conteúdos e serviços não proporcionados por esse mercado, por serem economicamente pouco atractivos (ACT, ERA e EPC, 2004).

Visava-se assim limitar o serviço público à oferta tradicional de canais generalistas de acesso universal preenchidos com programas de forte carga pedagógica e cultural, afastá-lo dos novos serviços e tecnologias, retirar-lhe, pelo menos parcialmente, o financiamento pela publicidade, exigir-lhe o cumprimento de estritas regras de concorrência – em suma, impedi-lo de continuar a ter um papel decisivo no mercado televisivo, arrastando-o para um fim inexorável.

De facto, defensores e adversários de um influente serviço público de televisão convergiam num ponto: para manter essa influência, o serviço público de televisão precisaria de mudar. Para os seus adeptos, isso implicaria uma adaptação ao novo contexto tecnológico, às novas formas de consumo televisivo e à internacionalização do sector.

4.2. Os novos desafios do serviço público

O futuro do serviço público de televisão estaria desta forma dependente da sua capacidade de resposta a três desafios:
- provar que mesmo num contexto em que o mercado proporciona tanta e tão diversificada oferta de canais e serviços continuaria a justificar-se a existência de um serviço público;

– manter um conceito de serviço público que rejeite um papel suplementar e marginal no conjunto da oferta televisiva;
– ser capaz de assegurar, no novo contexto digital, uma qualificada e influente oferta de televisão, não só através de canais, como igualmente de novos serviços.

Na época da sua fundação e mesmo depois da abertura a operadores privados, a legitimidade de um serviço público de televisão decorria fundamentalmente da escassez do espectro radioeléctrico, da influência social, cultural e política da televisão, do seu elevado custo, apenas ao alcance de poucos grupos económicos, e da importância de uma programação generalista, plural, qualificada, fiel ao seu princípio de coesão social e que não esquecesse os valores culturais do país nem os grupos e gostos minoritários. O serviço público reclamava-se de um serviço destinado ao cidadão e não ao consumidor.

Na era digital, a legitimidade da manutenção de um serviço público de televisão envolve uma apreciação sobre a capacidade do mercado televisivo em oferecer os benefícios que lhe são tradicionalmente imputados.

Para os defensores do serviço público de televisão – onde se tem integrado a generalidade das famílias políticas europeias da esquerda à direita – essa forma de intervenção impor-se-ia por um variado conjunto de objectivos e motivações, nomeadamente:

– corrigir a tendência para apresentar apenas uma programação vocacionada para as maiorias, fruto da necessária maximização das receitas da publicidade, o que contribui para uma sub representação dos programas de maior pendor cultural nos operadores privados, mesmo nos países com uma mais alargada oferta multicanal;
– compensar as insuficiências no mercado provenientes das restrições no acesso ao espectro radioeléctrico;
– atender às características próprias da televisão, em que os consumidores têm pouca informação antes de assistirem aos programas;
– ter em consideração ainda o facto de o consumo de programas de televisão, ao contrário do que pode suceder com outros bens, não impedir o consumo da mesma programação por

outros cidadãos, tanto mais que aqueles são bens de custo marginal nulo;
- porque os programas televisivos de maior qualidade não serão necessariamente reconhecidos como tal pelo mercado televisivo;
- porque os programas de qualidade oferecem um contributo importante para toda a sociedade, mas que não é facilmente mensurável (Ofcom, *Review of Public Service Broadcasting Phase 1*, 2004; Ofcom, *A new approach to public service content in the digital media age*, 2007:22; e UER, 2003:13).

O segundo desafio – a rejeição de uma oferta meramente suplementar, limitada aos formatos e conteúdos que não *entusiasmam* o mercado publicitário – constitui hoje um aspecto crucial da afirmação dos operadores de serviço público. Sujeitos a pressões contraditórias, os responsáveis pela programação dos operadores públicos são obrigados a escolher um caminho entre duas opções extremas, num dilema entre a afirmação da *diferença* e o esforço pela obtenção de uma *grande audiência* (Nissen, 2006:30):

- apostar numa clara diferenciação, a todos os níveis, face aos formatos dos operadores privados, apostando numa programação essencialmente dirigida às elites culturais, mesmo que isso implique, como no modelo norte-americano, perder influência; ou
- entrar, irreflectidamente, na competição pelas audiências (e pelas receitas publicitárias...), imitando a programação dos concorrentes privados, mas sacrificando irreparavelmente o seu carácter distintivo face a eles e, mais do que isso, a sua legitimidade política e o seu papel cultural e social.

O contexto de rápido crescimento da oferta televisiva na era digital e a fragmentação das audiências que lhe é inerente agudizaram a necessidade de *agilizar* a fidelização dos públicos. O chamado *efeito de arrastamento* – utilizar um programa muito popular, mas de modesto contributo cultural e formativo como forma de *arrastar* ou fidelizar a audiência, levando-a até aos programas seguintes, com conteúdos mais exigentes e apropriados – e a remissão da publicidade para os intervalos *dos* programas e não já *entre* os programas, procurando fixar os espectadores, constituem artifícios comuns generalizados nos operadores de serviço público. Outros preconizam uma tese de confronto parcial: um dos canais generalistas do operador público procuraria a competição nos *terrenos* da programação comercial, enquanto que o outro deveria afirmar uma orientação claramente distintiva face à oferta privada (Achille e Miège, 1994:34).

Todavia, os recursos técnicos da era digital – interactividade, serviços *on demand*, entre outros – tornarão aqueles expedientes crescentemente menos úteis e, por isso, menos frequentes, o que contribuirá para aumentar a diferença entre as ofertas pública e privada, devolvendo o serviço público à sua tradicional vocação de educar, informar e divertir, em suma, oferecendo ao conjunto da sociedade uma programação *"popular de qualidade"*.

No entanto, o grande desafio da era digital para o serviço público de televisão consiste na sua adaptação às potencialidades de uma tão vasta oferta de canais e serviços.

Essa diversidade de canais e serviços, implicando uma progressiva fragmentação das audiências, contribuirá para uma irreversível diminuição do *share*, quer do conjunto dos canais de serviço público, quer do seu canal principal, continuando uma lenta erosão verificada desde o início da era da concorrência na televisão.

A diminuição do *share* apresenta valores variáveis consoante os países e é mesmo contrariada em alguns deles – os operadores públicos belgas, suíços das regiões de língua alemã e italiana, alemão, checo e grego registam subidas, comparando dados relativos ao conjunto dos seus canais de 1995 e 2007, incluídos no *EBU Guides – vol 2*, Julho de 2008. Nestes países, existe assim um reforço da *presença* do serviço público.

A diminuição do *share* do conjunto dos canais de serviço público era visível, no entanto, em 15 dos 23 países analisados. Em seis deles, entre 1995 e 2007, a erosão das audiências foi limitada: na Holanda (8,0%), França (6,2%), Itália (5,7%), Noruega (5,0%), Finlândia (2,6%) e Suíça de língua francesa (1,4%).

Em três outros, a queda, pelo contrário, foi muito acentuada, ultrapassando os 20% de *share:* o principal canal do operador público da Polónia *caiu* 28,6%, o da Eslováquia desceu 50,9% e o da Hungria – outro país do leste europeu... – 58,2%.

Se analisarmos os dados referentes apenas ao principal canal público, constatar-se-á que apenas na Holanda, República Checa, Bélgica (região flamenga) e Grécia os valores registam pequenas subidas.

Aliás, apenas dois operadores públicos mantêm, em 2007, um canal com *share* superior a 30% – o norueguês (37%) e o belga de língua flamenga (30,2%). Sublinhe-se, porém, que 1995, estavam nessas condições os operadores públicos da Eslováquia, Polónia, Hungria, Noruega, Portugal, Áustria e Reino Unido (ver Anexos I).

Em contrapartida, ainda de acordo com os mesmos dados, se em 1995, entre os canais públicos mais populares de cada país, apenas quatro (Alemanha, Holanda, Grécia e região de língua francesa da Bélgica) registavam já *shares* anuais inferiores a 20%, em 2007, esse número subiria para nove, com a inclusão nesse grupo igualmente dos principais canais da França, Espanha, Suécia, Hungria e Eslováquia.

Esta evolução coloca os operadores do serviço público de televisão perante um novo dilema.

Mesmo sendo verdade que os indicadores relativos à audiência acumulada – percentagem de pessoas que optaram durante um certo período, por exemplo, uma semana, por um determinado canal – são mais importantes para os operadores públicos do que o *share* (percentagem do mercado), por assinalarem mais fielmente o número de pessoas que *frequentam* a sua programação, o impacto dos tradicionais canais generalistas do operador público continuará irreversivelmente a diminuir, reflectindo uma diminuição de visibilidade e de influência.

Depois de afastada a tese, segundo a qual o serviço público deveria ter abdicado desde logo dos canais generalistas, optando por uma oferta dirigida aos públicos específicos (Hujanen in Brown e Picard, 2005:75), restará aos estrategos do serviço público uma de duas opções: resistir o mais possível à lenta erosão do papel central do principal canal de serviço público, que alguns, pelo seu papel de coesão social, equiparam à *praça central* de uma cidade (entre outros, Nissen, 2006:73), ou, em alternativa, mesmo contribuindo para uma ainda mais acentuada fragmentação dos públicos, enveredar por um caminho também seguido pelos operadores privados, oferecendo novos canais e serviços, embora adequados à sua natureza e finalidade de serviço público e fiéis aos valores tradicionais.

A resposta dos operadores públicos tem sido unívoca. Ainda que se aponte o conteúdo dos programas como o aspecto mais importante do serviço público, considera-se imperativa uma mudança de uma estrutura fundada num único *media* para uma estrutura multimédia, sempre fiel a um princípio considerado essencial: *"não percamos nunca, nunca de vista por um só instante que seja o público que servimos"* (UER, 2006:10). Os operadores públicos deveriam ter inclusivamente a ambição de desempenhar um papel pioneiro nas novas tecnologias, nos novos serviços e, sobretudo, nos novos conteúdos. Exemplo dessa atitude inovadora é a colaboração da *BBC* e da *RAI* com o operador público japonês *NHK* na pesquisa relacionada com a televisão de *ultra alta definição (Ultra HDTV)*, baptizada nesse acordo de Fevereiro de 2008 de *Super Hi-vision* (*Revue Européenne des Médias*, n.ºs 6-7, 2008:6).

Não tendo o conceito de serviço público sido alguma vez definido segundo as técnicas de distribuição utilizadas, mas sim de acordo com parâmetros relacionados com os conteúdos distribuídos e respectiva acessibilidade, não seria lógico limitar o papel dos operadores públicos no quadro dos novos serviços.

Esta profunda modificação na oferta implica uma adequação do conceito de *universalidade*, tão inseparavelmente associado à origem do serviço público.

Relacionada no passado com uma programação qualificada, a emitir no canal do operador de serviço público e susceptível de interessar ao conjunto da sociedade na sua diversidade, essa oferta deve agora estar disponível no quadro geral dos diversos canais e serviços do operador público, mesmo que cada um deles tenha uma escassa audiência. Mais do que difusão linear para grandes audiências – o conjunto dos cidadãos –, *universalidade* será agora sobretudo entendida como a presença nas diferentes plataformas e as consequentes disponibilidade e acessibilidade de conteúdos e serviços.

Envolvendo um acréscimo de custos, devido à adaptação dos conteúdos a novas plataformas, os operadores públicos deveriam, no entanto, recusar os serviços apenas disponíveis mediante pagamento, evitando desta forma colocar em causa a legitimidade da sua oferta (UER, 2006:34). Não obstante, em 1994, a Resolução de Praga aprovada pela Conferência Ministerial sobre política de comunicação social, promovida pelo Conselho da Europa, considerasse legítima a existência de canais temáticos pagos, que completassem a oferta do serviço público, estes não deverão constituir o seu eixo fundamental: contrariam o princípio fundador relativo à universalidade do serviço público, que pressupõe um acesso livre; e sendo sobretudo destinados a nichos de mercado, não asseguram, mesmo no seu conjunto, a totalidade dos géneros e subgéneros da programação, nem a diversidade de opiniões (Jakubowicz in Lowe e Bardoel, 2007:35).

Deste modo, a resposta do serviço público face à fragmentação das audiências e à individualização dos consumos seria assim, tendencialmente, a oferta suplementar de um conjunto de novos canais e serviços dirigidos a públicos específicos, de acesso gratuito ou não condicionado livre.

4.3. As instâncias europeias e o novo rumo do serviço público

Este caminho de mudança foi claramente apoiado pelas instâncias europeias desde o final do século passado, embora a competência *ab initio* para estabelecer as regras sobre a sua missão seja um prorrogativa de cada Estado, de acordo com regras estabelecidas pela própria União Europeia, nomeadamente o Protocolo anexo ao Tratado de Amesterdão de Novembro de 1997, sobre o modelo de financiamento, e a Resolução do Conselho da União Europeia de Janeiro de 1999.

Todavia, a aplicação do *princípio da subsidiariedade* não invalida a incorporação da política audiovisual no conjunto das políticas europeias vinculadas a um conjunto de directrizes comunitárias.

Um dos textos mais relevantes relativo ao serviço público de radiodifusão – a Resolução do Conselho da União Europeia e dos Representantes dos Estados-Membros nele reunidos, de 25 de Janeiro de 1999, salientava que *"um amplo acesso do público, sem discriminação e com base na igualdade de oportunidades, a várias categorias de canais e serviços constitui uma pré-condição necessária para o cumprimento das obrigações específicas do serviço público de televisão"* e ainda que *"Se deve manter e aumentar a capacidade do serviço público de radiodifusão para oferecer ao público uma programação e serviços de qualidade, nomeadamente através do desen-*

volvimento e da diversificação das actividades na era digital". Estes princípios legitimadores dos processos de adaptação dos operadores públicos à era digital seriam reafirmados em 2001 na Comunicação da Comissão relativa à aplicação das regras em matéria de auxílios estatais ao serviço público de radiodifusão (2001/C 320/04).

Por sua vez, a Recomendação Rec (2003) 9, do Comité de Ministros do Conselho da Europa, aprovada em 28 de Maio de 2003, relativa à adopção de medidas para promover a contribuição democrática e social da televisão digital, ao mesmo tempo que reconhece que o serviço público deve assumir um papel central no processo de transição para a televisão digital terrestre, admite a utilização de meios que lhe permitam cumprir a sua missão em ambiente digital, que *"podem incluir o fornecimento de novos serviços de programas especializados, por exemplo no campo da informação, educação e cultura, e de novos serviços interactivos, como Guias Electrónicos de Programação ou serviços on-line complementares".*

No mesmo texto, estabelece-se que devem ser criadas as condições legais, técnicas e económicas para que o serviço público de radiodifusão possa estar presente nas diversas plataformas digitais com programas e serviços diversificados para todos os sectores da população, funcionando como um factor de coesão nacional, sobretudo tendo em conta o risco de fragmentação das audiências resultante da pulverização da oferta televisiva.

No ano seguinte, a Assembleia Parlamentar do Conselho da Europa aprovaria a Recomendação número 1641 (2004) 1, onde os Estados Partes são convidados a reafirmar *"a sua vontade de manter um serviço público de radiodifusão independente, forte e vivo, adaptando-o às exigências da era digital".* A mesma Recomendação insta os Estados-Membros do Conselho da Europa a *"definir um quadro jurídico, institucional e financeiro para o funcionamento do serviço público de radiodifusão, bem como para a sua modernização e a sua adaptação, a fim de responder às necessidades do público e aos desafios da era digital".*

O papel do serviço público na era digital seria ainda assinalado em 2007, na Recomendação Rec (2007) 3 do Comité de Ministros do Conselho da Europa, onde, reconhecendo que a missão de serviço público de radiodifusão num contexto de globalização e integração internacional, bem como de crescente concentração dos *media* privados e de rápida mudança dos padrões de consumo e nível de expectativas do público em matéria de conteúdos de comunicação, assume ainda maior relevância, se refere que essa missão deve também ser prosseguida através de novas plataformas e serviços de comunicação social, de modo a optimizar o seu potencial e especialmente a promover uma maior participação democrática, social e cultural.

A mesma orientação seria confirmada pela Directiva dos Serviços de Comunicação Social Audiovisual (Directiva 2007/65/CE), que alterou a Directiva *"Televisão Sem Fronteiras"* de 1989. Recordando que a Resolução do Conselho e dos Representantes dos Estados--Membros de 25 de Janeiro de 1999, relativa ao serviço público de radiodifusão, reiterara que o cumprimento da missão de serviço público exige que este continue a beneficiar do progresso tecnológico, o documento acrescentava que *"a coexistência de fornecedores de serviços de comunicação social audiovisual públicos e privados é uma característica distintiva do mercado europeu dos meios de comunicação social audiovisual".*

Do conjunto de documentos emanados das instâncias europeias decorre um claro incentivo ao papel do serviço público na transição para a era digital, assim como a legitimidade de uma diversificação das suas actividades, desde os novos canais, particularmente em áreas mais adequadas ao seu papel informativo e formativo (canais temáticos informativos, culturais e educativos), aos novos serviços interactivos.

No entanto, é possível detectar diferentes ênfases na apreciação do papel do serviço público de televisão na transição para a era digital. Não falta quem assinale – Karol Jakubowicz – a diferença entre o claro incentivo a um crucial papel do serviço público na era digital, bem presente nos documentos do Conselho da Europa, e as preocupações excessivamente centradas na salvaguarda das regras de concorrência, constantes nos textos da Comissão Europeia, designadamente na DG da Concorrência (Jakubowicz, 2007:22).Aliás, no mesmo documento, Jakubowicz chega a referir que, enquanto que para a União Europeia o serviço público *"é parte de muitos problemas"*, sobretudo em matéria de concorrência, para o Conselho da

Europa, pelo contrário, ele constitui antes *"uma parte da solução de muitos problemas"*...

De qualquer forma, a Comissária europeia responsável pela política do audiovisual, Viviane Reding, tornaria claro que para a Comissão *"os operadores de serviço público deveriam poder beneficiar das possibilidades proporcionadas pelos desenvolvimentos tecnológicos"*, visto que, caso isso não fosse possível, deixariam de poder cumprir os seus objectivos de serviço público e satisfazer as suas audiências (Reding, 2006).

4.4. Da oferta multicanal aos novos serviços

Com ritmos diversos, também dependentes da sua saúde económico-financeira, os operadores públicos responderam aos desafios da era digital em torno de vários eixos: o reforço da oferta multicanal gratuita, a participação em canais de *pay tv*, a criação de *websites* de referência, as experiências pioneiras na televisão móvel, o lançamento de serviços de *vídeo on demand* e a implementação da televisão de alta definição (*HDTV*) (Lange, 2007).

Não menos relevante tem sido, em alguns países, o papel do operador público na implantação da televisão digital terrestre. Na Grã--Bretanha, depois do insucesso da *On Digital/ITV Digital*, o relançamento do processo foi atribuído a um consórcio – *Freeview*, constituído pela *BBC* e pela *Crown-Castle*. Os novos responsáveis mudaram o modelo de negócio, apostando agora numa oferta predominantemente gratuita ancorada no operador público de televisão. Aliás, a experiência britânica, tal como a espanhola (falência da *Quiero TV*) parecem demonstrar que a implantação da televisão digital terrestre não terá sucesso se o modelo adoptado se posicionar como concorrente em número de canais em relação às plataformas concorrentes do cabo e do satélite e ainda se a oferta predominante não consistir, por contraste com estas plataformas, em canais gratuitos (Enter, 2005:53 e 58).

A multiplicidade de canais temáticos, proporcionados pelas novas condições de acessibilidade tecnológica e pela possibilidade de realização de sinergias com as estruturas dos canais tradicionais, constituiu, todavia, a mais relevante resposta dos operadores públicos às novas condições do mercado televisivo.

Vinculados ao conceito de serviço público e escrutinados pelas instâncias europeias, os operadores públicos optaram por canais complementares dos seus serviços generalistas, com temas relativos, designadamente, à informação (*BBC News 24, RAI News 24, Canal 24 Horas, Eins Extra, Eins Plus, Phoenix, Infokanal*), ao parlamento (*BBC Parliament*), à educação e cultura (*BBC Four*, antes chamada *BBC Knowledge, France 5, Mezzo, Planète Thalassa, Gulli, RAI Edu 1 e 2, RAI Nettuno Sat, Docu TVE, Canal Clásico, Eins Festival, Doku Kanal, Theater Kanal*), regiões (*France 3*) e às crianças e jovens (*Cbeebies* e *CBBC*, ambos da BBC, *Ma Planète, Clan TVE, Kinder Kanal*), para referir apenas alguns dos canais ingleses, italianos, franceses, espanhóis e alemães.

Os operadores públicos têm igualmente assumido um papel de crescente importância no domínio dos novos serviços digitais, que ultrapassam o conceito estrito de radiodifusão. Ainda que relacionados com a actividade nuclear dos operadores, esses novos serviços (desde os votos por SMS em programas em directo até ao visionamento ou aquisição de materiais de arquivo através do acesso ao sítio do operador na *Internet*) não são consideradas actividades de radiodifusão em sentido estrito, pelo que a sua inclusão nas actividades dos operadores de serviço público tem sido objecto, no que respeita ao seu financiamento, de algumas deliberações pelas instâncias europeias.

Todavia, a legitimidade dos novos serviços no âmbito do serviço público não é questionada. Logo em 2001, na Comunicação da Comissão (2001/C 320/04) relativa à aplicação das novas regras em matéria de auxílios estatais ao serviço público de radiodifusão, a Comissão Europeia reconhecia que "*as atribuições de serviço público podem incluir certos serviços que não sejam "programas" na acepção tradicional, por exemplo, serviços de informação em linha, na medida em que satisfazem – tendo igualmente em consideração o desenvolvimento e a diversificação de actividades da era digital – as mesmas necessidades democráticas, sociais e culturais da sociedade*".

O aproveitamento da enorme expansão do acesso à Internet, como das suas potencialidades como meio de informação e de entretenimento, constitui, nos últimos anos, um dos fenómenos marcantes da evolução dos operadores de serviço público.

Confrontados com o surgimento de novos concorrentes no próprio mercado da produção de *vídeo* – desde os sítios de órgãos da imprensa aos *players* da Internet, como o *Google, Yahoo, Amazon,* ou aos cidadãos *internautas*, entre outros, os operadores públicos têm sido *obrigados* a responder no mesmo terreno, assegurando uma importante presença no quadro multimédia a partir da Internet.

Esta presença na Internet não consiste, no entanto, apenas na disponibilização de uma nova plataforma para exibição, em directo ou mediante solicitação individual, da programação dos canais e dos arquivos da estação, cujos direitos de exibição consintam uma redifusão. Pelo contrário, a maior parte dos principais operadores já envolvidos neste caminho junta os conteúdos ligados aos diferentes canais com serviços específicos da Internet: notícias internacionais e locais actualizadas em permanência, serviços personificados como a meteorologia ou o trânsito, entre outros.

Este alargamento do espaço de intervenção dos operadores não se tem concretizado sem alguma polémica. Na Alemanha, em Junho de 2008, pressionados sobretudo pelas associações patronais da imprensa, os chefes de governo dos 16 *länder* estabeleceram um acordo que enquadra a utilização da *web* pelos operadores públicos federais e regionais. O texto prevê duas importantes restrições: os conteúdos colocados *em linha* devem estar estritamente relacionados com o conteúdo das emissões; os programas emitidos colocados à disposição dos frequentadores dos sítios dos operadores na Internet não devem aí permanecer por um período superior a sete dias ou, no caso dos acontecimentos desportivos, mais de 24 horas (La Revue Européenne des médias, n.º 8, 2008, p. 4).

4.5. *Do serviço público de radiodifusão ao serviço público de ... media*

O reconhecimento da importância dos novos serviços na actividade dos operadores de serviço público foi recentemente inscrito na generalidade dos documentos balizadores da sua actividade – estatutos, cadernos de encargos, contratos de concessão, etc. –, mas a legitimidade de um novo *serviço público de media*, que substituiria o clássico *serviço público de radiodifusão*, seria reforçada com a Recomendação n.º 2007 (3) do Comité de Ministros do Conselho da Europa sobre a missão dos media de serviço público na sociedade de informação, aprovada em 31 de Janeiro de 2007.

Ainda que sublinhando que não visava abranger os *media* impressos, a Recomendação assinalava a importância da presença dos *media de serviço público* nas *"plataformas importantes"*. O mesmo texto referia ainda que, tendo em consideração as mudanças nas formas de consumo, os *media de serviço público* deveriam estar em condições de oferecer conteúdos e serviços tanto generalistas como especializados, tal como serviços interactivos e a pedido. *"Deveriam dirigir--se a todas as gerações e incentivar particularmente as gerações mais jovens à utilização de formas activas de comunicação, encorajando o fornecimento de conteúdos pessoais e criando outros mecanismos participativos"* – acrescentava o texto.

Não tendo todavia ficado claro se o alargamento deste conceito aos *serviços não radiodifundidos* deveria ficar limitado aos conteúdos directamente ligados aos programas transmitidos, a verdade é que os operadores de serviço público têm desenvolvido uma crescente diversidade de novos serviços.

Quando em Dezembro de 2004, o Director-Geral da *BBC*, Mark Thompson, anunciou uma reflexão sobre o futuro da empresa – que classificou como *Creative Future* – afirmou ainda que *"a BBC não deveria mais definir-se como um operador de televisão e de rádio, tendo paralelamente alguns novos media. Deveríamos procurar fornecer conteúdos de serviço público à nossa audiência seja quais forem o media e o receptor, esteja ela em casa ou em movimento"*.

O serviço público deveria desta forma operar em três tipos de serviços (Juhani Wiio in Jakubowicz, 2007:14):

– os tradicionais serviços lineares de programas para a generalidade do público, que deveriam continuar com toda a probabilidade, no futuro previsível, a manter-se como o aspecto essencial do serviço público de televisão;
– os serviços lineares dirigidos a audiências específicas, como os canais com conteúdos temáticos informativos, culturais,

etc., que já teriam um grau de interactividade superior ao dos canais para o conjunto da população; e
– os serviços pessoais, realizando o que se poderia classificar como *serviço público personalizado,* ou seja, todos os serviços que cada consumidor individualmente pode optar por utilizar, designadamente os serviços com forte carácter interactivo. Eles podem ser solicitados, quer através do leque de serviços do operador de serviço público, quer através da rede de televisão digital.

A mesma reflexão tem sido realizada pela autoridade reguladora britânica das comunicações e dos *media, Ofcom,* que, em sucessivos documentos (nomeadamente, *Ofcom – Digital PSB,* publicado em Julho de 2006, e *Ofcom – A new approach to public service content in the digital media age,* publicado em Janeiro de 2007), tem analisado a evolução do conceito de serviço público num ambiente digital.

O *Ofcom* desenvolveu mesmo, a partir de 2005, o conceito de *Public Service Publisher,* que complementaria o tradicional *Public Service Broadcasting.*

Apesar de reconhecer a importância dos serviços lineares de televisão, que se prolongará pelo futuro, os autores desta reflexão do *Ofcom* entendem, todavia, que eles são apenas uma parte do panorama dos *media* digitais, uma vez que os consumidores estão progressivamente a aceder a mais conteúdos na Internet e nas outras plataformas digitais.

Neste novo contexto, o *Public Service Publisher (PSP)* constituiria uma nova organização encarregada de fornecer conteúdos de serviço público, com o seu centro de gravidade nos *media* digitais. O *PSP* utilizaria todas as plataformas e tecnologias de comunicação, mas não teria a radiodifusão televisiva como ponto de partida (Ofcom, 2007:7). Seria um fornecedor de conteúdos e não um produtor, recorrendo assim à indústria de conteúdos.

Ao divulgar esta proposta, o *Ofcom* manifestaria ainda o propósito de continuar, nos próximos anos, a debater e aperfeiçoar o novo conceito e enquadramento do serviço público, no tocante à sua estrutura, âmbito, financiamento e localização, propondo inclusivamente que a sua sede deveria ficar fora de Londres, de forma a permitir a distribuição do investimento pelo conjunto do território do Reino Unido. O financiamento proviria de diversas possíveis origens: um suplemento à taxa da *BBC*, uma parte das receitas fiscais ou das receitas provenientes da utilização do espectro radioeléctrico e (ou) uma taxa sobre o volume de negócios dos operadores licenciados de rádio e de televisão.

Outros (Foster, 2007:11) acentuam a importância crescente dos serviços interactivos e *on demand* face aos tradicionais canais, o que legitimaria um novo conceito de *serviço público de conteúdos,* prevalecendo sobre o *serviço público de media.*

Não estaria em causa, de qualquer modo, a existência de um modelo fundado na existência de serviços lineares assegurados, pelo menos, por um operador. A experiência da Nova Zelândia – entre 1989 e 2003, privatizada a televisão pública, adoptou-se um modelo baseado no financiamento de conteúdos disponível para todos os operadores – provou, segundo a generalidade das análises, o seu papel dificilmente substituível (Mayhew e Bradley-Jones, in AA.VV., 2005:151-169).

De qualquer forma esta estratégia *cross media* imporia, nos operadores de televisão, uma nova estrutura organizativa, baseada nos conteúdos e não mais nos suportes de difusão (IMCA, 2008:17), ou seja de uma estrutura baseada nos *media* para uma estrutura funcional ou multimédia (UER, 2006:55).

O debate aberto na Grã-Bretanha sobre o conceito de serviço público não deixará de influenciar a evolução verificada nos restantes países europeus, tanto mais que foi o modelo adoptado para a *BBC*, nos anos 20 do século passado que condicionaria decisivamente o nascimento e a consolidação dos serviços públicos de rádio e, mais tarde, de televisão.

De qualquer forma, o progresso tecnológico simbolizado pela chegada das *Next Generation Networks*, redes interoperáveis e multi-serviços, imporá ao meio televisivo e ao próprio serviço público novos desafios e oportunidades.

Capítulo II
A era digital da televisão em Portugal

1. Um mercado escasso e condicionado – o contexto político e económico

No início dos anos 90, um pouco mais tarde do que na maioria dos países europeus, o fim do monopólio do operador público de televisão não proporcionaria mais do que o licenciamento de dois novos canais generalistas de âmbito nacional – a SIC e a TVI.

A então nova Lei da Televisão previa a possibilidade de difusão com recurso às ondas hertzianas, ao satélite e ao cabo, admitindo mesmo sistemas de codificação do sinal (art. 3.º, n.º 4 da Lei n.º 58/90 de 7/9). No entanto, nem o poder político nem as condições do mercado português proporcionariam as condições indispensáveis para que a oferta televisiva portuguesa crescesse, nessa época, para além daqueles novos canais.

De facto, ainda que se referisse também a um então original exercício da actividade de televisão *"em cobertura de âmbito regional"*, a nova lei considerava prioritária a atribuição de licenças para a actividade de televisão em cobertura de *"âmbito geral"*, remetendo aquela para posterior regulamentação pelo Governo, *"tendo em conta a disponibilidade do espectro radioeléctrico, quer a nível da produção, quer da retransmissão"* (art. 4.º, n.º 3 da mesma lei). A regulamentação deste preceito nunca seria aprovada.

O início da actividade das empresas de televisão por cabo em 1993 e 1994, designadamente da *TV Cabo*, que assumiria uma posição claramente hegemónica, não proporcionaria igualmente um alargamento da oferta televisiva portuguesa, uma vez que a legislação limitaria, até 1998, o papel das empresas deste sector à mera distribuição de canais já licenciados, recusando, como mais desenvolvidamente adiante se analisará, o chamado *cabo activo*, o que teria igualmente reflexos negativos no desenvolvimento da produção audiovisual.

Nas regiões autónomas, onde a rede de emissores estava preparada para a difusão de apenas um canal, os governos regionais adiariam o mais possível o fim do monopólio dos canais regionais do serviço público, RTP Açores e RTP Madeira.

Em relação aos Açores, num requerimento ao Governo (n.º 411//VIII-3.ª – AC) que subscreveu em 12 de Março de 1998 com outros deputados do PSD/Açores à Assembleia da República, Reis Leite e Rolando Lalanda Gonçalves, Mota Amaral, que fora Presidente do Governo Regional entre 1976 e 1995, assumiria, referindo-se à difusão do sinal da *RTP1*, que os executivos que liderara *"sempre se opuseram a tal projecto e conseguiram travar a sua implementação"*. Já na Região Autónoma da Madeira, em 22 de Março de 1994, o Presidente do Governo Regional, Alberto João Jardim, propunha antes, em carta dirigida ao Ministro-Adjunto do Primeiro-Ministro, que fosse difundida a RTP2, solução que não conduziria à *"diminuição da importância dos Centros Regionais (...), sobretudo depois dos enormes investimentos que estão a ser feitos em matéria de infra-estruturas, e da utilidade indispensável que o Governo Regional neles tem"* (Arquivo da Presidência do Conselho de Ministros).

A RTP1 começaria a dispor de uma rede de distribuição do sinal hertziano nas regiões autónomas apenas em 1997, na sequência das mudanças de maioria política decorrentes das eleições legislativas de 1995 e, relativamente aos Açores, das eleições regionais de Outubro de 1996, cumprindo-se apenas então o que estava preceituado no contrato de concessão de...1993.

No entanto, para os assinantes das redes de cabo (*Cabo TV Madeirense SA* e *Cabo TV Açoreana SA*) o acesso aos restantes canais nacionais (RTP2, SIC e TVI) fora possível desde o início da actividade daquelas empresas, em 1992. Aliás, o sucesso das redes de cabo nas regiões autónomas, com uma implantação apenas equiparável à região de Lisboa, demonstra a importância atribuída pelas populações insulares ao acesso a uma pluralidade de operadores. Em 2006, a Região Autónoma da Madeira era a região (NUT II) do país com uma maior penetração dos assinantes de televisão por cabo face ao total de alojamentos (59,9%), suplantando a região de Lisboa (51,4%), a Região Autónoma dos Açores (43,2%) e, a larga distância, as regiões Norte (18,8%), Algarve (15,8%) Centro (12,6%) e Alentejo (8,6%) (Anacom, 2006:216)

Estes dados relativos às regiões autónomas reflectem igualmente o impacto da entrada em vigor, em 2004 e 2005, de protocolos celebrados entre os governos central e regionais (Madeira primeiro e Açores depois) e aquelas empresas de cabo, ao abrigo dos quais estas passariam a oferecer gratuitamente o sinal dos três operadores nacionais. Para a recepção dos quatro canais nacionais, a TV Cabo, ao abrigo dos protocolos, apenas cobrava 50 euros pela *set top box*, cuja propriedade revertia para o subscritor ao fim de dois anos. No entanto, o acesso universal ao conjunto destes operadores apenas estará assegurado depois do *switch off* analógico.

Estas restrições legais, no continente e nas regiões autónomas, reflectiam todavia também, para além de motivações políticas, uma clara insuficiência do mercado, que tinha, como se procurou demonstrar no capítulo anterior, antecedentes longínquos.

Os efeitos na comunicação social dos atrasos estruturais da sociedade portuguesa seriam minorados com a adesão de Portugal à CEE. Formalizada em Junho de 1985 e concretizada no início de 1986, a adesão iria, também no sector da comunicação social, acelerar um processo de aproximação ao modelo vigente nos outros Estados comunitários.

A revisão constitucional de Junho de 1989, cujo processo começara em Outubro de 1987, teve como aspecto fundamental, recorde-se, a eliminação da proibição constitucional de privatização das empresas nacionalizadas após o 25 de Abril. No sector da comunicação social, esta revisão permitiria, entre outras medidas, a abertura da televisão à iniciativa privada e estipularia a criação de uma nova entidade reguladora – a Alta Autoridade para a Comunicação Social.

A clara mudança do clima político que conduzia à plena instituição de uma economia de mercado ficaria igualmente marcada, no sector da comunicação social, pela privatização, entre 1988 e 1991, da imprensa estatizada, pela legalização de cerca de trezentas rádios locais em 1989, pela crescente afirmação de uma indústria audiovisual portuguesa e pela progressiva constituição de grupos multimédia, iniciando-se um longo processo de concentração da propriedade. No entanto, ao contrário do que se passara antes – a presença de grupos financeiros na comunicação social devera-se sobretudo à ambição de obter influência política e ideológica –, já na década de

90, tendo como pano de fundo uma fase de crescimento da economia, os movimentos de concentração resultariam "*de uma necessidade de expansão das empresas especializadas na produção e comercialização de conteúdos jornalísticos*" (Faustino, 2004:3).

A par da abertura da televisão à iniciativa privada, a já referida privatização de toda a imprensa *estatizada* e do canal comercial do operador público de radiodifusão – a *Rádio Comercial* – aceleraria a criação de grupos de media, cujo grau de concentração e de internacionalização se foi acentuando.

Num país onde, tradicionalmente, a televisão obtém, mesmo percentualmente, mais receitas publicitárias do que os outros meios, particularmente a imprensa, foi em torno dos operadores comerciais que se formariam dois dos mais importantes grupos, a *Media Capital*, proprietária da *TVI*, e a *Impresa*, liderada por Pinto Balsemão, que nos últimos anos consolidariam a sua transformação em empresas com uma forte componente *multimedia*.

De qualquer modo, na última década, ao mesmo tempo que foi sendo assegurado um mais vasto consenso sobre a importância de um forte serviço público na televisão e na radiodifusão sonora, a comunicação social portuguesa deu alguns passos no sentido do seu fortalecimento e expansão: o aparecimento de novos canais televisivos nas redes de cabo, tal como o seu próprio desenvolvimento, quer do ponto de vista da sua extensão, quer no domínio da interactividade e da oferta de novos serviços; o interesse de alguns grupos de telecomunicações pela implantação da televisão digital terrestre e no lançamento de outras plataformas de difusão do sinal televisivo num contexto de convergência com os *media*; a variedade de publicações especializadas; o aparecimento da imprensa gratuita nas grandes cidades; a emergência de publicações *on line* e de versões *on line* de publicações periódicas; a formação universitária no domínio das ciências da comunicação da maioria dos novos jornalistas; o relativo desenvolvimento da indústria audiovisual; e o sucesso de alguns dos seus produtos, especialmente no domínio da ficção, o que tem permitido aos operadores o cumprimento das quotas impostas pelas directivas europeias.

Persistiriam, porém, problemas estruturais de difícil solução, decorrentes da escassez do mercado dos consumidores de comunicação social e consequentemente também do mercado publicitário, o que limitaria o desenvolvimento do sector na sua componente industrial, mas igualmente como eixo de afirmação da língua e da cultura portuguesas num momento em que os conteúdos assumem um evidente valor estratégico. Sublinhe-se, por exemplo, que, em 1997, cinco anos depois da abertura da televisão à iniciativa privada, entre os cinco principais grupos de comunicação social, estavam, para além dos titulares dos operadores comerciais vencedores do concurso de 1991 (*SIC* e *TVI*), duas empresas de capital público ou maioritariamente público (a *RTP* e a *Portugal Telecom*, que detinha então a *Marconi*, *TMN*, *Telepac* e *TV Cabo*) e a *Lusomundo*, que além do sector do cinema era então proprietária de dois importantes jornais diários – o *Diário de Notícias* e o *Jornal de Notícias*.

Por outro lado, apesar da hegemonia da televisão – e não da imprensa, como noutros países... – nas receitas publicitárias se ter ainda acentuado, de 1992 a 1995 todos os operadores – a RTP e os *recém chegados* SIC e TVI, tiveram resultados líquidos negativos. No caso da RTP, tratava-se do início de uma grave situação financeira. Na TVI, suceder-se-iam várias mudanças de accionistas, que culminariam, já em 2006, com a consolidação da sua integração no grupo espanhol *Prisa*.

Apesar do contínuo crescimento da implantação das redes de cabo e do *share* obtido pelos canais nacionais e estrangeiros alternativos aos proporcionados pelos operadores tradicionais (RTP, SIC e TVI*)*, a verdade é que a oferta televisiva portuguesa por cabo nunca ultrapassou de forma relevante a que foi disponibilizada pela RTP e pela SIC. Grande parte dos canais temáticos lançados através das redes de cabo inscrevia-se no universo empresarial destes operadores, com excepção dos serviços da *Sport TV* – que todavia tinham tido no início uma participação accionista da RTP – assim como da *NTV* hoje *RTP N*, do *CNL*, pouco depois substituído pela *SIC Notícias*, da *TV Medicina/TV Saúde*, da efémera *TVI Eventos* e da *SMS TV*, que todavia cessaram as suas emissões poucos anos depois, dos canais de filmes da *Lusomundo*, hoje *Telecine 1* a *4*, sempre com uma escassa oferta de filmes portugueses, do *Porto Canal* e dos canais *Cine Clássico, Cine Estreia* e *Cine Êxito*, serviços em regime de *pay tv ou pay per view*.

Portugal seria mesmo, no espaço da União Europeia então com 15 países, o último onde seria concretizada uma iniciativa de *pay tv*, no caso a *Sport TV*, cuja primeira emissão se realizaria em 16 de Setembro de 1998.

Por outro lado, apesar das previsões optimistas da *Comissão de Reflexão sobre o Futuro da Televisão*, que, em 1996, a pedido do Governo, formularia um conjunto de propostas sobre o desenvolvimento do sector – "*mostra a experiência portuguesa existir, entre nós, uma dinâmica fortemente favorável à institucionalização de televisões locais e regionais, semelhante àquela outra que conduziu, há cerca de dez anos, à consagração legal desses operadores no domínio da radiodifusão sonora*"(CRFT, 1996:123) – a verdade é que essa alegada dinâmica se limitaria a experiências circunscritas às cidades de Lisboa e do Porto – no caso da televisão por cabo – e a outras tentativas, a maioria já no domínio do *vídeo on demand*, através da *web tv*.

Como adiante se apreciará com maior detalhe, um acordo entre a *TV Cabo* – largamente hegemónica entre os operadores de cabo – e a SIC, celebrado em Março de 2000, condicionaria drasticamente o alargamento e diversificação da oferta, mas a sua limitada dimensão decorre também da pequenez do mercado e do menor desenvolvimento da indústria audiovisual, que raramente constituiria uma prioridade do poder político.

A insuficiência da oferta televisiva é mais assinalável se recordarmos que, com a recepção por antena parabólica a partir dos anos 80, com o cabo desde os anos 90 e, já neste século, com a difusão do sinal por outras plataformas (*Internet, mobile*, etc.), se foi acentuando progressivamente uma clara *dualidade social* no acesso à oferta televisiva. Os lares das famílias com maior poder de compra e nível de instrução constituem aqueles onde existe, em percentagens superiores a 65-70 por cento, um acesso a essa diversidade de canais. Os canais generalistas perderam, nos últimos anos, para a nova oferta temática, uma considerável fatia do público das classes A e B, enquanto que os mais jovens repartem hoje o visionamento da televisão com a Internet, as consolas de jogos ou outras formas de entretenimento (dados da Marktest e da Anacom).

Entretanto, parecendo confirmar uma propensão dos portugueses para uma rápida assimilação e consumo das novas tecnologias, de 2000 a 2006, o número de subscritores de serviços de televisão por cabo quase que duplicou, o número de portugueses com acesso à Internet aumentou 63 vezes, representando os subscritores de banda larga 88,5%, o que representa um aumento de 20% em 2005 e 2006, e o número de portugueses que possui telemóvel cresceu 78,9% (*Flash, Havas Media*, Junho de 2007). Mas também no consumo das comunicações electrónicas (telefone fixo, televisão por assinatura, Internet e serviço móvel), seria visível uma clara relação entre o estrato social, as habilitações literárias e o referido consumo, nomeadamente do número de serviços disponíveis no lar (Quico, 2008:114).

2. As novas plataformas e o fim do oligopólio dos três operadores generalistas

2.1. *A televisão por cabo*

Constituída em Julho de 1993, a *CATVP – Cabo TV Portugal SA*, pouco tempo depois designada *TV Cabo Portugal SA,* mas mais conhecida por *TV Cabo,* viria a conquistar um lugar de clara preponderância na distribuição da oferta televisiva em Portugal.

Com o lançamento, a sua principal accionista, a *Portugal Telecom* (então *Telecom Portugal,* antes da fusão em 1994 *com os Telefones de Lisboa e Porto SA* e com a *Teledifusora de Portugal SA*), projectava uma rede complementar que, como a de televisão, poderia transportar sinais de banda mais larga, mas promovia igualmente, antecipando a concorrência, uma rede alternativa à da própria *PT*. Ainda que nessa época, início dos anos 90, se assistisse ao fim do monopólio da RTP, a nova empresa ambicionava aproveitar a expectativa popular sobre a nova era de diversidade da oferta televisiva que o licenciamento e início de actividade da SIC e da TVI, em 1992 e 1993, não preenchiam totalmente. Não havia então qualquer canal hertziano, codificado ou não, difundido por satélite especificamente para o público português, pelo que existia um mercado disponível para novas ofertas de conteúdos. Era o início da participação da *PT* no sector da comunicação social.

A iniciativa foi então claramente incentivada pelo Governo como forma de *"ocupar terreno"* – assim o confessaria, em entrevista à jornalista Maria Augusta Gonçalves (Público, págs. 40 e 41, 4/11/94) o então Ministro das Obras Públicas, Transportes e Comunicações, Joaquim Ferreira do Amaral, que manifestava a convicção de que, com a entrada na *PT*, seria *"muito mais difícil que outra empresa possa instalar-se"*. Amaral referia-se a empresas estrangeiras de televisão por cabo, associadas a companhias telefónicas, que manifestavam então a intenção de investir nesse domínio em Portugal.

Impulsionada pelo então Presidente da *PT*, Luís Todo Bom, e constituída por uma pequena equipa liderada por José Manuel Graça Bau, que dirigiria a empresa até Janeiro de 2004, Pedro Salas Pires e Euclides de Sousa, a *TV Cabo* obteria do regulador – então o ICP – a devida autorização para o exercício da actividade. A empresa assumiria o papel de *holding*, sendo criadas, para a cobertura do território nacional, sete empresas no continente (*TV Cabo Douro, TV Cabo Porto, TV Cabo Mondego, TV Cabo Tejo, TV Cabo Lisboa, TV Cabo Sado e TV Cabo Guadiana*), que se juntavam às já então implementadas nas regiões autónomas – *Cabo TV Madeirense e Cabo TV Açores*.

A *TV Cabo* era então ainda detida, em partes iguais, pela *Telecom Portugal, SA* e pelos *TLP (Telefones de Lisboa e Porto, SA)*, mas em 1994, por força da fusão das duas empresas, a *PT* tornar-se-ia provisoriamente na sua única accionista.

De acordo com os seus dirigentes, eram quatro as grandes apostas da nova empresa: *"a programação diferenciadora, a infra-estrutura tecnologicamente avançada, uma estrutura comercial agressiva e a sua marca"* (depoimento de José Manuel Graça Bau).

No arranque da sua actividade, em Dezembro de 1994, a empresa, que argutamente escolhera como designação a do próprio segmento do mercado em que actuava, oferecia, a um custo de três mil escudos por mês, um pacote de trinta canais, incluindo os quatro nacionais então existentes: *RTP1, TV2, SIC, TVI, Mosaico, Eurosport, DSF, Cinema, TeleUno, TNT-Cartoon Network, Discovery, Travel, MTV, MCM, VIVA, CNN, Euronews, Sky News, TVE-1, Galavision, Rai Uno, Rai Due, SuperChannel, BBC-World Service, TV5, CMT, D-Welle,*

SAT1, RTL e *BBC Prime.* A rede de distribuição do sinal, uma solução mista de fibra óptica e cabo coaxial, e a tecnologia utilizada – *Hibrid-Fiber-Coax*, cuja largura de banda se situa nos 750 Mhz – eram consideradas como suficientes para permitir posteriormente a migração gradual para a distribuição de televisão digital e para o acesso à Internet via cabo.

A rápida expansão do número de alojamentos cablados e de assinantes das redes de cabo testemunhavam não apenas o dinamismo da *TV Cabo* – que entre 1995 e 1996 já tinha, no entanto, a concorrência de outras empresas, como a *Bragatel*, que com a *Partifel* formaria a *Pluricanal*, e a *Cabovisão* –, mas igualmente a expectativa com que os portugueses aguardavam a diversidade de canais televisivos.

Apesar do fim do monopólio da RTP, concretizado em Outubro de 1992 com o início das emissões da SIC, as potencialidades de uma oferta televisiva mais ampla, mesmo paga, podiam ser testemunhadas pelo elevado consumo em cinema e *home video*, o maior entre os países da União Europeia de 1988 a 1992 (dados da *Screen Digest* in Vasconcelos, 1996:23). Aliás, o mercado de aluguer em *home video* sofreria um visível declínio a partir de 1993, atribuível ao início da televisão privada em Portugal, o que, todavia, não anulava as expectativas de crescimento das redes de cabo e do número de alojamentos que recebiam o novo serviço televisivo.

De facto, em apenas quatro anos, entre 1995 e 1998, o número de alojamentos cablados quase quintuplicou (de 377 mil para 1,827 milhões) e o número de assinantes decuplicou (de 58 mil para 596 mil). No final de 1998, 44% dos lares portugueses estavam cablados, embora apenas 14% fossem efectivamente assinantes de uma rede de cabo. A maior adesão verificava-se na Grande Lisboa e nas regiões autónomas dos Açores e da Madeira. De acordo com dados dos relatórios da *Anacom*, analisando um período mais longo, de 1995 a 2001, verifica-se que a taxa média de recepção da televisão por cabo aumentou a um ritmo de 117% ao ano.

O desenvolvimento das redes de cabo estaria todavia condicionado pela legislação da actividade de televisão que, embora permitisse a retransmissão de canais estrangeiros (o chamado *cabo passivo*), interditava a criação de novos canais portugueses com vista à sua difusão por cabo (*cabo activo*).

A lei da actividade televisiva então em vigor (Lei n.º 58/90, de 7 de Setembro) aplicava estritamente o novo preceito constitucional (art. 38.º, n.º 7) que, abolindo o monopólio da RTP, estabelecia que *"as estações emissoras de radiodifusão e de radiotelevisão só podem funcionar mediante licença, a conferir por concurso público, nos termos da lei"*. Influenciada pela raridade do espaço radioeléctrico, a larga maioria parlamentar que aprovou a referida Lei da Televisão aprovaria um regime legal ainda mais limitativo, uma vez que, referindo-se ao exercício da actividade de *televisão* e não de *radiotelevisão*, se alargava a exigência de licenciamento aos operadores que utilizassem meios de emissão mesmo situados fora da área das radiocomunicações (Vasconcelos, 1996:102).

Por outro lado, o art. 1.º n.º 3 c) da mesma lei exclui então da sua alçada *"a mera distribuição por cabo de emissões alheias, desde que a mesma se processe de forma simultânea e integral"*, ao mesmo tempo que não regulamentava o *cabo activo*. E embora no artigo 2.º da lei se remetesse para legislação especial a utilização de redes de televisão por cabo, nomeadamente para regulamentar *"as garantias de acesso à rede de distribuição por parte de operadores de televisão e pelo público em geral"*, o certo é que o diploma (DL 292/91, de 13 de Agosto) voltaria a limitar o serviço dos operadores de cabo à distribuição de emissões alheias.

O modelo adoptado visava apenas uma oferta limitada aos canais já transmitidos por satélite, uma vez que o *cabo activo* afectaria de forma mais profunda as receitas publicitárias dos operadores nacionais então no terreno, face à emergência de novos concorrentes portugueses a um relativamente pequeno mercado publicitário. Não se pretendia disponibilizar serviços de *televisão activa*, cujo desenvolvimento teria, se esta viesse a ser concretizada, efeitos multiplicadores sobre a expansão das redes de cabo e o desenvolvimento da indústria audiovisual.

Desta forma, a mera retransmissão de canais estrangeiros retiraria menos audiência aos operadores nacionais de televisão, tendo assim reduzido impacto sobre as suas receitas da publicidade.

No entanto, esta não seria a única crítica apontada ao modelo então em vigor. A unidireccionalidade das redes, a impossibilidade de combinar num mesmo suporte transmissões televisivas e serviços telefónicos, certamente como consequência de a *PT* ser simultaneamente operador de telecomunicações e operador do cabo, limitava drasticamente o seu contributo para as *auto-estradas da informação*, contrariando as orientações apresentadas pela União Europeia, expressas no *Livro Verde* sobre a liberalização das infraestruturas de telecomunicações e das redes de cabo, então divulgado (Vasconcelos, 1996:138).

Embora no início de 1997, a Assembleia da República tivesse aprovado uma lei especificamente destinada a autorizar a difusão dos trabalhos parlamentares nas redes públicas e privadas de televisão por cabo (Lei n.º 6/97, de 1 de Março) e a TV Cabo tivesse iniciado a difusão, a partir de Março de 1998, além do *Canal Parlamento*, das emissões da *RTP África*, aquela limitação seria de facto apenas abolida com a Lei da Televisão de Julho de 1998.

Este diploma (Lei n.º 31-A/98, de 14 de Julho) estabeleceria a primeira excepção ao regime de licenciamento. Incorporando uma interpretação extensiva do texto constitucional, o seu articulado previa que, além do regime de licenciamento, mediante concurso público, haveria um novo regime de mera autorização quando as emissões não utilizassem o espectro hertziano terrestre. A atribuição de uma autorização competia, tal como a licença, à entidade reguladora – então a AACS, preenchidos determinados requisitos, designadamente a verificação da qualidade técnica e da viabilidade económica do projecto. Ao contrário do regime da licença, a aprovação do canal não estava dependente da realização de um concurso público nem, em consequência disso, de uma escolha entre diversos candidatos.

O regime de atribuição de licenças e autorizações para o exercício da actividade de televisão seria objecto de um diploma complementar (DL n.º 237/98, de 5 de Agosto), em cujo preâmbulo se assinalava que este desenvolvimento normativo previsto na Lei da Televisão se afigurava *"imprescindível para conferir efeito útil à criação de novos canais televisivos, previstos na recente lei da televisão, nomeadamente através da difusão de programas por meio da via hertziana terrestre, com tecnologia digital, do cabo ou do satélite".*

A liberalização do *cabo activo* permitiria o lançamento de novos canais portugueses e o fim do monopólio dos três operadores generalistas – RTP, SIC e TVI.

Rodeado de alguma polémica, por representar uma diminuição no número de desafios de futebol difundidos em aberto (então pela RTP), o canal desportivo *Sport TV*, onde, associado à própria TV Cabo e à *Olivedesportos*, a RTP detinha uma participação, seria simultaneamente o primeiro canal autorizado ao abrigo da Lei da Televisão, o primeiro canal português *premium*, ou seja sujeito a pagamento específico e também, se excluirmos o *Canal Parlamento*, aprovado por uma lei específica, o primeiro canal português lançado em exclusivo na rede de cabo. A criação da *Sport TV*, em Setembro de 1998, representava ainda um outro passo relevante: era a primeira participação de uma empresa de comunicações no capital de um operador de televisão. Pouco depois, a incursão da *PT* no mundo dos *media* teria outro episódio, com a sua participação na criação de canais de filmes – os *Telecines*.

O aceso debate em torno do novo canal desportivo teria ainda uma outra consequência. Pressionada pelos protestos, face à inviabilidade económica de estender as redes de cabo a todo o país, o que impossibilitaria a recepção da *Sport TV* em algumas regiões do interior, a *TV Cabo*, incentivada pelo Governo, lançaria ainda em 1998 o serviço de satélite digital (*DTH*), através do *Hispasat*, assumindo-se como operador de cobertura nacional.

A rápida expansão dos alojamentos servidos pela empresa – quer pela cablagem, quer por satélite – deve-se então igualmente a outras iniciativas.

Depois de, em 1995, serem lançados os primeiros canais falados ou legendados em português nas áreas do documentário e do cinema (respectivamente o *Discovery* e o *Hollywood)*, no ano seguinte, vinte dos quarenta canais do serviço básico da *TV Cabo* tinham o português como língua de transmissão. Em 1998, seria iniciado um serviço *premium* composto por canais de cinema e pela *Sport TV,* o que implicava a distribuição pelos lares de assinantes destes serviços de uma *TV Box* que permitiria a recepção destes canais sujeitos a uma assinatura suplementar. No ano seguinte, em Setembro de 1999, surgiria, criado pela *PT,* o primeiro canal temático de informação – o

CNL – Canal Notícias de Lisboa, que no início de 2001 daria origem à *SIC Notícias*.

Entre 2000 e 2003, cresceria o número de canais portugueses no cabo: em 2000, *SIC Gold* e *TV Medicina/TV Saúde*; em 2001, *SIC Radical, NTV* e *TVI Eventos* (que transmitia em directo e na íntegra o *reality show "Big Brother"*); em 2003, *SIC Mulher, Sport TV 2* (que todavia só iniciaria as suas emissões em 2006, depois de retirada uma primeira autorização emitida pela *AACS), Lusomundo Premium, Lusomundo Gallery* (ambos de acesso condicionado), três canais de acesso condicionado na modalidade de *pay-per-view, Cine Estreia, Cine Êxitos e Cine Clássico* e um canal de televendas, *SMS TV*.

A rápida diversificação da oferta, com uma significativa percentagem de canais portugueses e, sobretudo, falados ou legendados em português, potenciaria o sustentado crescimento do *share* dos canais exclusivamente transmitidos pelas plataformas de cabo/satélite, que testemunhava igualmente o aumento dos alojamentos ligados às redes de cabo.

O *share* dos canais de cabo/satélite na audiência total de televisão, que era apenas de 5,5% em 1999, cresceria de forma sustentada para 8,4% em 2001, 12,3% em 2003, 14,1% em 2005 e 15,4% em 2007 (dados da Marktest Audimetria).

Simultaneamente, o *share* dos mesmos canais, medido apenas na audiência de televisão por cabo/satélite, representa um crescimento menos rápido – de 25,4% em 1999 para 31,6% em 2007, o que significará que a expansão das redes de recepção foi mais determinante do que a mudança de hábitos de consumo dos espectadores.

De facto, a evolução anual do número de alojamentos cablados e do número de assinantes dos serviços de televisão por cabo reflecte um contínuo crescimento, embora com valores cada vez menos significativos (ver Anexo II).

Este decréscimo dos valores relativos ao número anual de novos alojamentos ligados às redes de cabo ou que utilizam a recepção por antena parabólica (*DTH*) testemunha os limites da expansão das redes de cabo. Depois de uma primeira fase em que os operadores de distribuição por cabo instalaram as suas redes nas zonas mais densamente povoadas – Grande Lisboa, Grande Porto, Península de Setúbal, Litoral Norte e Algarve, verificou-se nos últimos anos uma intensificação do investimento em zonas de densidade populacional de nível intermédio (Norte e Algarve) e mesmo em regiões onde as redes de cabo estavam menos desenvolvidas, como o Alentejo (Anacom, 2007:210).

A densidade populacional e o poder de compra dos habitantes constituem, de facto, os principais critérios de aferição das prioridades de investimento pelos operadores das redes de cabo.

Deste modo, o abrandamento verificado na expansão das redes de cabo, a partir de 2003, dever-se-á a vários factores, entre os quais a saturação do serviço nas zonas geográficas mais densamente povoadas, a adopção de uma estratégia que privilegia o aumento da receita a partir da exploração da infra-estrutura já instalada em detrimento do desenvolvimento espacial da rede, o aparecimento com sucesso comercial de substitutos da rede de cabo, designadamente do *DTH*, e a conjuntura económica (Anacom, 2005:181).

Idêntica quebra verificada, sobretudo a partir de 2004, no crescimento do número de assinantes do serviço por satélite (*DTH*) dever-se-ia antes a razões sócio-económicas e culturais, aparentemente por se ter atingido uma elevada percentagem do universo de potenciais interessados.

Sublinhe-se, porém, que essa diminuição é menos acentuada do que a registada na adesão à recepção por cabo, mantendo-se, em 2006 e 2007, taxas de crescimento próximas dos 10 por cento.

Por outro lado, o crescimento do número de subscritores de recepção de televisão através das redes de cabo tem sido sempre, excepto em 2005 e 2006, superior ao aumento dos lares cablados, o que demonstra que a principal prioridade dos operadores já não reside na expansão das redes.

A análise dos dados referentes à adesão aos serviços de televisão por assinatura (cabo e satélite – *DTH*) permite estabelecer um perfil do assinante por região, zona urbana, nível sócio-económico e nível de instrução.

Com efeito, o utilizador dos serviços deste tipo de acesso à televisão:

– reside maioritariamente na região de Lisboa (69,5% dos lares subscrevem o serviço) ou nas regiões autónomas dos Açores (81,5%) e da Madeira (78,3%), mais do que no Norte (29,4%),

no Centro (24,1%), no Algarve (23,7%%), e no Alentejo (21,8%) (Anacom, Informação estatística relativa ao 4.º trimestre de 2007);
– reside maioritariamente nas grandes cidades de Lisboa (64,9%) ou do Porto (62,7%) contra o que sucede nas pequenas localidades com menos de 2 mil habitantes (15,8%);
– tem em geral um elevado nível sócio-económico (75,9% dos lares com habitantes da classe A contra 27,5% da classe D);
– atingiu predominantemente um nível de instrução superior (66,1% com licenciatura contra 26,1% com escolaridade limitada ao 4.º ano) (Anacom, 2006:205 e 206 e 2007:207).

Este conjunto de dados revela como os critérios comerciais de implantação das redes de cabo, desde a sua implantação geográfica, mesmo potencialmente corrigida pela difusão universal por *DTH*, até à existência de um preço de acesso à rede de cabo e à oferta de canais, criaram factores de discriminação objectiva no acesso à recepção da televisão, que não existiam quando, nos anos 60 e 70 do século passado, se generalizou em Portugal, como no restante continente europeu, uma oferta televisiva limitada a alguns canais, mas de acesso universal.

No entanto, essas características, comuns às redes de cabo de outros países europeus, seriam agravadas por factores específicos nacionais, designadamente, a larga hegemonia da empresa *TV Cabo*.

Fundada pela *PT*, então operador público de telecomunicações, e com um forte dinamismo empresarial, a empresa liderada pelo eng. Graça Bau rapidamente hegemonizaria o mercado do sector. A posição de monopólio nas telecomunicações nacionais de que a *PT* beneficiou durante muitos anos, a sua forte capacidade de investimento e a posse da totalidade das infraestruturas de comunicações contribuíram para a vantagem competitiva da *TV Cabo,* que beneficiaria de uma situação pouco comum na generalidade dos outros países – a sua posição como empresa integrada na empresa nacional de telecomunicações e não sua rival.

Durante muitos anos, o conjunto de empresas da *TV Cabo* terá ultrapassado os 90 por cento, relegando as concorrentes para percentagens muito baixas, realizadas sobretudo em mercados do interior do país de bem menor interesse comercial. A partir do final dos anos 90, a própria *TV Cabo* terá *consentido* uma maior repartição da quota de mercado. Em 2000, as empresas do grupo atingiam ainda 87,4%, mas essa percentagem baixaria nos anos seguintes, embora para patamares ainda elevados: de 82,9% em 2001 até aos 75,2% em 2006. No quarto trimestre de 2007, a forte hegemonia da *TV Cabo* mantinha-se em absoluto: com 66,23% dos assinantes de cabo (ou 74,02%, se juntarmos os valores das empresas das regiões autónomas), contra 20,16% da *Cabovisão* e 3,75% da *TV Tel*, ficando cada uma das outras seis empresas do ramo, entre as quais a *Bragatel* e a *Pluricanal Leiria e a Pluricanal Santarém* abaixo do 1%; ou, se preferirmos a quota de alojamentos cablados por operador, 64,7% para a *TV Cabo* (68,32%, se incluirmos as empresas das regiões autónomas), contra 21,63% da *Cabovisão* e 5,81% *da TV Tel,* sobrando 1,66% para a *Bragatel* e igualmente para a Pluricanal Leiria e 0,89% para a Pluricanal Santarém, ficando as outras empresas com percentagens ainda inferiores (Dados da Anacom referentes ao 4.º trimestre de 2007).

O elevado grau de concentração é visível ainda noutro dado relevante: além da *TV Cabo*, apenas a *Cabovisão* opera em todas as outras regiões *NUTS II* do continente. E além destas, apenas a *Pluricanal Santarém* dispõe de rede instalada em mais do que uma dessas regiões (Centro e Alentejo). As restantes empresas (*Bragatel* na região Norte; *Pluricanal Leiria* na região Centro; *Associação de Moradores do Litoral de Almancil* e *Associação de Moradores da Urbanização Quinta da Boavista*, ambas com uma diminuta implantação no Algarve; e as empresas *Cabo TV Madeirense* e *Cabo TV Açoreana,* ambas em situação de monopólio nas respectivas regiões autónomas) apenas dispõem de autorização para exercerem actividade numa única região *NUT II* (Anacom, 2007:204).

O grau de concentração aumentará ainda com a anunciada aquisição pela TV Cabo /ZON das empresas Bragatel, Plurianal Leiria e Pluricanal Santarém, que a Autoridade da Concorrência autorizou em Outubro de 2008. Nesse novo contexto, a quota da TV Cabo /ZON, relativamente aos assinantes de televisão por cabo, atingiria os 80 por cento.

Entre 2000 e 2006, não se tinham verificado alterações relevantes no número de operadores de redes de distribuição de TV por cabo. As pequenas variações (16 empresas em 2000, 17 em 2002, 9 em 2004, 11 em 2006) devem-se à concentração das empresas regionais da *TV Cabo* numa única empresa em 2003 e às autorizações concedidas, depois de 2004, a duas associações de moradores, acima referidas, cujas redes são de reduzida dimensão e não se encontram acessíveis ao público em geral (Anacom, 2006:141).

Esta larga hegemonia teria, no entanto, drásticas consequências para a liberdade de criação de empresas, tanto mais que a *TV Cabo* beneficiaria de condições que seriam consideradas irregulares pela *Autoridade da Concorrência*.

Em Março de 2000, a *PT Multimédia* (constituída em Julho de 1999 pelo *Grupo Portugal Telecom* para as áreas dos *media* e da *Internet*), a *TV Cabo* e a SIC celebraram um *acordo de parceria* que atribuiu à SIC um *direito de preferência* no fornecimento de canais temáticos, produzidos em português e em Portugal, para o pacote básico da oferta da *TV Cabo*. No mesmo contrato, que vigoraria por um prazo de dez anos, renovável por mais cinco, previa-se a atribuição à *PT Multimédia* da comercialização exclusiva dos canais de acesso não condicionado produzidos pela SIC.

Através do *direito de preferência* sobre novas ofertas de canais, a SIC adquiria a possibilidade de conhecer previamente e de impedir a entrada de novos concorrentes junto do único operador de rede com capacidade para garantir a cobertura nacional, o que seria suficiente para anular, entre outros, os esforços da TVI e, durante alguns anos também da RTP, com vista à criação de novos canais. Do acordo resultariam igualmente os obstáculos enfrentados pelos concorrentes da *TV Cabo*, sempre que solicitavam à SIC a distribuição dos respectivos canais.

Por outro lado, o acordo entre a *TV Cabo* e a SIC estendeu-se à própria ordenação dos canais. À *SIC Notícias* seria atribuída a posição imediatamente subsequente aos quatro canais generalistas, o que contribuiria para aumentar as suas audiências e, indirectamente, as suas receitas publicitárias, exploradas pela *TV Cabo*.

Em Agosto de 2006, a *Autoridade da Concorrência* condenaria as empresas envolvidas ao pagamento de uma coima total de 3 milhões e 40 mil euros, dos quais 2,5 milhões a serem pagos pela *PT Multimédia*, e ordenaria igualmente a alteração dos contratos com a eliminação das cláusulas anti-concorrenciais (Comunicado n.º 20/2006 da *Autoridade da Concorrência*). No ano seguinte, a *Autoridade da*

Concorrência condenaria a *PT Comunicações* ao pagamento de uma coima de 38 milhões de euros, dando como provado o abuso de posição dominante desta empresa, por recusa de acesso à sua rede de condutas no subsolo aos concorrentes *TVTEL* e *Cabovisão* (Comunicado n.º 13/2007 da *Autoridade da Concorrência*).

Estes incidentes motivariam o poder político a modificar a legislação.

O acesso de novos canais portugueses aos pequenos operadores de cabo, impossibilitado pela reduzida dimensão da sua rede – uma vez que a lei apenas admitia emissões de âmbito nacional –, seria garantido ao admitir-se na Lei da Televisão de 2007 (art. 7.º, n.º 1) a existência de canais de cobertura regional e local. De facto, na Lei da Televisão de 2003, previa-se o exercício da actividade de televisão a nível regional e local (art. 8.º, n.º 6), mas a sua definição era remetida para um decreto-lei posterior, que nunca foi publicado, pelo que apenas os canais nacionais distribuídos pela *TV Cabo* poderiam obter a necessária autorização. Recorde-se que este operador era o único que dispunha de uma rede de cablagem na generalidade do território nacional, acrescida de uma distribuição por satélite (*DTH*).

Por outro lado, a ordenação dos canais na grelha da *TV Cabo*, que privilegiaria a SIC, colocando alguns dos seus canais temáticos entre os vantajosos nove primeiros – mais acessíveis no telecomando – passaria a estar condicionada por regras impostas na Lei da Televisão de 2007. Com uma redacção claramente influenciada pelo ocorrido com a *TV Cabo,* o artigo 25.º, n.º 1 impunha regras inéditas relativas aos operadores de distribuição, obrigando-os a *"atribuir prioridade, sucessivamente, aos serviços de programas televisivos de expressão originária portuguesa de conteúdo generalista, de informação geral e de carácter científico, educativo ou cultural, tendo em conta o seu âmbito de cobertura e as condições de acesso praticadas".* O mesmo artigo, no n.º 6, obrigava ainda os operadores de redes de comunicações electrónicas e os operadores de distribuição a *"disponibilizar capacidade de rede e de distribuição para serviços de programas televisivos regionais e locais, assim como para a difusão de actividades de âmbito educativo ou cultural",* cabendo à *ERC* adoptar as decisões consideradas necessárias para o cumprimento destas disposições.

Antes da entrada em vigor destas normas já a *TV Cabo* tinha reformulado a ordenação da sua oferta de canais, mantendo todavia a prioridade alcançada pela *SIC Notícias,* o primeiro a seguir aos canais generalistas, mas valorizando a *RTPN,* agora colocada dentro dos nove primeiros serviços.

Embora assegurando melhores condições de difusão aos canais portugueses, oferecendo-lhes meios para ganharem novos públicos e as consequentes receitas publicitárias, esta imposição legal não acarretaria, no entanto, o surgimento de um número significativo de novos canais portugueses.

Sublinhe-se, de resto, a crescente participação da *PT* no sector da comunicação social e do multimédia. Depois da criação da *TV Cabo,* em 1993, e das parcerias para a criação de diversos canais (*Sport TV, NTV, Telecines*, mais tarde, em 1999, o *CNL),* a empresa adquiriria no mesmo ano o *Sapo,* o maior portal português na Internet, e, no ano seguinte, o grupo de *media Lusomundo (Diário de Notícias, Jornal de Notícias, 24 Horas, TSF,* entre outros) assumindo-se como *"um verdadeiro player da convergência"* (Relatório da Anacom, 2000, citado em Quico, 2008:106, e Sousa e Silva, 2003).

No entanto, em 2005, dois anos antes do *spin-off* da *PT Multimédia,* denominada agora *ZON Multimédia,* a *PT* venderia a *Lusomundo Media* ao grupo *Controlinvest*, liderado por Joaquim Oliveira.

2.2. *A televisão digital terrestre*

a) O malogrado lançamento de 2001

Anunciado numa cerimónia pública pelo próprio Primeiro-Ministro de então, António Guterres, em 3 de Agosto de 1998, o lançamento da televisão digital terrestre em Portugal colocava o país, nesse domínio, perto da vanguarda europeia. De facto, havia então apenas duas experiências no terreno (Grã-Bretanha e Suécia) e outras duas em fase prévia ao início das emissões, definida a sua matriz regulamentar (Espanha e França).

A cerimónia de lançamento iniciaria um complexo processo de estudo e construção do modelo a adoptar, conduzido nos três anos seguintes pelo Instituto das Comunicações de Portugal (ICP, hoje ICP-ANACOM) e pelo Instituto da Comunicação Social (ICS, hoje Gabinete de Meios para a Comunicação Social). O lançamento de uma consulta pública, em 1998, sobre a "*Introdução em Portugal da Televisão Digital Terrestre (DVB-T)* e, no âmbito da Presidência Portuguesa da União Europeia, a realização em Lisboa de uma "*Conferência sobre DVB-T*", em Fevereiro de 2000, constituiriam as iniciativas públicas mais marcantes desse período.

A decisão relativa ao processo de migração da transmissão analógica para a digital ocorreu numa conjuntura em que a difusão da televisão por cabo abrangia já uma percentagem significativa de lares, constituindo a única importante oferta multicanal existente no país.

Aliás, em face da perspectiva de início da televisão digital terrestre, a empresa *TV Cabo Interactiva*, pertencente à *holding TV Cabo Portugal*, por sua vez integrada então na *PT Multimédia* do grupo *Portugal Telecom,* lançaria, em Junho de 2001, em parceria com a *Microsoft,* uma plataforma de televisão digital interactiva por cabo, disponibilizando uma rede de serviços que se propunha estender ao comércio electrónico, *home banking*, correio electrónico e acesso à Internet.

Na época, a *TV Cabo* seria mesmo o primeiro operador a nível mundial a lançar um serviço de televisão digital com a funcionalidade de gravação de vídeo digital numa caixa descodificadora de televisão digital por cabo com bidireccionalidade, com base na plataforma *Microsoft TV Advanced*, oferecendo um guia de programação electrónico, gravador de vídeo digital, *email,* acesso à *web*, acesso a *home-banking*, compras *online*, programas interactivos, jogos multi-utilizador e *MSN Messenger* (Célia Quico, "*Televisão Interactiva: o estado da arte em 2002 e linhas de evolução*", www.bocc.ubi.pt, p. 15). Seria igualmente o primeiro e único projecto da *Microsoft* nesta actividade específica.

Essa iniciativa não teria, porém, o sucesso esperado. O contexto económico, os problemas técnicos de uma plataforma ainda em experimentação e uma aparentemente reduzida apetência do público por este tipo de serviços levariam a *TV Cabo* a interrompê-la em Julho de 2004. Os serviços propostos nunca atingiriam mesmo uma fase operacional, devido a dificuldades técnicas nunca superadas.

Entretanto, em Maio de 2003, a *TV Cabo* lançou as *power boxes*, caixas descodificadoras de televisão digital e interactiva, disponíveis para todos os clientes, com *DTH* ou ligados à rede de cabo. A maior novidade em termos de serviços digitais interactivos foi o *pay per view*, que a empresa decidiu comercializar sob a designação *video on demand*, permitindo a fruição de filmes através da descodificação de quatro canais dedicados e o visionamento do canal para adultos *Sexy Hot* (Quico, 2004:11).

A posição largamente hegemónica da *TV Cabo* no mercado da televisão por cabo tornaria esta empresa na única potencial concorrente da nova plataforma digital, pelo que os estudos realizados antes do lançamento do concurso público para a televisão digital terrestre tiveram necessariamente em conta essa inevitável rivalidade, aliás referida em diversos documentos preparatórios do lançamento da plataforma.

Face à televisão por cabo, a plataforma digital terrestre tinha à partida pelo menos três tipos de desvantagens: na implantação da rede, na oferta proporcionada pelas características tecnológicas e na diferença de modelos jurídicos.

No final de 2001, ano do concurso público para a licença de exploração da plataforma digital, já havia mais de 3,024 milhões de lares cablados (ou *passados*), isto é, preparados para receber a televisão por cabo, caso fosse essa a vontade dos seus habitantes, ou seja 60 por cento do total. Desse número de lares, eram assinantes, recebendo o respectivo serviço, 1,119 milhões, dos quais mais de metade (637 mil) na região de Lisboa e Vale do Tejo (dados da Anacom).

Um dos operadores, a empresa *TV Cabo*, tinha então mais de um milhão de assinantes, oferecia um alargado leque de programas e uma ampla capacidade para serviços interactivos, e estava presente, através do conjunto das suas subsidiárias regionais, em todos os distritos do país, detendo, como atrás se referiu, uma posição de mercado esmagadora, uma vez que os concorrentes mais representativos – *Cabovisão, Bragatel* e *Pluricanal,* apenas conseguiam uma quota de mercado inferior a 10 por cento.

Além disso, a *TV Cabo* iniciara, em 1998, a distribuição digital por satélite (*DTH*) de um conjunto de 16 canais, que atingiria no final do ano seguinte cerca de 82 mil assinantes, sobretudo graças à integração nesse pacote do canal *Sport TV*, com uma significativa oferta de jogos de futebol transmitidos em directo. Deste modo, por cabo ou por satélite, a oferta daquela empresa podia chegar a qualquer lar do país, bastando para isso a subscrição do respectivo serviço. As tradicionais limitações das redes de cabo, incapazes de alcançar uma distribuição universal por razões geográficas ou (e) económicas, deixavam assim de existir.

A televisão por cabo existia sobretudo nos lares com maior poder de compra, o que não deixaria de constituir um importante *handicap* para a afirmação de uma outra plataforma, nomeadamente na sua oferta de *pay tv*. Além disso, um número não desprezível de casas estariam a ser construídas unicamente com instalações de cabo, sem qualquer antena de recepção hertziana, o que prejudicaria inevitavelmente a implantação da televisão digital hertziana, como aliás assinalaria o Grupo de Trabalho para a Televisão Digital Terrestre, formado pela RTP, SIC e TVI no documento *"Posição sobre o concurso de atribuição da licença de Televisão Digital Terrestre"*, datado de 24/10/ /2000. p. 13.

Embora a televisão digital terrestre permita a possibilidade de criar uma oferta a preços mais acessíveis – e pelo menos uma parte dela mesmo gratuita –, o cabo (mesmo na sua *versão DTH)* disponibilizava uma mais ampla escolha de canais e uma utilização interactiva. Em 2000, quando se projectava o modelo da plataforma de televisão digital terrestre, a oferta da *TV Cabo*, não muito diversa da dos outros operadores, continha 48 canais num pacote básico e incluía ainda 6 canais *premium*, disponibilizando no conjunto uma importante variedade de géneros – canais informativos, desportivos, sobre cinema, música, sexo, entre outros.

Finalmente, o regime jurídico-constitucional relativo à escolha de canais difere entre o cabo ou o satélite, por um lado, e a televisão digital terrestre, por outro. Neste, sendo utilizado o espectro radioeléctrico – mesmo que com maior amplitude no ambiente digital –, impunha-se já à época, um regime de licenciamento individualizado de cada canal, através de concurso público, presidido pela entidade reguladora. Naqueles, já existia então apenas uma sujeição a mera autorização, com reduzida margem de discricionariedade administrativa, também a cargo da entidade reguladora, na época a Alta Autoridade para a Comunicação Social.

Tendo-se optado por um modelo universal de lançamento da televisão digital terrestre – afastando-se assim a hipótese de a encarar como meramente *complementar* e não *concorrente* da rede de cabo, a existência no terreno de uma plataforma, já extensamente implantada e com uma oferta claramente hegemonizada por uma empresa, viria a condicionar o debate em torno do seu modelo de lançamento.

A televisão digital terrestre era valorizada pelas diversas vantagens apresentadas face à oferta analógica. A maioria era comum às experiências estrangeiras, sobretudo a multiplicação de canais disponíveis, a melhoria da qualidade do sinal proporcionado ao consumidor, as novas capacidades de recepção (portátil e móvel) e o fornecimento de diversos serviços da sociedade da informação. Outras decorriam da especificidade do modelo português – a criação de novas possibilidades de desenvolvimento industrial a montante (equipamentos electrónicos) e a jusante (conteúdos audiovisuais), mas sobretudo a emergência de uma plataforma concorrencial do sector da distribuição por cabo, que exibia elevados níveis de concentração empresarial (Relatório de Rui Assis Ferreira, AACS, 19/6/2000).

Os recursos radioeléctricos disponíveis abrangiam quatro coberturas de âmbito nacional, aptas a transmitir entre 20 a 24 canais, consoante a largura de banda utilizada para outros serviços. Mais tarde, depois do fecho das emissões analógicas, previa-se a *libertação* de um número significativo de novos canais. A desactivação do sistema analógico estava então apontada *"como data indicativa"* para 2007, embora *"em condições a serem avaliadas necessariamente numa abordagem dinâmica e que não poderá deixar de ter em conta o desenvolvimento da plataforma que agora se pretende licenciar"*, de acordo com a Portaria (n.º 346-A/2001, de 6/4), que aprovou o Regulamento do Concurso Público para atribuição de uma licença de âmbito nacional para o estabelecimento e exploração de uma plataforma de televisão digital terrestre

O documento resultante da consulta pública sobre a introdução da televisão digital terrestre (Introdução da Televisão Digital Hertziana Terrestre, Memorando, p.4), ao mesmo tempo que assinalava a urgência do lançamento da nova plataforma *"sob pena de se comprometer a sua viabilidade económica"*, enunciava quatro factores de sucesso para a operação:*"(i) combinação de canais em aberto com uma forte componente de pay tv; (ii) oferta das set-top boxes ou diluição do preço com a assinatura dos canais pagos; (iii) bom bouquet de canais portugueses, filmes e futebol; (iv) oferta de serviços interactivos e acesso à net"*. Além disso, o documento (p.5) preconizava: a não elegibilidade das empresas do grupo *Portugal Telecom,* dada a sua posição accionista na *concorrente TV Cabo,* o que viria a ser aceite; o anúncio do *switch-off* analógico para 2008; e *"a obrigatoriedade da criação de um número mínimo – propõem-se 6"* – de novos canais em língua portuguesa.

Contudo, os dois institutos públicos com responsabilidades sectoriais que lideraram os estudos preparatórios – o ICP na área das comunicações e o ICS no sector da comunicação social – divergiriam durante algum tempo sobre o modelo adequado.

O ICP defendia a existência de uma plataforma única agrupando os quatro *multiplexers,* sugerindo igualmente a hipótese de os novos canais televisivos serem licenciados em conjunto, o que permitiria a construção de uma oferta mais coerente e com um modelo de escolha e composição da oferta de canais mais ágil e próximo daquele que era permitido para as redes de cabo.

Contestando a constitucionalidade da proposta do seu congénere das comunicações, o ICS aceitava a existência de um só operador de rede, mas propunha o licenciamento separado de quatro fornecedores de serviços, um por cada *multiplexer.* Por outro lado, considerava inultrapassável o *obstáculo constitucional,* que impunha o licenciamento mediante concurso público (e não a mera autorização) na selecção dos novos canais que utilizassem o espaço hertziano terrestre.

Entretanto, decorria da Lei da Televisão então em vigor (Lei n.º 31-A/98, de 14 de Julho), a obrigação do operador da plataforma de garantir uma reserva de capacidade para a transmissão dos quatro canais analógicos então existentes (RTP1, RTP2, SIC e TVI).

A distribuição das emissões dos três operadores de televisão pela nova plataforma digital legitimou a sua participação na definição do seu modelo de negócio.

No referido documento de Outubro de 2000, produzido por um grupo de trabalho com representantes dos três operadores e subscrito pelos seus responsáveis máximos (João Carlos Silva pela RTP, Francisco Pinto Balsemão pela SIC e Miguel Pais do Amaral pela TVI), defendia-se a sua participação (com percentagens idênticas) na estrutura accionista do consórcio a criar para o lançamento e a comercialização da TDT em Portugal, manifestava-se oposição a um eventual licenciamento de um novo operador de televisão, invocando a situação do mercado publicitário e os resultados líquidos das três empresas, e preconizava-se um modelo semelhante ao preconizado pelo ICP.

Os operadores privados de televisão tinham já manifestado, em diversas ocasiões, a sua preocupação face ao modelo de negócio proposto. Opunham-se ao licenciamento de novos operadores de televisão nacionais, regionais ou locais – *"dezenas de mini-RTP's"*, protestava a *SIC* na resposta à consulta pública de 1998 –, lamentavam que o esforço económico imposto pelo *simulcast* a cada um dos operadores de televisão não pudesse ser compensado pelo aproveitamento da tecnologia digital em mais canais e novos serviços ao público e mostravam-se pessimistas sobre o sucesso do lançamento da televisão digital terrestre. Preconizavam ainda que eventuais alterações futuras no *bouquet* inicialmente apreciado e licenciado, deveriam ser sujeitas a um processo de autorização e não a um novo processo de licenciamento. Consideravam a diferença de regimes jurídicos relativamente ao cabo (a mera autorização) e à nova plataforma (o licenciamento mediante concurso público), como altamente gravosa para esta. Entendiam como desajustadas as imposições de cobertura preferencial das regiões autónomas, face à viabilidade comercial da plataforma nas ilhas. A SIC lembraria mesmo que o Governo chegara a ponderar a concessão da licença para a plataforma por adjudicação directa (Análise da SIC sobre as propostas de concurso público para a plataforma de televisão digital terrestre, remetida ao ICP, documento de 13/3/2000).

Todavia, os obstáculos constitucionais levariam o Governo a optar pela realização de concursos separados para uma plataforma de distribuição (regida pela legislação das comunicações) e para novos canais portugueses (regida pela lei da televisão). No entanto, não seriam definidos nem o *timing* do licenciamento de novos canais, nem o modelo do respectivo concurso.

Em relação ao primeiro, optou-se por um modelo de lançamento da nova plataforma mais próximo do inicialmente preconizado pelo Instituto da Comunicação Social, embora se recusasse a ideia de atribuir um *multiplexer* a cada um dos três operadores televisivos, como chegara a ser ponderado e até proposto pela SIC, pela TVI e pela própria RTP. Esta, todavia, admitiria que um *multiplexer* fosse explorado conjuntamente pelos dois operadores privados (Respostas da RTP (16-10-98), SIC (7-10-98) e TVI (2-10-98) à consulta pública sobre a introdução em Portugal da televisão digital terrestre).

Vingaria, no entanto, a tese de uma desejável participação dos operadores na própria empresa *plataformista*, ideia que seria apenas parcialmente aplicada, como se verá.

Deste modo, depois de alterado o plano de frequências de forma a reservar conjuntos de sete, dezanove e dois canais radioeléctricos em três diferentes faixas de frequências (Aviso do ICP publicado no *DR*, III Série n.º 5, de 6/1/2001), seria publicado, em 6 de Abril de 2001, o Regulamento do concurso público para a atribuição de uma licença de âmbito nacional para o estabelecimento e exploração de uma plataforma de televisão digital terrestre.

A classificação dos concorrentes à licença seria elaborada por uma comissão de cinco membros, designada pelo Ministro do Equipamento Social, com a tutela das comunicações, a qual seria presidida pelo Professor Vítor Gonçalves (Despacho n.º 8015-A/2001 do MES, Eduardo Ferro Rodrigues, publicado no *DR*, II Série, n.º 90, supl.de 17/4/2001, p. 6752-2). A apreciação das candidaturas seria realizada tendo por base, *"prioritária e sucessivamente"*, os seguintes critérios de selecção: "*contribuição para o desenvolvimento da sociedade de informação e da rápida massificação da televisão digital terrestre* (critério que valeria 35% na grelha de avaliação)*; qualidade do plano técnico, incluindo a promoção da interoperabilidade (25%); contribuição para o desenvolvimento de uma actividade económica sustentada (20%); promoção de uma oferta concorrencial e inovadora, garantindo os direitos dos consumidores (9%); qualidade do plano económico-financeiro (6%); e coerência e qualidade global da proposta (5%)*" (Artigo 15.º do Regulamento do concurso público).

Nos termos do regulamento (artigo 21.º), a entidade licenciada ficaria obrigada a reservar capacidade para a codificação, multiplexagem, transporte e difusão dos canais de serviço público, incluindo os das regiões autónomas, dos dois canais licenciados (SIC e TVI) e ainda de mais três canais "*a atribuir nos termos da legislação aplicável*".

Era então intenção do Governo, em sintonia com a RTP, concessionar um desses canais ao operador público, com vista à criação de um canal de "Educação *e Saberes*". Em relação aos restantes dois, ponderava-se então um diferimento do seu licenciamento ou, em alternativa, aguardava-se com optimismo que eles fossem atribuídos aos operadores licenciados (*SIC* e *TVI*), embora tal decisão coubesse, nos termos legais, à AACS, mediante concurso público.

Proposta pela comissão responsável pela apreciação das candidaturas, a atribuição de uma licença por 15 anos à *PTDP – Plataforma de Televisão Digital Portuguesa, S.A*, seria homologada por despacho do Ministro do Equipamento Social, Ferro Rodrigues, de 17 de Agosto de 2001. A *PTDP* era dominada pela empresa SGC, liderada por João Pereira Coutinho, que deteria 80 por cento do capital social. Os restantes 20 por cento seriam repartidos entre a RTP e a SIC. Nos estatutos do consórcio, determinava-se que a TVI poderia ter igualmente uma quota de 10 por cento, se o requeresse, o que não viria a acontecer.

Do concurso, sairia vencida a outra candidatura, promovida pela *Oni – Plataformas Infocomunicações*, cujo capital social estava repartido entre a *EDP* (56%), o *BCP* (23%), a *Brisa* (17%) e a *GALP* (4%) e era liderada por Pedro Norton de Matos.

O principal trunfo da *PTDP* face ao seu concorrente terá sido o projecto de lançamento da plataforma em conjunto com uma rede *FWA (Fixed Wireless Access))*, numa primeira fase apenas em zonas urbanas, mais tarde igualmente em zonas rurais, permitindo uma oferta que incluía um canal de retorno, mais canais de televisão e o *triple play*, abrangendo assim televisão, internet e telefone. O uso do telefone seria gratuito para chamadas dentro da mesma zona urbana.

Na licença, emitida em 9 de Outubro de 2001 pelo Presidente do ICP, Luís Nazaré, indicava-se que a exploração comercial da plataforma deveria ter início até 31 de Agosto de 2002, "*salvo motivo de força maior devidamente justificado e como tal reconhecido pelo ICP*". Por outro lado, eram estabelecidas obrigações mínimas de cobertura do território nacional, exigentes não apenas para o território continental, mas igualmente para as regiões autónomas, onde apenas o sinal da RTP1 e dos canais regionais deste operador público eram distribuídos por via hertziana terrestre. Até ao final do terceiro ano de emissões, essa cobertura deveria assegurar 95% da superfície e 99,2% da população no território continental, 96,7% da superfície e 99,8% da população nos Açores e 95,7% da superfície e 99,8% da população na Madeira.

O atraso na normalização das normas *MHP (Multimedia Home Platform)*, que deveriam contribuir para facilitar a interoperabilidade dos terminais *(set-top boxes)* de diversos fabricantes e a produção de conteúdos interactivos, seria, contudo, invocada pela *PTDP*, em 29 de Maio de 2002, para requerer a prorrogação do prazo previsto para o início da exploração comercial da plataforma pelo período de um ano.

Reconhecidos os fundamentos do requerimento e a importância de que se revestiria a disponibilização dos serviços interactivos, o Governo de Durão Barroso, através do Ministro da Economia, Carlos Tavares, prorrogaria o prazo concedido para efectivo início da exploração comercial da plataforma, estabelecendo uma nova data, 1 de Março de 2003.

No entanto, mantendo-se as razões que haviam determinado o adiamento anterior, nomeadamente a invocada indisponibilidade, em regime de oferta massificada, dos equipamentos necessários aos serviços interactivos, o Governo acabaria, em Abril de 2003, por revogar o acto de atribuição da licença à *PTDP*, por solicitação do próprio candidato. O novo despacho do Ministro da Economia tinha em conta o parecer do *ICP-ANACOM*, que enunciava um conjunto de razões que fundamentavam aquela proposta: não estavam reunidas todas as condições necessárias para a execução do objecto da licença, nem era possível perspectivar, *"com um mínimo de segurança"*, uma data para o efeito; um novo adiamento apenas teria como efeito o *"prolongamento da situação para termo incerto";* concluía-se pela *"inoportunidade e inadequação de uma eventual medida"* que impusesse a continuidade da *PTDP* no processo; considerava-se que a cessação da licença propiciava a *"definição de um novo modelo num quadro jurídico mais apropriado, num contexto económico diferente bem como num ambiente tecnológico de maior certeza;* e assumia-se a vantagem de "*equacionar, em momento posterior, o relançamento da televisão digital terrestre, atentos os actuais pressupostos e condicionantes de mercado e de acordo com um modelo que tenha em conta a experiência internacional entretanto adquirida neste domínio*" (Despacho de 25/3/2003, publicado no *DR*, II Série, n.º 84, de 9/4//2003, p. 5491).

b) O relançamento da Televisão Digital Terrestre (TDT)

A revogação da licença atribuída à *PTDP*, reflectindo o fracasso do processo de lançamento da televisão digital terrestre (TDT) em Portugal, conduziria os diferentes intervenientes dos sectores da comunicação social e das comunicações a uma fase de reflexão em torno do sucedido.

O insucesso português estava longe de ser original.

Multiplicaram-se então as referências ao malogro dos modelos seguidos no Reino Unido e em Espanha, onde, numa fase mais avançada do processo, as empresas distribuidoras de televisão digital terrestre tinham falido, mas igualmente ao difícil contexto económico que o país então vivia.

Numa *Conferência Internacional sobre o Audiovisual Português e a Migração para o Digital*, promovida pelo *Obercom*, em Maio de 2003, representantes qualificados dos dois operadores privados de televisão avançaram as respectivas explicações para o falhanço do processo português.

O administrador-delegado da *Media Capital* ligado às questões da televisão digital, Pedro Morais Leitão, associava aquele insucesso às crenças infundadas sobre a abertura do mercado de capitais para financiar projectos inovadores de telecomunicações, a confiança do mercado relativamente à capacidade da televisão digital terrestre para ser utilizada como uma tecnologia de suporte à interactividade e ainda sobre a possibilidade de desafiar a *TV Cabo*, conquistando-lhe quota de mercado.

Todavia, Pedro Morais Leitão considerava urgente uma definição do enquadramento regulador da televisão digital terrestre, defendendo que fosse aplicado o modelo seguido pela *Freeview* no Reino Unido, atribuindo um *multiplexer* a cada um dos três operadores (RTP, SIC e TVI), e reservando um quarto para atribuir a um *órgão público* a definir *(Observatório* n.º 7, 2003:121).

Mais cauteloso, o Presidente da *Impresa*, detentora da *SIC*, Francisco Pinto Balsemão, exprimiria na mesma ocasião um conjunto de reservas relativas à implantação da televisão digital terrestre. Balsemão mostrava-se céptico face à concorrência com as redes de cabo (onde, sublinhou, os novos canais podem ser atribuídos sem concurso público) e opunha-se a novos canais gratuitos, por entender não existir suficiente mercado publicitário. Apontando para as malogradas experiências em Inglaterra e Espanha, considerava não haver razão para Portugal querer ser pioneiro na implantação da televisão digital terrestre *(Observatório* n.º 7, 2003:117).

O mercado publicitário sofrera uma acentuada quebra em 2001 e 2002, respectivamente de 6 e 9 por cento (João Loureiro, Presidente da APAP, idem, p.133). No entanto, apesar deste *handicap*, a inevitabilidade da TDT induziria os reguladores e os operadores do sector a elaborarem novas propostas à luz dos ensinamentos entretanto obtidos com o insucesso da primeira experiência.

No primeiro semestre de 2003, a Anacom criaria um grupo de trabalho interno para análise dos diferentes modelos possíveis para a implantação da televisão digital terrestre. As tarefas deste grupo seriam complementadas pelo estudo e análise tanto da sua possível oferta de serviços como do mercado existente, o que implicaria o recurso a diversos especialistas e à consultora *A. T. Kearney*.

Estes estudos enumeravam os *factores críticos* do sucesso da TDT, ao nível da oferta de canais, da qualidade técnica (imagem, som e capacidades de *software* e *hardware* das *set top boxes*), do tipo de programação (canais *premium,* preferencialmente com "*conteúdos desportivos, filmes, infantil e adulto*", e serviços interactivos sobretudo para eventos desportivos e filmes) e dos preços e possibilidade de aquisição das *set top boxes* (Memorando sobre Televisão Digital Terrestre elaborado pelo *Grupo de Trabalho para a Televisão Digital,* Julho 2004, p. 48). Ao mesmo tempo, indicavam outros aspectos que no âmbito da oferta poderiam condicionar o sucesso da televisão digital: a alargada oferta em número de canais dos operadores de cabo, inviável na primeira fase da TDT; o sucesso então já visível das ofertas de *dual* e *triple play*, só possíveis na plataforma de TDT através de uma eventual plataforma complementar; e, entre outros, a oferta de um serviço básico gratuito superior aos *"actuais 4 canais free to air"*, cuja viabilidade económica no mercado nacional não era todavia apreciada (idem, p.49).

O relatório do Grupo de Trabalho apontava ainda o elevado custo de acesso como principal razão para que grande parte dos espectadores não tivesse ainda *migrado* para os serviços de acesso condicionado; e, em contrapartida, a amplitude da oferta de canais e o acesso a uma maior variedade temática dos conteúdos seriam as principais razões que influenciavam o mercado a aderir a esses serviços. Reconhecia-se igualmente pouco valor à possibilidade de aceder a serviços adicionais, tais como o teletexto, canais de rádio ou serviço televisivo via móvel. E sublinhava-se a *"relativa relutância do mercado quanto à possibilidade de ter de adquirir um conversor digital por cada televisor"*, tendo em conta o número médio de televisores por agregado (2,2), o que poderia *"constituir uma forte condicionante à penetração da TDT em Portugal"*(idem, p.61).

De acordo com os autores do estudo, perfilavam-se essencialmente dois modelos alternativos, que eram aliás sujeitos a análise (idem, págs.68 a 78).

O primeiro, que considerava a TDT como *evolução do sistema analógico*, pressupunha a atribuição directa da possibilidade de operação de um *multiplexer* e utilização do respectivo canal radioeléctrico, sem concurso público, a cada um dos operadores de televisão existentes (RTP, SIC e TVI). Um quarto *multiplexer* poderia, em alternativa, ser atribuído à RTP, colocado a concurso público ou ainda *"ficar de reserva, tal como as coberturas de âmbito regional, para posterior decisão, designadamente para suporte de uma eventual operação de serviços pagos"*.

O segundo modelo, que entendia a TDT como *plataforma de comunicações*, reservava um *multiplexer* para a difusão dos quatro canais analógicos e previa a atribuição de outros três *multiplexers* a uma só entidade para a difusão de canais pagos. Numa segunda versão do mesmo modelo, reservar-se-iam dois multiplexers para os canais analógicos (um para o serviço público e outro para os operadores privados), restando dois outros para canais pagos.

Esta ponderação entre dois modelos indiciava já a existência de, pelo menos, duas vias distintas. Um modelo mais baseado em canais de acesso livre facilitaria a adesão da população, com a consequente redução dos preços das *set top boxes*, mas colocaria problemas à sustentabilidade dos operadores de televisão, com consequências nos custos de produção e na qualidade da programação. Pelo contrário, um modelo baseado em canais de acesso pago imporia um crescimento mais lento da taxa de adesão, *"mas de forma mais sustentada, uma vez que serão os próprios clientes a suportar directamente o negócio por via da subscrição mensal e de outros serviços pagos"* (idem, p.106).

O documento preconizava todavia um modelo misto que não era definido com precisão. Apesar disso, sugeria-se uma opção pela Televisão de Alta Definição (HDTV), embora tal implicasse então, estando em vigor a norma de compressão/codificação *MPEG-2*, a redução do número de programas emitidos.

Finalmente, previa-se que a aprovação do modelo pelo Governo tivesse lugar em Junho de 2004, seguindo-se o lançamento do caderno de encargos em Setembro do mesmo ano e a atribuição das licenças em Dezembro. O início da actividade comercial ocorreria em Março de 2006, prevendo-se um *switch-off* faseado por regiões e por canais que num cenário pessimista não ultrapassaria Agosto de 2008 numa parte do território e Agosto de 2010 nas regiões do interior (idem, p.117).

Nenhum destes prazos seria cumprido. A dissolução da Assembleia da República, e a consequente realização de eleições, em Fevereiro de 2005, que provocariam uma mudança de maioria política (da coligação PSD/CDS para um Governo de maioria PS) explicarão, pelo menos parcialmente, o largo atraso do processo de transição para a TDT em Portugal.

Entretanto, em Junho de 2004, a Anacom criaria uma *Unidade de Missão para a Televisão Digital (UM-TD)*.

O recomeço do processo de implementação da TDT, após um longo período de reflexão e consulta promovido pela Anacom e por esta *Unidade de Missão*, ocorreria apenas a partir de Agosto de 2007, com as consultas públicas sobre o processo de introdução da TDT, que antecederia o lançamento, em Fevereiro do ano seguinte, de dois concursos públicos: um para a atribuição de um direito de utilização de frequências de âmbito nacional para o serviço de radiodifusão televisiva digital terrestre (*multiplexer A*) e outro para a atribuição de direitos de utilização de frequências de âmbito nacional e parcial para o serviço de radiodifusão televisiva digital terrestre (*multiplexers* B a F) e de licenciamento de operador de distribuição.

A deliberação governamental, preparada por um consenso estabelecido entre a Anacom e o Instituto da Comunicação Social (actual GMCS – Gabinete para os Meios de Comunicação Social, tutelado pelo Ministro dos Assuntos Parlamentares), adoptava um *modelo separado*, com um *multiplexer* de cobertura nacional reservado para canais de acesso não condicionado livre (*FTA, Free To Air*) e um conjunto de dois *multiplexers* de cobertura nacional e três de cobertura parcial (devido a condicionalismos no espectro radioeléctrico disponível) para canais de *pay tv*.

Este *modelo separado* implicaria a realização de dois concursos para a atribuição das licenças de operação das plataformas, embora tal não implicasse a obrigação de serem diferentes os respectivos vencedores. O primeiro concurso visaria a atribuição de um direito de utilização de frequências para a operação *FTA* e seria lançado e conduzido pela Anacom (Deliberação da Anacom, de 30/1/2008, e Regulamento n.º 95-A/2008, publicado no DR, 2.ª série, n.º 39, 25//2/2008, p. 7636-(2). O segundo, lançado pelo Governo e conduzido pela *Anacom* e pela *ERC*, atribuiria simultaneamente duas licenças, uma para a utilização de frequências para os *multiplexeres pay tv* e outra para a selecção e agregação de canais nesses *multiplexeres*. Neste segundo concurso, seriam atribuídos cinco direitos de utilização de frequências, a atribuir a uma só entidade, correspondentes a duas coberturas de âmbito nacional (*multiplexeres* B e C), e a três coberturas de âmbito parcial do território continental (*multiplexeres* D, E e F) (Portaria n.º 207-A/2008, de 25/2, publicada no DR, 1.ª série, n.º 39 de 25/2/2008, p. 1254-(2).

Esta complexa solução visaria tornar a operação *FTA* independente do sucesso da operação *pay tv*, de forma a assegurar a viabilidade da transição digital, uma vez que se considerava o concurso para os canais de *pay tv* com uma viabilidade económica mais duvidosa. Por outro lado, considerava-se que o objectivo essencial da introdução da TDT seria o de garantir o acesso universal e gratuito a um pacote de canais generalistas, depois do *switch-off* da televisão hertziana analógica, objectivo que poderia ser garantido mesmo que o outro concurso não viesse a ter êxito.

Finalmente, o perfil traçado para o concurso relativo à operação de distribuição de canais pagos procurava ultrapassar os condicionalismos impostos pela Constituição, cujo artigo 38.º, n.º 7 estabelece que "*as estacões emissoras de radiodifusão e de radiotelevisão só podem funcionar mediante licença a conferir por concurso público*". As preocupações com a transparência do processo de selecção dos canais, inevitável face aos limites do espaço radioeléctrico e às exigências de uma escolha que evitasse qualquer instrumentalização política ou económica, defrontavam-se agora com as imposições de um novo quadro digital, que mudou o perfil do panorama televisivo.

De facto, a nova disponibilidade do espectro não pode ser ocupada, desde logo sob o ponto de vista da sustentabilidade económica, com um conjunto de canais de perfil semelhante, com conteúdos generalistas dirigidos ao conjunto da população e financiados pela publicidade. A própria procura é hoje bem mais segmentada, exigindo variedade e diversidade do lado da oferta, o que impõe uma maior capacidade de adaptação, incompatível com o modelo perfilado pela televisão dos anos 80 e 90, que esteve na base do modelo constitucional de 1989.

Deste modo, a legislação actual (art. 2.º, n.º 1, alínea a) da Lei da Televisão) considera como actividade de televisão a operação de selecção, agregação e disponibilização ao público de serviços de programas (canais) televisivos, sendo essa actividade encabeçada por um operador de distribuição. Exercendo uma actividade de televisão, aplica-se-lhe a exigência constitucional, ou seja a *estação emissora* de que se serve para oferecer serviços de programas ao público – ainda que sem responsabilidade editorial pela sua organização individual – precisa de licença a atribuir mediante concurso público. Uma vez licenciado, com a devida intervenção da ERC, para a operação de distribuição, com base numa proposta que detalhará a sua oferta televisiva, sindicável em termos do interesse público que justifica o concurso, o operador de distribuição pode já não só proceder às retransmissões que preencham a sua proposta como, ainda, oferecer canais com transmissão originária na sua plataforma, mediante autorização prévia da ERC.

Desta forma, o operador de distribuição encontra-se licenciado, por concurso, para a actividade de televisão, podendo adequar a sua oferta às solicitações do público, à semelhança do que sucede no cabo, sem necessidade de concurso, mas sim de uma autorização, quando disponibilize transmissões originárias de canais.

O *modelo separado* implicaria papéis diversos para o(s) operador(es) de *multiplexer*. No *multiplexer FTA*, o operador de telecomunicações não teria nenhum papel na definição de conteúdos, ou seja dos canais generalistas existentes e do futuro novo canal a atribuir pela *ERC* por concurso público. No *multiplexer pay tv*, o operador é ao mesmo tempo um operador de distribuição, com licença de telecomunicações e com licença de selecção e agregação de conteúdos.

Relativamente ao *multiplexer FTA,* o operador de distribuição ficava obrigado a reservar capacidade para a transmissão da RTP1, RTP2, SIC e TVI, bem como da *RTP Açores* e *RTP Madeira* nas respectivas regiões autónomas, e ainda, não só para um novo canal a licenciar, como igualmente para a transmissão em modo não simultâneo em alta definição de elementos de programação dos referidos canais de televisão. O planeamento para as emissões em alta definição deveria ser acordado entre os diversos operadores, incluindo o do futuro *5.º canal*, enquanto o fim das emissões analógicas não proporcionasse as condições técnicas para a sua adopção por todos, sem descontinuidades.

O operador dos *multiplexers pay tv* teria, pelo contrário, um papel activo na definição dos conteúdos, mas o regulamento do concurso incluiria diversas disposições valorizando candidaturas, cuja oferta televisiva contribuísse para a difusão de obras europeias, de obras criativas de produção originária em língua portuguesas ou ainda dos fins genéricos da actividade de televisão previstos na lei (Artigos 9.º, n.º 4 e 13.º, n.ºˢ 1b), 4 e 5 da Portaria n.º 207-A/2008, de 25/2 e artigo 9.º da Lei da Televisão de 2007).

O aproveitamento do espectro remanescente do *multiplexer FTA* constituiria a questão mais polémica de todo o processo de relançamento da TDT.

À partida, havia várias hipóteses de utilização do espectro não reservado para a difusão dos canais já licenciados ou concessionados (RTP1, RTP2, SIC e TVI): lançamento de um concurso público para um ou mais novos canais generalistas de acesso livre; idêntico concurso para novos canais, embora temáticos de acesso livre; concessão de novos canais de serviço público; lançamento de outros serviços audiovisuais (serviços da sociedade de informação, serviços complementares para pessoas com necessidades especiais, Canal Parlamento, etc.); e o lançamento de um canal de alta definição (*HDTV*) que difundiria elementos da programação dos canais dos três operadores generalistas então existentes.

A utilização da norma *MPEG-4*, com uma acrescida capacidade de compressão face à anterior norma *MPEG-2*, permitiria um alargamento do número de serviços difundidos por *multiplexer*, pelo que o Governo optaria por determinar o lançamento de um canal de alta definição, como propunham os operadores privados, mas também de um novo canal generalista de acesso livre, concorrente destes e contra a sua vontade.

Ao diferenciar a oferta do *multiplexer FTA* da oferta analógica tradicional, o Governo pretenderia tornar a migração para a televisão digital mais aliciante para os consumidores, que teriam um novo canal privado generalista a acrescer à oferta da SIC e da TVI. O Ministro com a tutela do sector, Augusto Santos Silva, enumeraria, em várias intervenções públicas, outros argumentos: a intenção de não impedir administrativamente o desenvolvimento do mercado de televisão generalista em sinal aberto, com o consequente aumento da oferta ao dispor do público, tanto mais que nada obstaria ao surgimento, nas plataformas sujeitas a pagamento, de canais generalistas, mediante simples autorização; e o incentivo à indústria audiovisual decorrente da existência de um novo operador. Santos Silva contestaria ainda os argumentos relacionados com a escassez do mercado publicitário e as suas consequências na qualidade da oferta televisiva: em primeiro lugar, afirmando que, caso ele se viesse a mostrar insuficiente para o novo operador, deveria ser o mercado e não o Governo a decidir que canais deveriam sobreviver; em segundo lugar, contestando a alegada relação entre a qualidade dos programas e o seu custo, lembrando que não são necessariamente os programas de produção mais cara aqueles que apresentam maior qualidade e que, muitas vezes, alguns dos aspectos mais criticados da programação generalista têm a ver com padrões éticos e de bom gosto e não com meios de financiamento.

Embora fosse expectável que a quota de mercado publicitário conquistada pelo novo operador seria limitada pela (lenta) evolução da migração dos consumidores para a TDT, embora acrescida da resultante de uma previsível presença imediatamente posterior ao seu licenciamento nas plataformas concorrentes do cabo e do *IPTV*, os protestos dos grupos *Impresa* e *Media Capital* não se fariam esperar.

Na consulta pública promovida pela *Anacom* sobre o projecto de regulamento referente ao direito de utilização do *multiplexer FTA*, os proprietários da SIC e da TVI tinham já invocado sobretudo a escassez do mercado publicitário, que obrigaria os operadores a reduzir custos e, consequentemente, a *"recorrer cada vez mais à programação de enlatados estrangeiros, a diminuir a produção nacional e a praticar um jornalismo redutor, com recurso mínimo à investigação e à reportagem"*, como alegava a SIC (resposta da SIC, p. 9) ou, na argumentação da TVI, a *"uma redução do nível qualitativo da oferta televisiva disponível, à maior tendência para optar por produto de origem estrangeira, com implicações na estabilidade do emprego de artistas, técnicos, realizadores e outros profissionais de origem nacional, no enfraquecimento do investimento e qualidade da produção nacional, e na diminuição do espaço de opinião dos portugueses"* (resposta do Grupo Media Capital, p. 11).

Esta argumentação era ainda baseada, no caso da SIC, na crise do mercado publicitário, demonstrada pela estagnação ou queda nos últimos oito anos dos seus valores líquidos. Essa *"confrangedora ausência de crescimento desde 2000"* deveria implicar, defendia Pinto Balsemão, a proibição da publicidade em todos os canais da RTP. A argumentação da SIC relativa à escassez do mercado publicitário seria (parcialmente) corroborada por um estudo divulgado pelo *Millenium BCP* em Março de 2008, onde se preconizava a opção pelo licenciamento de um novo canal, embora temático informativo, dirigido às classes A e B, que eventualmente poderia aproveitar as sinergias com os grupos de imprensa favoritos no concurso para o novo canal e a apetência dos consumidores pela informação.

A SIC proporia ainda que, em detrimento do novo operador, fosse reservado espaço para um canal gerido por uma entidade que resultasse de um entendimento entre RTP, SIC e TVI. Este operador, que não seria sujeito a licenciamento por concurso, emitiria em Alta Definição, *Dolby Digital* 5.1 e formato 16:9 e, como forma de aliciar os espectadores para a transição para a televisão digital, teria *"uma programação original e diferenciadora"* (resposta da SIC, p.18). No documento que submeteu, a *Media Capital*, proprietária da TVI, recordaria também o desenvolvimento da Alta Definição (*HDTV*) nos Estados Unidos, na Austrália e em alguns países europeus, considerando-a mesmo *"um factor determinante no incentivo à mudança do analógico para o digital"* e afirmando que *"para a generalidade do público, aliás, o conceito de televisão digital confunde-se com o de Televisão de Alta Definição"* (resposta da *Media Capital*, p. 9).

Em contrapartida, *APIT (Associação dos Produtores Independentes de Televisão), Controlinveste, Sonaecom* e *SGC* pronunciaram-se favoravelmente ao licenciamento de um novo operador televisivo, embora esgrimindo argumentos não coincidentes. A associação representativa dos produtores, concluindo uma análise do mercado publicitário, mostrava-se convicta de que existia *"capacidade de mercado para a abertura de um novo serviço de programas"*, que seria *"rentável com uma audiência média entre os 15 e 20% de share, baseado numa oferta diversificada, com vários serviços noticiosos diários (com uma média de 30 minutos cada) e um orçamento anual de 75 a 100 milhões de euros"* (resposta da APIT, p. 6). A *Controlinveste*, grupo liderado pelo empresário Joaquim Oliveira, limitava-se a enunciar a convicção de *"o mercado permite a criação de novas licenças de operador de televisão de acesso não condicionado"* sem precisar o seu número (resposta da *Controlinveste*, p 3). A *Sonaecom* abordaria o tema apenas de forma indirecta ao propor que fosse reservado um *"papel activo para o carrier de FTA no processo de selecção de novos canais"* (resposta da *Sonaecom*, p. 9). A *SGC*, liderada por João Pereira Coutinho, argumentava que caso a futura oferta de FTA não fosse *"diferenciada face à actualmente existente no sistema analógico, os consumidores, para evitar os custos de mudança, irão adiar até aos últimos dias a migração para a plataforma TDT"*, acrescentando que a *"diversidade de canais"* deveria ser privilegiada face à emissão em alta definição (resposta da *SGC*, p.2).

Da consulta pública promovida pela *Anacom* resultaria ainda alguma controvérsia sobre outros aspectos do lançamento da TDT, nomeadamente a exclusão da *TV Cabo* do concurso para os *multiplexers* B a F, a separação dos concursos para os *multiplexers* A e B a F, os custos e o financiamento do *simulcasting*, e as reservas de capacidade e transporte para serviços destinados à acessibilidade de pessoas com necessidades especiais.

O concurso público para a atribuição de uma licença, que consistia na organização de um serviço de programas de âmbito nacional, generalista, de acesso não condicionado livre e com vinte e quatro horas de emissão seria aberto através de uma Portaria, publicada no final de Outubro de 2008 (Portaria n.º 1239/2008, de 31 de Outubro). Apesar do agravamento da crise económica e financeira internacional, com inevitáveis consequências na dimensão do mercado publicitário, dois concorrentes (*ZON* e *Telecinco*) apresentariam no final de Janeiro de 2009 as suas candidaturas, sujeitas a apreciação e deliberação do Conselho Regulador da ERC.

Nos termos do regulamento do concurso, publicado na referida Portaria, seriam especialmente valorizadas as candidaturas que garantissem um maior contributo para a *"qualificação"* e para a" *diversificação"* da oferta televisiva, critérios que somavam 80% da valoração total. No primeiro critério, sobressaía a garantia de defesa do pluralismo, aferida pela *"não concentração de licenças de serviços de programas de acesso não condicionado livre"*, o que excluía na prática os actuais operadores. A mesma preocupação era visível no principal subcritério relativo à *"diversificação da oferta televisiva"*, uma vez que se valorizava prioritariamente, além do aproveitamento da capacidade de rede para difusão de conteúdos em alta definição, *"a originalidade da oferta televisiva, aferida em função da inovação das linha gerais de programação face à oferta televisiva existente em acesso não condicionado livre"*.

A questão mais polémica, excluindo a relativa ao *5.º canal*, seria a da concentração das redes, tendo em conta a então eventual atribuição das redes de televisão digital terrestre à *PT*, que acumularia as redes de radiodifusão televisiva digital terrestre e básica de telecomunicações.

Considerava então a *Sonaecom*, principal oponente desta hipótese, que tal possibilidade contrariaria frontalmente a lógica de concorrência entre plataformas separadas a que presidiria o [então] projectado *spin-off* da PTM (resposta da *Sonaecom*, p. 16). A mesma empresa considerava indesejável que a *PT* pudesse vir a ser detentora dos títulos de ambos os concursos, o que viria aliás a acontecer, por entender que a concorrência assente em redes alternativas, verdadeiramente autónomas entre si, era a que mais favoreceria a inovação tecnológica e a concorrência na oferta de serviços.

2.3. As restantes plataformas: da telefonia móvel à webcasting

Nos últimos anos, no âmbito dos desenvolvimentos relacionados com a implantação da tecnologia digital, surgiriam também em Portugal novas plataformas de acesso aos serviços de distribuição de televisão. Elas complementam hoje, com uma crescente, embora ainda escassa penetração, a difusão hertziana terrestre, o satélite, que teve em 1983/1984 o seu início como plataforma de distribuição sem todavia ter alguma vez transportado o sinal de qualquer novo canal português, e o cabo, cuja rede começou a ser implantada a partir de 1994.

No conjunto, o número total de clientes da televisão por subscrição ultrapassou os 2 milhões em 2007, registando-se de 2006 para 2007 uma variação homóloga de 1134,6% na distribuição por IPTV e similares, de 11% no DTH e de 4,9% no cabo. No entanto, no final de 2007, os alojamentos que subscreviam o serviço de televisão por cabo representavam cerca de 74% do total de utilizadores dos serviços de televisão por subscrição, contra 24% para o DTH e 2 por cento para o IPTV e similares (Anacom, 2007:223).

A concorrência no sector televisivo não se limitaria assim aos operadores de conteúdos, alargando-se igualmente aos operadores de comunicações. Aliás, o fim do monopólio da RTP coincidira já com a transferência, em 1991, da propriedade da rede de emissores para uma empresa autónoma – a *TDP (Teledifusora de Portugal)*, cujos activos seriam posteriormente incorporados na *PT*, com a dissolução da *TDP*. Pouco tempo depois, o início das emissões dos operadores comerciais proporcionaria nova modificação. A SIC teria o seu sinal, tal como a RTP, difundido através da rede da *TDP*, e mais tarde da *PT*, enquanto que a TVI optaria por uma rede exclusiva, a *RETI*.

Em Abril de 2008, ao mesmo tempo que apresentava a sua candidatura a operador de distribuição da televisão digital terrestre, a *PT* adquiriria a rede da *RETI*. No concurso anterior para a *TDT*, a *PT* fora regularmente impedida de participar uma vez que integrava então no seu grupo empresarial a hegemónica *TV Cabo*. O *spin-off* desta empresa, em 2007, criando uma situação de concorrência graças à separação das duas redes de comunicações fixas de cobertura nacional – cobre e cabo –, conferiria nova legitimidade à *PT*, permitindo--lhe participar, com sucesso, no concurso relativo à plataforma digital terrestre.

No entanto, além da difusão pelas duas redes de emissores da *PT* e pelo cabo, a televisão chega hoje aos consumidores através de plataformas como o *DTH, a Internet* e a telefonia móvel.

Como atrás se recordou, o *DTH* foi adoptado pela própria *TV Cabo*, como forma alternativa mais económica de alargar a sua cobertura às zonas que, por razões comerciais, nomeadamente pela dispersão do povoamento, e (ou) geográficas, não dispõem de acesso à rede de cabo. Em termos relativos, o *DTH*, onde a quota da TV Cabo / ZON é de 99%, é mais utilizado no Alentejo (53% dos alojamentos com acesso a serviços de televisão por subscrição), nos Açores (49%) e na Região Centro (43%). Em contrapartida, apenas 6,6% na região de Lisboa, face aos 93,4% que dispõem de ligação às redes de cabo (Anacom, 2007:224).

O desenvolvimento das redes de cabo passou a ter uma evidente redução a partir de 2002, facto atribuível a um conjunto de factores: ao desenvolvimento do *ADSL*, como forma de acesso em banda larga à Internet, alternativa ao *modem* por cabo; ao serviço *DTH*; e à própria conjuntura económica, que poderá ter retraído potenciais subscritores do serviço (Anacom, 2007:213-214).

No final de 2005, seriam lançados serviços de distribuição de televisão da *Novis* e da *AR Telecom*, que começariam a ser comercializados em 2006.

A oferta da *Novis* (*Smartv*) é baseada em *IPTV,* sendo prestada sobre a rede telefónica pública. O serviço da *AR Telecom,* empresa que tinha vencido o primeiro concurso público relativo à televisão digital terrestre, em 2001, baseia-se no *DVB-T,* é prestada através de *FWA* e utiliza uma tecnologia própria designada *Tmax,* tecnologia digital, sem fios e de elevada capacidade de transmissão, que assenta no *standard* de telecomunicações e no *standard IP.* Apesar de utilizarem tecnologias diferentes daquelas utilizadas pelos operadores de redes de televisão por cabo, estes serviços apresentam características semelhantes à televisão por cabo (Anacom, 2006:202)

Em Junho de 2007, o Grupo PT lançou uma oferta comercial de *IPTV,* inicialmente disponível apenas em zonas geográficas específicas de Lisboa, Porto e Castelo Branco, mas que, no ano seguinte, sob o nome de *Meo* e acompanhada de uma fortíssima campanha publicitária de promoção, seria alargada e complementada por uma distribuição por satélite, abrangendo todo o país, tendo um rápido crescimento.

Deste modo, num contexto tecnológico, económico e comercial em rápida mutação, seriam cinco as principais ofertas disponíveis em Junho de 2008: *ZON (TV Cabo), Meo (PT), Clix Smar TV (Sonaecom), Cabovisão e Ar Telecom.* Num outro plano, com uma presença limitada a algumas zonas das áreas metropolitanas de Lisboa e, sobretudo, do Porto, a *TVTEL* não oferece um pacote *triple play,* embora disponibilize serviços de televisão, Internet e telefone. Os serviços da *ZON* são distribuídos por cabo e satélite *(DTH)* e incluem *video on demand* e um equipamento descodificador preparado para a alta definição, que incorpora um gravador de vídeo digital.

Distribuída por *IPTV* e por satélite, a oferta do *Meo* abrange igualmente um conjunto de novas potencialidades como a emissão de canais em alta definição, o *video on demand* e a gravação digital.

A *Clix Smar TV* oferece um serviço apenas por *IPTV (ADSL),* ainda baseado em *MPEG2* (ao contrário do *Meo,* que é baseado em *MPEG4/10),* acompanhado de *home video* e de um interface activo com sugestões de programação.

O serviço da *Cabovisão,* a primeira empresa a oferecer *triple play,* é distribuído por cabo, enquanto que o da *Ar Telecom,* como atrás se referiu, é prestado por uma tecnologia *wireless FWA* e oferece como serviço adicional a videoconferência através do aparelho de televisão. Todos estes serviços disponibilizam em geral várias dezenas de canais (cerca de cem os três primeiros, cerca de metade os dois últimos), oferta dividida entre serviços *básicos* ou *clássicos,* que implicam o pagamento de um preço de instalação e de uma mensalidade, e serviços *Premium* com canais de acesso condicionado sujeitos a pagamento específico. Incluem ainda um guia electrónico de programação (*EPG*) e o acesso a outros serviços como o *near video on demand* e o acesso a canais e programas interactivos. Mais do que nos canais de televisão disponibilizados, a oferta distingue-se, apesar de tudo, mais através dos preços, dos pacotes de canais ou do conjunto de serviços à disposição dos consumidores. Estes serviços estarão, entretanto, em concorrência com a televisão digital terrestre, cujas primeiras emissões deverão ocorrer em 2009, e com a emergente *mobile tv*.

De facto, desde o início de 2006, começaram com crescente receptividade, as emissões de televisão para terminais móveis. Primeiro através de emissões experimentais para um reduzido número de consumidores, mais tarde para um público crescente, a televisão móvel rapidamente se transformaria no terceiro ecrã, a seguir ao receptor tradicional e ao computador. No entanto, estas emissões são difundidas nas redes de comunicações móveis de UMTS (redes de 3GSM), com as consequentes limitações de largura de banda, de que resulta um número limitado de acessos simultâneos e importantes constrangimentos na utilização.

É distinta da TV Móvel sobre redes broadcast, complementadas, ou não, com redes de comunicações móveis.

Desde essa data, e sobretudo depois do fim da fase experimental, passo dado em primeiro lugar pela RTP, em 27 de Julho de 2006, o consumo de televisão móvel foi aumentando, a par com a oferta de programação. Nove meses depois da RTP, em finais de Abril de 2007, SIC e TVI anunciariam igualmente as suas emissões.

No final de 2007, calculava-se em 190 mil (102 mil no final de 2006) o número de aparelhos que, em Portugal, regularmente funcionam como terminais de conteúdos televisivos. De acordo com dados dos operadores de telemóveis, os utilizadores do serviço farão actualmente um visionamento com 4 minutos de duração média, mais do que uma vez por dia. Os seus consumidores encontram-se maioritariamente entre o público urbano das classes alta e média alta, com maior instrução, com idades entre os 16 e os 50 anos e utilizam este ecrã na maioria das ocasiões na sua própria casa, nos horários de maior consumo televisivo (*prime time*), como alternativa ao receptor tradicional (Informações prestadas pelo responsável pela *RTP Mobile*, Carlos Vargas).

São disponibilizados aos utilizadores de telemóveis não só os canais generalistas nacionais como outros serviços, sobretudo musicais, filmes e *séries,* infantis, desporto e eróticos. A *Optimus,* a *TMN* e a *Vodafone* oferecem um conjunto de cerca de 20 a 30 canais, mediante um tarifário que estabelece montantes, consoante o prazo de utilização, diário e mensal, e os canais do *pacote* proporcionado, prevendo-se preços específicos para os eróticos.

Face ao elevado número de telemóveis preparados para as funcionalidades *3G/UMTS*, o consumo de televisão móvel tem um significativo potencial de crescimento, tanto mais que um dos obstáculos actuais – a capacidade disponível das redes de distribuição – será a curto prazo ultrapassado, pela adopção de novas tecnologias, que oferecem maiores facilidades de expansão de rede, a par de uma acentuada melhoria de qualidade da imagem e do som.

A expansão da televisão móvel defronta outros problemas ao nível da cadeia de valor, como os direitos de autor e a criação de modelos estáveis e equitativos de repartição das receitas de exploração dos serviços de *mobile tv* entre operadores de telecomunicações e televisivos.

Numa primeira fase, alguns operadores de telecomunicações pareceram tentados a assumir também a faceta de definidores, e até produtores, dos conteúdos emitidos, substituindo os *broadcasters.* Essa experiência, que, por exemplo, a *Vodafone e a France Telécom/Orange* conduziram em alguns países, seria todavia efémera. De facto, os operadores de televisão detinham não apenas os principais conteúdos como toda a máquina produtiva e o respectivo *know how,* o que se viria a revelar decisivo para garantirem o seu papel na definição da programação emitida. A experiência viria a definir o caminho das parcerias entre *telecoms* e *broadcasters* como sendo o mais adequado.

Também neste campo, Portugal foi dos primeiros países europeus a adoptar esse modelo *cooperativo*.

Durante a maior parte das emissões disponíveis nos países europeus, não há qualquer programação específica para a televisão móvel. Todavia, a inexistência de direitos relativos a um significativo conjunto de programas obriga os operadores televisivos a soluções alternativas.

A RTP tem procurado preencher esses espaços com conteúdos originais ou programas gravados oriundos de outros canais. Teve por isso de construir uma emissão específica para o meio *mobile*, gerida autonomamente. SIC e TVI encaminham para as suas emissões *mobile*, de forma automática, o sinal dos seus canais generalistas para as emissões em telemóvel, optando por suspender a emissão no telemóvel quando os programas não dispõem de direitos específicos para o *mobile*.

No capítulo dos conteúdos originais, merecem destaque duas séries de programas especificamente produzidos para a *RTP Mobile*, com uma duração por episódio (dez minutos) e um conteúdo adaptados aos seus tempos e modos de consumo: o *Quinze* – estreado em Abril de 2007 – programa de informação cultural e o *Hot Spot* – estreado em Janeiro de 2008 – de informação temática. A SIC e a TVI não emitem ainda programação específica.

As receitas do *mobile* são ainda escassas face às suas potencialidades. Representavam apenas 0,1% das receitas totais das empresas pela prestação do conjunto de serviços de telefonia móvel, ainda que o seu volume tivesse subido de 1,3 para 3,175 milhões de euros de 2006 para 2007, um acréscimo de 141,8%. Os preços médios estabelecidos pelos operadores (90 cêntimos por 24 horas de recepção ou 7,5 euros por uma assinatura de um mês) constituem um aliciante, mas a mera retransmissão da programação dos canais generalistas pode ainda condicionar a adesão de mais largas fatias de consumidores de televisão. Actualmente, os noticiários e a restante programação do *prime time* constituem os *picos* de audiência da televisão móvel, reproduzindo os hábitos de consumo da televisão tradicional.

Deste modo, a *mobile tv* não constitui por ora, em Portugal como na maioria dos países, um negócio com retorno aliciante e imediato. Apesar do enorme potencial existente, mensurável pelo elevado número de terminais já aptos a receberem *videostream*, a massificação do consumo de televisão móvel está dependente da adopção das novas tecnologias de emissão. Só depois de ultrapassada essa fase, será possível antever o crescimento exponencial das receitas dos operadores móveis e o início da exploração de publicidade no *terceiro ecrã* como receita acrescida.

O sucesso da *mobile tv* em Portugal poderá, entretanto, beneficiar do significativo crescimento do número de assinantes de serviços *3G/UMTS*: entre Junho de 2005 e Dezembro de 2006, esse valor cresceu de 5,1% dos assinantes de telefonia móvel para 22%. De acordo com o Barómetro de Telecomunicações da *Marktest*, que divulgava dados de Maio de 2008, 2,6 milhões de portugueses utilizam telemóveis de terceira geração (*3G*). Este número corresponde a 32,1% do total dos portugueses com mais de dez anos que usam telemóvel (*Newsletter* n.º 529 da *Marktest.com*, de 8/7/2008). Em Janeiro de 2006, Portugal estava em 3.º lugar no *ranking* de penetração de utilizadores *3G*, no âmbito da União Europeia (Anacom, 2006:91).

Entretanto, a actividade de televisão através dos operadores móveis está sujeita a um regime específico, decorrente da Lei da Televisão de 2007, de questionável constitucionalidade. Em primeiro lugar, limitando a exigência constitucional de licenciamento mediante concurso público aos que utilizarem "*o espectro hertziano terrestre destinado à radiodifusão, nos termos previstos no Quadro Nacional de Atribuição de Frequências*", o que exclui os operadores de telefonia móvel, que não emitem através dessa parte do espectro. Em segundo lugar, limitando a própria necessidade de autorização, até agora exigível a quem não usa o espectro hertziano terrestre, aos que, não utilizando aquele espectro destinado à radiodifusão, organizem serviços de programas que se destinem a integrar a oferta de canais de acesso condicionado ou não condicionado com assinatura de um operador de distribuição previamente licenciado para a actividade de televisão, o que não é o caso dos operadores de telefonia móvel (Art. 13.º n.ºˢ 1 e 4 da Lei nº 27/2007, de 30 de Julho).

Justifica-se igualmente uma referência à difusão de imagens não permanentes através da *web*. No entanto, a grande maioria das experiências neste domínio – encontrámos unicamente uma excepção, a *TVNET* – visa apenas a difusão de canais televisivos existentes ou de programas, que não tendo uma recepção simultânea pelo público, mas apenas mediante solicitação individual, não integram o conceito de televisão.

Neste domínio, merecem destaque algumas dezenas de serviços, muitos deles de cariz regional, alguns promovidos por autarquias locais, como os *sites sintonizate, tvtuga, tv fixe e portalweb*, entre outros.

No mesmo âmbito, deve ser realçada a crescente importância dos sítios dos principais operadores de televisão, que oferecem uma crescente variedade de conteúdos, permitindo o visionamento posterior de alguns dos programas emitidos.

O novo contexto relativo à oferta televisiva, do ponto de vista dos operadores das diferentes plataformas de distribuição do sinal, apresenta desta forma características assinaláveis:

– a oferta de conteúdos televisivos integra-se crescentemente em ofertas *triple play* ou *quad play* (televisão, Internet, telefone fixo e móvel), reflectindo os efeitos da convergência, potenciada pela entrada de novos actores, operadores de telecomunicações e ISP's (*Internet Service Providers*) e pela expansão de uma nova forma de financiamento, o pagamento específico.

– a diversidade de serviços disponibilizados aos consumidores, permitindo uma grande variedade de opções, que variam consoante as suas preferências e o seu poder de compra, acentua os traços de *dualidade social*, extinguindo os resquícios da tradicional oferta televisiva apenas generalista e igual para todos, que prevaleceu no primeiro meio século de televisão em Portugal, e substituindo-a por outra, crescentemente diferenciada, em função, sobretudo, das classes sociais e do nível de instrução.

– depois dos sucessivos monopólios dos conteúdos e (ou) da distribuição (primeiro da RTP, depois dos canais generalistas, mais tarde da *PT*, que incluía a *TV Cabo*), emerge uma situação de acrescida concorrência, que incide sobretudo na diversidade de plataformas disponíveis (e nos respectivos serviços e modalidades de subscrição), mas também, embora em menor escala, de conteúdos oferecidos.

3. A RTP no contexto digital

A adaptação da RTP às exigências e benefícios da era digital decorreu muito mais de sucessivos impulsos gerados na própria empresa, percorrendo um caminho paralelo às suas congéneres europeias, do que de uma estratégia global do poder político ou da própria empresa.

A RTP foi inclusivamente das primeiras empresas a nível europeu a desenvolver um projecto, em tecnologia digital, baseado em servidores de vídeo e a constituir uma rede para partilha de conteúdos em baixa resolução, que incluía meios de pós produção não linear e um novo conceito de Régie de Continuidade de Emissão para exploração multicanal – o projecto RTP para a *Tele Expo* – canal da Expo 98 –, cujos equipamentos viriam maioritariamente a equipar o Centro de Emissão da RTP na sua transição para a tecnologia digital. Em paralelo, também em 1998 foi desenvolvido um sistema idêntico para a área das Emissões Internacionais (RTP Internacional e RTP África). Em 2004, seria lançado um novo projecto, visando criar uma estrutura tecnológica de suporte ao desenvolvimento de novos canais e em vários formatos – o projecto *DCM/DAM (Digital Content Management/Digital Asset Management)*.

As mudanças tecnológicas dos meios e sistemas de produção e emissão, a presença nas múltiplas plataformas, os novos canais temáticos – a *RTPN*, que substituiu a *NTV* em 31 de Maio de 2004, e a *RTP Memória* (a partir de 4 de Outubro do mesmo ano), a oferta multimédia e na *mobile tv* foram assim sendo introduzidos, mau grado as evidentes limitações económicas e financeiras que a empresa sofreu desde praticamente o início dos anos 90, a instabilidade política e a ausência de um consenso político inter partidário sobre o papel e a extensão do serviço público de televisão.

O contrato de concessão do serviço público em vigor desde Março de 2008 espelha assim mais a soma das novas realidades que se impuseram à empresa concessionária do que uma visão totalmente renovada, resultante da era digital.

É verdade que, face ao documento de 2003, completamente omisso em relação ao tema, o contrato de 2008 inclui diversas inovações:

- no preâmbulo, são referidos alguns dos principais documentos das instâncias europeias sobre a transição para a era digital, em especial a Recomendação Rec (2000) 9, do Comité de Ministros do Conselho da Europa;
- na cláusula 2.ª, admite-se ainda que o serviço público possa ser prosseguido *"por outras formas de organização ou distribuição de conteúdos audiovisuais, tais como as relativas ao fornecimento de serviços não lineares ou à produção e fornecimento de obras audiovisuais complementares do serviço de televisão".*
- na cláusula 3.ª, prevê-se que o serviço público de televisão deverá *"estar presente nas diversas plataformas tecnológicas apropriadas à sua difusão, podendo contemplar serviços de programas ou outras formas de organização de conteúdos audiovisuais especialmente concebidos para cada uma delas"* e que (n.º 2)*"o serviço público deve, designadamente, participar na transição da difusão analógica para a digital, na implantação da televisão móvel e no desenvolvimento tecnológico associado às novas possibilidades de produção e difusão".*

Por outro lado, no contrato (cláusula 2.ª) prescreve-se que no quadriénio 2008-2011 a *RTP* desenvolverá os estudos necessários ao lançamento de dois serviços de programas. O primeiro procurará satisfazer as necessidades educativas e formativas do público infantil e juvenil; o segundo destina-se a promover o acesso às diferentes áreas do conhecimento.

No entanto, o lançamento desses novos canais – ou desse canal, uma vez que a norma admite que apenas um deles possa ser concretizado – estará dependente de duas condições expressas nas normas 3 e 7 da mesma cláusula 2.ª: os respectivos custos deverão estar contidos no quadro geral de financiamento estipulado no contrato de concessão; e esse lançamento será precedido da celebração de um aditamento entre os outorgantes (Estado e RTP) que defina, nomeadamente, as obrigações mínimas de serviço público a que ficam adstritos, não podendo prejudicar o cumprimento de quaisquer outras obrigações previstas no contrato de concessão. Por outro lado, é omitida qualquer referência às plataformas utilizáveis para a respectiva difusão, presumindo-se todavia que elas seriam prioritariamente o cabo e a televisão digital terrestre, o que colocaria inevitavelmente esses canais, antes como depois do *switch off* analógico, na categoria dos serviços não condicionados com assinatura, ou seja disponibilizados ao público mediante uma quantia devida pelo acesso ou utilização da infra-estrutura de distribuição.

Além disso, todas as normas do contrato relativas à compensação financeira do Estado e à determinação do valor da indemnização compensatória excluem as novas formas de organização e distribuição de conteúdos audiovisuais. A actividade da empresa na televisão móvel (a *RTP Mobile*) ou no quadro multimédia não figuram entre as rubricas relativas à estrutura de custos, onde se incluem, como em anteriores contratos, os canais nacionais, regionais e internacionais, as delegações e correspondentes, os arquivos, a cooperação, o diferencial de cobertura relativo ao transporte e difusão do sinal televisivo, o apoio financeiro ao cinema e a outras obras audiovisuais, a transmissão de eventos declarados como de interesse generalizado do público e cuja transmissão em aberto não se mostre assegurada sem a intervenção da RTP e as actividades de *host broadcasting*. Aliás, o lançamento da *RTP Mobile* fora objecto de um despacho, de 27 de Abril do mesmo ano, do Ministro dos Assuntos Parlamentares, com a tutela da RTP, que concordaria com a proposta da empresa, sublinhando o seu entendimento de que o novo canal não envolvia *"nenhuma alteração nas condições de exploração que determinam a contraprestação financeira do Estado"*.

Claramente dito, neste domínio, por uma cautela imposta pelos contextos político e de recuperação económico-financeira da empresa, o contrato inclui ainda, em anexo relativo ao quadriénio 2008-2011, uma cláusula prevendo, no prazo máximo de apenas um ano, uma revisão extraordinária das normas desse anexo *"tendo em conta as circunstâncias específicas decorrentes do desenvolvimento da televisão de acesso não condicionado livre no quadro da Televisão Digital Terrestre, e a eventual necessidade de uma nova fase do plano de reestruturação da empresa"*. Ou seja, admite-se que esse acordo complementar relativo ao próximo quadriénio possa ser alterado por via das consequências que o lançamento do *5.º canal* terá sobre as receitas publicitárias da *RTP1*, e não, aparentemente, de uma maior intervenção da empresa no novo quadro digital.

O quadro de transição da RTP para o contexto digital, definido nestes termos pelo contrato de concessão de 2008, era, todavia, completamente original. Exceptuando a Lei da Televisão de 2007, em cujo artigo 52.º, relativo à concessão de serviço público de televisão, se admite a possibilidade de criação de dois novos canais, nos termos que seriam definidos por aquele contrato de concessão, nem as leis do sector de 1998 ou 2003, nem os contratos de concessão de 1997 e 2003 dariam qualquer indicação relativamente à imprescindível resposta do serviço público de televisão ao novo quadro digital.

Singularmente, a única referência de modernidade no quadro anterior do serviço público tinha surgido na documentação relativa à constituição da *holding Portugal Global,* que geriria as participações do Estado na RTP, na RDP e na Lusa. Criada pelo Governo liderado por António Guterres em 2000, sob o impulso do ministro Armando Vara, então com a tutela da comunicação social, a *holding* ambicionava sobretudo criar sinergias entre aquelas empresas, mas propunha-se igualmente desenvolver novos serviços – novos canais temáticos, *Web TV,* ligação da Televisão Digital Terrestre a outras formas de distribuição de conteúdos, incluindo a televisão móvel, conteúdos multimédia, criação de um portal, entre outras iniciativas. Um novo canal da RTP, *Ciência e Saberes,* a concessionar na malograda plataforma da televisão digital terrestre então em processo de lançamento, seria então concebido no âmbito da *Portugal Global,* mas o insucesso daquela primeira experiência de transição para a televisão digital terrestre impossibilitaria a sua concretização. O difícil contexto económico-financeiro da empresa conduziria a que não fosse sequer considerada a hipótese de transferir o projecto para a rede de cabo.

Entretanto, a desconfiança das administrações da RDP e da Lusa face a essa colaboração com a RTP, que diminuiria a sua autonomia e, alegadamente, poderia colocar em causa a sua saúde financeira, comprometeria grande parte dos objectivos iniciais da *Portugal Global.* A *holding* veria, com a substituição de Armando Vara por Guilherme Oliveira Martins como ministro da tutela, a sua acção cingida à gestão quase meramente formal das participações sociais do Estado naquelas empresas e ao multimédia, através de uma nova empresa – "*Viver Portugal*", que teria, porém, limitados resultados (Carvalho, 2002:83). No entanto, a concepção que presidira à experiência da *holding* seria, de forma mais assertiva, desenvolvida pelos governos seguintes, que procederiam com êxito à integração faseada da RTP e da RDP, inicialmente numa sociedade gestora de participações sociais, depois numa nova empresa, a *Rádio e Televisão de Portugal, S.A.*

A RTP teria igualmente um papel pioneiro no multimédia em Portugal.

Foi, em Janeiro de 1997, a primeira televisão portuguesa a emitir regularmente um teletexto, seria igualmente também a primeira, um ano depois, a chegar à Internet, através de um *site* da empresa, a lançar um serviço de *video on demand*, via Internet, permitindo o visionamento dos principais programas de informação (2000), a desenvolver serviços SMS associados à actividade televisiva (final de 2001) e também a criar, no final de 2004, um sítio *WAP*, que permite o acesso a conteúdos da RTP (notícias, meteorologia, farmácias de serviço, totolotarias, etc.) através do telemóvel (Teves, 2007:382).

Não se cingindo ao tradicional conceito unidireccional ou linear de televisão, a empresa, através da sua estrutura multimédia, inicialmente dirigida por Clara Alvarez e também por Francisco Teotónio Pereira, que lhe sucederia como principal responsável, aproveitou as novas funcionalidades da televisão interactiva, evoluindo de simples produtor de conteúdos para agregador e distribuidor, através de novos serviços e novas plataformas.

Uma das inovações de maior sucesso foi a interactividade, cujas formas têm sido sucessivamente aperfeiçoadas. Numa primeira fase, permitindo a difusão em rodapé das mensagens recebidas pelos espectadores de alguns programas. Mais tarde, permitindo mesmo uma intervenção sobre o conteúdo, por exemplo, através do voto, quer directamente no próprio estúdio onde assistem aos programas em directo, quer por telemóvel ou telefone a partir, por exemplo, de casa. Todas estas possibilidades decorrem da convicção de que a elevada percentagem portuguesa de espectadores possuidores de telemóvel lhes permite, com maior probabilidade, formas de participação avançada desse tipo.

Por outro lado, a empresa desenvolveu nos últimos anos uma actividade regular na área das acessibilidades, quer desenvolvendo um serviço de legendagem em teletexto dirigido a pessoas com necessidades especiais (a partir de Abril de 1999), quer, mais tarde, através da linguagem gestual, da áudio descrição (Dezembro de 2003) ou, a partir de Abril de 2008, do início da legendagem automática do *Telejornal* e do *Jornal da Tarde*, concretizando, agora de forma regular, experiências iniciadas no final dos anos 90.

Lançado em Março de 2004, o novo sítio da empresa na Internet, que reúne de forma integrada toda a oferta de conteúdos de rádio e de televisão, incluindo a programação dos seus 15 canais, tem actualmente mais de um milhão de visitas por mês.

Durante os Jogos Olímpicos de Pequim, em Agosto de 2008, a *RTP Mobile*, em conjugação com a TMN, lançaria um canal específico que transmitiria competições e reportagens sobre aquele acontecimento desportivo durante 24 horas por dia. Ao mesmo tempo, a RTP transmitiria igualmente na rede da *TV Cabo* um canal sobre aquele evento, em alta definição.

Por outro lado, a RTP foi a segunda empresa de media da Europa, a seguir à BBC, a utilizar o *You Tube*, utilizando esta plataforma como meio de promoção e divulgação dos seus conteúdos, procurando desta forma aceder sobretudo ao público mais jovem.

Porém, a ausência de uma direcção editorial, com responsabilidades na definição dos conteúdos, tem limitado o alcance da *RTP Multimédia*, que na estrutura da empresa não surge ligada ao sector dos conteúdos.

Ao invés, na dependência da Direcção de Programas, com um director responsável pelos conteúdos emitidos, Carlos Vargas, sujeito a parecer vinculativo da *ERC*, como acontece com os responsáveis dos diferentes canais da empresa, a *RTP Mobile* alcançou o estatuto de 9.º canal da empresa não apenas na *régie* de emissão multicanal (com a *RTP1*, a *RTP2, os canais regionais e internacionais, a RTPN* e a *RTP Memória*) ou seja, não apenas no capítulo técnico como no plano simbólico, ganhando uma operacionalidade e um relevo que, no entanto, o contrato de concessão de Março de 2008 não confirmaria de forma expressiva.

De facto, o texto (Cláusula 2.ª) não coloca a *RTP Mobile* entre os canais que já integram o serviço público de televisão. Pelo contrário, o contributo da *RTP* neste domínio parece limitar-se ao seu enquadramento como forma de distribuição, embora se preveja, na acima referida Cláusula 3.ª, não só que o serviço público de televisão deva estar presente nas diversas plataformas tecnológicas apropriadas à sua difusão, como participe na implantação da televisão móvel.

De qualquer forma, com emissões experimentais desde o início de 2006 e emitindo 24 horas diárias a partir de 27 de Julho de 2007, a *RTP Mobile* é hoje um canal integrado na Direcção de Programas da empresa.

Aliás, a programação diária da *RTP Mobile* integra sobretudo uma mistura de conteúdos emitidos em directo e de programas já transmitidos noutros horários pelos principais canais do operador público. Como atrás se referiu, a *RTP Mobile* já incluiu na sua grelha dois programas próprios, especialmente concebidos para este canal, um dos quais, o *Hot Spot*, era, em Junho de 2008, diariamente difundido em três horários diferentes.

As potencialidades deste canal da *RTP* decorrem sobretudo da crescente utilização do telemóvel como ecrã alternativo, com valores que colocam o nosso país entre os de maior consumo no quadro europeu, e da capacidade de atrair novos públicos, atendendo à especificidade dos conteúdos emitidos e à valorização do acesso e conectividade permanente que ele permite.

PARTE II

Os modelos de governação
e de financiamento dos operadores
de serviço público
e a especificidade portuguesa

Título I
Os modelos de governação

Capítulo I
Os modelos de governação e as experiências europeias

1. Monopólio do Estado, monopólio do Governo?

Razões de natureza histórica, técnica, económica e política estiveram na origem da fundação, na generalidade dos países europeus, de monopólios públicos, primeiro na radiodifusão sonora, mais tarde de forma semelhante também na televisão.

O contexto da criação desses operadores legitimava uma intervenção governamental. De facto, cabia aos departamentos estatais que tutelavam as comunicações acompanhar os primeiros passos do meio radiofónico, tanto mais que este surgia na continuidade do desenvolvimento dos meios de comunicação à distância. Competia aos governos gerir o espaço radioeléctrico e promover a implantação e o alargamento da rede de emissores, de forma a generalizar a difusão das emissões a um crescente número de famílias. Rapidamente se perceberia que a radiodifusão constituía uma nada desprezível forma de afirmação nacional e de difusão cultural e, para alguns, um importante meio de propaganda e de controlo político.

Duas a três décadas depois, quando se iniciavam de forma ainda experimental as emissões de televisão, ninguém melhor do que as empresas de radiodifusão estariam em condições de organizar os meios técnicos, promover o alargamento das redes de emissores, organizar as estruturas das empresas e investir nos respectivos equipamentos.

Bem mais dispendiosos do que os necessários para a rádio, os recursos técnicos necessários para a televisão não a tornavam então ainda especialmente apetecível para a iniciativa privada. Aliás, os fundadores da BBC rejeitariam o modelo comercial vigente nos Estados Unidos, preferindo difundir emissões sem qualquer forma de publicidade.

Em alternativa, o modelo de serviço público impunha uma intervenção do poder político, pelo menos para definir o modelo de governação e para assegurar o financiamento.

Esta proximidade com o poder político teria naturalmente o seu reverso. Ao impedir a submissão dos operadores monopolistas de televisão às regras de mercado, legitimava-se uma acrescida intervenção do Estado, com outros potenciais perigos: como se pode assegurar a independência do operador face ao poder político se é precisamente este que não só define o seu modelo de gestão, podendo reservar-se o direito de designar os principais responsáveis da empresa, como estabelece as formas de financiamento?

Do mesmo modo, os condicionalismos à liberdade de fundação de empresas de televisão, quer na época do monopólio, quer mesmo depois dela, limitariam o pluralismo do meio televisivo. Estas restrições impunham ao operador público acrescidas responsabilidades, cabendo-lhe garantir na sua programação informativa e não informativa o pluralismo que o limitado número de operadores de televisão de cobertura hertziana nacional não estava ainda em condições de propiciar.

O serviço público podia também constituir um contrapeso à crescente fragmentação das audiências, se estivesse em condições de garantir por si só, na sua programação, um fórum de debate plural e o acesso de todas as correntes políticas e sociais significativas. No entanto, a legitimidade dessa intervenção reguladora, caso fosse exercida pelo poder político, poderia permitir uma indesejável intromissão.

A questão da independência dos operadores de serviço público de televisão face ao poder político viria a constituir, assim, um dos problemas centrais dos regimes democráticos, tanto mais que a televisão constitui porventura a mais importante fonte de informação das sociedades europeias.

A complexidade do tema decorre ainda do facto de se impor aos operadores de televisão um modelo que lhes assegure uma indispensável distância perante o poder político, o que não constitui preocupação em relação às empresas de capitais públicos de outros sectores da economia. Um operador público de transportes, por exemplo, não precisa de um modelo que lhe assegure uma distância face a intromissões da sua tutela política. Pelo contrário, isso é indispensável para um operador público de televisão.

É certo que rapidamente se estabeleceu na Europa um consenso genérico sobre a garantia da independência dos operadores públicos face ao poder político. Os operadores – defende-se – *não pertencem ao Estado, nem ao Governo, a um partido político, a uma Igreja, a qualquer poder ou grupo de interesse, nem existem para se servir a si ou aos interesses dos accionistas,* como definia o antigo responsável pelo Departamento Jurídico da *UER,* Werner Rumphorst.

Esta definição consensual está todavia longe de responder a todas as questões.

Com efeito, se os operadores televisivos, de acordo com a mesma definição consensual, pertencem à *sociedade civil* e aos cidadãos no seu conjunto, não é menos verdade que o Governo e o Parlamento não só são eleitos por eles como representam a sua expressão mais fiel. São eles, afinal, quem define a política para a televisão ou, em geral, para o sector audiovisual.

Aliás, na generalidade dos países, compete ao Parlamento estabelecer o quadro geral da legislação. Noutros, além disso, participa na designação dos gestores e na fiscalização da sua actividade. Por sua vez, compete ao Governo, muitas vezes, estabelecer as regras da concessão de serviço público de que é uma das partes e designar os seus gestores.

Por outro lado, mesmo que estes órgãos de soberania estabeleçam modelos e regras que pareçam assegurar a independência do operador, a realidade quotidiana pode ser diferente, sem que os responsáveis pela gestão ou pela programação estejam, por vezes, em condições de denunciar eventuais pressões ou outras limitações ao seu trabalho.

O fim do monopólio dos operadores públicos, com o consequente crescimento de um sector privado, implicou em geral que os governos perdessem influência sobre o meio televisivo, nomeadamente em relação ao conjunto dos conteúdos emitidos. Não se poderia excluir, todavia, que essa perda pudesse conduzir o poder político a querer compensá-la com o reforço do controlo sobre os únicos operadores que pode directamente influenciar.

De qualquer forma, o fim do monopólio dos operadores públicos, permitindo o surgimento de operadores privados e fragmentando as audiências, tornou menos apetecível e mais difícil manipular ou influenciar a programação e sobretudo a informação da televisão pública. Por outro lado, passou a obrigar o poder político a agilizar os mecanismos de governação dos operadores públicos, sujeitos agora a uma situação de concorrência, o que os conduziu em regra a um maior distanciamento do poder.

Aliás, o combate pelo fim do monopólio da televisão pública baseou-se em boa parte na oposição ao carácter oficioso e governamentalizado da informação de muitos operadores, pelo que a submissão às regras da concorrência obrigou-os a mudar essa faceta, que os diminuía perante a audiência e face aos líderes de opinião. De resto, importará analisar os limites da eficácia de uma abusiva influência dos governos sobre os conteúdos dos operadores públicos. Em Espanha, onde esta matéria assumiu sempre indiscutível acuidade, nem um *"exaustivo controlo dos media públicos"* impediria a UCD de sofrer, em 1982, um autêntico *"terramoto eleitoral"* que lhe *ofereceria* apenas 7% dos votos, como recorda Bustamante (2006:97).

2. Em cada país, o seu modelo?

Ocupando os operadores públicos de televisão um lugar nuclear no processo de comunicação política, que o fim do monopólio apenas atenuou, compreende-se que o seu modelo de organização reflicta, na generalidade dos países, a estrutura e a tradição política estatal, designadamente os modelos adoptados em cada um deles para o governo das sociedades.

Na origem da BBC, cujo percurso influenciaria a concepção de serviços públicos de outros países, está a ideia de que ele deveria ser um serviço para o público, independente do Governo e de interesses particulares. Tendo sido constituída como *corporação pública,* e não como uma entidade integrada na administração estatal, a BBC foi estruturada à semelhança das instituições autónomas da sociedade civil existentes na Grã-Bretanha (Humphreys, 1996:149). A independência da BBC decorre, todavia, mais de uma arreigada tradição, consensualizada entre as principais forças partidárias, de respeito pela autonomia do operador do que do seu modelo organizativo, relativamente governamentalizado.

De facto, compete ao Governo a escolha dos administradores do operador público de televisão, embora caiba formalmente à Coroa britânica, mediante uma *order in council,* a designação dos 12 administradores da *BBC Trust – Fundação BBC,* que, de acordo com a *Royal Charter* de 2006, substituiu o *Board of Governors.* Aos administradores designados compete a orientação estratégica da BBC e, sobretudo, a escolha do Director Geral e dos restantes membros do Conselho Executivo, responsáveis pela sua gestão corrente.

A estrutura da BBC integra ainda diversos conselhos consultivos, nomeadamente quatro *Audience Councils,* representativos do universo de pagadores da taxa das quatro nações que integram a Grã-Bretanha – Inglaterra, Escócia, País de Gales e Irlanda do Norte.

A BBC representa, desde a sua fundação, um modelo de independência, que resulta, mais do que da sua estrutura, do seu modelo de funcionamento – despolitização das escolhas, independência funcional dos responsáveis e participação alargada às elites da sociedade britânica, embora os estatutos da BBC admitam intervenções do Governo na determinação dos conteúdos, o que apenas aconteceu em casos excepcionais. Por exemplo, em 1985, o Ministro do Interior pediu aos responsáveis da BBC que não fosse difundido um documentário sobre a Irlanda do Norte que incluía uma entrevista com um líder do *Sinn Féin,* solicitação que, tendo sido acatada, provocaria uma greve de 24 horas dos jornalistas da BBC (Hallin e Mancini, 2004:235).

Os modelos de governação dos operadores públicos alemães, como do austríaco, ambos adoptados a seguir à segunda guerra mundial, são fruto das regras impostas pelas potências aliadas, mas também da própria tradição federal dos países.

Na Alemanha, foram constituídos operadores públicos em cada um dos estados federados, de cuja associação resulta a *ARD*, criada em 1950. Em 1963, por acordo entre os *länder*, seria fundada a *ZDF*, segundo canal alemão.

Em cada um desses operadores, nos que constituem a *ARD* e na própria *ZDF*, existe um *Fernsehrat* – conselho de televisão – representativo das mais relevantes forças sociais e políticas da sociedade alemã, a quem compete designar o director-geral (*Intendant*), que dirige toda a empresa, e um Conselho de Administração, com funções não executivas, responsável pelo acompanhamento da gestão.

Modelado pela jurisprudência do Tribunal Constitucional, nomeadamente pelos acórdãos de 1961, 1981 e 1987, e pelos contratos estabelecidos entre os *länder*, definindo os aspectos essenciais do regime legal da televisão, este modelo de representatividade social, que pode igualmente classificar-se como de pluralismo interno, baseia-se no poder conferido ao *Fernsehrat*, integrado por um elevado número de membros – por exemplo, 77 na *ZDF* – designados pelas mais diversas entidades e grupos sociais, desde partidos políticos, sindicatos e associações patronais, igrejas, movimentos juvenis, universidades, consumidores, entre outros.

Em Itália, o primeiro canal da RAI foi criado em 1954, em plena hegemonia da democracia cristã, o que influenciaria o modelo de *televisão pedagógica* então assumido.

O fim do monopólio político da democracia cristã reflectir-se-ia na reforma da RAI em 1975, claramente influenciada pelas sentenças 225, 226 e 227 do Tribunal Constitucional, aprovadas em Julho do ano anterior, que se opõem a um modelo de gestão governamentalizado. A nova lei estipulava a transferência do controlo da RAI para o Parlamento, com a consequente *lottizzazione*, expressão gerada pela doutrina, que consagra a partilha tácita dos três canais da televisão e da rádio públicas pelas forças políticas então mais influentes: a RAI 1 seria *atribuída* à democracia cristã, a RAI2, criada em 1961, aos socialistas e a RAI3, lançada em 1979, aos comunistas.

Este modelo não sobreviveria todavia aos resultados das eleições de Abril de 1992, em que ganharia expressão um conjunto de novas forças partidárias. Antes, entre 1983 e 1986, a ausência de acordo entre os partidos impediria mesmo a eleição de um conselho de administração durante dois anos e meio (Achille, 1994:48-52 e Rossinelli, 1991:7-49).

O actual regime jurídico da RAI, aprovado em 2005 (Decreto n.º 177, de 31/7/2005, publicado no jornal oficial de 7/9 do mesmo ano), mantém a influência parlamentar, através da *Commissione parlamentare per l'indirizzo generale e la vigilanza dei servizi radiotelevisivi,* cujo voto por maioria qualificada de dois terços é necessário para aprovar o nome do Presidente do Conselho de Administração da RAI. O Conselho de 9 membros, designados pela assembleia-geral da empresa para um mandato de 3 anos renovável apenas uma vez, designa o Director Geral, cujo mandato tem uma duração igual.

O modelo francês sofreu uma lenta evolução democratizadora, que todavia nunca o afastou de uma tradição estatista e centralizadora.

O operador público começou por ser um mero serviço administrativo estatal, ligado aos departamentos de correios e telégrafo, sem qualquer autonomia funcional. A crescente tensão internacional nos anos que precederam a segunda guerra mundial justificou o aumento do controlo governamental, que o final do conflito não atenuaria. Pelo contrário, em 1956, o conflito na Argélia e a crescente influência do operador público de televisão, em comparação com os outros órgãos de informação, levaria mesmo o Governo a acentuar o seu controlo, ao ponto de o responsável pelos serviços informativos depender do director de informação da rádio pública, que por sua vez tinha como tutela directa o ministro da Informação (Thomas, 1978:32). Não espanta assim que o então Presidente francês, Georges Pompidou, a tivesse considerado, em Setembro de 1972, como atrás se recordou, como a *voz da França,* retomando a concepção delineada por De Gaulle, no início dos anos 60.

Este estreito controlo governamental seria, apesar de tudo, atenuado na sequência dos acontecimentos do *Maio de 68,* e sobretudo com o fim do monopólio do operador público no início dos anos 80, mas nunca seria possível impor regras consensuais entre as diferentes forças políticas que impedissem a classificação do modelo vigente como *winner takes all* (Humphreys, 1996:155). Aliás, esta tradição conduziria mesmo, entre 1956 e 1986, as novas maiorias políticas a empreenderem, sucessivamente, cinco reformas estruturais do audiovisual francês (Humphreys, 1996:137).

Um papel importante na governação da *France Télévisions* tem estado reservado ao *Conseil Supérieur de l'Audiovisuel (CSA)*, entidade reguladora a quem competia a designação do seu Presidente para um mandato de cinco anos. No modelo em vigor até ao início de 2009, o *CSA*, designa mais quatro membros do Conselho de Administração, devendo a escolha de três delas recair sobre pessoas oriundas, respectivamente, do movimento associativo, do *mundo* da criação ou da produção audiovisual ou cinematográfica e do ultramar francês. Do Conselho de Administração de catorze membros fazem ainda parte dois parlamentares designados pela Assembleia Nacional e pelo Senado, cinco representantes do Estado designados pelo Governo e dois representantes dos trabalhadores da empresa, eleitos por estes.

Compete ao Conselho de Administração designar os directores gerais das diferentes sociedades da empresa, como a *France 2,* a *France 3* e a *France 5*. A exemplo dos modelos britânico e alemão, compete aos directores gerais a gestão corrente das empresas, assumindo desta forma um papel bem mais importante do que o reservado aos presidentes dos conselhos de administração da *France Télévisions* ou das suas sociedades.

A composição do *Conseil Supérieur de l'audiovisuel* – 9 membros designados, três por cada um, pelos presidentes da República, da Assembleia Nacional e do Senado, confere todavia uma clara hegemonia às maiorias políticas. Esta tendência reflecte-se ainda não apenas no conselho de administração da *France Télévision,* onde está assegurada uma maioria de nomeação governamental, como da mesma forma nos conselhos das sociedades nela integradas.

No entanto, no âmbito de uma profunda modificação da estrutura e dos modelos de governação e financiamento do serviço público televisivo francês, a *Comissão para a nova televisão pública*, designada pelo Presidente Sarkozy em Fevereiro de 2008, proporia a adopção de um novo modelo, que viria a ser aprovado pela Assembleia Nacional francesa em Dezembro de 2008, aguardando-se ainda a sua apreciação pelo Senado.

De acordo com as normas em discussão, o Conselho de Administração da *France Télévisions*, que agregará numa empresa única as diferentes sociedades do actual grupo empresarial público, será composto por 15 membros – dois parlamentares, cinco representantes do Estado designados pelo Governo, cinco elementos indicados pelo CSA, dois eleitos pelos trabalhadores da empresa, e presidido por um elemento indicado pelo Governo, que seria sujeito a uma votação pela Comissão parlamentar de assuntos culturais, considerando-se aprovada a proposta que não seja rejeitada por uma maioria superior a três quintos dos votantes.

Marcada pela sua submissão ao *franquismo*, a *RTVE* manteria, depois de implantado o regime democrático, um modelo essencialmente governamentalizado. Mau grado o poder conferido pelo Estatuto de 1980 ao Congresso dos Deputados e ao Senado para criarem uma Comissão Parlamentar com competência para controlar o operador e mesmo para eleger um extenso Conselho de Administração de 12 membros, a circunstância de o homem forte – o Director Geral – ser designado pelo Governo, embora com um parecer não vinculativo do Conselho de Administração, e a *"intensa politização do Conselho, cuja cor política coincidiu com a da maioria dominante nas duas câmaras e, por conseguinte com a do Governo"*, afastaram qualquer veleidade de independência perante o poder político: *"as aspirações e os anseios da empresa subordinaram-se sistematicamente aos interesses, muitas vezes conjunturais, não do Estado mas dos governos de turno"* (Pedro Fernaud in RTVV, 1990:69).

A ligação umbilical entre a televisão pública e o poder sujeitaria aquela a uma contínua instabilidade política no período imediatamente subsequente ao fim do *franquismo*: entre 1975 e 1982, a RTVE teria oito directores gerais, o que implicaria quase sempre uma profunda mudança nas equipas de direcção da empresa (Bustamante, 2006:61). No final de 1980, porém, o partido governamental, a UCD, e o principal partido da oposição, o PSOE, chegariam a um entendimento sobre o nome do director geral da RTVE, Fernando Castedo, que seria, até 2006, o único na história da Espanha pós-franquista a receber um parecer favorável quase unânime do Conselho de Administração (Bustamante, 2006:80).

Em Maio de 2006, todavia, o Congresso espanhol aprovaria uma ampla reformulação da legislação relativa aos serviços públicos de rádio e de televisão.

Em substituição do *Ente público* formou-se então a *Corporación de Rádio y Televisión Española,* sob a forma de *sociedad mercantil estatal* de capital exclusivamente público, dirigida por um Conselho de Administração de doze membros, cujo Presidente passou a assumir funções executivas antes atribuídas a um Director-Geral designado pelo Governo. A eleição dos membros do Conselho, para um mandato não renovável de seis anos, é realizada pelas *Cortes Generales,* sendo oito designados pelo Congresso dos Deputados, dos quais dois sob proposta dos sindicatos mais representativos com implantação na *RTVE,* e quatro pelo Senado.

O *homem forte* da *RTVE* é todavia o Presidente do Conselho de Administração, eleito pelo Congresso dos Deputados, de entre os membros do Conselho. A eleição do Presidente, bem como as dos membros do Conselho de Administração, requer uma maioria qualificada de dois terços, o que implica um consenso entre as principais forças políticas.

Na estrutura da *RTVE* existe ainda um *Consejo Asesor,* formado por quinze membros representativos de diversos sectores da sociedade espanhola, com funções consultivas sobre a orientação geral da programação, e os *Consejos Informativos,* órgãos internos de participação dos jornalistas, encarregados de promover a independência editorial e de salvaguardar a sua independência face à direcção da empresa, embora sem poderes vinculativos.

Organizado à semelhança da própria sociedade holandesa, em torno dos chamados *pilares (verzuiling),* que desde a segunda metade do século XIX, agregam as suas próprias organizações religiosas, políticas, sociais e culturais, o operador público holandês – *NPO (Nederlandes Omroep stichting)* de que a *NOS* constitui a sociedade responsável pela coordenação e produção dos conteúdos dos canais televisivos – constitui um excelente exemplo da influência do modelo social do país na sua própria estrutura. Na prática, a *NPO* é uma federação de diferentes operadores criados por aquelas organizações, o que a afasta do poder político, conferindo-lhe uma indiscutível independência, mesmo se considerarmos a progressiva quebra de influência dos referidos *pilares* na sociedade holandesa.

Da mesma forma, a televisão pública belga reflecte a estrutura administrativa do país e a sua evolução, coexistindo assim desde os anos 60 dois operadores públicos, cada um deles vocacionado para a sua comunidade regional e linguística e estruturado de acordo com as suas tradições e influências – francesa na comunidade valã, holandesa na comunidade flamenga, e mais tarde, depois de 1977, um pequeno operador destinado à minoria de língua alemã.

Um outro exemplo de operador cuja estrutura está estreitamente vinculada à organização administrativa do país é a *SRG SSR*, empresa que agrupa quatro sociedades regionais, cada uma delas responsável pelo serviço público de rádio e de televisão para as comunidades alemã, francesa, italiana e *romanche*.

A empresa tem todavia uma estrutura nacional composta por um Conselho Central de 21 membros, cinco dos quais são designados pelo Conselho federal suíço (conselho de ministros) e os restantes, excepto quatro cooptados, pelos organismos regionais da rádio e da televisão públicas, e por um conselho de administração de sete a nove membros. Os mandatos têm uma duração de quatro anos, renováveis três vezes (Estatutos da *SRG SSR* de Novembro de 1991, revistos em Novembro de 2003).

O principal órgão executivo é o director-geral, designado pelo Conselho Central sob proposta do Conselho de Administração.

3. A diversidade de modelos de governação

A diversidade de modelos organizativos nestes países demonstra a influência das respectivas sociedades, tradições e cultura política, tornando mais complexa qualquer tentativa de sistematização dos respectivos modelos de governação.

É possível, no entanto, estabelecer parâmetros comuns em algumas delas, realçando características afins às estruturas organizativas de cada operador nacional, classificando-os de acordo:
- com a origem da designação dos seus principais dirigentes – gestores e directores responsáveis pela programação e informação;
- com a relevância da intervenção governamental;
- com a origem da influência dominante;
- com a ligação do operador de televisão à actividade política.

A origem da designação dos principais dirigentes dos operadores constitui, sem dúvida, uma das principais formas de aferir o seu grau de independência, sobretudo face ao poder político.

Utilizando este critério, podem ser enunciados quatro modelos: o *governamentalizado*, quando essa competência é atribuída ao Governo, o que acontece em países com experiências tão díspares como a Grã-Bretanha e Portugal; o *parlamentarizado*, quando é atribuída ao Parlamento (caso da Itália, embora de forma mais atenuada na actual legislação); o de *representatividade social*, quando a designação do principal órgão executivo é da competência de outro órgão do próprio operador, por exemplo, um conselho que inclua na sua composição entidades representativas, na sua diversidade, do conjunto da sociedade (exemplo da Alemanha); e o *misto*, quando a composição do seu principal órgão deliberativo resulta da designação de várias entidades (formalmente, o caso da França).

Outros autores, como Nissen (2006:40) consideram a importância da intervenção do Governo como o critério mais indicado para apurar a independência dos operadores.

Baseado neste critério, haveria três tipos de modelos: aqueles onde o governo e o partido maioritário dispõem de um papel importante de forma assaz directa, exemplos da França, da Grécia e da Espanha; aqueles em o poder está repartido pelos diferentes partidos, incluindo os da oposição, e por elementos da sociedade civil, casos da Itália, antes da era Berlusconi, Alemanha, Áustria, Holanda e de alguns países da Europa de leste; e os modelos onde existe uma separação entre o poder político e o operador mediante uma instância dirigente intermédia e uma regulação mais ou menos independente do Governo, exemplos da Grã-Bretanha, Irlanda e dos países escandinavos.

Já de acordo com o critério da origem da influência dominante nos diferentes operadores (Humphreys, 1996:157), em que se pretende apurar o grau de politização, haveria três modelos: o de domínio do governo ou de um partido, apontando-se os exemplos da França, da Itália até 1975, da mesma Itália em 1994 com o Governo Berlusconi, e da Grécia; o da *arm's lenght influence*, casos da Grã Bretanha e da Suécia; e o modelo onde haveria um domínio pluripartidário ou de grupos, reconhecido na Alemanha, Áustria, Itália, depois de 1975 (com a *lottizzazzione*), Dinamarca, Holanda e Bélgica.

A relação entre o poder político e o operador público e, sobretudo, o grau de autonomia de que este goza motivaram Kelly (1983:65-82) a elaborar um outro critério, ponderando a ligação da televisão – então sujeita a um monopólio dos operadores de serviço público – à actividade política.

De acordo com essa classificação haveria sistemas formalmente autónomos, em que foram adoptados mecanismos para afastar os órgãos políticos dos operadores – exemplos da Grã-Bretanha, da Irlanda e da Suécia; sistemas em que a política está *dentro* do operador, visto que os órgãos de gestão integram representantes dos principais partidos tal como dos principais grupos sociais a eles ligados – Alemanha, Dinamarca, Holanda e Bélgica; e sistemas em que a política comanda o operador, dado que os órgãos do Estado estão autorizados a intervir nas decisões do operador – Grécia, Itália e França.

Ainda que baseados numa comparação mais vasta entre *sistemas de meios de comunicação,* merece referência o estudo de Hallin e Mancini, "Comparing Media Systems", publicado em 2004. Além do grau e natureza da intervenção estatal na comunicação social, onde avulta o modelo do serviço público de rádio e televisão, estes autores utilizam outros critérios como o desenvolvimento dos mercados dos *media,* a natureza dos vínculos entre os órgãos de informação e os partidos políticos e o desenvolvimento do grau de profissionalismo dos jornalistas. De acordo com estes quatro critérios, Hallin e Mancini considerariam a existência de um modelo *liberal*, prevalecente na Grã-Bretanha, Irlanda e Estados Unidos, onde os mecanismos de mercado e os órgãos de informação comerciais teriam um relativo ascendente; um modelo *democrático corporativo,* predominante no norte da Europa, onde haveria uma coexistência histórica dos órgãos de informação comerciais com os dependentes de grupos sociais e políticos organizados e um legalmente limitado, mas activo papel do Estado; e um modelo *pluralista polarizado,* que caracterizaria os países do sul da Europa, onde os órgãos de comunicação estariam integrados na luta político partidária, haveria um desenvolvimento mais limitado dos órgãos de informação comerciais e um importante papel reservado ao Estado (Hallin e Mancini, 2004:11).

No modelo *mediterrânico* ou *pluralista polarizado*, existiriam sistemas parlamentarizados ou governamentalizados de controlo do operador público de televisão; no modelo do Norte da Europa ou *democrático corporativo*, haveria um forte serviço público com considerável autonomia, apesar da presença dos partidos e dos grupos sociais na direcção do operador; e no modelo do Atlântico Norte ou liberal, prevaleceria um sistema formalmente autónomo, com um modelo profissional de direcção da televisão (Hallin e Mancini, 2004:67).

A esquematização dos diversos modelos de governação, exigindo a opção por critérios adequados aos objectivos pretendidos, reveste--se de inegável complexidade. Por exemplo, apreciando a primeira das classificações enunciadas, importará recordar que, ainda que a origem da designação dos principais dirigentes constitua um factor relevante para apurar a independência dos operadores face ao poder político, ela está longe de constituir a única a ponderar nesta matéria.

De facto, este critério não atende à diversidade de tradições e culturas políticas, nem tem em consideração outros aspectos decisivos relacionados com os mandatos (duração, revogabilidade e possibilidade de renovação), com matérias relativas à liberdade interna dos jornalistas e dos responsáveis pela programação dos operadores ou com o tipo de estrutura das empresas, designadamente a *distância* entre o Estado e as chefias responsáveis pela programação e a informação, aferida pelo número de estruturas intermédias entre a tutela política e estes dirigentes.

Os modelos governamentalizados seriam naturalmente aqueles onde mais se sentiria uma indesejável intromissão do poder político. Ora, se isso é verdade em experiências como a portuguesa ou a espanhola, já manifestamente não o é em relação à BBC, marcada por uma apreciável despolitização das escolhas, pela independência funcional dos dirigentes e por uma ampla participação das elites sociais e culturais na sua diversidade.

Aliás, não falta quem assegure que apesar de formalmente muito mais democráticos do que o modelo da BBC, o seu equivalente alemão, baseado nos conselhos de televisão (*fernsehräte*) está afinal mais próximo da vida partidária, dada a tendência para escolher as entidades incluídas nesses conselhos de acordo com a sua previsível inclinação político partidária (Humphreys, 1996:134). Hallin e Mancini (2004:168) recordam que, nesse aspecto, o sistema alemão acaba, na prática, por converter-se num modelo essencialmente parlamentarizado.

No entanto, qualquer uma das classificações enunciadas corre o risco de rápida desactualização, tendo em conta as mudanças na legislação dos diversos Estados ou a própria evolução do meio televisivo.

O fim do monopólio dos operadores públicos com a consequente fragmentação das audiências, aumentada de forma exponencial com o início da era digital, envolvendo um evidente decréscimo da influência dos operadores públicos e a criação de entidades reguladoras, conduziu a um afastamento do poder político, agora bem mais limitado à definição do quadro geral da legislação do sector do que a uma influente tutela sobre o operador público.

Contudo, como notam Brants e Siune (in McQuail e Siune, 1998:141), os espectadores de televisão também mudaram. A competição decorrente do crescente número de serviços de programas distribuiu as audiências por muitos deles, frequentemente mais à procura de prazer e entretenimento do que de informação política e programação formativa.

Esta mudança conduziu os políticos e os operadores públicos de televisão a serem mais responsáveis e cuidadosos com os espectadores, o que também envolve maior autonomia dos operadores e uma acrescida subordinação a critérios meramente profissionais.

4. À procura de um modelo de governação ideal

Apesar da diversidade dos modelos de gestão, reflexo das diferentes tradições e culturas políticas dos vários estados europeus, é possível definir um elenco de normas e procedimentos que assegurem a independência dos operadores de serviço público de televisão.

Em primeiro lugar, a liberdade perante o Estado, o que implicará que o operador não seja constituído como serviço estadual ou da administração directa ou indirecta do Estado, mas antes como um organismo autónomo, mesmo que de capital inteiramente público.

Em segundo lugar, o pluralismo da sua programação, quer do ponto de vista da sua diversidade temática, quer do ponto de vista da diversidade de perspectivas com que esses temas são abordados (Machado, 2002:1064).

A concretização legal destas duas premissas fundamentais constitui um dos aspectos mais complexos: como assegurar a liberdade perante o Estado e o pluralismo da sua programação, e naturalmente da sua informação, se compete ao poder executivo e ao poder legislativo a definição do seu enquadramento normativo, incluindo mesmo o organizativo, do seu financiamento e, nos modelos de vários países, também a designação dos seus principais responsáveis, os seus administradores?

Em grande parte dos países europeus, o modelo de governação existente pressupõe que, na sua origem ou no decurso da sua história, houve um *momento de consensualização,* em que a maioria política auto limitou e repartiu o seu poder sobre o operador de serviço público, definindo regras a vários níveis, desde a forma de designação dos seus dirigentes até à atribuição a entidades externas à empresa de poderes de intervenção ou fiscalização da sua actividade. Essa repartição da influência sobre o operador é, de facto, um elemento caracterizador relevante, mesmo se tiver sido determinado pela noção de que é quando se ocupa o poder que melhor se garantem os direitos de quem será inevitavelmente, devido ao inexorável rotativismo democrático, mais tarde ou mais cedo, oposição. Por isso, ela é naturalmente mais frequente nos países de maior alternância no poder.

A existência ou não dessa repartição de influência divide, em traços gerais, os modelos de gestão entre aqueles onde o governo continua a desempenhar a sua influência no operador – *winner takes all,* para usar a já citada expressão de Humphreys (1996:155), casos sobretudo dos países sujeitos nas últimas décadas a regimes autoritários – Espanha, Grécia, Portugal, países do leste europeu, mas também na própria lenta evolução francesa – e, por outro lado, os países onde existe uma repartição do poder entre a maioria e as oposições políticas ou as diversas forças sociais mais representativas, como acontece em modalidades bem diversas na generalidade dos países da Europa Central e do Norte. Nestes Estados, como atrás se referiu, existem importantes competências atribuídas na designação dos principais responsáveis dos operadores ou na determinação dos conteúdos quer a órgãos representativos da diversidade político partidária, como o Parlamento, ou da sociedade civil, como os conselhos de televisão (*fernsehräte* alemães), quer a instâncias de regulação, quer ainda a um conjunto destes organismos ou entidades.

Esta dicotómica classificação não esgota, todavia, a complexidade do tema.

Em primeiro lugar, porque, como se viu através do modelo da BBC, a tradição e o consenso nacional em torno de regras de conduta podem ter tanta influência como as normas legais.

Em segundo lugar, porque existem muitos outros factores a ponderar na apreciação da democraticidade e da independência de um operador e na procura de um modelo mais plural e independente.

A origem da designação dos principais cargos do operador constitui um dos aspectos fundamentais. Em princípio, salvaguardando o peso da tradição em alguns países, como a Grã-Bretanha, a independência do operador fica tanto mais salvaguardada quanto mais a origem se afastar da influência do Governo ou do Parlamento, em especial se neste último caso, tratando-se de um órgão colectivo como o Conselho de Administração, a designação for realizada mediante uma votação por maioria simples.

A atribuição ao Governo da responsabilidade de escolher os administradores do operador pode ser, no entanto, justificada pela responsabilidade do Executivo na condução de uma política para o audiovisual, do qual o serviço público de televisão é uma componente essencial. De facto, a definição do quadro geral de actuação do operador, o seu papel no novo quadro digital ou na indústria audiovisual, os serviços de programas internacionais, entre outras opções, justificam de facto uma intervenção do Governo, que todavia pode ser concretizada de acordo com regras estabelecidas num *contrato de concessão* ou num *caderno de encargos* periodicamente negociado entre o Executivo e a empresa ou, noutros casos, definido pelo poder político ou por uma entidade reguladora da comunicação social.

A escolha parlamentar tem a vantagem de obrigar normalmente a um consenso entre as principais formações partidárias, já que surge normalmente associada à exigência de uma maioria qualificada. Em alternativa, como aconteceu durante muitos anos no modelo espanhol, instituiu-se uma eleição através de método proporcional, processo que apresenta como vantagem a representação da(s) minoria(s), mas os inconvenientes de retirar coesão ao conselho e de politizar e partidarizar mais as escolhas, muitas vezes em detrimento da qualificação técnica dos indigitados, por desconfiança recíproca dos partidos proponentes.

A escolha por indicação de conselhos de opinião, como os conselhos de televisão, pode aparentemente proporcionar uma maior independência, embora a selecção das entidades envolva um juízo sobre a sua representatividade que nem sempre está isento de controvérsia, tanto mais que o decurso do tempo pode torná-la obsoleta. Recorde-se, a este propósito, as críticas a que, apesar de tudo, está sujeita a experiência alemã.

Por outro lado, a escolha realizada por um órgão colectivo como estes conselhos pode suscitar uma indesejável *desresponsabilização* na condução de uma empresa sensível e influente como o operador público de televisão. Muitas vezes se discute também se as entidades escolhidas devem cingir-se ao meio televisivo ou devem antes abranger a sociedade na sua diversidade ou ainda tentar um compromisso entre as duas opções.

Finalmente, a escolha realizada por uma multiplicidade de entidades, mesmo que reflicta uma hegemonia concedida a uma delas, como acontece no caso francês com a maioria política em funções, apresenta o inconveniente de retirar coesão ao órgão de gestão, contribuindo também para a sua *desresponsabilização*.

A definição de um quadro legal que assegure a independência dos operadores levou o Comité de Ministros do Conselho da Europa, em Setembro de 1996, a aprovar uma Recomendação aos Estados membros, com o nº R(96) 10, sobre a garantia da independência do serviço público de radiodifusão.

Reafirmando as preocupações já assinaladas no documento aprovado pela 4.ª Conferência Ministerial europeia sobre política de comunicação social (Praga, 1994), a Recomendação limitava-se todavia a afirmar alguns princípios gerais sobre a necessidade de o regime jurídico dos operadores garantir a sua *independência editorial* e a sua *autonomia institucional*, designadamente na *definição da programação* e na *concepção e produção de programas*, e a associar a garantia da independência dos operadores ao seu modelo de financiamento.

Da mesma forma, o Comité de Ministros do Conselho da Europa viria a adoptar em 27 de Setembro de 2006 uma declaração *"sobre a garantia de independência do serviço público de radiodifusão nos Estados Membros"* em que, reafirmando os princípios preconizados na Recomendação n.º R(96) 10, se apela aos Estados a que a cumpram, *"no caso de ainda o não terem feito"*, o compromisso de *"garantir aos organismos de radiodifusão de serviço público os meios jurídicos, políticos, financeiros, técnicos e outros necessários para assegurar uma verdadeira independência editorial e autonomia institucional, a fim de eliminar todos os riscos de ingerência política ou económica"*.

O documento, onde se deploram *"as medidas tomadas por alguns Estados membros que tendem a enfraquecer a garantia da independência do serviço público de radiodifusão ou a restringir a independência existente"*, assinala a sua preocupação *"pela lentidão ou insuficiência dos progressos realizados em outros Estados membros para assegurar a independência do serviço público de radiodifusão, por falta de um adequado quadro de regulação, devido à incapacidade de aplicar as leis e regulamentos em vigor"*.

A declaração do Comité de Ministros limitava-se desta forma a uma apreciação genérica sobre esta temática.

Entretanto, num documento divulgado em 1998, um dos directores da União Europeia de Radiodifusão, responsável pelo seu gabinete jurídico, Werner Rumphorst, iria bem mais longe ao elaborar uma proposta de estatuto de um operador modelo de serviço público de televisão (Price e Raboy, 2001:30).

Na parte relativa ao modelo de gestão, Rumphorst limita a doze o número de entidades da sociedade civil que estariam representadas no seu modelo de conselho de televisão. A lista das entidades seria designada pelo Parlamento através de uma votação em que se exigiria uma maioria qualificada de ¾, depois de uma audição pública dos potenciais indigitados.

Rumphorst preconiza também que alguns dos membros do conselho tenham um primeiro mandato mais curto para que não terminem todos ao mesmo tempo, de forma a assegurar uma certa continuidade no seu funcionamento. O mesmo jurista defende que o conselho de televisão eleja um Director Geral, mediante uma votação por maioria qualificada de 2/3, o Conselho de Administração por 7/12 e aprove por maioria as restantes chefias propostas pelo director geral. Caberia ainda ao conselho, aprovar a estrutura interna da empresa e acompanhar e monitorizar a programação emitida.

Esta proposta pressupõe a aceitação do modelo vigente na maior parte dos operadores públicos de televisão da Europa, em que existe uma clara separação entre as competências do Conselho de Administração e as atribuídas a um Director-Geral. Ao primeiro, competiria a gestão, por vezes até em *part time*, embora limitada às orientações estratégicas, incluindo, por exemplo, os investimentos, a orientação dos recursos humanos e as negociações com a banca. Ao segundo, caberia a gestão diária e corrente de toda a empresa ou, noutros casos, pelo menos toda a matéria referente à determinação dos conteúdos a emitir.

Esta separação entre as competências destes dois órgãos, atribuindo toda a responsabilidade pelos conteúdos da programação a alguém que não é directamente designado pelo poder político, pode garantir uma acrescida independência ao operador, que será tanto maior quanto mais afastado estiver daquele. Neste sentido, a escolha de um director-geral por um conselho de televisão, cujos membros não são, pelo menos na sua maioria, designados pelo Governo e pelo Parlamento, pode preencher esse requisito. Esse objectivo pode igualmente ser alcançado pela intermediação de outros órgãos entre o Governo e o responsável pelos conteúdos.

As regras a que está sujeita a designação dos principais responsáveis – gestores e/ou directores gerais reveste-se igualmente da maior importância.

Nos modelos de governação em vigor nos operadores públicos europeus existe uma panóplia de soluções cuja aplicação assegura, em muitos casos, uma acrescida independência aos designados.

A sujeição a um concurso público, implicando a apreciação de um *curriculum vitae*, obriga a uma maior transparência na aferição das qualidades profissionais do indigitado, embora possa indesejavelmente limitar a apresentação de candidaturas. A exigência de participação de outro órgão, por exemplo mediante um voto vinculativo, pode impedir escolhas partidarizadas, o mesmo acontecendo se a legislação impuser uma audição pública do indigitado por outro órgão – comissão parlamentar ou conselho de televisão, entre outras hipóteses – antes e durante o seu mandato, como forma de aferir um eficiente e qualificado cumprimento do mandato.

Existem ainda outras regras relativas aos mandatos que podem contribuir para o mesmo objectivo, como a sua duração, preferencialmente maior do que as legislaturas parlamentares, mas com um limite previamente estabelecido, e a sua irrevogabilidade, salvo em circunstâncias excepcionais claramente previstas na legislação. Rumphorst (2001:33), por exemplo, preconiza que os membros do Conselho de Administração, cujos membros exerceriam o seu cargo em *part time* – com um salário anual equivalente ao vencimento mensal do director geral – tenham mandatos de 4 anos renováveis duas vezes, enquanto que este teria um mandato de 5 anos, renovável.

Finalmente, atenta a importância da autonomia financeira do operador, a fixação do montante da taxa por uma comissão independente – como preconizou o Tribunal Constitucional alemão – pode constituir uma acrescida garantia de independência.

Capítulo II

O modelo governamentalizado português

1. O modelo de governação até 1974 e o papel complementar da censura prévia

Criada por impulso do executivo, sob a influência do Ministro da Presidência, Marcelo Caetano, a RTP seguiria, desde a sua fundação, um modelo claramente governamentalizado, apesar de evidenciar, como se referiu no Título I da Parte I, assinaláveis diferenças face à Emissora Nacional, uma das quais residia na própria circunstância de o Estado deter uma participação limitada a um terço do capital.

Essa participação minoritária do Estado não impediu, todavia, que o Governo assegurasse uma influência decisiva na estrutura e no quotidiano da empresa.

Esse papel resultava, em primeiro lugar, de toda a legislação, aprovada em 1955 e 1956, que enquadra o nascimento e o início da actividade da empresa, desde o diploma que aprova as bases da concessão – o DL n.º 40 341, de 18 de Outubro de 1955, até aos seus estatutos e ao contrato de concessão *relativo ao estabelecimento e exploração do serviço público da televisão em território português*, – ambos publicados na III Série do Diário do Governo, respectivamente no n.º 303, de 31/12/55 e no n.º 21, de 25/1/56.

Ao abrigo desta legislação, o Governo designava o presidente de um conselho de administração com três membros, podendo demiti-lo a todo o tempo. Nomeava igualmente o presidente do conselho fiscal e um *"comissário do Governo"* – o primeiro seria António Alçada – a quem era reconhecido *"o direito de suspender, até resolução do Governo"*, as deliberações da assembleia-geral e dos corpos gerentes que considerasse *"ilegais ou inconvenientes ao interesse público"*. Competia-lhe igualmente a superintendência da fiscalização, quer dos programas quer da parte técnica das emissões e inclusivamente a aplicação de multas por infracção das disposições legais e regulamentares relativas à empresa, quer relativas à parte técnica, quer à programação emitida. Fixava o montante da taxa de televisão, mediante despacho do Presidente do Conselho. Atribuía-se em exclusivo a faculdade de autorizar o aumento ou a redução do capital da sociedade. Definia os planos e os prazos para a instalação e a abertura à exploração de *"uma cadeia de centros de emissão que cubra as regiões de maior densidade populacional, abrangendo, pelo menos, as regiões de Lisboa, Porto e Coimbra"* podendo determinar *"a ampliação do serviço a quaisquer regiões do continente, ilhas adjacentes e províncias ultramarinas"*. Dispunha da faculdade de rescindir unilateralmente o contrato de concessão, previsto para uma duração de vinte anos, alegando *"a manifesta insuficiência ou impropriedade do material ou da qualidade dos programas para preencher os objectivos normais da concessão"* ou *"a reiterada desobediência às legítimas determinações do Governo relativas à exploração e funcionamento do serviço ou à organização de programas"*. Acompanhava de perto, desde o seu nascimento, a vida da empresa. Era-lhe inclusivamente atribuída a competência para, *"durante o período de instalação do serviço e em casos excepcionais devidamente justificados, autorizar a admissão de pessoal estrangeiro".*

Por outro lado, competia ao Governo aprovar as contas da empresa. Em 27 de Fevereiro de 1957, poucos dias antes do início das emissões regulares, Marcelo Caetano, então ministro da Presidência, exarava o seguinte despacho na informação do Comissário do Governo na RTP sobre o Relatório e Contas do Conselho de Administração referente à gerência de 1956: *"O Balanço e Contas do exercício são de aprovar. O Governo espera que as entidades privadas que fazem parte da sociedade reconheçam a importantíssima contribuição que para o lançamento da empresa em óptimas condições económicas representou a concessão das taxas de radiodifusão neste período; e, por isso, continua fiado em que a sociedade prossiga a orientação marcada de parcimónia nos gastos gerais, esforçando-se por lançar quanto antes o empreendimento nas melhores condições técnicas e com sólida base cultural"* (Arquivo Salazar, AOS/CO/PC-82A, 3.ª sub-P1 132).

No entanto, a estreita dependência da RTP face ao Governo resultava sobretudo da confiança pessoal merecida pelos seus gestores e restantes dirigentes – desde logo pelo primeiro Presidente do Conselho de Administração, Camilo de Mendonça – e dos mecanismos de controlo da comunicação social em vigor, como a censura prévia.

Camilo de Mendonça, engenheiro agrónomo de profissão, era amigo e considerado politicamente próximo de Marcelo Caetano. Tinha apenas 33 anos quando foi designado para dirigir a RTP, cargo que exerceu até Setembro de 1960, sendo substituído por Luís Athayde, proveniente da Administração-Geral dos Correios, que seria, até Junho de 1966, o segundo presidente da RTP. Camilo de Mendonça exerceu também os cargos de Secretário de Estado da Agricultura, deputado à Assembleia Nacional e membro da Comissão Executiva da União Nacional (Cádima, 1996:39).

Faziam igualmente parte do primeiro Conselho de Administração da RTP o major Jorge Botelho Moniz, em representação do Rádio Clube Português (RCP), e Armando Stichini Vilela, homem da confiança do regime, em representação do público subscritor. A Assembleia-Geral era presidida pela Rádio Renascença, representada por

Monsenhor Lopes da Cruz, que fora o principal impulsionador da sua fundação.

Em Junho de 1966, Luís Athayde seria substituído por João Duque, que anteriormente exercera as funções de Secretário do Ministério da Justiça, de Inspector do Trabalho Prisional e, à data da nomeação, de Inspector dos Espectáculos (Cádima, 1996:178).

O regresso de Marcelo Caetano à ribalta política, em Setembro de 1968, como Presidente do Conselho em substituição de Salazar, teria consequências na RTP. Em Abril do ano seguinte, Duque seria substituído por Ramiro Valadão, homem da confiança pessoal de Caetano. Valadão, que fora director dos Serviços de Informação do Secretariado Nacional de Informação, Cultura Popular e Turismo e da Casa de Pessoal em Nova Iorque, manter-se-ia na presidência da RTP até ao 25 de Abril.

A confiança, pessoal e política, dos principais responsáveis da empresa era secundada pela criação de uma cadeia hierárquica de controlo político com naturais reflexos na programação e sobretudo na informação.

Não havia qualquer repartição de poder ou influência, nem sombra de regulação ou de qualquer forma de liberdade interna reconhecida ou mesmo conjunturalmente admitida aos jornalistas. Apenas o comando da administração da RTP, da estrita confiança do governo, a que toda a hierarquia da empresa se subordinava, e a fiscalização pelos serviços de censura, cuja actividade não seria todavia muito necessária na RTP, dada a cumplicidade com o Governo de todos os seus quadros dirigentes.

Os primeiros quadros directivos da empresa são recrutados *"em boa parte nas próprias estruturas do regime, nomeadamente na União Nacional e na Mocidade Portuguesa"* (Cádima, 1996:40).

A televisão é abertamente considerada como um instrumento político do Governo: *"A televisão é nos tempos correntes um instrumento essencial de acção política e nós não podemos hesitar na sua utilização – nem em vedar aos adversários da ordem social essa arma de propaganda"* – assinala Marcelo Caetano numa carta ao Presidente da RTP, em 28 de Dezembro de 1970 (Comissão do Livro Negro sobre o Regime Fascista, 1980:238). A mesma ideia voltaria a ser assumida noutra carta a Ramiro Valadão, em 3 de Abril de

1972:"...*nos tempos que vão correndo o controlo efectivo da TV é essencial para o Governo*" (idem, 262).

A confiança política merecida pelos gestores e pela cadeia hierárquica da empresa, acompanhada pelo controlo exercido pela censura prévia, não isentaria o Governo de estabelecer mecanismos específicos de fiscalização. No contrato de concessão (art. 13.º), estabelecia-se que a fiscalização dos programas seria exercida "*sob a superintendência do comissário do Governo (...) pela entidade para o efeito designada no Estatuto da Radiodifusão Nacional*".

A institucionalização de uma *Comissão de Programas Radiofónicos* na Emissora Nacional fora prevista praticamente desde o início da sua actividade. Em Junho de 1933, o diploma (DL n.º 22783) que estabelece o primeiro plano da Radiodifusão Nacional, em cujo preâmbulo se utiliza pela primeira vez a expressão *Emissora Nacional*, inclui um artigo – o 22.º – onde se estipula que "*junto dos estúdios das emissoras nacionais, e em colaboração com a Direcção dos Serviços Radioeléctricos, funcionarão uma Comissão de Programas e uma Comissão Administrativa dos Estúdios*". A *Comissão de Programas Radiofónicos* era nomeada pelo Ministro das Obras Públicas e Comunicações "...*de entre individualidades de elevada cultura artística, musical ou literária, ou especializadas em assuntos de radiodifusão*", podendo dela fazer também parte representantes dos organismos oficiais que tivessem "*a seu cargo serviços relacionados com a radiodifusão*".

No ano seguinte, através de um novo diploma (DL n.º 23 876) o funcionamento da Comissão seria regulamentado, prevendo-se a constituição de uma *Comissão Permanente delegada da Comissão de Programas Radiofónicos*. A tutela do Ministério das Obras Públicas e Comunicações sobre a Emissora Nacional e a sua influência nesta comissão suscitaria o desagrado de António Ferro, director do *Secretariado da Propaganda Nacional*, que ambicionava controlar a estação oficial de radiodifusão, então um dos meios mais eficazes de propaganda do Estado Novo (Ribeiro, 2005:111).

Em relação à RTP, a transmissão directa de grande parte da emissão, dada a incipiência dos meios de gravação existentes, impunha um acrescido controlo sobre as emissões.

Esta limitação técnica influenciaria também as primeiras emissões televisivas. A experiência do modelo existente na Emissora Nacional terá levado o Governo a atribuir então à sua Comissão de Programas funções extensivas à RTP.

No entanto, a autonomia administrativa da RTP acabaria rapidamente por se impor.

Em reunião do Conselho de Administração de 15 de Abril de 1957, seria deliberado atribuir a fiscalização das emissões a *"um Serviço denominado Fiscalização de Programas"*. Nos termos da *Ordem de Serviço n.º 3,* que criava esta estrutura, competia-lhe, *"registar, pormenorizadamente, as falhas e deficiências ocorridas durante a emissão"*, nomeadamente, entre outras funções de natureza técnica, *"os textos inadequados"* e *"fazer, no mapa próprio, uma apreciação ao equilíbrio, quantitativo e qualitativo, da distribuição dos programas da emissão"*, que seria diariamente entregue à Administração (Comissão do Livro Negro sobre o Regime Fascista, 1980:162).

Mais tarde, em 1964, este serviço transformar-se-ia no *Gabinete de Exame e Classificação de Programas*. O Gabinete reunia semanalmente para apreciar a programação da RTP. A sua deliberação mais polémica, tomada em 14 de Outubro de 1964, terá sido a de proibir entrevistas em directo, salvo casos excepcionais, na sequência das críticas que o cantor Francisco José fizera aos baixos *cachets* dos artistas portugueses num programa da RTP, transmitido em directo (Cádima, 1996:47 e 349).

Entretanto, em Abril de 1957, o Governo faria publicar um diploma (DL n.º 41 051, de 1 de Abril), atribuindo à *Comissão de Exame e Classificação de Espectáculos* competência para *"classificar filmes, peças teatrais, músicas, bailados e números congéneres destinados aos espectáculos de teatro e televisão"*. Em *"caso de urgência"* – estabelecia-se no artigo 20.º deste diploma – a classificação poderia ser feita *"por um censor apenas, para esse efeito destacado junto da entidade emissora"*. Competia a esta comissão a apreciação prévia e eventuais *cortes* a essas formas de expressão.

Não se pode, todavia, concluir que o regime tenha tido uma atitude imutável face à televisão.

Salazar desvalorizou sempre o papel desempenhado pela televisão e pela própria rádio face à imprensa, presumivelmente por desconhecer a sua importância e as suas virtualidades e ainda pelas suas *"múltiplas fobias de tecnologia, inovação, público, publicidade"* (Cádima, 1996:36).

Caetano, pelo contrário, não só toma as principais decisões sobre o modelo fundador da televisão em Portugal – ainda na qualidade de Ministro da Presidência é – recorde-se – em 16 de Janeiro de 1956, o subscritor por parte do Governo do próprio contrato de concessão por vinte anos do *serviço público da televisão* –, como aproveita as suas potencialidades quando, já nas funções de Presidente do Conselho, se dirige regularmente ao país nas *"conversas em família"* em que procura uma maior proximidade com os portugueses. Confessa mesmo que quando promoveu a sua criação *"não imaginava"* que ela lhe *"seria de tanta utilidade"* para, como escreveu, *"o estabelecimento de uma corrente de comunicação entre mim e o povo português"* (Caetano, 1977:472).

De facto, *"a RTP é explícita e assumidamente um 'instrumento' de uma acção política propagandística no domínio de informação televisiva, a qual, sobretudo a partir de meados dos anos 60, tem já um impacto significativo no campo dos media no plano nacional, quer pela cobertura da RTP, quer pela audiência atingida"* (Cádima, 1996:334).

2. A continuação de um modelo governamentalizado a seguir ao 25 de Abril

O 25 de Abril não implicou imediatamente uma significativa mudança no modelo de governação da RTP.

Mais do que alterações a esse modelo, o que preocupava os novos governantes era assegurar uma orientação editorial que, conforme se podia ler num despacho governamental sobre a programação da RTP, aprovado em Conselho de Ministros de 16/9/74, respeitasse o *"pluralismo político e cultural existente na sociedade portuguesa, desde que não assuma formas reaccionárias ou de propaganda fascista"*.

No entanto, a influência da RTP na formação da opinião pública colocava-a no centro do combate político. Sucedem-se então os conselhos de administração, alguns com mandatos que duram apenas alguns dias. Num único mês – Março de 1975 –, a RTP conheceu 4 diferentes presidentes do Conselho de Administração. Entre 25 de Abril de 1974 e o fim de 1975, a RTP teve 8 presidentes e respectivas equipas.

Não existia então qualquer mecanismo de salvaguarda da independência da empresa face ao poder político.

Pelo contrário, era assumidamente o Governo que determinava a orientação editorial da empresa. Um despacho do Ministro da Comunicação Social, Correia Jesuíno, datado de 10 de Março de 1975, estabelecia que a RTP devia *"observar rigorosa imparcialidade quanto à propaganda partidária, competindo ao Governo determinar as normas de acesso dos partidos políticos à televisão e de cobertura das suas actividades"*. No mesmo texto, onde se assumia o facto de a RTP *"ter vindo a sofrer numerosas pressões externas e até mesmo internas"*, o Ministro estabelecia *"formas de comunicação"* entre a RTP e os partidos políticos, entre as quais relatórios semanais e apreciações críticas à programação, elaborados por estes, tendentes a estabelecer *"boas relações de cooperação entre os partidos e a RTP"* (DG n.º 67, de 20/3/75, p. 1759).

Quando se considerou imprescindível a criação de mecanismos de salvaguarda da independência da RTP perante o poder político, a solução encontrada foi, como adiante se verá, relativamente limitada e apenas progressivamente aplicada.

Tímida seria igualmente a jurisprudência do Tribunal Constitucional, apesar dessa preocupação encontrar uma resposta do legislador constituinte desde o texto primitivo da Constituição de 1976, através da criação de conselhos de informação, um dos quais para a RTP. Nem mesmo a institucionalização destas entidades reguladoras viria a modificar o quadro geral, típico de um modelo organizativo governamentalizado, prontamente utilizável pelas diferentes maiorias políticas.

De facto, o modelo de governação não impediria a sucessiva formação de *cadeias hierárquicas de controlo político* que, não raramente, se iniciavam no gabinete ministerial de tutela e se estendiam até aos directores responsáveis pelos conteúdos, sobretudo os informativos, escolhidos por critérios onde muitas vezes prevalecia a confiança política.

É verdade que, na última década e meia, a RTP terá demonstrado maior independência face ao poder. No entanto, essa evolução positiva ficou a dever-se, mais do que à institucionalização de eficazes mecanismos que a garantissem, à vontade dos seus responsáveis e da sua tutela, face ao novo contexto concorrencial criado com o início da actividade dos operadores privados no início dos anos 90, que tornava até mais ineficaz e impopular a governamentalização do operador de serviço público.

2.1. Os preceitos constitucionais sobre a independência da RTP.

O preceito constitucional actualmente em vigor, que visa garantir a independência do sector público da comunicação social – *"A estrutura e o funcionamento dos meios de comunicação social do sector público devem salvaguardar a sua independência perante o Governo, a Administração e os demais poderes públicos, bem como assegurar a possibilidade de expressão e confronto das diversas correntes de opinião"* (artigo 38.º, n.º 6) – tem a sua origem no artigo 39.º do texto primitivo da Constituição de 1976.

Aí se estabelecia que *"Os meios de comunicação social pertencentes ao Estado, ou a entidades directa ou indirectamente sujeitas ao seu controlo económico serão utilizados de modo a salvaguardar a sua independência perante o Governo e a Administração Pública"* (n.º 1) e que *"Será assegurada a possibilidade de expressão e confronto das diversas correntes de opinião nos meios de comunicação social referidos no número anterior"* (n.º 2). Nos termos deste artigo, seriam atribuídos a conselhos de informação, integrados proporcionalmente por representantes das forças políticas parlamentares, *"poderes para assegurar uma orientação geral que respeite o pluralismo ideológico"* (n.ºs 3 e 4). O regime dos meios de comunicação social, *"designadamente dos pertencentes ao Estado"* seria – dispunha-se então no artigo 38.º, n.º 7 – estabelecido por lei, *"mediante um estatuto da informação"*, que todavia não seria publicado até à revisão constitucional de 1982, momento em que este preceito seria revogado.

O debate em torno destas normas, realizado pelos deputados constituintes, espelhou o antagonismo então existente entre projectos políticos diversos: PCP e MDP votaram contra ou abstiveram-se em relação a cada uma das normas deste artigo 39.º. O PCP proporia mesmo, apenas merecendo o apoio do MDP, que todo o artigo fosse substituído por uma única norma remetendo para lei específica o regime dos meios de comunicação social do sector público, devendo essa legislação "*salvaguardando o seu apartidarismo e a possibilidade de expressão das diversas correntes de opinião democrática, promover a mobilização e consciencialização de todo o povo português na construção do socialismo*".

No mesmo debate, justificando o voto contrário do PS a esta iniciativa do PCP, o então deputado socialista Mário Mesquita denunciaria uma nota de serviço emitida então pela direcção da Emissora Nacional que determinava que, sendo este operador "*um órgão de comunicação social dependente do Governo (...) qualquer informação ostensivamente contrária ao Governo ou a qualquer dos seus membros não pode ser transmitida*" (DAC n.º 40, sessão de 29/8/75 p. 1120). A posição do PCP seria exposta pelo então deputado Vital Moreira: "*...os órgãos de comunicação social pertencentes ao Estado devem ser dirigidos pelo Estado e não por entidades alheias ao Estado. Não compreendemos, efectivamente, como é que órgãos pertencentes ao Estado podem ser dirigidos com exclusão dos órgãos do Estado, nomeadamente do Governo, e de outros órgãos do Estado, do Conselho da Revolução, da Assembleia do MFA, etc.*" (idem, p. 1126).

Não seria igualmente aprovada, recebendo apenas os votos favoráveis do partido proponente, uma proposta do PSD que visava consagrar a RTP como "*propriedade de empresa pública autónoma*" ("*A televisão será objecto de propriedade de empresa pública autónoma*"). Justificando a sua apresentação, o deputado Marcelo Rebelo de Sousa consideraria essa fórmula "*mais consentânea*" com as normas que integrariam o artigo 39.º da Constituição, mas elogiaria a legislação então em vigor sobre a televisão – lei e estatuto da RTP – que garantem – afirmou então – que a RTP "*não constitui uma correia de transmissão directamente dependente do Governo*" (DAC n.º 39, sessão de 28/8/75, p. 1100).

As profundas diferenças entre concepções informativas, que dividiam o espectro partidário português no período subsequente a 25 de Abril de 1974, teriam outro episódio, nunca revelado, quando, na primeira quinzena de Setembro de 1975, delegações do PS e do PCP e um representante do Primeiro-Ministro então ainda indigitado, Almirante Pinheiro de Azevedo, tentaram e conseguiram encontrar um acordo sobre a política de comunicação social. No texto, que chegaria a ser subscrito pelos presentes na reunião, mas não seria posteriormente ratificado pela direcção do PCP, sugeria-se a criação, junto do Ministério da Comunicação Social, de uma comissão interpartidária constituída por representantes dos partidos representados no Governo e do *MFA*, a quem competiria, entre outras medidas, *"estudar e propor soluções para que os órgãos de informação dependentes do Estado não estejam ao serviço de qualquer partido"* (documento do autor, que integrou, juntamente com Mário Mesquita, a delegação do PS).

Excluindo a evolução registada no tocante às entidades reguladoras, o texto original da Constituição de 1976 sobre esta matéria – as garantias de independência e de pluralismo do sector público da comunicação social – sofreria apenas pequenos ajustamentos.

Na revisão constitucional de 1982, além de, como se referiu, ser eliminado o preceito onde se previa a aprovação de um *estatuto da informação*, aprovou-se uma nova norma (novo n.º 1 do artigo 39.º) resultante da fusão dos anteriores n.ᵒˢ 1 e 2 do artigo 39.º: *"Os órgãos de comunicação social pertencentes ao Estado e a outras entidades públicas, ou a entidades directa ou indirectamente sujeitas ao seu controlo económico, são utilizados de modo a salvaguardar a sua independência perante o Governo, a Administração e os demais poderes públicos, e a assegurar a possibilidade de expressão e confronto das diversas correntes de opinião"*. Para garantir esses propósitos, em substituição dos conselhos de informação para a RTP, RDP, ANOP e Imprensa Estatizada, era criado um Conselho de Comunicação Social, a quem se atribuía competência para emitir, nos prazos estabelecidos na lei, um parecer *prévio, público e fundamentado*, mas não vinculativo, sobre os directores dos órgãos do sector público.

A revisão constitucional de 1989 consagraria a actual redacção do preceito relativo à independência do sector público de comunicação social. Aliás, ao referir-se simplesmente ao *sector público*, o texto constitucional tornava menos clara a anterior fórmula, que se referia aos *órgãos* – no articulado de 1982 utilizou-se a expressão *meios – de comunicação social pertencentes ao Estado ou a entidades directa ou indirectamente sujeitas ao seu controlo económico.*

Ainda na revisão de 1989, o *Conselho de Comunicação Social* daria lugar à *Alta Autoridade para a Comunicação Social* (AACS) que, ao contrário do seu antecessor, teria atribuições e competências alargadas a todos os meios de comunicação social e não apenas ao seu sector público. Mantinha-se, entretanto, a obrigatoriedade de um parecer, nos termos anteriormente definidos, sobre a nomeação e exoneração dos directores, devendo assinalar-se que, na formulação desse preceito (o artigo 39.º, n.º 4), o legislador acolheu as expressões utilizadas no articulado de 1982, referindo-se também, de forma mais alargada, às *entidades directa ou indirectamente sujeitas ao controlo económico* do Estado.

A revisão constitucional de 1997 modificaria de novo este preceito. Por um lado, estipulando apenas que a AACS *"intervém na nomeação e exoneração dos directores"*. Por outro, utilizando de novo a expressão *"directores dos órgãos de comunicação social públicos"*.

A mesma revisão modificaria uma outra norma do texto constitucional, deixando de constituir impedimento à intervenção dos jornalistas na orientação editorial dos órgãos de comunicação social a circunstância de estes pertencerem ao Estado, como se estabelecera no texto original da Constituição de 1976. Aliás, este preceito constitucional (art. 38.º, n.º 2) ia mesmo mais longe, respondendo aos conflitos então ocorridos no jornal *"República"* e em outros órgãos de comunicação social: *"A liberdade de imprensa implica a liberdade de expressão e criação dos jornalistas e colaboradores literários, bem como a intervenção dos primeiros na orientação dos órgãos de informação não pertencentes ao Estado ou a partidos políticos, sem que nenhum outro sector ou grupo de trabalhadores possa censurar ou impedir a sua livre criatividade".*

A substituição da AACS pela *Entidade Reguladora da Comunicação Social* (ERC), suscitada pela revisão constitucional de 2004, seria acompanhada pela exclusão, no articulado da Constituição – mas não na legislação *para constitucional* que criaria este órgão, sublinhe-se – de qualquer referência às suas competências na designação daqueles directores. O artigo 39.º do texto constitucional em vigor limita-se a atribuir à ERC competência para *"assegurar nos meios de comunicação social (...) a independência perante o poder político e o poder económico"*.

O texto constitucional, em qualquer das suas diferentes versões desde o articulado aprovado pela Assembleia Constituinte em 1976, nada dispõe sobre o modelo de governação da empresa concessionária do serviço público de televisão. Impõe apenas que as exigências constitucionais de *"independência perante o Governo, a Administração e os demais poderes públicos"* e de garantia da *"possibilidade de expressão e confronto das diversas correntes de opinião"* devem ser asseguradas pela sua *estrutura e funcionamento*.

2.2. A jurisprudência do Tribunal Constitucional

Não oferece contestação que a independência, desde logo face ao Governo, exige um estatuto de autonomia administrativa e financeira e um modelo de governação que exclua a livre nomeação e exoneração dos gestores pelo Governo, qualquer forma de intervenção deste sobre a escolha dos responsáveis na área da programação e da informação, bem como qualquer intromissão nos seus conteúdos (Canotilho e Moreira, 1993:234).

A *possibilidade de expressão e confronto das diversas correntes de opinião,* ou seja o pluralismo, obriga a que cada órgão de comunicação social do sector público acolha na sua programação, incluindo os serviços informativos, de forma equilibrada, a diversidade de correntes de opinião, o *pluralismo interno*. Se é certo que o conceito de serviço público impõe uma programação diversificada e atenta à variedade de preferências dos diferentes públicos, importa sublinhar que, neste artigo – 39.º, n.º 2 da versão original, 38.º, n.º 6 no texto actual – , as preocupações dos constituintes decorrem da necessidade de impedir que da habitual gestão pelo poder político das empresas do sector público possa decorrer uma abusiva intromissão, sobretudo no que à liberdade de expressão e ao pluralismo informativo diz respeito.

Foi essa preocupação que levou a que, no âmbito do modelo de governação da RTP ou das outras empresas do sector público da comunicação social, se tenha reconhecido dignidade constitucional, desde a revisão de 1982, à regra que impõe a participação da entidade reguladora no processo de designação e exoneração dos responsáveis pela programação e pela informação, embora mediante um parecer de carácter não vinculativo. Essa seria mesmo a única regra neste domínio a obter tal estatuto constitucional.

No entanto, quer o Tribunal Constitucional, quer a sua antecessora, a Comissão Constitucional seriam chamados a pronunciar-se sobre esse modelo de governação, embora em matéria relacionada com os órgãos de administração.

De facto, as duas deliberações mais importantes relacionadas com a independência do sector público da comunicação social face ao poder político – o Parecer n.º 14/79 da Comissão Constitucional e o Acórdão n.º 254/02 do Tribunal Constitucional abordam questões relativas às formas de designação e exoneração dos órgãos de administração da RTP – o primeiro considerando inconstitucional a sua livre destituição, o segundo opondo-se, da mesma forma, à eliminação da necessidade de um parecer vinculativo favorável do Conselho de Opinião sobre a sua composição.

O Parecer da Comissão Constitucional sobre o Decreto-Lei que aprovava novos estatutos para a RDP e RTP (n.º 467-A/79), consideraria existirem várias inconstitucionalidades:

- uma inconstitucionalidade orgânica, visto que a matéria relativa a direitos, liberdades e garantias era da reserva de competência legislativa do Parlamento;
- uma inconstitucionalidade formal, por não terem sido ouvidos os órgãos de governo das regiões autónomas, havendo matérias com estas relacionadas;
- e sobretudo uma inconstitucionalidade substantiva: *"Deve considerar-se contrária ao princípio da independência da RDP e da RTP perante o Governo e a Administração Pública"* – aduzia-se no parecer – *"a possibilidade de destituição dos titulares de órgãos de designação governamental livremente e a todo o tempo" ... "independentemente de invocação de qualquer causa justificativa ou de qualquer procedimento"*. No referido diploma, previam-se duas formas de destituição dos gestores e dos outros membros dos órgãos sociais da RTP (artigo 17.º):

por violação grave dos deveres do seu cargo, a apurar em processo disciplinar instaurado pelo Ministro da Tutela, e sem qualquer procedimento ou justificação, pela entidade competente para a sua designação, ou seja, no caso do Conselho de Administração, pelo Governo.

Diferente era o entendimento da Comissão Constitucional sobre a designação dos órgãos da RTP. De facto, o mesmo Parecer considerava que a designação *"de todos os membros do conselho de gerência pelo Conselho de Ministros, sob proposta do Ministro da Comunicação Social, só por si não briga com a regra da independência fixada no artigo 39.º, n.º 1 da Constituição". "Não é uma eventual coincidência entre um e outro conselho que, em regime democrático, baseado no princípio da maioria (artigo 117.º) pode ser inconstitucional. Aliás, tal coincidência obtém-se indirectamente aí onde o Parlamento intervenha na escolha, desde que o Governo disponha de maioria parlamentar de apoio"* – acrescentava-se.

Idêntica inconstitucionalidade sobre a destituição dos titulares dos órgãos de gestão seria apurada no ano seguinte pela mesma Comissão Constitucional, relativamente ao Estatuto da RTP, aprovado pelo Decreto-Lei n.º 95-G/80.

O Parecer daquela Comissão (n.º 11/80), que também detectaria uma inconstitucionalidade por violação do dever de audição dos órgãos de governo regional, referia-se ao artigo 17.º, n.º 1 onde se estipulava que *"Os membros dos órgãos administrativos da RTP podem ser destituídos a todo o tempo, por conveniência de serviço, ou por violação grave dos deveres do seu cargo, a apurar em processo disciplinar"*. A faculdade de destituição a todo o tempo, por mera conveniência de serviço, era considerada no Parecer como *"incompatível com a independência dos meios de comunicação social estatizados perante o Governo e a Administração Pública, independência essa exigida pelo n.º 1 do artigo 39.º da Constituição"*.

Esta fundamentação seria reiterada no Parecer n.º 12/80 da Comissão Constitucional, que apreciava o Estatuto da RDP, aprovado pelo Governo através do Decreto-Lei n.º 137-G/80. De facto, o parecer apontava uma inconstitucionalidade material relativamente ao preceito que impunha, tal como relativamente à RTP, a possibilidade de destituição dos membros dos órgãos da empresa por *"conveniência de serviço".* A argumentação não diferia substancialmente da invocada no Parecer anterior: *"Sempre que o Governo mude, ou sempre que os órgãos administrativos da RDP não respondam às solicitações do Governo – que, note-se, no presente Estatuto aparece com posições maioritárias quanto aos membros que designa para o conselho de gerência e para a comissão de fiscalização – os titulares daqueles órgãos poderão ser destituídos, a fim de serem substituídos por outros, possivelmente da confiança política daquele"."É o desrespeito frontal do princípio da independência perante o Governo e a Administração Pública nos meios de comunicação social estatizados, contemplado no n.º 1 do artigo 39.º da Lei Fundamental"* – concluía-se neste passo do Parecer, que desta forma densificava a interpretação já formulada na apreciação da constitucionalidade do Estatuto da RTP.

Idêntica jurisprudência decorreria dos pareceres n.ºˢ 22/80, que todavia se pronunciaria sobre a constitucionalidade dos novos Estatutos da RTP (DL nº 95-G/80) e 27/79, no ano anterior, sobre o Decreto n.º 261/I, de 27/7/79, que aprovava o Estatuto da RDP, concluindo igualmente pela sua constitucionalidade.

Se este conjunto de pareceres aprovados entre 1979 e 1980 abordavam sobretudo a questão da livre destituição dos órgãos de administração, já o Acórdão do Tribunal Constitucional de 2002 referir-se--ia antes à sua designação.

Face a um voto negativo do Conselho de Opinião da RTP, opondo-se à indigitação do Conselho de Administração da RTP, o Governo, liderado por Durão Barroso, enviara à Assembleia da República uma proposta de lei, que viria a ser aprovada, de acordo com a qual, era eliminada a competência do Conselho de Opinião de dar parecer vinculativo sobre a composição do órgão de administração da RTP.

Ao submeter o Decreto à apreciação do Tribunal Constitucional, o Presidente da República, Jorge Sampaio, invocava sobretudo a dúvida sobre se, com aquela alteração legislativa, se tinha *"violado o conteúdo essencial da referida garantia institucional de independência estrutural de meio de comunicação social do sector público"*, visto que aquela competência constituía, relativamente à sua independência, *"a principal ou a única salvaguarda institucional, no plano da estrutura da empresa"*. No requerimento remetido ao Tribunal Constitucional em 31 de Maio de 2002, o Presidente da República referia igualmente que *"foi sobretudo o contexto político determinado pelas circunstâncias, conteúdo, alcance e consequências do parecer recentemente emitido pelo Conselho de Opinião que deu origem e fundamento à presente iniciativa legislativa"*.

O Tribunal decidiria pronunciar-se no sentido da inconstitucionalidade do Decreto *"por violação da garantia de independência dos meios de comunicação social do sector público consagrada no artigo 38.º, n.º 6 da Constituição"*, fundamentando a deliberação com a referida eliminação da competência do Conselho de Opinião, sem que fossem estabelecidos *"outros processos que visem garantir que a estrutura da televisão pública salvaguarde a sua independência perante o Governo, a Administração e os demais poderes públicos"*. O texto legal limitava-se a prever o referido parecer não vinculativo sobre a nomeação e destituição dos directores, modificação que – entendia então o Tribunal – não assegura que *"a actuação da empresa concessionária do serviço público de televisão seja independente"* daquelas entidades.

O Acórdão densificaria a jurisprudência constitucional sobre as formas de garantir a independência do sector público da comunicação social.

Em primeiro lugar, concluindo que a competência atribuída à entidade reguladora – na época a AACS, que emitia um parecer não vinculativo sobre a nomeação e exoneração dos directores dos órgãos de comunicação social do sector público – não esgotava *"o programa estabelecido no artigo 38.º, n.º 6 da Lei Fundamental"*, pelo que se impunha que a *estrutura* dessas empresas dispusesse de mecanismos que assegurassem a independência face ao poder político.

Em segundo lugar, enumerando diversos mecanismos jurídicos, noutros domínios e sectores, através dos quais é assegurada essa independência: *"modo de designação da entidade independente; regras de composição de órgãos colectivos; estabelecimento de inelegibilidades e incompatibilidades; limitação do número de mandatos ou inadmissibilidade de reeleição; limitação do poder de exoneração dos membros do órgão de administração"*.

Em terceiro lugar, assinalando que quase todas as disposições legais que procuraram, sobretudo depois de 1989, *"dar seguimento à garantia constitucional de independência"* da RTP, diziam sobretudo respeito "*à salvaguarda do pluralismo ideológico e à utilização deste meio de comunicação social*". Apenas em 1998, através da Lei da Televisão então aprovada (sob proposta do Governo de António Guterres), foi instituído um mecanismo de garantia da independência da RTP "*que directamente se relaciona com o aspecto estrutural da sociedade concessionária do serviço público, isto é, que procura traduzir a ausência de subordinação funcional dos respectivos órgãos de administração relativamente ao Governo, à Administração e aos demais poderes públicos*" – recordava o Acórdão, referindo a competência então atribuída ao Conselho de Opinião para "*emitir parecer prévio vinculativo, no prazo máximo de 10 dias, sobre a composição do órgão de administração da empresa concessionária, a eleger ou a destituir na respectiva assembleia geral*".

Em quarto lugar, sublinhando que o texto constitucional – nomeadamente o artigo 38.º, n.º 6 – impõe "*que os meios de comunicação social do sector público disponham de condições organizativas que garantam que a sua actuação não está sujeita a instruções, directivas ou ordens do Governo, da Administração e dos demais poderes públicos, isto é, que assegurem que a sua actuação não depende da confiança das entidades referidas*".

Em quinto lugar, considerando que "*a exigência constitucional da existência de mecanismos de controlo, ao nível da estrutura dos meios de comunicação social do sector público, tanto pode dizer respeito à organização administrativa e financeira das empresas, de modo a garantir a autonomia e a ausência de subordinação funcional dos respectivos órgãos de administração relativamente a qualquer das entidades mencionadas no artigo 38.º, n.º 6, da Constituição, como pode dizer respeito à estrutura interna desses meios de comunicação social, de modo a impedir a interferência do Governo, da Administração e dos demais poderes públicos na definição dos conteúdos e da programação do serviço público*".

Finalmente, aprofundando a jurisprudência da Comissão Constitucional, o Acórdão consideraria que "*deixar inteiramente ao Governo o poder de nomear e, sobretudo, o poder de destituir o conselho de administração da RTP seria incompatível com o imperativo constitucional de independência dos meios de comunicação social do sector público perante o Governo, na ausência de outros mecanismos susceptíveis de assegurar o cumprimento deste imperativo*".

Porém, o Acórdão, cuja relatora fora a conselheira Maria Helena Brito, seria aprovado por uma maioria tangencial dos juízes do Tribunal Constitucional. Nas *declarações de voto de vencido*, alguns juízes, como Paulo Mota Pinto, Maria dos Prazeres Beleza e Bravo Serra, apontariam diversos mecanismos, já existentes na legislação da televisão então em vigor, que desvalorizariam a importância do decreto então em apreciação. Neste ponto, eram enunciadas diversas normas que atribuíam aos directores de programas e de informação a responsabilidade pela selecção e conteúdo da programação e da informação, sendo vedada qualquer intervenção do conselho de administração, bem como as que previam a existência de um conselho de redacção e as que conferiam ao conselho de opinião funções de apreciação relativamente às bases gerais da programação.

3. Os diferentes estatutos da história da RTP a seguir a 1974 e as normas legais relativas à salvaguarda da independência da empresa.

A instauração de um regime democrático subsequente ao 25 de Abril não envolveria, como atrás se referiu, uma significativa mudança no estatuto da RTP. Pelo contrário, de um ponto de vista formal, apesar de terem sido progressivamente consagradas algumas formas de salvaguarda da independência perante o poder político, manter-se-ia um modelo acentuadamente governamentalizado.

Nos primeiros dois anos a seguir ao 25 de Abril, dois diplomas marcariam a ruptura com o regime político anterior: em Junho de 1974, o I Governo Provisório, liderado por Adelino da Palma Carlos, suspendeu a concessão do serviço público de televisão à RTP, S.A., que passava a ser gerida pelo Governo, a quem competiria nomear os respectivos administradores (DL n.º 278/74, de 25/6); em Dezembro de 1975, procedia-se à nacionalização das posições sociais não detidas pelo Estado e criada a empresa pública *Radiotelevisão Portuguesa, E.P.* (DL n.º 674-D/75, de 2/12).

Neste segundo diploma, que mantinha a competência do Governo para designar os membros da *Comissão Administrativa,* estabelecia-se um prazo de 30 dias para o Governo aprovar um novo estatuto para a empresa, prevendo-se a salvaguarda de três objectivos: *"a autonomia da empresa em relação ao poder político e ao poder económico"*; *"a representação dos trabalhadores nos órgãos de gestão e fiscalização da empresa"*; e *"a representação dos telespectadores num órgão de base, cuja composição reflicta o pluralismo das correntes políticas e dos credos religiosos"*.

Estas inovações decorriam em grande medida das propostas contidas num extenso *Memorial sobre a Televisão*, apresentado ao Governo, em Setembro de 1974, pela Administração da RTP.

A inovadora ideia de uma *Assembleia da Televisão* com *"representantes do público utente da televisão"* figurava nesse documento, onde se propunha que essa Assembleia elegesse o Presidente da RTP, competindo ao Ministro da Comunicação Social indicar dois administradores e aos trabalhadores da empresa outros dois.

De acordo com o projecto de estatutos anexo ao *Memorial*, os titulares dos órgãos da RTP cumpririam mandatos de 3 anos, sendo assegurada a sua inamovibilidade. No entanto, o articulado desse projecto admitia a destituição por *"violação grave dos deveres do seu cargo, a apurar em processo disciplinar"* e estabelecia que, iniciado o procedimento por iniciativa do Ministro ou da Assembleia da Televisão, os arguidos pudessem ser suspensos preventivamente pelo Ministro.

Entre os signatários desses documentos estavam Manuel Bello, o primeiro Presidente da RTP designado pelo novo regime democrático a seguir ao 25 de Abril, e António Sousa Gomes, que o acompanharia nesse primeiro conselho, mantendo-se como membro nos seis primeiros conselhos de administração depois do 25 de Abril, entre Maio de 1974 e o final de Setembro de 1975, altura em que passaria a integrar o VI Governo Provisório, naquele que seria o primeiro de vários cargos em executivos de maioria socialista.

Desta forma, ainda que algumas das propostas contidas no *Memorial sobre a Televisão* não tivessem tido aproveitadas, o articulado do primeiro Estatuto da RTP posterior ao 25 de Abril (Decreto-Lei n.º 189/76, de 13/3) aprovado pelo VI Governo Provisório, liderado pelo Almirante Pinheiro de Azevedo, representaria uma importante mudança face ao modelo de governação anterior:

- apenas dois dos cinco administradores, um dos quais o presidente, seriam designados pelo Governo, competindo a nomeação dos restantes a uma *Assembleia de Televisão*, que designaria dois, um dos quais o vice-presidente, e à *Assembleia de Trabalhadores*, que elegeria o outro vogal, *"devendo a escolha recair entre pessoas qualificadas para o exercício do cargo";*
- a *Assembleia de Televisão*, que constituiria o primeiro afloramento de um modelo de representatividade social, tinha uma composição plural, embora algo governamentalizada: um deputado por cada quinze deputados representativos do mesmo partido político, com o mínimo de um por cada partido com um total de dez ou mais deputados eleitos por todos os deputados do respectivo partido, dez representantes do Governo, um representante eleito por *"cada conjunto das vereações das câmaras municipais de cada província do continente ou arquipélago das ilhas adjacentes"*, um juiz de carreira designado pelo Conselho Superior Judiciário, dois representantes da Conferência Episcopal da Igreja Católica e outros dois das confissões não católicas oficialmente reconhecidas, oito representantes das associações sindicais, três eleitos pela assembleia de trabalhadores da RTP, três designados pelo Conselho da Revolução e dez *"representantes de sectores e interesses sociais diferenciados da população"* (artigo 17.º, n.º 1).
- à *Assembleia de Televisão* eram cometidas competências alargadas, desde a referida designação de dois administradores até à apreciação e aprovação dos planos anuais e plurianuais, das *linhas gerais da programação para cada ano* e, com a possibilidade de introduzir emendas, do relatório e contas da empresa;
- a esta *Assembleia de Televisão* competia igualmente eleger anualmente uma *Comissão de Programas*, composta por quinze elementos *"de reconhecido mérito e competência, sempre que possível especialistas em um ou mais dos ramos"* das diversas áreas do conhecimento, cuja principal função consistia em *"orientar e supervisionar os trabalhos de programação e fiscalizar os responsáveis pela sua execução"* (artigo 38.º). De acordo com a alínea d) deste artigo, a Comissão de Programas

poderia mesmo *"propor ao conselho de administração a instauração de procedimento disciplinar contra qualquer trabalhador afecto às actividades de aquisição, produção, selecção e emissão de programas que desacate as normas ou desrespeite os valores e objectivos"* enunciados no mesmo artigo, nomeadamente *"o rigor e a objectividade da informação, o pluralismo ideológico e o confronto das diversas correntes de opinião"*;

– existiria um *Conselho de Informação*, constituído por representantes dos partidos políticos parlamentares, cujas previstas competências se assemelhavam àquelas já então enunciadas no texto da Constituição, que seria publicado no mês seguinte.

Contraditoriamente, este estatuto da RTP de 1976 mantinha, no entanto, evidentes resquícios do tradicional modelo governamentalizado:

– o Governo podia utilizar até uma hora de tempo de antena por semana para *"emissão de reportagens filmadas ou outros filmes de interesse para a sua acção governativa"*;
– os membros dos órgãos da RTP tomavam posse *"perante o Ministro da Comunicação Social"*;
– e, sobretudo, os membros dos órgãos da RTP podiam *"ser livremente e a todo o tempo destituídos e substituídos pela entidade competente para a sua eleição ou nomeação, independentemente da invocação de qualquer causa justificativa ou de qualquer procedimento"*. Recorde-se que uma norma absolutamente idêntica, mais tarde incluída no Estatuto da RTP aprovado em 1979 (DL n.º 467-A/79), seria considerada inconstitucional pela Comissão Constitucional (Parecer n.º 14/79).

De qualquer forma, grande parte das normas deste Estatuto da RTP de 1976 não seria cumprida. Nenhum dos órgãos colegiais previstos chegaria sequer a ser constituído. Em 1 de Setembro de 1976, o Governo substituiria mesmo todo o conselho de administração, presidido pelo coronel Manuel Pedroso Marques, por um outro liderado pelo capitão Tomás Rosa.

Em Outubro de 1976, o PSD, então na oposição, apresentaria na Assembleia da República um projecto de lei (23/I) em que se previa a criação de um *Conselho Parlamentar para a Informação*, a quem competiria o poder de nomeação da maioria dos gestores da RTP, assim como das outras empresas do então extenso sector público da comunicação social. O projecto seria todavia rejeitado, surgindo em alternativa um projecto de diploma que viria a dar origem à lei que instituía quatro conselhos de informação (RTP, RDP, ANOP e Imprensa Estatizada). No debate, face à oposição do PS e do PCP, o PSD formularia sem êxito diversas propostas alternativas, como a homologação dos membros dos órgãos de gestão encarregados do controlo financeiro e a possibilidade de veto daquele conselho em relação à totalidade ou à maioria dos membros dos respectivos órgãos, após audiência dos candidatos.

Um ano depois, com o I Governo Constitucional já em plenas funções, seria publicado um novo Estatuto e novamente substituída a administração, a partir de então liderada pelo dirigente socialista Edmundo Pedro.

No preâmbulo do diploma (DL n.º 91-A/77, de 11/3), reconhecia-se que os estatutos anteriores eram *"inadequados à nova realidade e impeditivos das alterações necessárias ao bom funcionamento da empresa"*.

De facto, o novo quadro estatutário da RTP era a antítese do anterior, retomando-se o modelo governamentalizado que sempre caracterizara a empresa. Os membros da *Comissão Administrativa* eram nomeados por resolução do Conselho de Ministros, sob proposta do Secretário de Estado da Comunicação Social. Nada se manteria dos órgãos previstos no inaplicado estatuto de 1976 – *Assembleia de Televisão, Assembleia de Trabalhadores, Comissão de Programas* – com a excepção do *Conselho de Informação*. Seria de facto criado um *Conselho de Informação para a RTP,* embora o texto constitucional já então em vigor, que previa a existência de quatro conselhos de informação, apenas viesse a ser concretizado através de uma lei, atrás referida, publicada em Outubro de 1977 (Lei n.º 78/77, de 25/10).

Na prática, não se instituía qualquer mecanismo que limitasse o poder da administração da empresa e do Governo que a designava. O diploma nem estabelecia a duração do mandato daquele órgão, o que implicaria a aplicação supletiva da legislação sobre o regime jurídico das empresas públicas, então o Decreto-Lei n.º 260/76.

Era então intenção do Governo aprovar a curto prazo um novo Estatuto da empresa, o que não aconteceria. Aliás, previa-se mesmo (art. 18.º) que aquele diploma vigoraria pelo prazo máximo de um ano.

Em contrapartida, poucos meses depois, em Agosto de 1977, era publicado o Estatuto da Oposição (Lei n.º 59/77, de 5 de Agosto), de acordo com o qual os partidos políticos da oposição parlamentar tinham, além dos direitos de antena e de réplica política, *"o direito de participar na superintendência e controle dos órgãos de informação pertencentes directa ou indirectamente ao Estado, nos termos do Estatuto da Informação"*. Todavia, nem este *Estatuto da Informação* seria publicado, nem tão cedo a oposição parlamentar veria concretizada qualquer forma de participar na estrutura da RTP.

A RTP apenas teria um novo estatuto em Agosto de 1980, quase três anos e meio depois do anterior, mediante a publicação do DL n.º 321/80, de 22/8, pelo que a vigência do *transitório* diploma de 1977 seria prorrogada através de cinco diplomas, que sucessivamente adiariam a sua apresentação.

O primeiro (DL n.º 59/78, de 3/4) invocaria as necessidades de ultrapassar a *"crise profunda"* da RTP e de aprovar uma Lei da Televisão. O segundo (DL n.º 225/78, de 4/8) lembrava que, ainda que já submetida a apreciação parlamentar, a Lei da Televisão não fora ainda aprovada. O terceiro (DL n.º 447/78, de 30/12) nada invocaria para prorrogar por mais alguns meses a vigência do Estatuto de 1977. Por sua vez, o DL n.º 268/79 recordava a circunstância de o Conselho da Revolução, de acordo com parecer n.º 14/79 da Comissão Constitucional, ter considerado inconstitucional o Estatuto da RTP (DL n.º 467-A/79), conforme atrás se referiu. Finalmente, o DL n.º 10-B/80, de 18/2 limitava-se a prorrogar o Estatuto até 5 de Abril, embora o referido diploma só viesse a ser publicado, repete-se, em 22 de Agosto...

De qualquer forma, embora estes factos nunca tivessem sido invocados, recorde-se que, entre Março de 1977 e Agosto de 1980, a RTP teria quatro presidentes (Edmundo Pedro, Soares Louro, Vítor da Cunha Rego e Proença de Carvalho) e, sobretudo, o país seis governos, liderados sucessivamente por Mário Soares, Mário Soares de novo numa coligação PS-CDS, Nobre da Costa, Mota Pinto, Maria de Lurdes Pintassilgo e Sá Carneiro...

O Estatuto da RTP de 1980 foi precedido pela aprovação pela Assembleia da República da primeira Lei da Televisão.

A Lei n.º 75/79, de 29 de Novembro, que consagrava na prática o monopólio da RTP, estabelecia algumas normas gerais, nos termos constitucionais, sobre a liberdade de expressão e informação (artigo 5.º) e a orientação geral da programação, que deveria respeitar o *"pluralismo ideológico, assegurando a livre expressão e confronto das diversas correntes de opinião e garantindo o rigor e a objectividade da informação"* (artigo 6.º). Relativamente ao modelo de governação, no entanto, o articulado limitava-se a atribuir a responsabilidade da programação a uma direcção de programas (artigo 13.º, n.º 1) e a atribuir aos jornalistas o direito a constituírem conselhos de redacção com competências de natureza meramente consultiva.

Por sua vez, o Estatuto retomava bem moderadamente algumas preocupações com a garantia efectiva da independência da empresa face ao poder político. O conselho de gerência era constituído por cinco membros nomeados pelo Governo, precedendo consulta ao Conselho de Informação para a RTP, e por um vogal eleito pelos trabalhadores, nos termos da lei das empresas públicas. A um conselho geral, composto por representantes dos ministros das Finanças e do Plano e da Tutela, dos presidentes dos governos regionais dos Açores e da Madeira, e dos trabalhadores da empresa e pelo presidente do conselho de gerência, competia apreciar e votar os planos anuais e plurianuais de actividade e o relatório, o balanço, as contas do exercício e a proposta de aplicação de resultados respeitante ao ano anterior. Os poderes em matéria de programação eram atribuídos à RTP, aliás de acordo com o preceituado no artigo 6.º, n.º 1 da Lei da Televisão de 1979, nada se definindo sobre a atribuição das competências nesse domínio dos diferentes órgãos da empresa, o que significava, sem dúvida, que não era interdita uma intervenção da administração.

Além disso, as tímidas garantias do Estatuto não teriam qualquer significado.

Os trabalhadores da empresa nunca veriam efectivado o direito a elegerem um dos membros do conselho de gerência. De facto, a inexistência de um diploma regulamentar da Lei n.º 46/79, de 12 de Setembro, que estabelecia o regime jurídico das comissões de trabalhadores, impossibilitou na prática a sua presença nos órgãos sociais das empresas do sector público da economia, conforme estava previsto no texto da Constituição desde 1982 e seria várias vezes reivindicado pela Comissão de Trabalhadores da RTP. Esta inconstitucionalidade por omissão seria assinalada pelo Provedor de Justiça em 1994, após queixa apresentada pela Comissão de Trabalhadores da empresa (Recomendação n.º 4/94 do Provedor de Justiça, dirigida ao Presidente da Assembleia da República).

O Conselho Geral não exerceria qualquer influência visível na empresa, dado que nem nas suas competências nem na sua própria composição lhe era reconhecida qualquer capacidade efectiva para garantir a independência da empresa face ao poder político.

O parecer prévio à nomeação dos membros da administração da RTP, imposto pela lei que entretanto instituíra os conselhos de informação (art. 7.º da referida Lei n.º 78/77, de 25/10), não teria qualquer efeito prático, não só devido à sua natureza não vinculativa, podendo até o Governo nomear prévia e interinamente os gestores *"em caso de urgência"*, mas também porque os conselhos de informação, pela sua composição, reproduzindo as maiorias parlamentares, não constituíram manifestamente qualquer instrumento eficaz para garantir a independência do sector público da comunicação social face ao poder político.

O Estatuto de 1980 estaria em vigor durante 12 anos.

O fim do monopólio da RTP, decorrente do início das emissões dos operadores privados – recorde-se que a SIC emitiu pela primeira vez em 6 de Outubro de 1992 –, impeliu o Governo a preparar a empresa para a nova era de concorrência.

O novo Estatuto da RTP (Lei n.º 21/92, de 14 de Agosto), aprovado por lei da Assembleia da República – o que, constituindo uma novidade, representava o reconhecimento da sua relevância para a afirmação dos direitos, liberdades e garantias – transformaria a RTP de empresa pública em sociedade anónima de capitais exclusivamente públicos, mas as modificações estatutárias teriam escasso relevo.

Do ponto de vista do seu modelo de governação, a empresa teria um conselho de administração, com cinco membros, livremente designado para mandatos renováveis de três anos pela assembleia-geral, isto é pelo representante do Governo, que tutelava a empresa através do Ministério das Finanças e do ministro com a tutela da comunicação social. Aliás, mais tarde, quando a Assembleia da República debateu uma proposta do PS de referendo sobre o modelo de gestão da RTP, de que adiante daremos nota, o deputado Almeida Santos ironizaria sobre o alcance desta mudança:" "deixo de designar os administradores da RTP, limito-me a designar quem os designa..." (DAR de 29/4/92).

A única modificação com algum relevo consistiu na institucionalização de um Conselho de Opinião. No entanto, a sua composição, em que representantes da maioria política, designados directa ou indirectamente pelo Governo e pelo grupo parlamentar a ele afecto, tinham uma participação significativa, e as suas limitadas competências – pronunciar-se sobre os planos de actividades, os orçamentos, os relatórios e contas e as bases gerais da programação, sem qualquer efeito vinculativo – desvalorizavam claramente a sua importância. O Conselho de Opinião era constituído por cinco representantes eleitos pela Assembleia da República segundo o sistema proporcional, cinco designados pelo Governo, dos quais dois através da assembleia--geral da sociedade e ainda por representantes das seguintes entidades ou colégios eleitorais: Assembleia Legislativa regional de cada Região Autónomas (1) trabalhadores da RTP (2, um dos quais jornalista), associações patronais (2), associações sindicais (2) associações de defesa dos consumidores (2), associações dos espectadores de televisão (1), associações de pais (1), associações de defesa da família (1), Associação Nacional dos Municípios Portugueses (1), associações de juventude (1), associações de defesa dos autores portugueses (1), colectividades de cultura desporto e recreio (3), Conselho de Reitores das Universidades Portuguesas (1) e movimento cooperativo (1). O Conselho teria ainda cinco *"personalidades de reconhecido mérito"* cooptadas pelos restantes membros.

Finalmente, no estatuto, estabelecia-se, pela primeira vez, que *"a responsabilidade pela selecção e o conteúdo da programação e informação (...)* pertencia, *"directa e exclusivamente, aos directores"* que chefiavam aquelas áreas, o que significava que se proibia qualquer intervenção da administração no domínio dos conteúdos.

O Estatuto de 1992, embora submetido como se verá a algumas alterações, vigoraria até 2003, ano em que foi aprovada a reestruturação do sector empresarial do Estado na área do audiovisual (Lei n.º 33/2003).

Antes, porém, a Lei da Televisão de 1998 (Lei n.º 31-A/98, de 14/7) conferiria ao Conselho de Opinião um reforçado poder, atribuindo-lhe competência para *"emitir um parecer prévio e vinculativo, no prazo máximo de 10 dias, sobre a composição do órgão de administração da empresa concessionária, a eleger ou a destituir na respectiva assembleia-geral"* (art. 48.º, alínea a) do n.º 2).

Mesmo tendo em consideração a sua composição algo governamentalizada, a atribuição ao Conselho de Opinião de um poder de veto sobre a composição do conselho de administração da RTP escolhida pelo Governo teria um alcance contraditório: por um lado, assinalava, de facto, um relevante limite à tradicional *cadeia hierárquica de controlo político,* que marcara desde o início a relação entre a RTP e o poder político; por outro, um tal poder de veto seria, aparentemente, dificilmente seria utilizado, antes mesmo de ser conferida ao conselho de administração a oportunidade de iniciar as suas funções.

No entanto, em 2002, na sequência da mudança de maioria política, o Conselho de Opinião da RTP pronunciar-se-ia contra a designação de um Conselho de Gerência, solicitada pelo então recentemente empossado XV Governo Constitucional (PSD-CDS). A maioria dos membros do Conselho de Opinião queria, por essa via, opor-se à intenção de excluir a RTP2 do universo da empresa, anunciada pelo novo Governo e pelo Conselho então indigitado, sem que fosse então ainda claro o destino daquele canal.

Esse facto levaria a maioria parlamentar, sob proposta do Executivo, a aprovar uma lei que substituía esse *direito de veto* do Conselho de Opinião pela competência, atribuída ao mesmo órgão, para emitir parecer prévio, público e fundamentado, mas não vinculativo, sobre a nomeação e destituição dos directores de programação e informação. Na prática, conforme decorria dos princípios expostos no preâmbulo do diploma, tendo o Governo e a Assembleia da República legitimidade popular para definir e executar as políticas gerais e sectoriais do país, competiria ao primeiro *"o direito e a obrigação de fazer aplicar as políticas que resultam do mandato recebido do País e do Parlamento e, de forma especial, a responsabilidade de designar, em nome do Estado, os administradores das empresas públicas ou sociedades de capitais públicos"*. E se era, compreensível e adequada, no sector público de comunicação social, a existência de especificidades na sua organização interna, já não era, de acordo com aquela exposição de motivos, *"admissível que o Governo – responsável pela tutela das empresas não disponha dos instrumentos indispensáveis à execução da política definida e aprovada, em particular, a responsabilidade de designar os seus administradores"*.

Como atrás se referiu, por solicitação do Presidente da República, o Tribunal Constitucional apreciaria a constitucionalidade do diploma, incluindo esta norma, considerando que ela violava a garantia de independência dos meios de comunicação social do sector público, consagrada no artigo 38.º, n.º 6 da Constituição.

O Governo e a maioria parlamentar *responderiam* ao *veto* do Tribunal Constitucional com um novo diploma (Lei n.º 18-A/2002, de 14/7), baseado em três alterações ao modelo de gestão da RTP: insistia-se em retirar ao Conselho de Opinião a competência, estabelecida em 1998, para vetar a designação e a exoneração do conselho de administração; mas, em contrapartida, previa-se um regime próximo da inamovibilidade para os seus membros, que não poderiam *"ser destituídos em momento anterior ao do termo do respectivo mandato, salvo ocorrendo falta grave comprovadamente cometida pelo titular no desempenho das suas funções ou no cumprimento de qualquer outra obrigação inerente ao cargo, ou em caso de incapacidade permanente"*, sem que todavia se estabelecesse quem poderia apreciar essa *falta grave;* e atribuía-se natureza vinculativa ao parecer da Alta Autoridade para a Comunicação Social sobre a nomeação e exoneração dos directores de programação e informação *"sempre que estiver fundamentado na violação das garantias previstas no n.º 6 do artigo 38.º da Constituição"*.

Embora bastante inovador sobre a configuração do sector empresarial do Estado no sector audiovisual – iniciando-se o processo de fusão entre a RTP e a RDP, que envolveria desde logo a criação de um único Conselho de Opinião para as duas empresas – o modelo de governação da RTP estabelecido em 2003 pela Lei n.º 33/2003, de

22 de Agosto, não teria qualquer inovação significativa face à lei aprovada um ano antes.

O processo de fusão entre a RTP e a RDP, através da criação da RTP S.A., seria concretizado em 2007, através da Lei nº 8/2007, de 14/2, que estabeleceria algumas modificações no modelo de governação.

A institucionalização de mecanismos de acompanhamento pela Assembleia da República em relação à actividade desenvolvida pela concessionária constituiria a alteração mais relevante. Esse acompanhamento seria concretizado numa audição anual, e sempre que fosse julgado necessário por aquela assembleia, dos membros do conselho de administração e dos directores responsáveis pela programação e pela informação, bem como no envio da principal documentação relativa à actividade da empresa. Nos termos do mesmo artigo 5.º, realizar-se-ia também uma audição parlamentar dos membros do conselho de administração, imediatamente a seguir à sua designação. Ainda de acordo com o diploma, *"a Assembleia da República, a Entidade Reguladora para a Comunicação Social e o conselho de opinião aferem, no âmbito das suas competências, do cumprimento dos objectivos e obrigações do serviço público"* prestado pela RTP (art. 4.º, n.º 4 dos Estatutos da Rádio e Televisão de Portugal, S.A., anexo à Lei n.º 8/2007).

Mantendo o princípio da inamovibilidade dos membros do conselho de administração, estabelecido em 2002, o novo Estatuto introduziria um novo motivo para a cessação antecipada do mandato, o *"incumprimento grave e reiterado do contrato de concessão do serviço público de rádio ou de televisão"*, mas sujeitaria essa decisão a um parecer prévio favorável da ERC (art. 13.º dos Estatutos).

O controlo do cumprimento das bases gerais da programação e dos planos de investimento, podendo para tal ouvir os responsáveis pela programação e informação da RTP, seria igualmente acrescentado à enumeração de competências do conselho de opinião, cuja composição seria também modificada: deixam de ter representação o Governo, os trabalhadores da empresa, as colectividades de cultura, desporto e recreio, o Conselho de Reitores das Universidades Portuguesas, o movimento cooperativo e a Assembleia-Geral da empresa. Em contrapartida, a representação da Assembleia da República subiria de cinco para dez elementos e seria prevista a presença de membros indicados (um por cada entidade) pela secção das organizações não governamentais do Conselho Consultivo da Comissão para a Igualdade e para os Direitos das Mulheres, pelo Conselho Consultivo para os Assuntos da Imigração e pelas associações de pessoas com deficiência ou incapacidade. No total, o conselho passaria de 37 para 29 membros, estabelecendo o novo estatuto (art. 21.º), inovadoramente, que eles *"são independentes no exercício das suas funções, quer perante os demais órgãos estatutários"* da RTP, quer perante as entidades que os designam.

A atribuição da responsabilidade pela selecção e o conteúdo da programação e informação, que na legislação de 2003 pertencia *"directa e exclusivamente"* aos directores que chefiam aquelas áreas, seria ligeiramente mitigada nos Estatutos de 2007, sobretudo em relação à programação.

Em primeiro lugar, ainda que se assegure que *"a responsabilidade pela selecção e pelo conteúdo da programação dos serviços de programas (...) pertence aos respectivos directores"*, determina-se que essa competência *"deve respeitar as orientações de gestão prosseguidas pelo conselho de administração de acordo com os objectivos e obrigações, designadamente de serviço público, previstos nas Leis da Rádio e da Televisão e nos contratos de concessão"* (n.º 2 do art. 4.º dos Estatutos).

Em segundo lugar, esclarece-se que essas *orientações de gestão* *"não incidem sobre matérias que envolvam responsabilidade editorial pela informação dos serviços de programas"* da RTP, *"a qual"* – ainda de acordo com o n.º 3 do mesmo artigo – *"pertence, directa e exclusivamente ao director que chefie a respectiva área"*.

Nestes termos, se fica ainda vedada uma intromissão directa na definição concreta da programação, o conselho de administração pode agora impor orientações genéricas, caso considere isso necessário para o cumprimento pelo operador público quer das normas legais, quer das obrigações definidas no contrato de concessão, quer ainda das metas orçamentais estabelecidas pela empresa. Sublinhe-se, no entanto, que um parecer sobre *"Competências da Administração e dos Directores de Informação e Programação na RTP"*, elaborado pelo Prof. Oliveira Ascensão, em Março de 1998, a pedido do Conselho de

Administração da RTP, defendia que a administração da empresa poderia já então intervir nos conteúdos, *"na iminência de actos que representem violação da lei ou inobservância do contrato de concessão"*.

Finalmente, o novo estatuto incorporaria a regulamentação relativa aos provedores do ouvinte e do telespectador, nos termos anteriormente previstos na Lei n.º 2/2006, de 14 de Fevereiro.

4. A evolução do modelo de governação da RTP

Partindo de um modelo idêntico ao de uma qualquer empresa pública directamente dirigida pelo Governo, como se constatou, foram relativamente escassas as alterações que foram sendo introduzidas, e posteriormente aplicadas, ao modelo de gestão da RTP, motivadas pela salvaguarda do princípio da sua independência face ao poder político:

Ano	Diploma legal	Medidas de cumprimento do princípio da independência	Notas
1976	DL 189/76 (Estatuto da RTP)	Criação de uma Assembleia de Televisão, socialmente representativa que elegeria 2 dos 5 gestores, cabendo a eleição de um terceiro a uma Assembleia de Trabalhadores e os restantes 2 ao Governo. Criação de uma Comissão de Programas.	Medidas não concretizadas
1977	DL 91-A/77 (revoga o anterior Estatuto da RTP e estabelece algumas normas sobre a empresa)	Criação de um Conselho de Informação com representantes dos partidos	Medida apenas concretizada mais tarde nos termos previstos na Constituição e na Lei n.º 78/77
1977	Lei 59/77 Estatuto do Direito da Oposição)	Partidos da oposição parlamentar participam na superintendência e controle	Medida não concretizada
1977	Lei 78/77 (Lei dos Conselhos de Informação)	Parecer prévio não vinculativo à nomeação dos gestores	
1980	DL 321/80 (Estatuto da RTP)	Um dos vogais da administração é designado pelos trabalhadores	Medida não concretizada

Ano	Diploma legal	Medidas de cumprimento do princípio da independência	Notas
1983	Lei 23/83 (Lei do CCS)	Parecer prévio, público e fundamentado mas não vinculativo sobre a nomeação e exoneração dos directores	
1990	Lei 15/90 (Lei da AACS)	Mantém competência do CCS relativamente à nomeação e exoneração dos directores	
1992	Lei 21/92 (Estatuto da RTP)	Criação do Conselho de Opinião, mas sem competências relevantes; selecção dos conteúdos pertence aos directores	RTP deixa de ser uma empresa pública e passa a ser uma sociedade anónima de capitais públicos
1998	Lei 31-A/98 (Lei da Televisão)	Conselho de Opinião tem competência para parecer vinculativo sobre nomeação e exoneração dos gestores	
2002	Lei 18-A/2002 (alteração à Lei da Televisão)	Parecer vinculativo da AACS sobre designação e exoneração dos directores; inamovibilidade dos gestores	Revogada competência do Conselho de Opinião estabelecida na Lei da Televisão de 1998 sobre os gestores
2003	Lei 33/2003 (Reestruturação do sector público audiovisual)		Criação da RTP SGPS e de um único Conselho de Opinião para a RTP e a RDP
2005	Lei 53/2005 (Lei da ERC)	Parecer vinculativo da ERC sobre designação e exoneração dos directores	
2007	Lei n.º 8/2007 (Reestruturação da concessionária do serviço público de rádio e televisão)	Acompanhamento parlamentar dos gestores e dos directores de programas e de informação	Fusão na RTP S.A. dos serviços públicos de rádio e de televisão

Resumidamente, as medidas efectivas de salvaguarda da independência foram as seguintes:

– Institucionalização, a partir de 1992, de um Conselho de Opinião socialmente representativo, mas com poderes limitados à apreciação das linhas gerais de orientação da empresa e à emissão de pareceres não vinculativos (com excepção do período entre 1998 e 2002) sobre a designação e a destituição dos gestores ou dos directores da RTP;

– Atribuição, igualmente a partir de 1992, da responsabilidade exclusiva pela selecção e conteúdo da programação e da informação aos directores das respectivas áreas, vedando qualquer intromissão dos administradores, embora com a já apontada ressalva a partir de 2007;
– Imposição, a partir de 1998, do carácter vinculativo dos pareceres sobre designação e destituição dos gestores ou directores (Lei da Televisão de 1998, em relação ao parecer do Conselho de Opinião sobre a designação e destituição dos gestores; Lei de alteração à Lei da Televisão, publicada em 2002, substituindo o parecer do Conselho de Opinião em relação aos gestores por um parecer da entidade reguladora face aos directores de programas e informação; Lei da ERC de 2005, mantendo o estabelecido em 2002);
– Estabelecimento, a partir de 2002, do princípio da inamovibilidade dos gestores, cujos mandatos, agora de quatro anos, e não de três como anteriormente, apenas podem ser interrompidos em casos excepcionais tipificados na lei.
– Institucionalização, nos Estatutos de 2007, de um acompanhamento parlamentar em relação à actividade desenvolvida pela concessionária, através da audição anual, ou sempre que julgado necessário, dos membros do conselho de administração e dos responsáveis pela programação e informação.

Deste singelo elenco de medidas, parece legítimo concluir-se que a concretização do princípio constitucional da independência, no tocante ao operador público de televisão nunca implicou a subversão do modelo clássico das empresas de capital público, no tocante à influência da tutela governamental na condução da empresa, designadamente na designação dos seus corpos sociais.

Na verdade, como se referiu, introduziram-se algumas modificações a esse modelo clássico. Importará todavia ter em consideração que os conselhos de opinião integraram um número significativo, embora minoritário, de delegados do poder político (de forma directa por indicação do Governo ou indirecta, através da Assembleia-Geral da empresa, ou ainda através da maioria parlamentar) característica que as sucessivas maiorias mantiveram até ao actual estatuto, significativamente intocável, e que a salvaguarda da inamovibilidade dos gestores, que lhes garante maior independência, possui igualmente a *virtude* de amarrar um eventual futuro governo às escolhas do anterior...

No entanto, o modelo governamentalizado, se bem que limitado por estes mecanismos, nunca foi substituído por qualquer outro. A legitimidade dos governos para escolher os gestores considerados mais adequados para a administração da RTP, se bem que algumas vezes controvertida, nunca foi posta em causa.

Não faltaram, porém, propostas para a sua substituição, nomeadamente por um *modelo de representatividade social*, baseado no princípio segundo o qual a independência do operador público apenas poderia ser alcançada com a atribuição a um Conselho *Geral* ou de *Opinião* ou a uma *Assembleia da Televisão* da competência para designar a totalidade ou, pelo menos, a maioria dos administradores, competindo ao Governo indicar os restantes.

A primeira proposta visando a adopção desse modelo teve origem, como atrás se referiu, na própria RTP pouco depois do 25 de Abril, mediante um extenso *Memorial sobre a Televisão*.

Mais tarde, em 1984, partiria igualmente da RTP uma proposta de alteração ao modelo de governação da empresa. Encarregado pelo Conselho de Administração de apresentar um conjunto de propostas sobre o futuro da RTP, um *Gabinete de Prospectiva*, composto por quadros da empresa, proporia que um Conselho Geral elegesse cinco dos sete membros do Conselho de Administração, cabendo a designação dos restantes ao Governo.

Na Assembleia da República, esse modelo foi por diversas vezes proposto, sobretudo a partir de 1985, quando o debate em torno da inevitabilidade da televisão privada reforçou, em contraste, a imagem de uma ligação umbilical entre a televisão pública e o poder político.

Antes, apenas uma vez, em 1978, por iniciativa do então PPD, o tema seria objecto de uma iniciativa parlamentar. No articulado de um projecto de Lei da Televisão (n.º 167/I), que seria debatido e aprovado na generalidade em Julho de 1979, os sociais-democratas atribuíam ao Conselho de Informação para a RTP a competência para nomear a totalidade dos membros da administração e do conselho fiscal. Igualmente se propunha a constituição de uma Assembleia de Opinião em que participariam "*representantes de interesses de ordem espiritual, social, económica e regional"*. Estas propostas, cujos primeiros signatários foram os deputados Sousa Franco e Magalhães Mota, que pouco tempo depois abandonariam o PPD juntamente com cerca de metade dos grupo parlamentar, não constariam, todavia, do texto final da Lei da Radiotelevisão de 1979.

Na 4.ª legislatura parlamentar, entre Julho de 1985 e Agosto de 1987, surgiriam várias iniciativas sobre esta matéria, de praticamente todos os partidos da oposição ao (então) minoritário Governo liderado por Cavaco Silva.

Face ao apertado controlo governamental da RTP, a oposição não resistiria à tentação de procurar retirar esse comando ao Executivo. No entanto, a diversidade de soluções propostas, a associação entre este tema e o da abertura da televisão à iniciativa privada, que dependeria de ulterior revisão constitucional, e a queda do Governo no Verão de 1987 impediriam que o já então tradicional modelo governamentalizado fosse substituído.

Num primeiro momento, o Parlamento limitar-se-ia a debater na generalidade, em 20 e 21 de Fevereiro de 1986, quatro iniciativas visando, de formas diversas garantir, uma maior independência da RTP – projectos de lei n.ᵒˢ 4/IV do PCP, 84/IV do PRD, 130/IV do MDP/CDE e 137/IV do PS.

Todos seriam aprovados na votação na generalidade, excepto a iniciativa do MDP/CDE. O PCP preconizava que a designação e exoneração dos directores de informação e programas fosse precedida de um parecer vinculativo do Conselho de Comunicação Social. O PRD tinha uma proposta idêntica. O MDP/CDE atribuía esse voto vinculativo ao Conselho de Redacção da RTP. O PS propunha um modelo *misto*, uma vez que, dos seis administradores, três seriam eleitos pela Assembleia da República, assumindo um deles o cargo de Presidente, competindo a designação dos três restantes, respectivamente ao Governo, ao Conselho de Comunicação Social e aos trabalhadores da empresa.

O projecto socialista, que se aplicava a todas as empresas do então ainda alargado sector público da comunicação social, procurava assegurar a inamovibilidade dos mandatos, estabelecendo que gestores e directores de programas e de informação só poderiam ser exonerados antes do termo do mandato *"mediante processo disciplinar com nor-*

mais garantias de audição, defesa e recurso" (art. 5.º). Sublinhe-se, no entanto, que no artigo 15.º se estabelecia que os gestores e directores dos órgãos de comunicação social do sector público cessariam os respectivos mandatos no prazo de 60 dias após a entrada em vigor dos novos estatutos das empresas abrangidas por este diploma.

Mais tarde, o modelo de governação da RTP voltaria a ser objecto de novas propostas na Assembleia da República.

O PRD preconizava que um *Conselho Geral* representativo designasse 5 dos 7 membros do Conselho de Administração, cabendo a indicação dos restantes ao Governo (projecto de lei n.º 314/IV, DAR de 10/12/86). O CDS limitava o papel de um *Conselho da Radiotelevisão* a um parecer não vinculativo (projecto de lei n.º 387/IV, DAR de 14/3/87).

Mas seria o PS que reiteradamente tomaria a iniciativa neste domínio. Ainda em Outubro de 1986, através do projecto de *Lei de Bases dos Meios Audiovisuais* (274/IV), que reformulava o anterior modelo proposto pelos socialistas, propunha-se que, na RTP e na RDP, um *Conselho Geral* elegesse os conselhos de administração, aprovasse as respectivas propostas para as nomeações dos directores gerais das duas empresas e, entre outras competências, a *orientação geral da programação*.

Mais tarde, em Maio de 1988 (projecto de lei n.º 236/V), em Dezembro de 1989 (projecto de lei n.º 457/V), Novembro de 1990 (projecto de lei n.º 625/V), e em Janeiro de 1992 (projecto de lei n.º 37/VI), os socialistas tentaram que o Estatuto da RTP atribuísse essa competência de nomeação, então apenas da maioria dos administradores, a um órgão socialmente representativo – *Conselho Geral* nos três primeiros projectos, *Conselho de Opinião* no último. Competir-lhes-ia eleger três dos cinco membros do Conselho de Administração, incluindo o respectivo presidente – por uma maioria qualificada de dois terços, de acordo com os projectos de 1989 (onde se propunha que a AACS designasse os outros dois), 1990 e 1992 –, e participar na escolha do director responsável pelos conteúdos, quer submetendo ao Conselho de Administração três candidatos a esse lugar (1990), quer designando-o sob proposta da administração (1992). Por sua vez, o PCP apresentaria, em 1992, um projecto (n.º 36/VI) mais *desgovernamentalizado*: um conselho geral elegeria quatro membros do Conselho de Administração, competindo aos trabalhadores da empresa escolher o quinto.

O tema tornara-se uma prioridade política das oposições, frequentemente queixosas da governamentalização da informação da RTP, objecto de protestos públicos e inúmeras queixas junto do Conselho de Comunicação Social.

Retomando e amplificando essas acusações, o Presidente da República, Mário Soares, dirigiria, em 5 de Junho de 1991, uma mensagem à Assembleia da República sobre a situação da comunicação social.

Particularmente crítico em relação à situação da RTP, e apontando mesmo algumas práticas discriminatórias dos partidos da oposição, o Presidente da República proporia que a RTP *"fosse gerida através de um modelo organizativo que evite a interferência do poder político, qualquer que seja, no conteúdo da programação e da informação, feita muitas vezes através da escolha dos seus responsáveis de acordo com critérios em que preocupações de fidelidade político partidária parecem sobrepor-se a uma justa avaliação do prestígio, da isenção, da qualidade técnica e da competência profissional, necessárias ao desempenho de tão importantes funções".* O Presidente da República referiria a existência em países europeus de modelos *"que institucionalizam a participação de representantes de diversos segmentos da opinião pública conjuntamente com especialistas de comunicação de reconhecida competência",* salientando que *"a constituição de um órgão deste tipo representaria um importante progresso, permitindo corrigir actuais deficiências institucionais, para as quais, em devido tempo, alertei".* Mário Soares defenderia a reformulação dos estatutos da RTP *"de modo a dotar a empresa de um figurino de gestão próximo dos modelos de representatividade social existentes nos demais países da Comunidade Europeia, os quais, em geral, asseguram melhor do que no caso português o pluralismo e a independência da informação".*

Esta intervenção do Presidente da República, apoiando claramente os esforços da oposição, particularmente dos socialistas, no sentido da modificação do modelo de gestão da RTP, incitaria o PS a uma nova iniciativa: a apresentação na Assembleia da República de uma proposta de resolução para um referendo nacional.

Debatida em 28 de Abril de 1992, a proposta de referendo não colheria apoio parlamentar e a complexidade da pergunta sugerida seria mesmo duramente criticada em alguns órgãos de comunicação social. O teor da pergunta a submeter aos portugueses através de um referendo – que, caso fosse aprovado, seria então o primeiro a realizar em Portugal – era o seguinte: *"Devem as empresas que prestam o serviço público de televisão e de rádio, para assegurar a sua independência face aos poderes políticos, designadamente o Governo e a Administração directa e indirecta do Estado, ter os seus órgãos constituídos a partir de assembleias de opinião de composição plural e representativa dos vários sectores de opinião da sociedade civil?"*. Além dos socialistas, votaria a favor da proposta apenas o deputado independente Mário Tomé. PSD, CDS e PSN votariam contra e o PCP abster-se-ia.

Nenhuma destas iniciativas mereceria a concordância da maioria parlamentar do PSD, que aprovaria, como atrás se referiu, um novo estatuto da RTP, em que, além da passagem de empresa pública para sociedade anónima, se previa a existência de um conselho de opinião de composição relativamente diversificada, mas com escassos poderes.

Aguardar-se-ia que a mudança de governo, operada pelas eleições de Outubro de 1995, viesse finalmente a redundar numa mudança do modelo de governação, tanto mais que ela estava anunciada no Programa do novo Governo do PS.

Essa mudança começou por ser realizada na RDP, onde, ao contrário do que sucedia com a RTP, os estatutos podiam ser modificados através de uma simples deliberação tomada em Assembleia-Geral. O XIII Governo designaria apenas o Presidente e o Conselho de Opinião elegeria os dois restantes membros do Conselho de Administração.

No entanto, a mudança nunca se concretizaria na RTP, uma vez que nem o Governo minoritário socialista teria apoio de qualquer outro grupo parlamentar para essa alteração, que chegaria a propor na discussão da Lei da Televisão de 1998, nem ele próprio estaria então já convicto das vantagens desse novo modelo (Carvalho, 2002:67).

Aliás, em Abril de 1996, com o mero intuito de assinalar o incumprimento desta promessa pré-eleitoral, o PSD apresentaria um projecto de lei (n.º 138/VII) que se limitava a retomar as propostas socialistas, mas nunca solicitaria o seu agendamento para debate parlamentar.

O tema do modelo de governação da RTP voltaria à agenda parlamentar apenas em Maio de 2002, no mês seguinte ao início de funções do XV Governo, liderado por Durão Barroso. O Bloco de Esquerda apresentou na Assembleia da República um projecto de lei (n.º 14/IX), que visava a *parlamentarização* da RTP: competiria à Assembleia da República indicar, por maioria qualificada de dois terços, o Conselho de Administração da RTP e, da mesma forma e ao mesmo tempo, aprovar o *programa estratégico de serviço público de televisão*. De acordo com o projecto (artigo 5.º), o referido programa estratégico conteria "*a definição rigorosa de programação com as principais prioridades para os diversos canais e o peso de cada componente; a definição dos objectivos de audiências e de públicos--alvo e estratégias de captação e fidelização de cada um dos públicos, garantindo a diversidade cultural e social própria de serviço público; a definição da estratégia empresarial; a definição das estratégias de parcerias e apoio às actividades culturais de produção na área do audiovisual; a calendarização de objectivos; a previsão de custos e receitas e, em consequência, a definição dos montantes das indemnizações compensatórias ao serviço público de televisão; e a definição de critérios de qualidade de programação.*

O diploma nunca seria, no entanto, debatido nem votado.

5. A formação de uma cadeia hierárquica de controlo político

A institucionalização de um modelo governamentalizado, que seria apenas atenuado durante o regime democrático, subordinou a RTP às contingências da vida política, designadamente aos períodos de instabilidade governativa.

De 1955, quando foi constituída, até ao 25 de Abril de 1974, a RTP teria apenas quatro presidentes do conselho de administração, o último dos quais, Ramiro Valadão, nomeado pouco depois da substituição de Salazar por Marcelo Caetano, era tido como próximo deste.

Em contrapartida, depois daquela data, em cerca de 34 anos, a RTP teria 25 presidentes (ver anexo III).

Houve, sobretudo, dois períodos de grande instabilidade na empresa: entre o 25 de Abril e o final de 1975, em pouco mais de um ano e meio, a RTP teve 7 presidentes. Mais tarde, entre 1980 e o final de 1985, a empresa teria igualmente sete presidentes. A mudança neste cargo implicaria quase sempre uma profunda modificação na composição dos conselhos de administração.

Nesse primeiro período de maior instabilidade, apenas no mês de Março de 1975, a RTP teria 4 diferentes presidentes, todos militares: Ramalho Eanes, que seria eleito Presidente da República cerca de cinco anos depois, cessa no dia 13 desse mês o seu mandato que começara no final de Outubro do ano anterior, demitindo-se devido a algumas acusações de envolvimento na tentativa de golpe de Estado de 11 de Março; João Figueiredo ocupa a título interino o cargo apenas seis dias; Emílio da Silva é designado presidente, mas pede a demissão para ocupar o cargo de Ministro da Educação e Cultura do IV Governo Provisório, sendo presidente da RTP apenas doze dias; no último dia de Março, Tavares Galhardo toma posse do cargo, onde se manteria cerca de sete meses, até 14 de Outubro.

Um outro militar terá sido ainda indigitado, mas não chegou a tomar posse. No dia seguinte à demissão de Eanes, o comandante Lobo de Oliveira apresentou-se na RTP com uma credencial do Ministro da Comunicação Social, Correia Jesuíno, que o apontaria como novo Presidente da empresa, mas horas depois seria indicado para essas funções, a título interino, o major Figueiredo. O episódio ficaria conhecido como "*o Presidente a horas*" em analogia com os "*presidentes a dias*" que caracterizaram aquele mês de Março de 1975 (Teves, 2007)

Este mês de Março de 1975 não constituiria uma excepção: nenhum dos primeiros oito presidentes da RTP a seguir ao 25 de Abril ocuparia o lugar durante mais de um ano:

Manuel Bello	72 dias
Cor Augusto Gomes	84 dias
Maj. Ramalho Eanes	136 dias
Major João Figueiredo	6 dias
Major Emílio da Silva	12 dias
Ten. cor. Tavares Galhardo	197 dias
Cor. Manuel Pedroso Marques	320 dias
Cap. Tomás Rosa	90 dias

No entanto, esta instabilidade perduraria: dos 25 presidentes da RTP depois de Abril de 1974, apenas dois, Coelho Ribeiro e Almerindo Marques cumpririam os seus mandatos até ao fim, se considerarmos a saída deste, em 21 de Novembro de 2007, cerca de um mês antes do final desse período, como não impedindo esse *feito*. Coelho Ribeiro cumpriria dois mandatos entre 17 de Dezembro de 1985 e 10 de Fevereiro de 1992, durante o período de governação de Cavaco Silva. Almerindo Marques, nomeado pelo XV Governo (PSD/PP) manter-se-ia no cargo, apesar de entretanto terem tomado posse os XVI e XVII governos.

Este último executivo, decorrente da maioria absoluta socialista obtida nas eleições de Fevereiro de 2005, foi mesmo o único governo que manteve no cargo uma administração da RTP designada por um executivo de uma maioria política diferente.

A sucessão das equipas de administração decorreu sobretudo da instabilidade política, sendo claramente decorrente das mudanças governativas.

É verdade que a mudança de maioria política implicaria quase sempre – com uma única excepção, como atrás se referiu – uma substituição das administrações, a começar pelo seu presidente. No entanto, mesmo que o motivo estivesse essencialmente relacionado com uma *confiança política* entendida como indispensável aos governos, foram sempre invocadas uma multiplicidade de outras razões. Por exemplo, a *justa causa* para a demissão do Conselho de Gerência da RTP presidido por Palma Carlos, devido a *"má gestão"* foi invocada pela primeira vez, em Dezembro de 1985, pelo I Governo presidido por Cavaco Silva, que acusava o conselho de *"parcialidade, falta de rigor e isenção no tratamento da Informação"*, além de o responsabilizar pela *"degradação económico-financeira da empresa"*. A difusão de uma conferência de imprensa relacionada com as *FP-25 de Abril* seria igualmente referida pelo Governo. Face a um recurso apresentado pelos demitidos, o Tribunal Cível de Lisboa deliberaria, no entanto, em Janeiro de 1994, não existir fundamento para a *justa causa de despedimento*, o que obrigaria a empresa a indemnizar os administradores exonerados (Teves:2007).

De qualquer forma, as mudanças da gestão da RTP decorreram, por vezes, como mera consequência da mudança dos ministros que tutelam a empresa, mesmo no seio da mesma maioria política, como aconteceria entre 1995 e 2002, durante os governos socialistas de António Guterres (Carvalho, 2002:39-40).

De facto, a instabilidade governativa, um dos aspectos marcantes da vida política desde 1974, não poderia deixar de ter influência na RTP (ver anexo IV). Recorde-se que, em 34 anos de regime democrático, houve, além de 6 governos provisórios, 17 governos constitucionais, dos quais apenas 4 conseguiram completar a legislatura. No mesmo período de tempo, realizaram-se 11 eleições legislativas, das quais apenas 3 (em 1987, 1991 e 2005) proporcionaram maiorias parlamentares.

Comparando as mudanças de maioria política com as ocorridas nas diferentes administrações da RTP, é possível constatar a existência, em diversas ocasiões, de uma evidente relação de causalidade entre a mudança de maioria política e a subsequente designação de uma nova equipa de administradores na RTP.

Mudança política	Mudança de Presidente da RTP	Espaço de tempo entre as duas mudanças
Do V (PCP e esquerda militar) para o VI governos provisórios (PS/PSD/MFA)	**Tavares Galhardo** substituído por **Pedroso Marques**	25 dias (19/09/75 para 14/10/75)
Dos governos de iniciativa presidencial para o IV Governo (PSD)	**Soares Louro** substituído por **Vítor da Cunha Rego**	1 mês e 18 dias (3/01/80 para 21/02/80)
Do VIII (PSD) para o IX Governo (PS/PSD)	**Macedo e Cunha** substituído por **Palma Ferreira**	1 mês e 5 dias (09/06/83 para 14/7/83)
Do IX (PS/PSD) para o X Governo (PSD)	**Palma Carlos** substituído por **Coelho Ribeiro**	3 meses e 11 dias (06/09/85 para 17/12/85)
Do XII (PSD) para o XIII Governo (PS)	**Freitas Cruz** substituído por **Manuela Morgado** ([1])	1 mês e 7 dias (28/10/95 para 05/12/95)
Do XIV (PS) para o XV Governo (PSD/CDS)	**João Carlos Silva** substituído por **Almerindo Marques**	3 meses e 16 dias (06/04/02 para 22/07/02) ([2])

([1]) Freitas Cruz apresentara a sua demissão alguns meses antes das eleições, mas a nova administração, liderada por Manuela Morgado, não *herdaria* qualquer representante do Conselho anterior.
([2]) Este espaço de tempo seria manifestamente encurtado se o Conselho de Opinião da RTP não tivesse *vetado* o Conselho de Administração de Almerindo Marques, obrigando o Governo a retirar-lhe essa competência, como atrás se referiu.

É claro que as mudanças de Presidentes da RTP e de conselhos de administração decorrem de uma diversidade de razões, ocorrendo mesmo, como atrás se referiu, nos governos da mesma área politica – recorde-se o emblemático exemplo do período entre 95 e 2002.

As mudanças das equipas de gestores da RTP são, em qualquer caso, consideradas tão prioritárias, quer nos *timings* adoptados, quer nos critérios de confiança política envolvidos na selecção das novas equipas escolhidas, como as que tradicionalmente rodeiam a escolha pelos governos, logo a seguir à sua posse, dos mais altos quadros da Administração Pública.

Um exemplo, porventura extremo, mas significativo destas prioridades, ocorreu em Julho de 1983. Trinta e cinco dias apenas depois da posse do novo Governo do chamado *Bloco Central* (coligação PS//PSD), o novo Conselho de Administração da RTP tomou posse perante o Primeiro Ministro, Mário Soares, o vice Primeiro Ministro, Mota Pinto, o Ministro da Comunicação Social, Almeida Santos, e os ministros da Educação, da Cultura e da Qualidade de Vida, na própria residência oficial do Primeiro Ministro.

Esta extrema valorização da importância de um acto de posse tornaria ainda mais visível a cuidadosa repartição de lugares entre os dois partidos da coligação, não só no Conselho de Administração – um presidente independente (o escritor Palma Ferreira, sem qualquer experiência de gestão) arbitrava a influência de quatro gestores, dois indicados pelo PS (João Tito de Morais e José Niza) e dois pelo PSD (Torres Pereira e Cerqueira Correia), mas igualmente nas direcções de informação e de programas, onde os principais lugares de chefia seriam pouco dias depois cuidadosamente distribuídos entre responsáveis que, na maioria dos casos, tinham uma conhecida ligação, por vezes militante, com os dois partidos da coligação. A repartição entre o PS e o PSD dos mais importantes lugares nas direcções de programas e de informação, depois de procederem de igual forma na administração da empresa, levou o jornalista João Carreira Bom a subscrever, na edição do *Expresso* de 6 de Agosto de 1983, um extenso artigo significativamente intitulado *"Um écran a duas cores",* onde se assinalava o cuidadoso equilíbrio articulado entre os dois partidos. Por exemplo, o director de informação diária era socialista, mas seria tutelado por um dos administradores afectos ao PSD, que, em compensação indicara o director da informação não diária. O director de programas do 1.º canal seria afecto ao PSD, mas o administrador do pelouro era socialista...

Este acordo entre PS e PSD seria assinalado na Assembleia da República numa inédita *Comissão Eventual de Inquérito à Radiotelevisão Portuguesa S.A.*, cujos trabalhos decorreram entre Julho de 1984 e Junho de 1985. Nas suas conclusões, a Comissão constataria *"a existência de um acordo prévio à tomada de posse do conselho de gerência, entre o Primeiro-Ministro e o Vice Primeiro-Ministro, que previu a escolha dos membros do conselho de gerência entre elementos de confiança dos partidos da coligação, tendo em conta a respectiva posição política e experiência profissional, e ainda uma estrutura de conselho de gerência concretizada com o consenso dos elementos designados, apta a garantir o equilíbrio político no interior da coligação PS/PSD, designadamente através da atribuição da presidência a uma personalidade não partidária e da distribuição dos pelouros da informação e da programação"*.

No texto apresentado pelos deputados relatores (Igrejas Caeiro do PS, Silva Marques do PSD, Jorge Lemos do PCP e Gomes de Pinho do CDS), concluía-se ainda que tinha havido *"interferências do conselho de gerência relativamente às competências dos serviços de programas e de informação, práticas, aliás, referenciadas como constantes na actuação de gerências anteriores"* e também *"interferências por parte de membros do Governo, designadamente pelo então Ministro da Educação, condicionantes do trabalho informativo"* (DAR, 12/7/85). Apresentadas no último dia dos trabalhos parlamentares antes das eleições legislativas, as conclusões da Comissão não chegariam a ser debatidas e ratificadas pelo Plenário da Assembleia da República.

Esta criteriosa divisão dos lugares de administração e, subsequentemente, de direcção, sobretudo nos sectores da informação e da programação, representando a consagração de uma *cadeia hierárquica de controlo político* que se estende desde o Governo até às chefias ligadas aos conteúdos da RTP, constituiu um dos aspectos assinaláveis decorrentes do modelo governamentalizado que caracterizou a empresa desde a sua fundação.

Essa ligação umbilical da empresa à conjuntura política não acarretou apenas uma profunda instabilidade na administração da RTP, mas igualmente na sua estrutura, sucedendo-se ao longo dos anos, não apenas os titulares dos cargos, mas os próprios organigramas – mais de setenta *ordens de serviço* relativas a nomeações e exonerações de directores dos departamentos de informação e programação desde 1974 até hoje. Em alguns períodos, toda a responsabilidade pelos conteúdos da empresa é atribuída a um director que coordena a programação e a informação; noutros, estes dois sectores têm responsáveis diferentes, com a eventual *arbitragem* de um dos administradores (ver Anexo V).

De qualquer forma, é possível *ler* na instabilidade da estrutura dirigente da RTP uma consequência directa da já assinalada instabilidade política. Sobretudo no período *revolucionário* que se seguiu ao 25 de Abril, a RTP seria palco de intensas lutas politico partidárias, indiscutivelmente associadas à sua influência junto da opinião pública.

Importará referir, neste quadro, o *simbólico* caso do chamado "*Documento Veloso*", lista de cerca de cem funcionários da RTP que, segundo o seu autor, Manuel Jorge Veloso, membro dos serviços musicais da empresa, deveriam ser saneados devido à sua actuação antes ou mesmo depois do 25 de Abril. A divulgação do documento provocaria larga controvérsia, tanto mais que o seu autor era identificado com o PCP (Teves, 2007).

Por outro lado, a selecção pelos governos dos membros das diferentes administrações, sobretudo no período *monopolista* da RTP (até 1992), seria fortemente condicionada por esse contexto.

É verdade que, pelo menos teoricamente, a escolha de um conselho de administração pode representar a selecção daqueles que vão concretizar a *política para o serviço público de televisão*, o que pode significar *apenas*, por exemplo, a definição dos serviços a prestar, bem como da forma de organizar a empresa e recuperá-la financeiramente. Nestes termos, parece impor-se uma sintonia entre os objectivos do Governo e da equipa de administradores que aquele escolhe.

No entanto, em muitas circunstâncias, a indigitação de um novo conselho de administração não foi mais do que um passo instrumental para a colocação, nos influentes lugares de chefia dos sectores de programação e, sobretudo, da informação, de pessoas de estrita confiança política do Governo e do partido maioritário ou, pelo menos, justificada pela intenção de substituir os responsáveis anteriores, considerados como afectos à maioria política cessante.

Vítor Cunha Rego, Presidente da RTP entre Fevereiro e Julho de 1980, diria mesmo que *"a RTP é um aparelho ideológico do Estado"*, assumindo que a empresa não poderia *"atacar o Governo para além de alguns parâmetros"* (Teves, 2007).

Mais tarde, no seu discurso de posse como Presidente da empresa, em 18 de Julho de 1980, Proença de Carvalho, voltaria ao tema: *"dentro da RTP é a sua administração que detém a legitimidade, autenticamente democrática, porque emerge de um órgão de soberania resultante do sufrágio para dirigir toda a vida da empresa, sem excluir a que exprime no conteúdo das emissões"* (Teves, 2007).

Num momento em que era referida a possibilidade de substituição do então director de informação da RTP, José Rodrigues dos Santos, o Ministro Morais Sarmento enveredaria por uma argumentação semelhante, defendendo a existência de limites à *"independência dos operadores públicos"* sob pena de ser adoptado um *"modelo perverso que exige responsabilidades a quem não toma decisões"*. Na mesma intervenção, proferida em 19 de Outubro de 2004 na sede da RTP, o ministro acrescentaria que deveria *"haver uma definição por parte do poder político acerca do modelo de programação"* uma vez que *"são os responsáveis políticos que respondem perante o povo"*.

De qualquer forma, quer essa cadeia de substituições se tenha produzido com um intuito de controlo político, fundamentado ou não em conceitos de legitimidade democrática, quer se tenha tornado alegadamente imprescindível para repor regras de independência, pluralidade e qualidade, importará reconhecer que a mera possibilidade de mudar estruturas e chefias nas áreas dos conteúdos constituiu sempre um poderoso meio de influência sobre a empresa.

Terá sido devido a essa influência que, a este nível, a história da RTP se fez de uma infindável rotação de responsáveis e nunca mediante o estabelecimento, mediante um alargado consenso, de regras que distanciassem a empresa da voragem de cada maioria no momento da sua chegada ao poder.

Deste modo, tal como se pode encontrar uma evidente relação entre a chegada ao poder de uma nova maioria política e a entrada em funções de uma administração da RTP, com afastamento da anterior, também se poderá estender essa *movimentação* aos cargos de direcção naquelas áreas:

Mudança política	Mudança de Presidente da RTP	Espaço de tempo entre as duas mudanças	Mudança de directores	Espaço de tempo entre a mudança de Presidente e a de directores	Espaço de tempo entre a mudança de maioria política e a designação de novos responsáveis na informação e/ou na programação
Do V (PCP e esquerda militar) para o VI Governo provisório (PS/PSD/MFA)	Tavares Galhardo substituído por **Pedroso Marques**	25 dias (19/09/75 para 14/10/75)	Veiga Pereira nomeado director de informação	1 mês e 10 dias (14/10/75 para 24/11/75)	2 meses e 5 dias
Dos governos de iniciativa presidencial para o IV Governo Constitucional (PSD)	Soares Louro substituído por **Vítor da Cunha Rego**	1 mês e 18 dias (03/01/80 para 21/02/80)	Fialho de Oliveira nomeado director de informação	5 dias (21/02/80 para 26/02/80)	1 mês e 23 dias
Do VIII (PSD) para o IX Governo (PS/PSD)	Macedo e Cunha substituído por **Palma Ferreira**	1 mês e 5 dias (09/06/83 para 14/7/83)	Nuno Coutinho e Hélder Freire nomeados para a direcção de informação a título interino	7 dias (de 14/7/83 para 21/7/83)	1 mês e 12 dias
Do IX (PS/PSD) para o X Governo (PSD)	Palma Carlos substituído por **Coelho Ribeiro**	3 meses e 11 dias (06/09/85 para 17/12/85)	José Eduardo Moniz nomeado Director de Informação	1 mês e 4 dias (17/12/85 para 21/01/86)	4 meses e 15 dias
Do XII (PSD) para o XIII Governo (PS)	Freitas Cruz substituído por **Manuela Morgado**	1 mês e 7 dias (28/10/95 para 05/12/95)	Joaquim Furtado designado Director Coordenador de Programas e Informação	10 dias (05/12/95 para 15/12/95)	1 mês e 17 dias
Do XIV (PS) para o XV Governo (PSD/CDS)	João Carlos Silva substituído por **Almerindo Marques**	3 meses e 16 dias (06/04/02 para 22/07/02) (2)	Luís Andrade e José Rodrigues dos Santos designados respectivamente directores de programas e de informação	2 meses e 1 dia (22/07/02 para 23/09/02)	5 meses e 17 dias

As consequências das mudanças de ciclo político na RTP, traduzidas na criação de uma *cadeia hierárquica de controlo político*, decorrem do papel nuclear da empresa na comunicação social portuguesa, sobretudo até meados dos anos 90, quando a emergente televisão privada torna mais visível a crise de legitimidade, de financiamento e de estrutura em que a RTP mergulhara.

Importará todavia referir que, prevalecendo nestas mudanças motivações políticas, a designação de *homens de confiança* para as direcções de programas e, sobretudo, de informação tornar-se-ia uma tradição que ultrapassou aqueles propósitos. Com efeito, além dos atrás referidos (Pedroso Marques, Vítor Cunha Rego, Palma Ferreira, Coelho Ribeiro, Manuela Morgado e Almerindo Marques), também outros oito Presidentes da RTP, pouco depois de assumirem o cargo, mesmo não tendo ocorrido uma mudança de maioria política, designaram novos responsáveis pela programação ou pela informação: Ten. Coronel Tavares Galhardo (9 dias depois da sua posse), Tomás Rosa (28 dias), Edmundo Pedro (5 dias), Proença de Carvalho (4 dias), Macedo e Cunha (26 dias), Palma Carlos (26 dias), Coelho Ribeiro (23 dias), Vítor Coelho (15 dias) e Guilherme Costa (22 dias) procederam a essas nomeações, quer correspondendo a uma vontade de renovação, quer devido à demissão dos antigos responsáveis. E nessas ocasiões, terá existido, aparentemente, tão só a intenção de *aproximar* a administração das novas equipas responsáveis pelos conteúdos, que aquela designara.

Título II

Os modelos de financiamento

Capítulo I

Os modelos de financiamento e as experiências europeias

1. As modalidades de financiamento

A questão do financiamento dos operadores de serviço público não envolve apenas a obtenção de verbas suficientes para o desempenho das respectivas actividades. Pelo contrário, a origem desses montantes, a sua dimensão e as suas diversas modalidades, podendo condicionar a independência dos operadores e o tipo de programação emitida, revestem-se da maior relevância, constituindo um dos aspectos nucleares do modelo europeu de serviço público de televisão.

Aliás, a importância do modelo de financiamento, bem como a necessidade de clarificar as regras de financiamento do serviço público, sobretudo tendo em conta a actividade concorrente de operadores comerciais, impôs mesmo, na última década, um conjunto de tomadas de posição de diversas instâncias europeias, como adiante se referirá. A extrema diversidade de modelos de financiamento, decorrente das diferentes origens e características históricas, culturais e políticas dos serviços públicos de televisão dificultaria a elaboração e a consensualização de regras comuns.

Estas resoluções, de enorme relevância doutrinal para a afirmação do modelo europeu de serviço público de televisão, acentuam a necessidade de os Estados assegurarem um quadro seguro e apropriado aos operadores. Assim, reconhecem a possibilidade de diversificar a origem das fontes de financiamento, recorrendo inclusivamente à emissão de publicidade, e estabelecem regras de leal concorrência com os operadores privados, visando garantir, tanto a independência editorial como a autonomia institucional dos operadores de serviço público. No próprio *Livro Branco sobre os serviços de interesse geral*, a Comissão Europeia reafirmou que aos Estados membros é reconhecido o direito de escolherem livremente o regime de financiamento mais adequado, de acordo com as especificidades nacionais (COM2004)374).

O Protocolo n.º 30, anexo ao Tratado de Amesterdão, porventura a mais importante das resoluções das instâncias europeias, sublinha a estreita relação entre a missão, a organização e o financiamento do serviço público, sublinhando que, para levar a cabo a sua missão, os organismos de serviço público devem ter à sua disposição meios financeiros suficientes e beneficiar de uma organização apropriada. No entanto, o Tratado reconhece a cada Estado o direito a definir e organizar o serviço público de acordo com os seus valores e critérios próprios.

São diversas as formas de financiamento dos operadores de serviço público europeus: a taxa, as subvenções públicas, as dotações de capital, a emissão de dívida pública, as operações de crédito, a publicidade comercial e as receitas provenientes de outras actividades de natureza comercial, incluindo a venda de programas, a *pay tv* e as actividades no âmbito do multimédia.

Na sua documentação, a UER, através do seu grupo estatístico, utiliza outro critério de classificação, distinguindo habitualmente cinco grandes categorias de recursos, segundo a sua origem:

– os recursos financeiros nacionais considerados como fundos públicos (subsídios, taxa, taxas sobre bens e serviços e outras);
– os recursos comerciais nacionais (publicidade, patrocínio, vendas de programas, *merchandising,* aluguer de equipamentos de radiodifusão, *pay tv* e outras);
– os recursos ligados aos serviços regionais;
– os recursos ligados aos serviços locais;
– e as restantes fontes de recursos (rádio internacional, televisão por satélite, teletexto, etc.).

Na generalidade dos países europeus, a taxa constitui a principal e a mais antiga forma de financiamento dos operadores públicos, mas quase todos recorrem a fontes complementares, designadamente à publicidade comercial.

De facto, o modelo de financiamento predominante na Europa é o misto, variando todavia de forma substancial, consoante os países, as percentagens relativas da taxa e das receitas comerciais. Pode mesmo estabelecer-se um quadro comparativo com quatro categorias, de acordo com os dados da EBU-UER relativos a 2006 (EBU-UER, 2007):

– os países onde a taxa, juntamente com outros fundos públicos, representam pelo menos dois terços das receitas totais (por ordem decrescente, Finlândia, Noruega, Dinamarca, Suécia, República Checa, Alemanha, Reino Unido, Roménia, Suíça, Bulgária, Portugal e Hungria);
– os países onde o conjunto de fundos públicos, superando os 50%, não atinge essa percentagem de dois terços (Eslovénia, Croácia, França, Lituânia, região flamenga da Bélgica, Holanda, região valã da Bélgica, Itália e Letónia);
– aqueles em que as receitas comerciais são ligeiramente maioritárias – os fundos públicos ultrapassam um terço das receitas totais, mas não atingem os 50% (Áustria e Irlanda);
– e os países em que as receitas comerciais asseguram mais de dois terços dos orçamentos, sendo escassos os fundos públicos (Polónia e Espanha).

A diversidade de origens do financiamento, que favorece tendencialmente a independência dos operadores e minimiza os riscos provenientes da vinculação às receitas de uma fonte única, decorre sobretudo da necessidade de encontrar nessa complementaridade a solução para o imperioso crescimento do financiamento dos operadores de serviço público, sendo cada vez menos viável, principalmente por razões políticas e sociais, aumentar o valor da taxa de forma substancial. De qualquer forma, o montante da taxa varia muito consoante os países, oscilando (valores de 2006) entre os 309,3 euros anuais da Islândia e os 49,3 euros da Polónia, os 43,6 da República Checa, os 20 euros de Portugal (20,5 em 2008) ou os 14,1 euros da

Roménia. A Dinamarca (280,2), a Áustria (244,0), a Noruega (247,4), a Suécia (217,4), a Alemanha (204), Suíça (174,8), Finlândia (200,7) Reino Unido (195,0) têm montantes acima dos 180 euros anuais, ou seja mais de 15 euros mensais. Irlanda (158,0), Eslovénia (132,0), da França (116,5) e da Itália (99,6), pelo contrário, impõem montantes anuais mais baixos. Sublinhe-se que na maior parte destes países (as excepções são a Suíça, a Dinamarca, a Roménia e a República Checa) os valores indicados respeitam ao valor conjunto das taxas dos serviços públicos de televisão e de rádio (UER/EBU, 2007:23).

Recorde-se igualmente que os operadores públicos de alguns países estão sujeitos a limites específicos na difusão de publicidade, como adiante se referirá.

2. O financiamento pela taxa

A taxa representa a principal fonte de financiamento do serviço público de televisão. Inicialmente associada à posse de um aparelho receptor, passou na maior parte dos países a ser colectada por lar, por vezes independentemente da existência do referido aparelho ou mesmo do número de televisores existentes em cada lar. Era assim concebida como uma taxa de utilização do serviço público de televisão, indiciada pela mera detenção de um aparelho receptor ou pela presunção da sua existência.

Aliás, numa situação ou noutra, a taxa devia ser paga independentemente da efectiva fruição do serviço público de televisão e da sua frequência, o que significa que abrangia os seus potenciais espectadores. Este carácter involuntário distingue este pagamento do referente a serviços de *pay tv*.

A taxa pode ser considerada como uma remuneração que confere o direito de receber o sinal das emissões do serviço público de televisão ou como uma contribuição especial para o seu financiamento total ou parcial.

O financiamento através de uma taxa apresenta diversas vantagens.

A sua previsibilidade, nomeadamente se o seu montante for fixado plurianualmente, garante aos dirigentes do operador de serviço público uma informação necessária à sua gestão e a uma adequada planificação.

A taxa assegura igualmente uma importante independência face às receitas publicitárias, condicionadoras das opções de programação. É consensual a tese segundo a qual a originalidade, a diversidade e a criatividade da programação dos operadores de serviço público varia na razão inversa da sua dependência das receitas comerciais, em especial publicitárias (McKinsey, 1999:29 e, para o caso português, Traquina, 1995:230-237).

A taxa garante também mais independência do que as subvenções públicas, que poderão induzir uma indesejável influência do poder político, tendo em conta a possibilidade de a aferição do montante e o *timing de* atribuição dessas verbas poder ser utilizado para condicionar a independência do operador.

A sua universalidade cria um vínculo entre os cidadãos e os operadores de serviço público, que se reveste todavia de inegável ambiguidade, uma vez que o cidadão contribuinte se pode tornar, com maior legitimidade, o mais exigente dos críticos, quer da programação, quer mesmo da sua gestão.

A igualdade do seu valor, para todos os lares, independentemente dos respectivos rendimentos, acentua esse vínculo entre o operador e o seu público, dado que há uma relação directa entre o serviço disponibilizado e o respectivo custo.

Em contrapartida, a imposição de uma taxa não é isenta de polémica. A necessária actualização do seu montante, nomeadamente face aos recentes desafios da tecnologia digital, acarreta-lhe uma crescente impopularidade, tanto mais que o aumento da oferta televisiva, em alguns casos inclusivamente através de serviços apenas acessíveis mediante pagamento – a *pay tv*, e a consequente fragmentação das audiências têm atenuado o tradicional vínculo entre cada cidadão e o *seu* serviço público de televisão. De facto, a legitimidade política e jurídica da taxa fragiliza-se com a transferência de espectadores para os operadores privados, porque eles continuam a pagar um serviço de que usufruem menos ou de que já não usufruem mesmo. É por isso que, doutrinariamente, a sua classificação como imposto se torna mais justificável, uma vez que não lhe subjaz uma relação sinalagmática.

Da mesma forma, competindo em regra ao poder político a determinação dos montantes, essa decisão pode configurar uma indesejável forma de limitação da independência do operador, caso não existam mecanismos de actualização automática ou, pelo menos, determinados plurianualmente. A Dinamarca constitui um bom exemplo dessa preocupação, pois o montante da taxa é fixado por períodos de quatro anos (Ordóñez, 2004:370).

Com o intuito de garantir a autonomia do operador, furtando-se à impopular decisão de aumentar anualmente o valor da taxa, vários países, como o Reino Unido, seguindo os conselhos do relatório do *Peacock Committee*, optaram por indexá-la à inflação. Recorde-se que o *Peacock Committee,* que iniciou o seu mandato em 1986 quando os conservadores de Margaret Thatcher ocupavam o poder, ponderara inicialmente a hipótese de encarar a publicidade como alternativa ou complemento da taxa, mas essa medida, hostilizada pela *ITV,* que deixaria de ter o monopólio das receitas publicitárias, não seria proposta. O *Peacock Committee*, dirigido pelo Professor Alan Peacock, reputado adepto da *new economics,* desenvolveu o seu trabalho numa época de evidente tensão entre a BBC e o Governo de Thatcher, provocada pela isenção com que alguns acontecimentos (a guerra das Falklands/Malvinas, entre outros) foram noticiados (Crisell, 2002:234).

Nalguns países, a colecta da taxa tem gerado problemas relacionados não só com a necessidade de um pesado e dispendioso mecanismo burocrático – os custos relacionados com a cobrança da taxa oscilam, conforme os países europeus, entre 2 e 15% da receita colectada (Picard, 2004:6) – mas também com a existência de significativas formas de evasão, facilitadas pela complexidade das regras sobre isenções previstas para os mais pobres.

Os dados relativos às estimativas de evasão ao pagamento da taxa são muito variáveis. De acordo com dados de 2006, em Itália e na Polónia, ascendem a mais de 25% (25% e 39%, respectivamente), mas nos países escandinavos, na Alemanha (6%), Grã-Bretanha (5% em 2004), Áustria (3%) e Suíça (4,1%) não ultrapassam os 10% (EBU Guides, vol 4, 2007:25).

As formas de evasão, variáveis de país para país, constituem uma fonte de preocupação de governos e operadores.

Em França, onde ascendia a 8,5% em 2002 provocando um prejuízo de 200 milhões de euros, ela tem sido objecto de sistemática apreciação nos trabalhos preparatórios da discussão parlamentar dos Orçamentos do Estado, sendo enumerados diversos tipos de evasão: a não declaração de receptores, a não declaração de aparelhos receptores a cores em lares onde estava registado um aparelho a preto e branco, situação hoje já relativamente marginal, e a não declaração de uma mudança de situação de um lar, onde antes havia direito a isenção de pagamento, entre outras.

Esta situação é facilitada pela variedade e complexidade das isenções. De facto, são isentos do pagamento os idosos com mais de 65 anos, que não estejam sujeitos a pagamento de impostos sobre os rendimentos, os mutilados e inválidos civis e militares e alguns estabelecimentos sociais e hospitalares. Em 2001, entre os 22,52 milhões de fichas de inscrição relativas ao serviço de cobrança da taxa, 3,85 milhões estavam isentas. Os operadores públicos são ressarcidos por subsídios estatais em montante equivalente ao valor decorrente das isenções. (*Direction du développement des médias* do Ministério da Cultura francês, *Les exonerations de redevance*, 2004).

Finalmente, o referido carácter *socialmente injusto* da taxa, de montante igual para todos os contribuintes, tem também inconvenientes. O igualitarismo prevalecente na determinação do montante tem constituído um importante factor de limitação da sua actualização, sendo o seu valor invariavelmente alinhado pelos rendimentos mais baixos.

A fixação do montante da taxa representa um momento relevante para a prossecução do serviço público.

Ainda que esse cálculo exija a participação do operador, em especial na previsão do montante necessário e no cálculo das verbas previstas para as restantes receitas – por exemplo, quando existam, as publicitárias – a deliberação sobre o montante exacto da taxa compete quase sempre ao poder político – ao governo ou, na maior parte dos países, ao parlamento, de acordo com proposta do executivo.

Na Alemanha, as regras relativas ao financiamento do serviço público foram decisivamente influenciadas pelo Tribunal Constitucional, em especial pela sentença de 22 de Fevereiro de 1994. O montante da taxa é fixado de acordo com um Tratado entre os *Länder*, em vigor desde 1 de Janeiro de 1996. De acordo com esse tratado, que cumpria a deliberação daquele Tribunal, foi atribuída a uma entidade independente, a *KEF (Kommission zur Ermittlung des Finanzbedarfs der Rundfunkanstalten* – Comissão para o Apuramento das Necessidades Financeiras dos Operadores de Serviço Público, composta por 16 peritos, parte dos quais indicados pelos tribunais de contas dos *Länder)* a missão de, com a maior autonomia, avaliar, por períodos de dois anos, as necessidades financeiras invocadas pelos operadores dos diferentes estados federados. A proposta da *KEF* é posteriormente submetida à apreciação dos governos e dos parlamentos dos diferentes *Länder*, sendo adoptada, depois de obter um consenso. Em 2004, pela primeira vez, registou-se uma importante discordância entre as duas partes, não tendo os *Länder* aceite a proposta do *KEF*, considerada demasiado elevada (Open Society Institute, vol.2,2005:747). Os operadores alemães de serviço público dispõem ainda de verbas provenientes da emissão, embora limitada, de publicidade comercial. A taxa é cobrada por um departamento administrativo – *GEZ* – comum aos operadores dos diversos *Länder*, com sede em Colónia.

Politicamente melindrosa e sensível, por poder dar azo a acusações de diversa índole – desde as motivadas pelas relações de dependência do operador geradas pela atribuição dessa função ao poder político até às decorrentes da alegada concorrência desleal com os operadores comerciais – a fixação do montante obedece em geral a regras cuidadosamente estabelecidas.

Em muitos países, evita-se uma fixação anual do montante, recorrendo-se antes a uma fixação plurianual ou à indexação automática à inflação. Na Grã-Bretanha, em Fevereiro de 2000, o Governo anunciou um aumento do montante da taxa para os anos seguintes superior em 1,5% à taxa de inflação. Esta decisão resultava de uma estimativa de aumento de custos decorrente do desafio da televisão digital (UER, Département juridique, 2000:12). A BBC beneficiava igualmente do aumento do número de lares, estimado em 0,75% em média por ano (Department for Culture, Media and Sport, 2005:62).

A cobrança da taxa, inicialmente efectuada pelas empresas de comunicações, consoante as diversas experiências europeias, compete hoje aos próprios operadores (directamente ou através de empresas), a organismos especificamente criados para esse objectivo (Alemanha,

Dinamarca, Noruega, Suécia, Eslováquia, Croácia e Eslovénia), a instâncias de regulação do audiovisual (França), a empresas de electricidade (Grécia, Chipre, Turquia e Portugal), de correios e telecomunicações (Polónia, República Checa, Hungria, Itália e Áustria) ou a empresas mandatadas para o efeito (caso da Suíça, onde essa função compete a uma empresa, *Billag,* do universo empresarial da *Swisscom,* empresa de telecomunicações).

A fixação do montante exacto da taxa não é uma tarefa simples, pois implica desde logo a sua ponderação face ao conjunto das outras receitas da empresa, o que exige uma avaliação do montante da totalidade das receitas necessárias ao cabal cumprimento das missões atribuídas ao serviço público.

Ora essa avaliação é bem mais complexa do que num operador privado, em que importará prever o montante das receitas, decorrente em primeira instância da audiência expectável e da respectiva resposta do mercado publicitário.

A produção de uma programação para o operador de serviço público não obedece apenas, ou sequer prioritariamente, a esse critério. A relação entre custo e benefício obedece a outros valores, o principal dos quais – a qualidade indissociável do conceito de serviço público – não é mensurável. A maximização da audiência ou das receitas publicitárias não é assim mais relevante do que a satisfação de outros critérios relacionados com a natureza e os objectivos do serviço público. A sua quantificação exacta apenas pode ser realizada através de uma ponderação com uma indiscutível carga política, cujos critérios de avaliação poderão incluir a percentagem do PIB a atribuir ao serviço público de televisão, a comparação com os custos de outros serviços públicos (nas áreas culturais, dos transportes, etc.), as verbas de anos anteriores, a dimensão do país e da audiência potencial, o volume, a diversidade e a relevância dos serviços prestados pelo operador, nomeadamente os dirigidos a comunidades no estrangeiro ou investimentos em novas tecnologias como a digital, etc.

Esta difícil equação impõe uma conciliação entre as necessidades dos operadores, definidas num primeiro momento pelos seus órgãos de gestão, porventura de acordo com os termos da concessão, e a avaliação da sua importância relativa apurada pelo poder político ou por uma entidade independente em quem este delegue esta missão.

Desta forma se apura o montante atribuível ao operador de serviço público, normalmente através de uma taxa ou de subvenções públicas, desejavelmente de acordo com um contrato plurianual que estabeleça as respectivas obrigações e preveja as receitas alternativas, por exemplo publicitárias.

Precursora do modelo de serviço público, à BBC se deve igualmente o modelo de financiamento mais generalizado, concretizado inicialmente através de uma taxa paga pelos proprietários de aparelhos receptores. Esta solução foi introduzida por sugestão do *Sykes Committee*, nomeado pelo Governo britânico em 1923 para estudar o modelo a adoptar pela BBC.

A ideia de cobrar uma taxa deveu-se a vários factores.

Em primeiro lugar, tal decorre da própria origem da BBC, criada em 1922 por impulso governamental, ao forçar a fusão de várias empresas comerciais que fabricavam aparelhos de rádio. O produto da arrecadação da taxa – inicialmente de 10 xelins e cobrada pelo *Post Office* – revertia para a estação, mas também, numa pequena percentagem, para os fabricantes de receptores, o que constituía um acrescido estímulo ao alargamento do número de ouvintes.

Para a nascente indústria electrónica, o Estado era um parceiro mais útil para o desenvolvimento da radiodifusão e para estimular a venda de receptores do que a iniciativa privada, então pouco convicta dos benefícios a tirar de eventuais empresas comerciais de radiodifusão, no contexto europeu de limitado desenvolvimento económico dos anos 20 e 30.

Por outro lado, ainda que, no seu início, a rádio – como mais tarde a televisão – não tivesse um auditório relevante, a opção por um financiamento através de uma taxa, excluindo a publicidade e as receitas relativas à sua difusão, reflectia a existência de pressões dos empresários ligados à imprensa, que viam na rádio uma ameaçadora concorrente no então escasso mercado publicitário.

A preferência por uma taxa em detrimento da publicidade decorria também da avaliação negativa da programação das rádios norte-americanas, manifestada por elementos do *Sykes Committee*, que associavam essa alegada deficiente qualidade à sua dependência perante as receitas publicitárias.

Todavia, a taxa da BBC foi sempre vista como relativamente anómala face à forma de pagamento dos restantes serviços públicos de outras áreas da actividade económica, frequentemente financiados pelo orçamento estatal ou mediante o princípio do utilizador pagador.

O financiamento através da cobrança de uma taxa, tema várias vezes debatido ao longo da história da BBC, tornar-se-ia não só num dos seus principais símbolos, como num dos seus pilares essenciais: *"Destroy the licence fee and you destroy the BBC"* sintetizou Tracey (1998:99) no seu estudo sobre o serviço público de televisão.

No Relatório Pilkington, divulgado em 1962, sublinhar-se-ia mesmo que *"apenas a taxa implica a rejeição de qualquer outro compromisso que não seja o de fazer o melhor serviço de radiodifusão possível "*.

A importância que a taxa tem assumido na construção e na afirmação da BBC não significa que o financiamento não tivesse sido debatido no seu período inicial. Ao receber o projecto da primeira Carta da BBC, John Reith perguntaria se a publicidade não poderia constituir *"uma fonte suplementar de receita, caso necessário"* (Tracey, 1998:100). No entanto, a taxa constituiria, desde a sua origem, o elemento fundamental do financiamento da BBC.

O exemplo inglês seria acolhido pela maioria dos países europeus. O financiamento através de uma taxa cobrada a todas as famílias decorria da natureza do serviço público de televisão, equiparado à educação, à saúde e a vários outros serviços públicos, parcialmente pagos pelos utentes, mas sobretudo financiados pelos impostos.

Na Alemanha, o pagamento de uma taxa, desde o início da radiodifusão em 1923, era obrigatório para todas as pessoas que possuíssem um aparelho capaz de captar as emissões de rádio.

Em França, em Maio de 1933, seria introduzida uma taxa devida pelo direito de utilização de receptores de rádio, destinada a subsidiar as despesas de radiodifusão. A taxa de televisão seria criada em 1949. A taxa de rádio, que um acórdão de 1960 do tribunal constitucional consideraria como uma contribuição parafiscal, seria todavia abolida em 1980, mantendo-se em vigor apenas a taxa relativa à televisão.

Na maioria dos restantes países europeus, generalizou-se igualmente, a partir dos anos 30 ou 40, a imposição do pagamento de uma taxa como contrapartida da posse de um aparelho de rádio, e mais tarde de televisão, suficiente para classificar o seu proprietário como potencial ouvinte e (ou) espectador do serviço público.

Contudo, nem todos os países europeus manteriam a taxa como principal forma de financiamento.

Em Espanha, porventura o caso mais paradigmático, o *Servicio Nacional de Radiodifusión*, criado em Julho de 1929, funcionava com base em três fontes de financiamento: impostos sobre a venda de material radiofónico, licenças por posse e utilização de material radiofónico e emissão de publicidade comercial. Poucos anos volvidos, na Lei da Radiodifusão de 1934, apontava-se, porém, como objectivo, a extinção gradual da emissão de publicidade, à medida que outras receitas permitissem financiar aquele serviço.

A extensão da licença por posse de aparelho de rádio aos televisores seria concretizada em Fevereiro de 1957. Fixaram-se então verbas anuais de 300 pesetas para cada televisor que não excedesse as 17 polegadas e de 500 para os aparelhos de maior dimensão.

Consideradas como *"impostos sobre o luxo"*, estas taxas seriam, porém, suprimidas em 1964, relativamente aos aparelhos de rádio, e, a partir do início de 1966, aos televisores.

Argumentou-se então que se pretendia potenciar o desenvolvimento da radiodifusão e da televisão, evitando o *handicap* porventura mais psicológico do que económico, alegadamente provocado pela associação entre a posse de aparelhos de rádio e de televisão e a sujeição à cobrança de um imposto por luxo. Entre 1956 e 1966, o número de televisores em Espanha passou de 3 mil para 2,7 milhões. Por outro lado, o mercado publicitário atingiu um assinalável desenvolvimento, o que, conjugado com dificuldades experimentadas na organização do sistema de gestão do imposto, terá levado as autoridades espanholas a suprimi-lo.

Durante os anos seguintes, o serviço público espanhol seria financiado pela publicidade, tanto mais que, em 1978, um projecto de lei já ultimado, que estabelecia uma taxa de televisão, acabaria por não ser aprovado, devido a divergências insanáveis no governo espanhol (Juan Buhigas Arizcun in Machado,1997-I:265).

Por outro lado, como adiante se referirá, muitos governos optariam por modelos de financiamento que, além do recurso a uma taxa, incluíam também outras fontes de receita, nomeadamente a publicidade.

Sublinhe-se, porém, que mesmo para um operador, como a BBC, em que a publicidade está excluída das emissões de rádio e de televisão, a taxa representa aproximadamente *apenas* 80% das receitas, sendo os restantes obtidos através das actividades comerciais da empresa, nomeadamente a venda de conteúdos, e de subsídios estatais provenientes do *Foreign and Commonwealth Office* (Ojer in AA.VV., 2007:193-210).

O valor global da receita proveniente da taxa a atribuir ao operador de serviço público dependia de vários factores: o seu montante por família, o número de lares – dado que na generalidade dos países se passaria, mais tarde, da taxa por receptor à taxa por lar –, o número de lares com receptor a cores e a preto e branco, a extensão das isenções, a evasão ao pagamento e o custo da colecta da taxa.

Numa primeira fase, presumia-se que cada lar não teria mais do que um receptor. Mais tarde, mesmo quando se começou a generalizar a existência de mais do que um receptor por cada lar, muitos países optaram por reconduzir o pagamento à figura do lar com receptor (ou receptores) de televisão, mantendo assim essa asserção. Actualmente, em alguns países, presume-se mesmo que todos os lares estão dotados de receptor, competindo aos seus habitantes declarar a sua inexistência para obterem uma isenção do pagamento da taxa.

Durante várias décadas, o rápido crescimento do número de televisores e de lares dotados com esse receptor permitiu uma fácil expansão dos operadores, que assim dispunham de uma receita que crescia imparavelmente. O número de lares cresceu, na generalidade dos países, de forma relevante para o volume da taxa. Na Grã-Bretanha, por exemplo, entre 1980 e 1995 esse número subiu de 20,5 para 22.9 milhões (Graham e Davies, 1997:47).

Deste modo, não era necessário aumentar substancialmente o valor da taxa, embora o crescimento das horas de emissão, a introdução da cor e o alargamento das redes de difusão do sinal e, mais tarde, o lançamento dos segundos canais fizessem crescer exponencialmente o custo do serviço público. Em termos gerais, os operadores públicos europeus passaram da emissão, nos anos 70, de duas a três mil horas de emissão por ano a mais de cinco mil nos anos 80 e a um mínimo de 7500 nos anos 90 (Bustamante, 2003:60).

Porém, a crise financeira de muitos operadores europeus de serviço público começaria de facto com a abertura da televisão à iniciativa privada, que os obrigaria a repartir audiências e publicidade com empresas mais agressivas, sem grandes limitações em matéria de programação e mais preparadas para a nova era da concorrência. Agravar-se-ia também quando, receando perder audiências e legitimidade, alguns operadores tentaram defrontar os concorrentes privados no seu próprio terreno, aumentando os custos de programação, comprando os direitos de transmissão das grandes competições desportivas (sobretudo o futebol, mas também os Jogos Olímpicos), recorrendo a produções mais caras, em especial de programas de ficção e pagando com *salários milionários* às grandes vedetas do ecrã.

3. A publicidade e as outras formas de financiamento.

As receitas publicitárias representam actualmente, pela sua quantidade e influência, a segunda fonte de financiamento do serviço público de televisão.

Tais receitas constituíram mesmo, sobretudo antes da abertura da televisão à iniciativa privada, um meio de financiamento relativamente incontestado, assegurando um montante suplementar para os operadores, uma forma não desprezível de compromisso perante os gostos do público maioritário e uma garantia de que o valor das taxas pago pelos espectadores não precisaria de subir para montantes incomportáveis ou meramente impopulares. Para os anunciantes, o acesso à televisão significava a utilização de um meio de grande alcance popular e indiscutível eficácia, embora na generalidade dos países europeus a imprensa continuasse a ser, como se referiu, a principal forma de difusão da publicidade.

No entanto, o fim do monopólio dos operadores públicos abriria caminho a novos problemas.

O início da concorrência entre operadores de serviço público e operadores privados, essencialmente dependentes das receitas provenientes da publicidade comercial, conduziu os primeiros a uma maior atenção à evolução das audiências, aos seus gostos e preferências, gerando uma tendência, variável consoante os países, para a difusão de uma programação mais popular.

Essa evolução conduziria alguns operadores a optar, principalmente no *prime time*, por formatos mais apelativos e geradores de maiores audiências e receitas, esquecendo algumas obrigações matriciais do serviço público – as preocupações com a qualidade, a diversidade, a inovação e a salvaguarda dos gostos minoritários, entre outras. Aliás, uma maior dependência face ao volume das receitas publicitárias conduziu alguns operadores de serviço público – a *RAI* e a *TVE*, por exemplo – a optarem por uma programação que pouco se distingue daquela que é emitida pelos operadores privados (Achille, 1994:22-23, Bustamante, 2003:64, McKinsey, 1999:21-26).

No entanto, a competitividade gerada pela necessidade de maximizar as receitas publicitárias, desde que devidamente temperada pela fidelidade a uma programação adequada às missões de serviço público, e o reforço da independência perante o poder político, obtido pela garantia de uma importante receita complementar ou alternativa à taxa, constituem incontestáveis vantagens decorrentes do acesso dos operadores públicos ao mercado publicitário.

Nos últimos anos, porém, surgiram novas questões em torno do acesso dos operadores públicos à publicidade.

Por um lado, a evolução das tecnologias televisivas permite já aos espectadores *evitarem* a publicidade nos intervalos entre programas e mesmo no interior destes, diminuindo substancialmente a eficácia das suas mensagens. Aliás, esta limitação, que começou com a generalização do telecomando, tenderá a aumentar com o recurso aos *guias electrónicos de programação*, geradores de um impacto, imprevisível em toda a sua extensão, na relação entre a televisão e as receitas da publicidade, nomeadamente na difundida da forma tradicional, isto é, entre os programas. Este foi, inclusivamente, um dos aspectos nucleares da recente revisão da Directiva europeia dos *Serviços de Comunicação Audiovisual* (antiga Directiva *Televisão Sem Fronteiras*), que aligeirou as regras sobre o *product placement*.

Por outro lado, o acesso dos operadores de serviço público às receitas publicitárias, que os operadores privados reclamam em exclusivo, originou um complexo contencioso em vários estados europeus, que conduziu a uma natural tendência para uma diminuição dos espaços de publicidade permitidos aos primeiros, alegadamente em nome de uma concorrência mais leal.

De facto, além da Grã-Bretanha, da Finlândia, da Suécia, da Noruega e da Dinamarca, onde é mesmo vedada a publicidade comercial nos operadores de serviço público de televisão, na maioria dos países existem limitações à sua difusão, não apenas por hora de emissão (França, Itália, Irlanda, Portugal, República Checa, Eslováquia, Hungria e Roménia, entre outros), mas também de acordo com outros critérios como, por exemplo, a interdição em determinados horários e dias da semana (caso da Alemanha, sem publicidade aos domingos e feriados, no *prime time* dos dias úteis e com um tecto máximo de 6% da quota do mercado publicitário) ou a limitação da percentagem de receitas publicitárias no total das receitas orçamentadas pelo operador, exemplo do operador belga da comunidade de língua francesa *RTBF* (Ordoñez, 2004:363-496).

Sublinhe-se ainda que na Finlândia, cerca de 15% das receitas do operador de serviço público provêm de uma taxa sobre as receitas publicitárias dos operadores comerciais (Dibie, 2000:58).

O financiamento mediante subsídios estatais, nas suas diversas versões (subvenções públicas, dotações de capital, etc.), comum em Espanha e Portugal, mas igualmente com algum significado noutros países, como a França, ou relativamente a canais internacionais, como a *BBC World Service* e a *Deutsche Welle*, tem merecido reservas relacionadas com as suas consequências na independência dos operadores face aos governos, com a sua imprevisibilidade, afectando a eficácia e qualidade da gestão, e ainda com as regras de leal concorrência com os operadores privados.

4. O financiamento e a política europeia de livre concorrência

A diversidade de formas de financiamento dos operadores de serviço público tem suscitado problemas relacionados com a livre concorrência no espaço comunitário. De facto, essa diversidade (atribuição directa de fundos públicos do orçamento do Estado, dotações de capital, taxa, isenções e reduções fiscais, créditos bonificados, etc.), acrescida da possibilidade de angariação de receitas proveniente da emissão de publicidade comercial provocou sucessivos protestos dos operadores privados europeus e da sua organização representativa – a *ACT – Associação das Televisões Comerciais Europeias.*

De facto, ao longo dos anos 90, operadores privados de vários Estados membros da União, designadamente do sul da Europa – França, Espanha, Itália e Portugal – denunciaram junto da Comissão a existência de ajudas estatais aos operadores públicos que alegadamente os colocaria em situação de concorrência desleal, numa violação ao artigo 87.º do Tratado das Comunidades Europeias. Perante o que entenderam ser uma ausência de resposta pronta da Comissão, os operadores privados espanhóis e franceses recorreriam para o Tribunal de Primeira Instância, que lhes reconheceria razão nesse procedimento.

Relativamente às queixas da *SIC,* a Comissão deliberaria em 7 de Novembro de 1996 que as medidas tomadas no nosso país relativamente ao financiamento dos canais públicos não constituíam ajudas de Estado. Esta decisão seria objecto de um recurso junto do Tribunal em Março de 1997, que anularia a decisão da Comissão, por razões meramente formais, através de uma sentença de 10 de Maio de 2000.

Mais tarde, a Comissão analisaria igualmente os modelos de financiamento dos operadores públicos holandês, alemão, irlandês e da *TV2* dinamarquesa e abriria inquéritos ao financiamento público aos custos relativos a projectos de televisão digital na Alemanha e na Suécia. Apenas num dos casos, o relativo à *TV2,* a Comissão entenderia ter havido um sobrefinanciamento durante um período de oito anos, entre 1995 e 2002 *(caso TV2 (NN 22/2002)* deliberação da Comissão de 19 de Maio de 2004).

A polémica em torno do financiamento acentuaria a dificuldade da União Europeia em conciliar duas políticas aparentemente contraditórias: por um lado, assegurar a livre concorrência inerente à economia de mercado, que constitui um aspecto essencial da União e, por outro, permitir a concretização de políticas nacionais dos diferentes Estados membros para o audiovisual, que passam pela afirmação de um influente serviço público de televisão. O volume dos fundos públicos envolvidos – os operadores públicos europeus seriam a terceira mais subsidiada *indústria* europeia – suscitou igualmente protestos dos operadores comerciais (ACT, ERA e EPC, 2004:3).

A controvérsia gerada pela alegada concorrência desleal entre operadores públicos e privados obrigou diversas instâncias europeias a definir regras sobre essa matéria.

O primeiro documento foi adoptado pela Conferência Ministerial europeia sobre a política de comunicação social, promovida pelo Conselho da Europa em Dezembro de 1994, em Praga. A resolução, cujos termos influenciariam outros documentos, sublinha a necessidade de um financiamento seguro e adequado que garanta aos organismos de serviço público os meios necessários para o desenvolvimento da sua missão. O texto da Conferência refere ainda a possibilidade de existirem diversas fontes de financiamento, desde a taxa e os subsídios estatais até às receitas publicitárias e de patrocínios ou às provenientes da venda de produção audiovisual, entre outras.

Em 1996, o Conselho da Europa, através de uma Recomendação sobre a garantia da independência do serviço público de radiodifusão sonora e televisiva (N.º R(96)10) e, no ano seguinte, no âmbito da União Europeia, o Protocolo anexo ao Tratado de Amesterdão, voltariam a abordar o tema de forma decisiva. Este último texto foi aprovado na sequência de uma iniciativa de diversos Estados, que reagiam às queixas de vários operadores privados junto da Comissão Europeia, e de uma *Resolução sobre a função da televisão pública numa sociedade multimédia*, aprovada em Setembro de 1996 pelo Parlamento Europeu. No preâmbulo do protocolo reconhece-se, pela primeira vez num instrumento jurídico ao nível da União Europeia, "*a radiodifusão de serviço público como directamente associada às necessidades de natureza democrática, social e cultural, bem como a necessidade de preservar o pluralismo nos meios de comunicação social*".

O objectivo fundamental do protocolo consistiria, no entanto, em regular a controvertida forma de financiamento das empresas de serviço público. Assim, reconhece-se "*a competência dos Estados membros para prover ao financiamento do serviço público de radiodifusão*", de acordo com um conjunto de condições: o financiamento deve ter como finalidade o cumprimento da missão de serviço público; essa missão deve ser confiada, definida e organizada por cada um dos Estados-membros; e o financiamento não deverá "*afectar as condições das trocas comerciais nem a concorrência na Comunidade de um modo que contrarie o interesse comum, sem deixar de ter em conta a realização do mandato desse serviço público".*

O essencial desse protocolo seria reafirmado por uma Resolução do Conselho da União Europeia de Janeiro de 1999 (Resolução n.º 1999/C 30/01), onde se encontram vertidos alguns dos conceitos fundadores da doutrina europeia sobre o serviço público de televisão, designadamente a legitimidade de se dirigir à sociedade no seu conjunto e de, com esse objectivo, atingir vastas audiências. Esta resolução do Conselho da União Europeia revelar-se-ia particularmente oportuna, visto que a Comissão Europeia preparava então um documento definidor do conceito de serviço público de televisão, onde se pretendia estabelecer que género de programação se integrava ou não naquele conceito (AA.VV., 2007:133).

Em Setembro de 2000, a Comissão publicaria uma comunicação sobre os serviços de interesse geral, onde se afirma não existir nenhuma objecção ao regime dual de financiamento, o que marca uma viragem favorável aos argumentos dos defensores do serviço público de televisão, que seria concretizada no ano seguinte.

De facto, a Comunicação da Comissão Europeia relativa à aplicação das regras em matéria de auxílios estatais ao serviço público de radiodifusão (2001/C 320/04), publicado no Jornal Oficial das Comunidades Europeias de 15 de Novembro de 2001, reafirmando que, *"apesar de ter uma nítida importância económica",* o serviço público de radiodifusão *"não é comparável ao serviço público em qualquer outro sector da economia",* estabeleceria uma desenvolvida doutrina sobre a questão do financiamento, impondo os critérios da proporcionalidade e da transparência.

Em relação à regra da proporcionalidade, refere a comunicação no ponto 57: *"Na apreciação do critério da proporcionalidade, a Comissão parte do princípio de que o financiamento estatal é normalmente necessário para que a empresa desempenhe as suas obrigações de serviço público. Contudo, a fim de preencher este critério, é necessário que o auxílio estatal não ultrapasse os custos líquidos das funções de serviço público, tomando igualmente em consideração outras receitas directas ou indirectas resultantes das funções de serviço público. Por esta razão, o benefício líquido que as actividades de serviço não público obtêm das actividades de serviço público será tomado em consideração na proporcionalidade do auxílio".*

Por sua vez, o princípio da transparência exige – ainda de acordo com o parágrafo 49.° da mesma comunicação – *"a existência de uma definição clara e exacta do conceito de atribuições de serviço público e uma separação clara e adequada entre as actividades de serviço público e as actividades não relacionadas com o serviço público"*. No mesmo documento, sublinha-se que a complexidade da questão decorre do facto de *"os Estados-membros poderem considerar toda a programação dos organismos públicos de radiodifusão abrangida pelas atribuições de serviço público, permitindo simultaneamente a sua exploração comercial"*.

De uma forma geral, a conformidade com as regras europeias relativas à concorrência apura-se verificando se existe uma lei fixando as obrigações do operador na sua missão de serviço público, avaliando o adequado cumprimento dessas obrigações, apurando se o financiamento público é proporcional aos custos do operador no seu cumprimento e se foi aplicado um sistema de contabilidade analítica nos operadores com um financiamento misto.

Ao adoptar essa distinção, que assinala a especificidade do serviço público de radiodifusão, a comunicação da Comissão recorda que *"não existe outro serviço que, simultaneamente tenha uma cobertura tão vasta da população, lhe forneça tão grande volume de informação e conteúdo, e ao fazê-lo oriente e influencie a opinião individual e pública"* (ponto 6 da Comunicação).

Finalmente, a qualificação do tipo de medidas que não são consideradas como *auxílios estatais* na acepção do n.° 1 do artigo 87.° do Tratado, e como tal não passíveis de notificação prévia à Comissão, viria a clarificar as regras aplicáveis ao financiamento dos operadores de serviço público. Tal aconteceu através do Acórdão *Altmark Trans*, proferido pelo Tribunal de Justiça das Comunidades Europeias em 24 de Julho de 2003, que definiu as seguintes quatro condições:

– a empresa beneficiária deve estar efectivamente incumbida de obrigações de serviço público, que devem ser claramente definidas;
– os parâmetros que servem de base para o cálculo da subvenção pública devem ser previamente estabelecidos de forma objectiva e transparente;

– a subvenção pública não pode ultrapassar o necessário para cobrir a totalidade ou parte dos custos incorridos no cumprimento das obrigações de serviço público, tendo em conta as receitas relevantes e um lucro razoável para cumprir essas obrigações;
– quando a empresa não é seleccionada na sequência de concurso público, o nível da subvenção pública deve ser determinado com base numa análise dos custos em que uma empresa bem gerida e devidamente equipada teria incorrido para cumprimento dessas obrigações.

A colaboração entre a Comissão e os Estados-Membros na apreciação e correcção dos mecanismos de financiamento dos operadores públicos de radiodifusão permitiria que a Comissão viesse a anunciar, em Abril de 2005, o encerramento da investigação relativa aos organismos públicos de França, Itália e Espanha, estando ainda em curso investigações sobre os operadores da Alemanha, Irlanda e Países Baixos. Encerrada a investigação sobre o sistema de financiamento da RTP, por decisão da Comissão de Março de 2006, permaneceria em apreciação o acordo de reestruturação financeira da empresa aprovado em 2003, objecto de um processo distinto (ver infra).

Em 10 de Janeiro de 2008, a Comissão Europeia publicaria um documento de consulta sobre o futuro quadro relativo ao financiamento por fundos públicos dos serviços públicos de radiodifusão. A consulta permite aos Estados membros e aos sectores interessados manifestarem a sua opinião antes de uma eventual futura revisão da Comunicação da Comissão Europeia relativa à aplicação das regras em matéria de auxílios estatais ao serviço público de radiodifusão, aprovada em 2001. Os documentos de consulta incluem um questionário, uma apresentação das regras em vigor, o processo de decisão da Comissão e as possíveis modificações. Uma proposta de comunicação revista poderá assim vir a ser adoptada no primeiro semestre de 2009.

Em resposta a esta consulta, a 24 de Setembro de 2008, dezanove dos Estados da União Europeia – Áustria, Bélgica, República Checa, Dinamarca, Estónia, França, Alemanha, Hungria, Irlanda, Malta, Holanda, Polónia, Portugal, Roménia, Eslováquia, Eslovénia, Suécia e

Reino Unido subscreveram uma posição comum em que consideram haver uma limitada necessidade de mudança na referida Comunicação de 2001.

Entre outras considerações, essa posição comum, que se referia sempre ao *public service media* e não ao *broadcasting public service*:
- sublinhava que os detalhes sobre a missão, a organização e o financiamento do serviço público não deveriam ser harmonizados, de forma a poderem continuar a reflectir as singularidades de cada país, da sua cultura e da sua lei constitucional;
- exprimia a opinião, em consonância com o princípio da neutralidade tecnológica e de plataforma de distribuição, de que a Comunicação deveria incluir a possibilidade de utilização pelos operadores de serviço público das novas formas de distribuição, como a Internet a as redes de comunicações móveis. Isso tornaria claro – acrescentava o documento – que *"os meios de distribuição não são relevantes para classificar uma actividade de serviço público"*;
- considerava que deveria ficar claro que o papel da Comissão deveria circunscrever-se a *erros manifestos* na definição e concessão do serviço público, competindo a cada Estado a decisão sobre a forma legal adoptada e a escolha do processo legal respectivo;
- entendia que a Comunicação não deveria excluir a possibilidade de os operadores de serviço público oferecerem serviços a pagamento como parte integrante da sua missão, o que poderia ser necessário, nomeadamente para os países com um pequeno mercado linguístico, para assegurarem um adequado e suficiente financiamento do serviço público de media na era digital;
- concluía que, estando os princípios que enunciava já incluídos na Comunicação de 2001, seriam apenas necessárias *"pequenas mudanças de forma a adaptá-la aos desenvolvimentos tecnológicos da era digital"*.

Fundado nos princípios formadores do conceito de serviço público – considerando-o como um todo coerente, que visa a satisfação de um conjunto de necessidades democráticas, sociais e culturais da sociedade, e não enquanto mero supletivo residual de uma insuficiente oferta dos operadores privados, como no modelo norte-americano – o documento assumia assim, salvaguardando os desenvolvimentos tecnológicos da era digital, uma perspectiva de relativa continuidade face à doutrina anterior das instâncias europeias.

5. O financiamento na era digital

A multiplicação da oferta televisiva proporcionada pela transição da era analógica para a era digital suscita um alargado leque de questões relativas ao papel, à identidade, à dimensão e ao financiamento do serviço público de televisão.

Esta transição envolverá o maior desafio para o modelo originário de serviço público, constituindo a salvaguarda do seu adequado financiamento, porventura, a sua faceta mais complexa.

A variedade de formas de financiamento dos operadores públicos europeus – desde os que o baseiam na taxa sem recurso às receitas publicitárias até aos que, pelo contrário, sem cobrança de uma taxa, recorrem fundamentalmente à venda de espaço publicitário – não impedirá que todos eles venham a sofrer o impacto decorrente da evolução das tecnologias de difusão televisiva. Essa evolução envolve, para muitos, uma adequação do modelo de financiamento a um novo contexto em que o espectador de televisão, mais do que um cidadão que recebe apenas, passivamente, um serviço público, como acontecia no tempo do monopólio do operador público, é cada vez mais um consumidor que dispõe de uma enorme diversidade de serviços ao seu dispor, mesmo que, em relação a alguns deles, apenas possa aceder mediante um pagamento específico.

Repare-se que essa multiplicação da oferta televisiva provoca uma inevitável diminuição da percentagem de cidadãos espectadores do serviço público de televisão. Isso significa o regresso à época, antes dos anos 70 ou 80, em que a programação de serviço público estava longe de ser vista pela generalidade da população, porque muitas famílias não possuíam ainda aparelho receptor.

Com efeito, depois de uma fase de implantação, seguiu-se um período em que o monopólio da quase totalidade dos operadores públicos coincidiu com a enorme difusão da televisão. Esse foi o tempo das maiores audiências de sempre de qualquer operador de televisão, então, em cada Estado europeu, a empresa concessionária do monopólio televisivo.

Essa evolução acarreta outras consequências.

Em primeiro lugar, implica um significativo aumento dos custos, em vários domínios: nos novos equipamentos, que inclusivamente terão que coexistir com os mais velhos enquanto não se concretizar o fim das emissões analógicas; nas grelhas de programas, que têm que ter em consideração o acréscimo de concorrência motivado pela panóplia de novos serviços de programas de operadores privados inerente ao quadro digital; e nos novos serviços, designadamente serviços de programas temáticos, que os operadores públicos terão de oferecer para, aproveitando as possibilidades abertas pelas tecnologias disponíveis, minorar os efeitos da fragmentação das audiências e afirmar a sua oferta num quadro mais diversificado.

Em segundo lugar, essa evolução envolve, para muitos deles, uma diminuição das receitas publicitárias. Decorrente da fragmentação das audiências, essa redução é provocada pelo aparecimento de novos operadores e serviços de programas temáticos, incluindo os de acesso condicionado, pela diminuição dos tempos máximos de publicidade, deliberada por um crescente número de governos, devido às pressões dos operadores privados e à intervenção das instâncias europeias, e pela própria lógica da programação, desejavelmente mais qualificada, inovadora e atenta aos gostos mais diversos.

As restrições quantitativas à difusão de publicidade, pela sua origem e alcance, são aliás dificilmente reversíveis. De facto, até agora, todas as alterações realizadas nos diversos países europeus foram no sentido da sua progressiva diminuição e não o contrário. Sublinhe-se, por outro lado, que a diminuição da influência da publicidade nos operadores públicos se tem concretizado apesar de a televisão estar a ganhar, suplantando a imprensa, o estatuto de meio com maior volume de receitas publicitárias. Essa mudança deve-se sobretudo ao facto de a televisão ser o meio preferido de significativa parte dos principais anunciantes – empresas dos sectores da banca, telecomunicações e outros serviços (Papathanassopoulos, 2002:88).

Em terceiro lugar, a referida fragmentação das audiências provoca uma acrescida *crise de legitimidade* do serviço público, não apenas decorrente da sua existência enquanto empresa fora das regras normais de uma economia de mercado, num contexto de oferta pela iniciativa privada de uma multiplicidade de serviços dirigidos a todos os públicos, mas sobretudo, neste novo contexto, do seu financiamento através da taxa ou de subsídios estatais.

Com efeito, a exigência de pagamento de uma taxa ou a razoabilidade de avultados subsídios estatais parecem chocantes a muitos contribuintes, sobretudo aos que, não sendo habituais espectadores do serviço público, pagam voluntariamente serviços de acesso condicionado dos quais são assíduos espectadores.

De um modo geral, parece mais difícil sustentar a cobrança de uma taxa por um serviço pouco utilizado.

Não falta quem questione, a partir de que valores relativos à quebra de *share* se tornará impossível continuar a exigir o pagamento de uma taxa, que se destina a financiar um serviço que tem uma popularidade decrescente, apesar dessa contribuição constituir cada vez mais uma forma de subsídio equiparável aos apoios estatais a instituições culturais ou sociais (Hujanen in Brown e Picard, 2005:59).

O efeito da enorme diversidade de serviços de programas nas audiências do operador de serviço público afectará certamente a popularidade da taxa. Tal situação tornará bem mais ténue a ligação entre o serviço público de televisão e o seu público, confrontado com a possibilidade de receber outros serviços de programas, incluindo os de *pay tv,* que pode deixar de pagar, caso a programação deixe de o satisfazer ou de se diferenciar de outros operadores comerciais. Pelo contrário, mesmo que não aprecie a programação, que nem sequer a veja ou a considere irrelevante para o conjunto da sociedade, a opção face ao serviço público consiste apenas em pagar a taxa ou incorrer numa infracção, sujeitando-se a pagá-la com juros de mora...

Com o objectivo de minorar os efeitos deste problema, diversos operadores europeus de serviço público fundaram revistas ou *newsletters* como forma de estreitar os seus vínculos com a audiência (Picard, 2005:15).

Neste contexto, mesmo que a criação pelos operadores públicos de serviços de programas temáticos constitua uma opção aparentemente adequada para responder à diversidade de serviços dos operadores privados, ela poderá acentuar o seu divórcio de largos sectores da sociedade, que porventura nunca ou apenas raramente verão esses novos serviços.

Esse atenuado vínculo entre operador público e espectador legitima hoje bem menos o pagamento de uma taxa, que surge assim meramente como uma forma, apesar de tudo considerada como a mais razoável, de financiar o serviço público de televisão. Este é assim equiparado a todos os serviços públicos – hospitais, escolas, etc. – que os cidadãos devem financiar, mesmo quando deles não usufruem directamente.

Deste modo, se o aumento dos custos e a redução das receitas publicitárias implicam directamente um expressivo agravamento da situação económica das empresas, a sua *crise de legitimidade* dificulta a procura de respostas eficazes, nomeadamente as que consistiriam numa taxa específica para os serviços digitais, no mero aumento da taxa ou na atribuição de subsídios estatais.

Em alguns países, isso implicará um limitado ou irregular aumento do valor da taxa. Por exemplo, a irregularidade dos aumentos da taxa em França, verificados entre 1980 e 1999, na maior parte dos anos num valor inferior à inflação, levaram a que se concluísse, num relatório do Senado, que o seu montante crescia inclusivamente menos que o PIB e que a ausência de estabilidade desses aumentos constituía *"um factor pouco favorável ao desenvolvimento dos operadores públicos, que têm necessidade de estabilidade de recursos"* (Belot, 2000:72). Em aparente contraste, um estudo de opinião inglês, realizado em 2004, atesta mesmo que seis em cada dez britânicos aceitaria pagar uma verba superior em 50% ao actual montante (BBC, Building Public Value, 2004:114).

De qualquer forma, um estudo de 2004 promovido pelo *European Publishers Council* revelava que de 1995 a 2004, o financiamento público, incluindo taxa e outros fundos estatais, dos operadores públicos da Europa ocidental tinha aumentado apenas 4,7% (Iosifidis, 2007:59). Outros dados, incluídos no Anuário de 2007 do Observatório Europeu do Audiovisual, indicavam que, enquanto as receitas totais do sector público de rádio e de televisão da União Europeia (a 27) registaram, entre 2001 e 2005, um aumento anual médio de

1,9%, as receitas públicas tinham crescido em média 2,3% (passando de 66,6% para 67,8% das receitas totais) e as receitas comerciais aumentaram em média 0,4%. Em contrapartida, as receitas dos canais públicos de *pay tv* tinham tido um aumento bem superior (10,9% anuais). Ao mesmo tempo, mostrando outra tendência recente, as receitas publicitárias na Internet cresceram 43,1% em 2006.

Face à complexidade destas questões, sobretudo na primeira fase de concorrência com os seus concorrentes privados, muitos operadores públicos procederam a profundas reformas internas: aligeirando estruturas; diminuindo os quadros de pessoal – entre 1988 e 1994, os operadores públicos dos países da União Europeia, no seu conjunto, reduziram o número dos seus trabalhadores em 12%, segundo dados da UER (Bustamante, 1999:66); e privatizando ou contratando em *out sourcing* sectores não nucleares – exemplo do recurso à produção externa, veja-se o caso do *producer choice* na BBC (Bustamante, 1999:66). Em suma, o objectivo fundamental foi o de tornar as empresas mais eficientes e menos vulneráveis às habituais críticas dirigidas às empresas do sector público, sobretudo àquelas que viveram longamente em situação monopolista.

Ao mesmo tempo, também nos operadores privados se assiste a uma evolução no modelo de financiamento. A facilidade com que os espectadores *evitam* os intervalos publicitários tem reforçado o *product placement* e outras formas de publicidade associada à programação, mas isso não impede um reforço da obtenção de receitas em serviços claramente emergentes, como a televisão por assinatura ou o *pay per view*.

De qualquer forma, o *desafio digital* tem obrigado muitos Estados a uma reavaliação do modelo de financiamento do serviço público de televisão.

Alguns optaram por aumentar o montante da taxa com a expressa missão de financiar os novos serviços digitais, como aconteceu na Alemanha, Suécia, Dinamarca e na República Checa (Fontaine, 2002:17-22). A mesma solução chegou a ser ponderada na Grã-Bretanha, mas foi afastada por não parecer adequado obrigar todas as famílias a financiar serviços digitais apenas acessíveis por algumas delas.

Em França e Itália, foi atribuída uma dotação de capital específica para o lançamento da televisão digital terrestre.

Em Espanha, pelo contrário, onde as receitas comerciais da RTVE constituíram recurso suficiente até ao início dos anos 90, nem a dificílima situação financeira da *RTVE*, face à quebra de receitas de publicidade, fruto da fragmentação das audiências, e à insuficiência dos fundos públicos leva o poder político a ponderar o regresso da cobrança de uma taxa.

É verdade que, apesar destas soluções parcelares, nos últimos anos apenas na Holanda, na Hungria e na região flamenga da Bélgica se abandonou o clássico modelo de financiamento através de uma taxa paga pela generalidade das famílias, associado desde o seu início ao serviço público de televisão.

A partir do início de 2000, os holandeses pagam um adicional ao imposto sobre o rendimento, cujo montante global, anualmente actualizado de acordo com o aumento do número de lares e o índice de preços ao consumidor, é atribuído pela tutela governamental ao operador NPO (Artigo 111 da lei dos media, in www.cvdm.nl/documents/ /mediaact/pdf).

Esta mudança tem várias implicações: a sua independência face à posse de um receptor (ou de um meio sucedâneo como o computador ou o telemóvel), estando assim sujeito a pagar este adicional mesmo quem não possua qualquer destes *terminais*, e o abandono da tradicional colecta por lar, podendo agora haver em cada um deles mais do que um cidadão sujeito ao pagamento ou mesmo, em contrapartida, nenhum, se todos os habitantes desse lar estiverem dele isentos.

Na Alemanha, diversos tribunais têm apreciado, nem sempre de forma similar, as normas que prevêem a isenção do pagamento de taxa para os novos tipos de receptor como os computadores pessoais. Na Áustria, o *Gebühren Info Service* (serviço de informação sobre a taxa de televisão), que procede à gestão da cobrança das taxas, exigiu o pagamento da taxa a um proprietário de um computador portátil que não possuía qualquer receptor de televisão ou de rádio, argumentando que teoricamente ele poderia ver televisão via Internet (revista Iris, 2008-9:6).

Na Hungria, a taxa foi eliminada em 2002, por uma decisão governamental que foi considerada pelos seus críticos como tendo posto em causa a independência do operador de serviço público.

O operador público belga da região flamenga é agora financiado através de um subsídio estatal de cerca de 230 milhões de euros, anualmente actualizado em 4%.

Em contrapartida, como adiante se analisará, Portugal retomou a taxa, embora limitadamente e com outra designação, como uma das formas de financiamento do operador público.

No entanto, a ponderação sobre esta questão tem ocupado a agenda política e motivado a reflexão da doutrina e do próprio sector da comunicação social, em diversos países.

Na própria Grã-Bretanha, onde a solidez e aceitabilidade da taxa não terão paralelo em qualquer outro país europeu, discutem-se formas complementares ou alternativas para suprir as insuficiências do actual regime face aos desafios do novo quadro digital. Foram ponderadas soluções como a atribuição de percentagens do IVA, das facturas da electricidade e dos preços de aquisição de receptores e (ou) de videogravadores, o aumento da taxa para a televisão digital e a colecta por lar de uma taxa suplementar para segundo e terceiro receptores, entre outras. Uma preocupação esteve sempre presente nas propostas debatidas – a ligação, todavia mais ténue no caso das facturas da electricidade, entre o consumo de televisão e o objecto de pagamento. O aumento da taxa para a televisão digital teria por sua vez, entre outros, o inconveniente de constituir um claro desincentivo à sua implantação (Graham e Davies, 1997:51-53).

No entanto, em 2005, no decorrer do debate realizado na Câmara dos Lordes sobre a revisão da Carta Real da BBC, vários membros apontaram a dificuldade em manter a taxa no caso das audiências baixarem. Um deles estabeleceu mesmo a fasquia nos 50%. Apesar disso, a Câmara continuou a sugerir o financiamento por uma taxa e afastou claramente o recurso a receitas publicitárias (*House of Lords*, 2005:36). De qualquer forma, o Governo britânico decidiu ponderar uma alteração no sistema de financiamento apenas depois do *switch-off* analógico.

A própria indexação da taxa, acompanhando o modelo holandês, tem sido contestada por não haver ligação entre o que cada cidadão paga e recebe (Graham e Davies, 1997:45).

A actual forma de financiamento do serviço público inglês parece solidamente sustentada do ponto de vista teórico e legitimada pela generalizada aceitação popular, não sendo de menosprezar a influência que a reflexão produzida em torno do modelo da BBC possa continuar a ter nos outros países europeus.

Em França, por exemplo, o tema tem suscitado um alargado debate, depois de um relatório da Comissão de Finanças da Assembleia Nacional, em 2000, ter classificado a taxa como *"um imposto arcaico, injusto e difícil de gerir"*. Depois de vários anos de estudo e debate, apenas mudaria a sua forma de colecta, associada desde 2005 à taxa de habitação.

O relatório apresentado pelo deputado Didier Migaud retomava as principais críticas formuladas no ano anterior pela Inspecção-Geral de Finanças (Assemblée Nationale, 2003:19). A taxa seria um imposto *arcaico*, por prever ainda um valor reduzido para os televisores a preto e branco e por associar o pagamento à posse de um televisor, existindo já várias formas alternativas de receber o respectivo sinal; *injusto* por ter um montante fixo, estar associado à propriedade de um televisor, mesmo se na mesma habitação existirem vários e estar sujeita a fraudes correspondentes a cerca de 8,5% das colectas; e *difícil de gerir* devido ao seu reduzido montante unitário, às dificuldades jurídicas e práticas na sua colecta e à pesada estrutura burocrática associada – 1426 pessoas em 2002. O relatório proporia várias alternativas, entre as quais inclusivamente uma afectação às receitas da taxa sobre os jogos de azar, mas um relatório submetido a debate parlamentar em Julho de 2003, apresentado pelo deputado Patrice Martin-Lalande, consideraria outras soluções, que consistiriam no aperfeiçoamento do modelo vigente ou na associação da taxa de televisão à taxa de habitação. Esta última solução seria adoptada, pelo que, a partir de 2005, uma taxa de 116 euros anuais seria colectada em conjunto com a taxa de habitação a todos os lares com televisor ou um outro dispositivo que permita receber o sinal de televisão. A ligação a esta taxa implica mesmo que todos os colectados sejam presumíveis possuidores de receptores, cabendo-lhes declarar que o não são, caso queiram ficar isentos do pagamento dos referidos 116 euros.

Mais tarde, numa conferência de imprensa realizada em 8 de Janeiro de 2008, o Presidente francês, Nicolas Sarkozy, sugeriria uma reflexão sobre a *"supressão total da publicidade nos canais públi-*

cos". Defendendo uma refundação do modelo de financiamento do serviço público, Sarkozy vislumbrava duas fontes de receitas complementares à taxa: uma taxa sobre as *"necessariamente aumentadas"* receitas publicitárias dos canais privados; e uma taxa *"infinitesimal sobre o volume de negócios dos novos meios de comunicação"* (Internet, telefonia móvel, ADSL, etc.).

Encarregada de apresentar um conjunto de propostas, uma *Commission pour la nouvelle télévision publique*, designada pelo Presidente da República divulgaria, em Junho de 2008, um relatório contendo o modelo económico e financeiro que propunha para o operador público francês: uma supressão faseada da publicidade, que apenas seria totalmente inexistente na programação do operador público depois de 2012; a proibição de publicidade depois das 20 horas, desde 2009; a continuação de algumas receitas comerciais resultantes de patrocínios, de publicidade no sítio da France Télévisions e de publicidade institucional; e a ponderação de outras formas alternativas de receitas como a indexação do valor da taxa à inflação, a sua extensão às segundas habitações, a criação de uma taxa sobre as receitas suplementares dos operadores privados e sobre as receitas das empresas de telecomunicações, entre outras medidas (*Commission pour la nouvelle télévision publique, Rapport,* 2008:37-49).

Apresentado no final de Outubro de 2008, o projecto de lei sobre a reforma do audiovisual público francês incluiria diversas normas inovadoras, na sequência das propostas da Comissão designada pelo Presidente francês: o fim da transmissão de publicidade comercial nos canais públicos depois das 20 horas, a partir de 5 de Janeiro de 2009; a supressão total da publicidade a partir de 30 de Novembro de 2011; a indexação do valor da taxa à inflação, o que implica uma subida do seu montante em 2009 de 116 para 118 euros anuais; a cobrança de taxas de 0,9 por cento sobre as receitas dos operadores de comunicações e de 3 por cento sobre as receitas publicitárias dos operadores privados que recebam por essa via mais de 11 milhões de euros anuais, verbas que reverterão para o operador de serviço público; a possibilidade de os operadores privados estabelecerem duas interrupções para publicidade comercial (e não apenas uma) na transmissão de obras cinematográficas e audiovisuais; e o aumento do tempo de publicidade comercial nos canais de televisão comercial de 6 para 9 minutos por hora.

Na Alemanha, a sentença do Tribunal Federal Constitucional – *Bundesverfassungsgericht* de 11 de Setembro de 2007, reafirmou as vantagens do financiamento através de uma taxa, ao mesmo tempo que declarava inconstitucional a deliberação dos estados federados de aprovar um reduzido aumento, não acolhendo as recomendações do *KEF* – Comissão de estudo das necessidades financeiras dos organismos de radiodifusão (revista Iris, 2007-9:10).

A evolução da televisão, em especial das tecnologias relacionadas com a sua recepção, hoje também possível através de meios bem diversos como o telefone móvel ou o computador, impõe, sem dúvida, uma nova ponderação do seu financiamento. Por um lado, com o inexorável fim da associação, ainda válida em alguns países, entre a posse de um aparelho receptor e a obrigatoriedade de pagar uma taxa. Por outro lado, considerando que devem contribuir para o seu financiamento mesmo aqueles que não vêem a programação disponibilizada pelo operador de serviço público. Tal aconteceria tendo em conta os benefícios que essa oferta proporciona a toda a sociedade, inclusivamente àqueles que dela não usufruem directamente, como implicitamente se reconheceu no Protocolo anexo ao Tratado de Amesterdão – *"A radiodifusão de serviço público nos Estados membros está directamente associada às necessidades de natureza democrática, social e cultural de cada sociedade, bem como à necessidade de preservar o pluralismo nos órgãos de comunicação social"*.

Essa inexorável evolução conduziu alguns países, como atrás se referiu, a inovarem na forma de financiar o serviço público de televisão.

A própria UER, num documento elaborado em Novembro de 2006 pelo seu director do Departamento Jurídico, Werner Rumphorst, reconhece essa evolução, considerando que, estando todos os cidadãos obrigados a contribuir para o financiamento do serviço público, mesmo que dele não usufruam directamente, se impõem novas formas de colecta, como a associação com o imposto sobre o rendimento singular ou com a factura da electricidade. No mesmo texto, preconiza-se igualmente que os aumentos anuais da taxa deveriam estar indexados à taxa de inflação, a que acresceria um suplemento de 0,5%, justificado pelo facto de os custos do meio televisivo aumentarem normalmente acima desse índice de preços.

A crescente individualização do consumo televisivo e a progressiva generalização do *pay per view*, objecto de um pagamento exclusivamente ligado ao produto consumido, mudarão as formas de financiamento da televisão. Actualmente limitado aos operadores de televisão, esse financiamento poderá passar a incluir outros intervenientes da cadeia de valor, nomeadamente os operadores de distribuição, que seleccionam e agregam os canais e outros serviços disponibilizados ao público, e os próprios produtores de conteúdos audiovisuais, o que poria em causa a própria definição clássica de serviço público, associado a um operador.

Esta mudança no modelo de financiamento da televisão acarretaria assim enormes consequências sobre o próprio serviço público, que poderia tender a concretizar-se, não mais em torno de um operador, mesmo com uma estrutura e uma vocação multimédia, mas antes baseada no apoio a conteúdos, independentemente do operador, da plataforma de distribuição ou da própria forma de acesso – um *"serviço público distribuído"* (UER, 2006:64).

Capítulo II
As três épocas do modelo de financiamento português

1. Monopólio e auto-sustentação (1957-1991).

a) A adopção de um financiamento misto baseado nas receitas da taxa e da publicidade.

A RTP teve no seu início uma forma de financiamento misto, que se prolongaria sem alterações significativas até 1991.

Em 1955, através de um decreto-lei (n.º 40 312, de 9/9) publicado cerca de um ano e meio antes do arranque das emissões regulares, já o Governo impusera a necessidade da cobrança de uma taxa, justificada pelo *"alto custo do novo serviço"*. No preâmbulo do diploma, onde se refere que *"está em estudo a instalação dos serviços nacio-*

nais de televisão", chamava-se a atenção para a necessidade de evitar que começassem a ser instalados aparelhos receptores que não se adaptassem *"aos serviços nacionais de televisão"*, o que poderia servir de pretexto para que houvesse *"possuidores de aparelhos a pretenderem furtar-se a esse pagamento"*.

A instalação de aparelhos receptores de televisão carecia então de autorização da Emissora Nacional e ficava sujeita *"ao pagamento de taxas a fixar em despacho pela Presidência do Conselho"*. O diploma previa igualmente multas de mil escudos por cada aparelho ilegalmente instalado.

Ainda em 1955, no entanto, o Governo, através de novo diploma legal, voltava a regulamentar o serviço público de televisão, optando por um modelo de financiamento misto, designadamente através do recurso a receitas provenientes da taxa e da publicidade, que marcariam o desenvolvimento e a evolução da RTP até 1991.

No decreto-lei que estabelecia as bases da respectiva concessão, reafirmava-se a obrigação do pagamento de uma denominada *taxa de televisão*, cobrada pela Emissora Nacional e entregue à concessionária *"depois de deduzidos 10 por cento para despesas de cobrança e encargos de fiscalização"* (Parágrafo único do art. 4.º do DL n.º 40341, de 18/10).

No entanto, prevendo-se um arranque difícil da televisão, estipulava-se também que a Emissora Nacional de Radiodifusão entregaria anualmente, durante dez anos, uma percentagem de 10 por cento das taxas de radiodifusão. A seguir a esse período, a Presidência do Conselho, ouvidas a Emissora Nacional e a concessionária, deveria estabelecer a percentagem aplicável e o período de aplicação. Em contrapartida, 10% do valor cobrado da taxa de televisão seria retido pela Emissora Nacional a título de compensação pelas despesas de cobrança e fiscalização (art. 4.º do DL n.º 40 341).

A atribuição dessa percentagem seria decisiva para o desenvolvimento da RTP, embora, em 1959, as verbas provenientes da taxa de televisão ultrapassassem já, ainda que ligeiramente, o montante resultante da taxa de radiodifusão.

Essa ajuda foi expressamente reconhecida pelo Governo. No despacho de aprovação do Relatório e Contas de 1956, datado de 22 de Fevereiro de 1957, Marcelo Caetano escrevia então que *"o Governo espera que as entidades privadas que fazem parte da sociedade reconheçam a importantíssima contribuição que para o lançamento da empresa em óptimas condições económicas representou a concessão das taxas de radiodifusão neste período"* concluindo que *"continua fiado em que a sociedade prossiga as orientações marcadas de parcimónia nos gastos gerais, esforçando-se por lançar quanto antes o empreendimento nas melhores condições técnicas e com sólida base cultural"* (Arquivo de Oliveira Salazar, CO/PC-82.ª, 3.ª sub-P1, 132).

As bases da concessão do serviço público de televisão previam outras formas de financiamento: as *emissões publicitárias, a cedência de tempo de emissão, a venda e aluguer de aparelhos de televisão e radiodifusão e seus acessórios* e a exploração de um *serviço de assistência técnica aos aparelhos receptores de televisão e de radiodifusão*. A RTP poderia ainda exercer, mediante autorização do Governo, outras actividades comerciais ligadas ou relacionadas, directamente, com a exploração da concessão.

A solução adoptada fora proposta pela Comissão da Televisão, nomeada pelo Governo para estudar as bases em que a instituição e a exploração daquele serviço deveriam assentar.

A Comissão, igualmente responsável pela solução institucional adoptada – uma empresa de economia mista –, proporia que fossem considerados os recursos provenientes da taxa de televisão, da publicidade comercial, de uma percentagem sobre a receita da taxa de radiodifusão e, também, de isenções fiscais (Relatório da Comissão de Televisão, 1955:7).

A diversidade de fontes de financiamento era justificada pelo custo da actividade televisiva: *"É do conhecimento geral que o alto custo dos programas, consumidos em grande número, a necessidade de pessoal altamente especializado e o constante progresso técnico, que rapidamente põe fora de uso aparelhagem de avultado custo, tornam a exploração da televisão extremamente onerosa"*. No entanto, acrescentava-se, *"é de supor que no nosso país estas dificuldades ainda se avolumem, considerando a quase inexistência de indústria cinematográfica e o reduzido número de técnicos de que se pode dispor imediatamente"*.

Recordando os dois sistemas de financiamento existentes no mundo – o europeu, baseado numa taxa *"cujo quantitativo é de duas a quatro vezes e meia superior às taxas de radiodifusão cobradas nos respectivos países"*, e o que *"vigora nas Américas"*, tendo por base a publicidade comercial e *"algumas vezes, a concessão de determinados privilégios às empresas exploradoras da televisão, no que respeita à importação e venda de aparelhos receptores"* – o relatório entendia lícito *"prever que dentro dum prazo mais ou menos longo, vigore, por toda a parte, um sistema misto de exploração baseado na publicidade e no pagamento de taxas, predominando um ou outro dos factores consoante o sistema de financiamento da radiodifusão em cada país"* (idem:5-6).

Era este o modelo preconizado, recordando-se todavia que *"o fraco poder de compra do geral da população, que não só se reflectirá no ritmo lento da aquisição de receptores, mas também na relativa exiguidade das somas consagradas à publicidade, obriga a uma solução ainda mais heterodoxa"* (idem:7).

Esta solução *heterodoxa,* fundada na diversidade de fontes de financiamento, afastava-se do modelo adoptado pela Emissora Nacional, circunstância assinalável tendo em conta a decisiva participação desta nos trabalhos preparatórios do lançamento da televisão.

De facto, a primeira legislação sobre a actividade de radiodifusão (DL n.º 17 899, de 29/1/30) declarava *"isentas do pagamento de quaisquer contribuições ou taxas a instalação e exploração das estações radioeléctricas receptoras"* (art. 9.º). No entanto, passados apenas três anos, esta medida, antes justificada pela vontade de evitar um *"retraimento prejudicial"* ao desenvolvimento da radiodifusão, daria lugar à criação de uma taxa que incidia sobre o licenciamento do estabelecimento e utilização de instalações eléctricas emissoras e receptoras (art. 5.º do DL n.º 22 783 de 29/6/33). As receitas desta taxa *"única para todas as estações receptoras"*, de acordo com o preâmbulo do diploma, passaram a constituir receita da Administração Geral dos Correios e Telégrafos, encarregada da sua cobrança. No mesmo preâmbulo, seria pela primeira vez referida a Emissora Nacional, então em organização na dependência daquela Administração Geral. A E.N. apenas começaria as suas emissões experimentais em 1934 e seria oficialmente inaugurada em Março de 1935. Os serviços de cobrança da taxa passariam para a alçada da Emissora Nacional a partir do início de 1939 (Ribeiro, 2005:109-146).

Constituíam receitas da Emissora Nacional, o produto da cobrança de taxas por concessão de licenças, bem como dotações, empréstimos e subvenções do Estado, o produto de multas aplicadas por infracção às disposições legais sobre instalações de receptores, quotizações voluntárias e receitas por serviços prestados a entidades públicas ou particulares (art. 11.º do DL n.º 30 752, de 14/9/40). Em contrapartida, a emissão de publicidade era limitada aos operadores privados, embora inicialmente apenas depois de autorização governamental. Foi o que sucedeu com o Rádio Clube Português, autorizado em 1936 a realizar emissões publicitárias por intervenção directa do Chefe do Governo (Ribeiro, 2005:102).

Era clara a origem desta diferença de situações.

Na rádio, a emissora oficial coexistia com operadores privados, alguns dos quais, casos do Rádio Clube Português e da Rádio Renascença, recolhiam uma clara simpatia do poder político. Na televisão, havia um operador em situação de monopólio.

A Emissora Nacional era um organismo estatal directamente dependente do Governo. Na RTP, havia uma maioria de capital privado, um terço do qual detido por vários operadores privados de radiodifusão.

As receitas da taxa eram previsivelmente suficientes para a gestão da Emissora Nacional, mas já não para o equilíbrio financeiro da RTP, sendo a televisão um meio que exigia avultados meios, como recordara a Comissão da Televisão.

Isso não impediria esta Comissão de preconizar que, com o objectivo de obter *"um mínimo de qualidade e de duração das emissões"*, se devesse obrigar a concessionária a transmitir diariamente um mínimo de 30 minutos de programas sem publicidade, prevendo-se mesmo o aumento progressivo do tempo de emissões deste género em função do acréscimo das receitas da taxa de televisão. Pretendia-se desta forma *"estabelecer as condições convenientes para que logo que possível possam ser postas em funcionamento paralelo duas emissões de televisão, sendo uma reservada, exclusivamente, a programas sem publicidade"* (Comissão da Televisão, 1955: anexo II-B,5)

O modelo de financiamento misto funcionaria, desta forma, de acordo com as recomendações da Comissão da Televisão, alicerçado nas receitas provenientes da taxa de televisão, de uma percentagem da taxa de radiodifusão, da publicidade e ainda da actividade da RTP na venda e reparação de receptores e antenas.

b) A expansão da RTP e o seu reflexo nas receitas

O valor inicial da taxa de televisão foi fixado em 360 escudos, que poderiam ser pagos anual ou semestralmente. No preâmbulo do diploma que regulamentaria todo o regime de cobrança, e simultaneamente modificava o da Emissora Nacional, garantia-se que o seu montante era *"modesto"* (...) *"relativamente ao resto da Europa"*, sendo *"até inferior à importância que representa no decurso de um ano a compra diária de um jornal"* (Decreto n.º 41 486, DG, I Série n.º 296, de 30/12/57).

O montante da taxa era, no entanto, considerável: a preços correntes de 2007, correspondia a 145,7 euros anuais ou a cerca de 12,1 euros mensais. Certamente por isso, não sofreria qualquer alteração desde o início da cobrança, em 1958, até 1976, pelo que o aumento deste tipo de receitas decorreria exclusivamente do crescimento do número de receptores, que o Conselho de Administração da RTP estimou, ao fim de três anos, ter sido quatro vezes mais rápido do que o ritmo esperado. No final de 1958, completado um ano de cobrança da taxa, tinham sido importados cerca de 32 mil receptores (Relatório e Contas, 1958:8). O preço dos receptores, pelo menos 5 mil escudos, era igualmente elevado para o nível de vida da época (Cádima, 1996:33).

O aumento do número de espectadores proprietários de receptores estava todavia intimamente associado ao crescimento da rede de emissores pelo país.

Emitida inicialmente apenas por um pequeno emissor, instalado provisoriamente na Central Transmissora Naval de Monsanto, que servia uma área relativamente reduzida, a programação da RTP passou a ser transmitida por novos emissores em Lisboa, Porto e Coimbra a partir do final de 1957, permitindo a recepção do sinal numa parte já considerável do continente. Exceptuavam-se então o Algarve e a região interior norte. Estas áreas seriam parcialmente servidas pelos emissores de Montejunto e Monchique, que entrariam em funcionamento no ano seguinte. No entanto, nos Relatórios e Contas da empresa relativos aos anos de 1957 e 1958, assinalavam-se dificuldades na difusão do sinal televisivo em boa parte dos distritos de Braga e de Viana do Castelo, na zona transmontana, em grande parte da Beira Alta e em alguns concelhos das zonas fronteiriças do Alentejo, do Algarve e da Beira Baixa.

A expansão da rede de emissores far-se-ia, todavia, de forma relativamente rápida, correspondendo à crescente popularidade das emissões: em 1966, de acordo com o Relatório e Contas da empresa, as emissões já eram vistas por 89,5% da população e em 90,3% da superfície do país. Dois anos mais tarde, ainda que cingidas numa fase inicial à área de Lisboa, iniciar-se-iam as emissões do segundo canal.

O alargamento da rede e os aumentos, quer do número de receptores registados, correspondentes ao número de famílias que pagavam a taxa de televisão, quer das horas de emissão (entre 500 e 600 horas em 1957, perto de 1300 em 1960, mais de 3000 em 1968) proporcionaram um crescimento sustentado da empresa, constituindo igualmente um reflexo do entusiasmo popular em torno do novo meio de comunicação social. Com impacto no número de horas de emissão e sobretudo na vertente pedagógica e cultural, a TV Escolar e Educativa, criada em Janeiro de 1964, contribuiria igualmente para a popularização da televisão, preenchendo parte das emissões da tarde da RTP.

Assim, exactamente como fora previsto no relatório da Comissão da Televisão, a empresa apresentaria pela primeira vez um saldo positivo de 231 contos em 1962, ao fim de seis anos de actividade.

Nos anos anteriores, perante os resultados negativos da empresa, o Estado assumiria uma maior percentagem do capital social da RTP (60 por cento), através de dois aumentos de capital, ambos de 20 mil contos, concretizados em 1958 e 1961.

Até 1974, a RTP teria sempre resultados positivos, reflectindo sobretudo a subida constante dos valores globais relativos à cobrança da taxa e da publicidade.

Apesar de se verificar alguma evasão ao seu pagamento, as receitas provenientes da taxa de televisão cresceriam rapidamente: 10 317 contos em 1960, 30 571 em 1963, 56 462 em 1966, 104 900 em 1969 e 188 994 em 1974 (dados dos relatórios e contas anuais da RTP). Em 1959, já eram superiores à verba recolhida pela empresa, correspondente aos 10% da taxa da Emissora Nacional (7 465 contos contra 6 159).

Em contrapartida, a comparticipação proveniente da taxa da Emissora Nacional teria um aumento bem menos pronunciado, de acordo com um menor crescimento do âmbito da sua colecta, que reflectia a já então menos rápida expansão dos receptores de radiodifusão: 4 655 mil contos em 1956, 5 458 em 1958, ano em que começou a ser cobrada a taxa de televisão, 9 095 em 1962, 10 294 em 1964 e 11 054, que representa o seu valor máximo, em 1967.

No final de 1968, terminaria essa *ajuda* da Emissora Nacional. Aliás, no decurso desse ano, de acordo com um despacho governamental, a comparticipação da taxa de radiodifusão seria apenas de 5%.

Sublinhe-se, entretanto, que tal como aconteceu com a de televisão, o montante da taxa de radiodifusão sonora não sofreu qualquer alteração entre 1957 (100 escudos, pagáveis ao semestre ou ao ano, de acordo com o mesmo decreto lei n.º 41 486 que fixou a taxa de televisão em 360 escudos) e 1974. No entanto, desde o seu início em 1933, mediante o DL 22 783 que o fixava em 6 escudos por mês, pagáveis ao mês, trimestre, semestre ou ano, até essa data, o montante foi alterado duas vezes: em 1940 (Decreto n.º 30 753) para 72 escudos, pagáveis semestral ou anualmente, ou 21 e 8 escudos, respectivamente, pagáveis ao trimestre ou ao mês para os antigos subscritores que desejassem manter esse regime de pagamento; em 1945 (Decreto n.º 34 385) estes valores passam a ser, respectivamente, de 100 escudos pagáveis ao semestre ou ao ano ou 10 escudos ao mês. Em 1975, de acordo com o DL n.º 87/75, a taxa passaria a ter um montante de 150 escudos, pagáveis de uma só vez.

O crescimento dos valores da publicidade apresentou uma evolução próxima da verificada com a taxa de televisão. No entanto, ainda que subindo a um ritmo igualmente significativo, as receitas publicitárias nunca atingiriam, até 1974, a importância dos fundos decorrentes do pagamento da taxa e da comparticipação da EN, mantendo-se deste modo numa percentagem próxima dos 40%. Pelo contrário, as receitas provenientes da taxa de televisão ultrapassaram sempre os 50% do total dos proveitos (ver anexos VI e VII).

De qualquer forma, reflectindo o aumento do número de lares com televisor, que se devia em grande medida à expansão das redes de emissores, o crescimento das receitas publicitárias seria significativo: em 1959, atingiam apenas os 3 836 contos; em 1972, chegavam aos 119 724 contos e em 1974 aos 146 601 contos. Até 1974, os anos de maior crescimento das receitas publicitárias foram os de 1960 (aumento de cerca de 168,5%), 1961 (57%), 1963 (59%), 1965 (26,9%), 1971 (22,6%) e 1972 (22,1%) (Dados dos Relatórios e Contas da RTP).

A sua importância para o equilíbrio financeiro da empresa conduziu mesmo os seus responsáveis à criação, em 1962, de uma concessionária para a exploração da publicidade, a *Movierecord Portuguesa SARL*. Esta empresa, de origem belga e espanhola, passaria a pagar à RTP 3 000 contos mensais, valor anualmente revisto em função dos aparelhos receptores registados (Teves, 1998:125).

Em 1960, todavia, já o Conselho de Administração assinalara algumas preocupações com as formas de emissão das mensagens publicitárias: não podendo a RTP *"dispensar a fonte de receita constituída pela actividade publicitária nem evitar que o sugestivo meio da televisão seja posto ao serviço do fenómeno publicitário (...) temos dedicado a nossa atenção ao problema de regular a transmissão da publicidade por forma a considerar um conveniente equilíbrio entre os interesses em causa"*, sublinhava o Conselho, que enumerava o objecto dessas preocupações: *"A concentração dos anúncios filmados em sequências transmitidas entre programas; levar os anunciantes a preferirem a modalidade de publicidade por patrocínio; o estudo de novas fórmulas de publicidade que não prejudiquem o espectáculo ou que constituam, só por si, um verdadeiro e interessante divertimento"* (Relatório e Contas, 1960:15).

Ao mesmo tempo o Conselho apontara a necessidade de estabelecer tabelas de preços diferentes para as emissões da tarde, a criar no início do ano seguinte, consagrando o princípio da especialização da publicidade consoante os públicos.

A actividade da RTP na venda de televisores e na assistência técnica, que perderia expressão a seguir a 1974, consistiria sobretudo numa forma de divulgação da actividade televisiva, suprindo, ao mesmo tempo, falhas do mercado. Aliás, o interesse dos fabricantes de receptores na expansão da actividade televisiva revelara-se quando, ainda antes do arranque das emissões provisórias, uma empresa se proporia proceder à montagem da rede de emissores em Portugal se, em contrapartida, obtivesse o exclusivo da venda de receptores por determinado tempo. No entanto, o negócio não seria aceite (Teves, 1998:24).

No início desta actividade comercial, a RTP pretendia assegurar *"preços relativamente moderados"*. Com esse objectivo, a empresa chegaria a estabelecer um acordo com a Direcção do Grémio Concelhio dos Comerciantes de Artigos Musicais e de Radioelectricidade do Porto (Relatório e Contas, 1956:4).

Mais tarde, garantiria mesmo a venda de receptores, através de estabelecimentos próprios da empresa, sublinhando todavia não pretender *"substituir-se nem fazer concorrência ao comércio da especialidade, pelo que não exerce as práticas normais de descontos que tanto atraem os compradores"*. A RTP abriria dois estabelecimentos para venda de televisores ao público, em Lisboa, na Praça de Londres e no Porto, na rua dos Clérigos (Teves, 1998:35).

Dos 16 065 receptores registados em 1960, número que se assumia ser menor do que os efectivamente vendidos dada a evasão ao pagamento da taxa, apenas 1 054, ou seja 6,3%, tinham sido comercializados através dos *"Serviços de Expansão da RTP"* (Relatório e Contas, 1960:16).

No mesmo ano, a assistência a receptores e a reparação de antenas constituíam uma assinalável actividade deste sector da empresa. Até então limitada a Lisboa e Porto, estender-se-ia a todo o país mediante a nomeação de *"agentes RTP escolhidos entre os comerciantes do ramo da televisão tecnicamente mais idóneos e melhor equipados"* (Relatório e Contas, 1960:16).

De qualquer forma, esta actividade teria uma importância diminuta para a saúde financeira da empresa, quer pelos baixos valores envolvidos, quer pelo facto de em alguns anos ter tido mesmo saldo negativo. No entanto, em 1970, as receitas provenientes da venda de televisores e da assistência técnica atingiriam 4% das receitas totais da empresa, valor que nunca seria ultrapassado (dados dos relatórios e contas da RTP).

c) *O 25 de Abril e os primeiros sinais de crise financeira*

Alicerçada sobretudo nas receitas provenientes da taxa de televisão e da publicidade emitida, ambas com um crescimento regular que traduzia a contínua expansão do meio televisivo em Portugal, a RTP atravessaria, entre 1962 e 1973, um período de incontestável saúde financeira.

Os resultados líquidos seriam sempre positivos, geralmente entre 10 a 15 mil contos, facto tanto mais assinalável se recordarmos que o valor da taxa de televisão se manteve inalterado nesse período e que a taxa de inflação ultrapassaria os 10% a partir do início dos anos 70. Apenas entre 1962 e 1965, o saldo foi inferior (ver Anexo 6). Em contrapartida, em 1968, a empresa apresentou um resultado de 28 367 contos, o maior deste período e igualmente o único superior a 15 mil contos (dados dos Relatórios e Contas).

O período conturbado subsequente ao 25 de Abril modificaria esta situação, iniciando-se uma fase, até 1985, em que a RTP apenas apresentaria lucros em 1980 e 1981.

Um aumento de 50,8% nas despesas com o pessoal, face ao ano anterior, contribuiu decisivamente para o resultado negativo nas contas de 1974. No ano seguinte, as despesas de pessoal representavam 67,1% do total dos custos da empresa!

Sublinhe-se, todavia que no início dos anos 70, os encargos com o pessoal correspondiam já a perto de 50% desse total: 47,3% em 1971 (102 218 num total de 215 725 contos) e 48,3% (120 116 contos num total de 248 296 contos) no ano seguinte. Estes dados testemunham o tradicional elevado encargo da RTP com as despesas de pessoal, que todavia viriam a representar mais tarde cerca de um terço dos custos operacionais (por exemplo, 33,4% em 1998, 32,8% em 2002 e 35,6% em 2007). Registe-se que a empresa registaria desde a sua fundação um constante aumento do seu quadro de pessoal, insusceptível de ser explicado apenas pelo aumento da actividade da empresa (mais horas de emissão, novos centros de emissão, 2.º canal, etc.): 587 trabalhadores em 1959, 940 em 1965, 1014 em 1967, 1216 em 1973, 1577 em 1977, 2115 em 1980, 2383 em 1985 e 2392 em 1991 (Dados dos Relatórios e Contas).

No entanto, um conjunto de outras razões explica o agravamento da situação financeira da RTP.

Em primeiro lugar, os elevados níveis de inflação insuficientemente compensados pelas receitas da taxa (ver anexo VIII).

De facto, até 1980, o montante seria actualizado uma vez, em 1976 – de 360 para 480 ou 540 escudos, consoante o preço do aparelho fosse ou não superior a 10 contos. A taxa de 540 escudos era apenas cobrada aos novos aparelhos de custo superior a dez mil escudos (art. 8.º do DL n.º 353/76, de 13/5). No preâmbulo deste diploma, o aumento do montante da taxa – o primeiro desde o nascimento da RTP em 1957 – seria relacionado com o preço dos jornais, lembrando-se que aquele montante fora fixado em 1957 *"em montante equivalente ao preço de um jornal/ano, sendo certo que este preço é hoje quatro vezes superior"*. De igual forma se justificava o aumento, comparando o número de funcionários da RTP: cerca de 300 em 1957, cerca de 1700 em 1976.

Entre 1980 e 1985, os valores da taxa de televisão para receptores a preto e branco e a cores foram anualmente actualizados, mas sempre abaixo dos valores da inflação anual. Em 1986 e 1987, a tendência seria corrigida, sendo os aumentos da taxa ligeiramente superiores aos valores da inflação (14,0 contra 11,7 no primeiro ano e 10,6 contra 9,6 no segundo).

Aliás, com o intuito de combater a fraude – muitas famílias registavam receptores a preto e branco possuindo já aparelhos a cores – o valor da taxa para os primeiros sofreu um aumento mais significativo. Essa tendência culminaria em 1989 com a unificação do valor da taxa, o que representou então uma quebra assinalável para quem tinha declarado possuir aparelho a cores (de 5250 para 3200 escudos), mas um aumento substancial (de 2760 para 3200 escudos) para quem declarara um receptor a preto e branco.

No final de 1990, quando a taxa foi extinta, o seu custo era de 3500 escudos anuais, o que representava, face ao ano anterior, um aumento de 9,4 por cento, novamente abaixo da taxa de inflação (13,4%). A preços correntes de 2007, o valor da taxa equivalia apenas a 34,6 euros anuais, quase um quinto do valor de 1957.

Contribuiriam igualmente para o agravamento da situação financeira da RTP, a crise no mercado publicitário provocada pela retracção no crescimento da economia, o aumento das despesas de funcionamento, designadamente no domínio da programação e a instabilidade vivida na empresa, onde se sucediam os conselhos de gerência – dez entre Abril de 1974 e Março de 1978... – com as inevitáveis mudanças numa estrutura directiva que, após a nacionalização (DL n.º 674-D/75, de 2/12) e a consequente criação de uma empresa pública, em 1975, continuaria marcadamente governamentalizada.

Aliás, a quebra do investimento publicitário teria consequências na própria origem das receitas da RTP. A percentagem da publicidade comercial no conjunto das receitas diminuiria entre 1976 e 1982 para valores próximos dos 35%, chegando em 1977 a descer aos 29 por cento (ver anexo VII).

Esgotara-se claramente o modelo de sustentabilidade da empresa baseado no regular crescimento do número de espectadores e dos volumes das receitas da taxa e da publicidade.

Neste contexto, a ausência de coragem política para aumentar o valor da taxa face à inflação registada implicaria o início do regular recurso a subvenções públicas e a outras formas de financiamento. No Relatório e Contas referente a 1978, escrevia-se que *"no momento em que a RTP se reinstala, reequipa e reorganiza, agora que lhe começam a oferecer condições para melhorar o serviço público que lhe está confiado, a falta de decisão dos centros do poder político compromete a curto prazo a sua própria viabilidade"*. Nesse ano, a RTP, cujo Presidente do CA era João Soares Louro, teria um prejuízo de 132 038 contos.

d) O início do recurso às subvenções públicas regulares.

No momento da nacionalização, em Dezembro de 1975, o capital social da RTP era de 100 mil contos, participando o Estado com 60%, depois dos referidos aumentos de capital de 1958 e 1961. Tendo em conta que, inicialmente, em 1956, o Estado tinha uma participação de um terço do capital (20 em 60 mil contos), constata-se que, em menos de 20 anos, o Estado triplicaria a sua participação no capital social da empresa concessionária, devido a dois factores estreitamente relacionados: os níveis cada vez mais altos de financiamento exigidos pela actividade de televisão e, face à ausência de capacidade de resposta da iniciativa privada, a necessidade de envolvimento do Estado no sistema de financiamento, nomeadamente através da sua estrutura accionista.

Um aval do Estado a uma operação de crédito de 30 mil contos, aprovada em Maio de 1976 por uma Resolução do Conselho de Ministros (DR de 7/6/76), inauguraria essa tendência de recurso ao financiamento estatal. A iniciativa era justificada pela reanálise em curso da situação financeira da RTP e pela aprovação, nesse mesmo mês, de uma amnistia para as infracções relacionadas com o pagamento da taxa e de um perdão das taxas em dívida. No ano seguinte, uma alteração ao Orçamento de Estado para 1977 previa um subsídio de 45 mil contos à RTP (DR, supl. N.º 259, de 9/11/77). Em 1978 e 1979, a RTP receberia subsídios destinados a cobrir os défices de exploração originados com as emissões de televisão nas Regiões Autónomas e a comparticipar nos custos de programas destinados aos emigrantes (dados dos Relatórios e Contas de 1978 e 1979).

A crise na RTP era então indisfarçável. Apesar do aumento do montante da taxa concretizado em 1976, a empresa era obrigada a limitar os seus gastos, o que seria evidenciado pela peremptória decisão tomada em Conselho de Ministros pelo I Governo Constitucional liderado por Mário Soares de *"não autorizar neste momento a televisão a cores em Portugal nem consentir o início de quaisquer emissões experimentais"* (Resolução n.º 127/77, DR n.º 33 de 8/6/77). A medida, que travava as experiências de emissões a cores que a RTP promovia, era justificada pela necessidade de adopção de *"uma política de austeridade incompatível com os pesados encargos financeiros que resultariam do lançamento da televisão a cores"*, pelo acréscimo de despesas que o lançamento da televisão a cores provocaria, calculado em 300 mil contos por ano, e pela necessidade de substituir equipamento da RTP, considerado como *"completamente desactualizado e desgastado"*.

Porém, as emissões a cores sofreriam um significativo impacto com a concorrência entre os sistemas PAL e SECAM, que então dividia a Europa. Em Dezembro de 1977, apenas seis meses depois da referida resolução governamental, que previa um adiamento da televisão a cores por um prazo de dois anos, a RTP começava a gravar programas a cores, graças a um equipamento oferecido pela República Federal Alemã (Teves, 1998:261), mas as emissões regulares só começariam em 7 de Março de 1980.

Foi precisamente em 1980, após seis anos consecutivos com resultados negativos, que foi subscrito o Acordo de Saneamento Económico-Financeiro (ASEF) entre o Estado e a RTP (DR II Série, 24/9//80), concretizando diligências iniciadas em Março de 1978, altura em que a empresa apresentara aos ministérios da tutela e das Finanças e Plano um estudo económico, contendo uma proposta de viabilização da empresa a médio prazo. Não se tendo nesse ano ultimado o ASEF, por não estarem reunidas as condições legalmente exigidas, o Governo recorreria a um protocolo destinado à consolidação das dívidas à banca, que seria subscrito ainda em 1978, a 28 de Dezembro.

Em vigor durante 4 anos, até ao fim de 1984, o ASEF estabelecia os objectivos estratégicos da empresa, em matérias que iam desde a cobertura do território pelas emissões até ao índice de produtividade e, de forma genérica, o nível da programação.

A RTP comprometia-se a tornar a exploração superavitária a partir de 1982. No entanto, apesar de ter conseguido alcançar esse objectivo já em 1980, não seria possível evitar que entre aquele ano e 1986 se entrasse num novo período de 4 anos com resultados negativos.

Face ao contínuo crescimento do número de funcionários, a empresa ficava obrigada a reduzidos aumentos anuais do quadro de pessoal de 1 ou 2 por cento em cada ano.

Em matéria de política financeira, era autorizado um empréstimo obrigacionista até ao valor de 1 milhão de contos, a lançar junto do sistema bancário e assegurava-se uma atribuição anual de dotações de capital estatutário destinadas a financiar os investimentos da RTP em cerca de 20% do seu valor. Além disso, estipulava-se um aumento do capital estatutário em 1980 e 1981 no valor de 40 mil e 300 mil contos, respectivamente.

A RTP ficava igualmente obrigada a acordar com os seus credores esquemas de regularização das dívidas então existentes: cerca de 10 mil contos ao Fundo Nacional de Abono de Família, perto de 78 mil ao Fundo de Desemprego, 80 mil à Direcção-Geral das Contribuições e Impostos, relativos ao imposto profissional em atraso e 348 mil à Direcção-Geral das Alfândegas respeitante a impostos por importação de materiais. Estabelecia-se ainda a liquidação em 14 prestações semestrais de um débito de mais de 4,655 milhões de francos franceses à Direcção-Geral do Tesouro, resultante de pagamentos feitos à firma *Thomsom-CSF*.

No entanto, a norma do ASEF de maiores consequências para o futuro da empresa – o artigo 12.º – asseguraria anualmente um subsídio não reembolsável que permitia cobrir "*custos sociais derivados do imperativo constitucional de assegurar o efectivo exercício do direito de informar e de ser informado*" e tinha em consideração "*a difusão da radiotelevisão junto de todas as camadas sociais e áreas geográficas*". Esta "*compensação à exploração*" – mais tarde denominada *indemnização compensatória* – incidiria inicialmente apenas nos montantes relativos aos prejuízos de exploração dos Centros de Produção dos Açores e da Madeira. Ficava igualmente estabelecido que a RTP apresentaria anualmente à tutela e ao Ministério das Finanças e do Plano uma proposta de fixação do nível do subsídio relativo ao ano imediato.

Desta forma, depois das subvenções públicas de 1978 e 1979, o ASEF de 1980 marcaria o início de uma forma continuada de financiamento público baseado em *compensações à exploração* ou *indemnizações compensatórias*, que caracterizariam o modelo de financiamento da RTP, a partir de 1991, com o fim da taxa de televisão.

As *indemnizações compensatórias* tinham então uma dupla base jurídica. Por um lado, o Estatuto das Empresas Públicas, aprovado pelo Decreto-Lei n.º 260/76, de 8 de Abril, previa a existência de "*comparticipações, dotações e subsídios do Estado*" (art. 18.º, alínea c)). Estipulava-se mesmo que "*Às empresas públicas podem ser concedidos, pelo Estado e por outras entidades públicas, subsídios e empréstimos sem juros*" e ainda que "*O Estado só deve conceder subsídios às empresas públicas como contrapartida de encargos especiais que lhes imponha*" (art. 20.º, n.ºˢ 1 e 2). Por outro lado, os Estatutos da RTP então em vigor (DL n.º 321/80, de 22 de Agosto) estabeleciam como receita da concessionária do serviço público de televisão a atribuição de "*subsídios pela prestação de serviços de interesse nacional*" (art. 37.º, alínea f)).

Com o ASEF, não terminariam todavia os problemas financeiros da empresa, nem o recurso a outras fontes de financiamento, tanto mais que os fundos públicos acordados nem sempre seriam atempadamente atribuídos à RTP.

Em 1980, ao mesmo tempo que era preparado o ASEF, concretizava-se um empréstimo no montante de cerca de 485 mil contos dos bancos Pinto Sotto Mayor e Português do Atlântico, autorizado pelo Governo (Portaria n.º 26-O-1/80, de 9/1) e era atribuído um subsídio não reembolsável de 25 mil contos, referente aos duodécimos relativos à verba de 148 mil contos inscrita no orçamento de Estado, por este não ter então entrado ainda em vigor. Além disso, determinava-se que os projectos da RTP para a rede de emissores e os centros de produção de Lisboa e do Porto, no valor total de cerca de 1,1 milhões de contos, seriam integrados no Programa de Investimentos do Sector Empresarial do Estado (PISEE) para 1980. Foi ainda autorizado um financiamento externo de cerca de 767 mil contos (Desp. Normativo n.º 278/80, de 23/8) e atribuída uma dotação de capital de 40 mil contos para financiamento dos projectos incluídos no referido PISEE (Desp. Conjunto, DR, II Série, 19/11/80).

No ano seguinte, em 1981, as dificuldades mantinham-se, forçando o Governo a novas medidas: um subsídio não reembolsável de 12 350 contos, correspondente ao duodécimo de Janeiro, devido ao atraso na aprovação do Orçamento de Estado, um aval de 40 milhões de marcos alemães destinados a financiar o projecto de equipamento de um estúdio (Resol. N.º 210, DR de 28/9/81), uma verba de 100 mil contos no âmbito do acordo de saneamento financeiro celebrado entre o Estado e a RTP, a negociação de um empréstimo com o Banco Português do Atlântico (Desp. Conjunto, DR, II Série de 24/7/81) e uma verba de cerca de 662 mil contos inscrita no PISEE relativo a 1981 (Desp. Normativo n.º 331, DR de 20/10/81).

O financiamento mediante fundos públicos, desde aumentos de capital até às indemnizações compensatórias, constituiu, a partir de 1976, uma terceira fonte relevante de financiamento da empresa, a par da taxa e das receitas da publicidade emitida, embora até 1991 o seu montante, se excluirmos a verbas relativas à cedência de tempo de emissão para a TV Escolar e Educativa, nunca tivesse ultrapassado 10% dos proveitos totais (ver anexo IX).

O financiamento público não evitaria que a RTP passasse, no período entre 1975 e 1991, por duas fases de vários anos com resultados negativos – entre 1975 e 1979 e entre 1982 e 1985.

Se no primeiro destes períodos a origem dos défices pode ser sobretudo atribuída ao súbito aumento dos custos, designadamente salariais, ocorrido a seguir a 1974, o segundo deve-se a uma multiplicidade de razões, entre as quais o reflexo da crise económica do país no mercado publicitário, a limitada subida da taxa face à inflação, o aumento dos custos da empresa, devido ao alargamento do horário de programação, a instabilidade na empresa e os sucessivos atrasos com que foram disponibilizados os fundos públicos. Aliás, esses atrasos seriam referidos nos relatórios e contas da empresa referentes aos anos de 1978, 1980, 1982 e 1984.

Neste período, a RTP atingiria os seus pontos mais críticos em 1983 e em 1985.

No ano de 1983, a empresa teria, pela primeira vez, um resultado negativo de mais de 1 milhão de contos, depois de, em pouco tempo, se sucederem três conselhos de administração: o presidente do primeiro desses três conselhos, Proença de Carvalho, chefiava desde Julho de 1980 uma equipa que acabaria o seu mandato no final de 1982; Macedo e Cunha dirigiria a empresa apenas sete meses, até 14 de Julho de 1983, altura em que o recentemente empossado Governo do *Bloco Central* nomeava um novo Conselho, dirigido por Palma Ferreira.

Face à crise, o conselho presidido por Palma Ferreira chegou mesmo a tomar medidas drásticas relativas aos horários, suspendendo a emissão da manhã entre as oito e as doze horas, devido ao seu elevado custo.

No final de 1985, depois de se terem sucedido mais dois conselhos – Manuel João Palma Carlos substituiu Palma Ferreira em Outubro de 1984, mas seria substituído por Coelho Ribeiro em Dezembro do ano seguinte – o passivo total da RTP ascendia a cerca de 12 milhões de contos, dos quais 8 a curto prazo (Relatório e Contas de 1986).

A RTP voltaria a ter resultados positivos a partir de 1986. A clara melhoria da situação económica do país, que coincide com a integração europeia, o aumento das tabelas de publicidade em mais de 30% e o recurso à figura do patrocínio compensariam o aumento de custos induzido pelo alargamento do horário de emissão, agora entre as 9 e as 24 horas.

Em 1986 e 1987, os resultados positivos ultrapassaram o milhão de contos. Nos dois anos seguintes, atingiriam os 2 milhões. A saúde financeira da empresa permitia então um forte investimento na programação. Tendo em vista a proximidade da época de concorrência com os operadores privados, o novo responsável pela programação, José Eduardo Moniz, imprimiria um cunho mais popular ao *mapa tipo* de Outubro de 1986. Os custos de programação, que atingiam, em 1985, 14% dos custos totais da empresa, passam, em 1987 e 1988, para valores correspondentes a 25 e 26 %, respectivamente.

Apesar disso, até 1991, não mudariam nem o volume nem a diversidade das formas de intervenção governamental na saúde financeira da empresa: autorizações para contrair empréstimos, dotações de capital e subsídios integrados no PISEE.

e) A taxa e o seu fim: da burocracia à impopularidade

Na sua fase inicial, o mesmo diploma que assegurava o regime jurídico relativo à taxa de televisão, estabelecido em 1957, o Decreto n.º 41486, publicado em 30 de Dezembro de 1957, regulava igualmente a taxa de radiodifusão sonora. Aliás, a responsabilidade da cobrança caberia à Emissora Nacional até 1980, quando a RTP criou o seu Departamento de Taxas.

O início da cobrança da taxa de televisão corresponderia inclusivamente a uma tentativa de simplificação da forma de pagamento da sua congénere da radiodifusão sonora. Encarregada de colectá-la desde 1940, quando a Emissora Nacional se emancipou da tutela da Administração Geral dos Correios e Telégrafos, tornando-se num organismo autónomo dotado de personalidade jurídica (DL n.º 30752, de 14/9/40), a estação oficial emprestaria a sua longa experiência à cobrança da nova taxa, uniformizando o seu regime jurídico.

O referido diploma de 1957, que estabelecia a taxa de televisão, enumeraria esses aspectos inovadores: a criação de um livrete individual que permitiria uma mais fácil identificação do contribuinte; o incentivo ao pagamento anual da taxa, extinguindo a forma de pagamento mensal e tornando gratuita a mudança da modalidade de pagamento de semestral para anual, ao contrário da situação inversa; e a possibilidade de pagar a contribuição não só nos serviços de tesouraria da Emissora Nacional, mas igualmente em qualquer estação dos CTT.

No entanto, o mesmo diploma continha igualmente um conjunto de disposições que tornariam a cobrança da taxa um mecanismo complexo e burocratizado mas, apesar disso, sujeito a uma crescente evasão.

De facto, o texto chegava ao extremo de proibir *"perturbar terceiros fazendo funcionar os receptores com sonoridade excessiva (...) sendo os limites do volume de som permitidos em cada caso fixados por despacho ministerial a publicar no Diário do Governo"* (alínea b) do art. 3.º). Considerava a existência de antena exterior aos edifícios como presunção de posse de um receptor. Obrigava os proprietários de vários receptores a requererem uma licença para cada um deles, o que significava um retrocesso face à legislação sobre a radiodifusão de 1933 (§ 3.º do art. 5.º do DL n.º 22784, de 29/6/33), que já acolhia o princípio da licença por lar, hoje vigente na maior parte dos países europeus. Estabelecia um diversificado conjunto de isenções ao pagamento (§ único do art. 38.º), incluindo membros dos órgãos de soberania e um vastíssimo conjunto de instituições – sindicatos, Casas do Povo e Casas dos Pescadores, FNAT, Legião Portuguesa, organismos da Juventude Católica, salas de soldados, de polícias, de marinheiros, de sargentos e de oficiais, seminários, Misericórdias, hospitais, escolas gratuitas, corporações de bombeiros e sanatórios, entre outras. Impunha às pessoas ou empresas que vendessem receptores o envio mensal de uma lista com nomes e respectivas moradas de todos os que no mês anterior *"por compra, troca, doação, aluguer ou consignação, tiverem entrado em posse de receptores, devendo estes ser identificados pelas respectivas marcas e números de fábrica"*. O sistema de controlo estendia-se às casas de penhores e às alfândegas, que eram obrigadas a enviar mensalmente uma relação das entidades importadoras de receptores com o número de unidades importadas no mês anterior (art. 41.º). Responsabilizavam-se os agentes fiscais da Emissora Nacional, os agentes de polícia e os praças e sargentos da GNR em serviço rural pela fiscalização do cumprimento da legislação que obrigava ao pagamento da taxa, *estimulados* pela prevista atribuição de 25% do montante das multas cobradas (§ 2.º do art. 36.º do mesmo diploma).

A existência de diversos formulários, cuja complexidade legitimava a fuga ao pagamento, o deficiente preenchimento de muitos vales de correio, criando insuperáveis problemas de identificação aos serviços da Emissora Nacional e a impotência dos Tribunais de 1.ª Instância das Contribuições para apreciarem as inúmeras execuções que lhe eram remetidas, constituíam as faces mais visíveis do crescente e nunca satisfatoriamente resolvido problema da evasão ao pagamento da taxa.

É verdade que os relatórios e contas da RTP, sobretudo nos primeiros anos, assinalavam o exponencial crescimento do número de televisores registados, espelho do sucesso do novo meio de comunicação e também do cumprimento das normas que impunham o pagamento da taxa.

No entanto, não era escamoteada a existência de uma significativa evasão.

Os primeiros sinais surgem no Relatório e Contas de 1960, onde se assinalava existir *"um número considerável de televisores não registados"*. Mais tarde, no Relatório relativo a 1964, assinalava-se que *"a partir de Abril, a Emissora Nacional de Radiodifusão e a Guarda Nacional Republicana deram início a uma aturada campanha de fiscalização de licenças de televisão e pela primeira vez com aplicação de multas"*. *"Aos possuidores de licenças que não liquidam a respectiva taxa"* – acrescentava-se – *"têm sido instaurados os competentes processos de execução fiscal"*. Nesse ano, seriam multados 2 776 espectadores por não possuírem licenças e enviados para tribunal 5 555 autos para execução (Relatório e Contas de 1964, p. 10).

Em 1967, assinala-se um aumento de 54 mil receptores registados, atribuindo-se esse número em parte à *"Campanha de Boa Vontade"*, promovida pela EN, entre Dezembro de 1966 e Janeiro do ano seguinte, para regularização de situações de incumprimento do pagamento da taxa.

Na sequência da Revolução do 25 de Abril seriam suscitadas dúvidas sobre a forma de financiamento da RTP e a própria continuidade da taxa. A sua supressão foi mesmo proposta num conjunto de documentos elaborados pela primeira administração da RTP a seguir a essa data e submetidos ao Ministro da Comunicação Social em Julho de 1974. De acordo com o artigo 9.º de um projecto de decreto-lei que visava a transformação da RTP numa empresa pública, a taxa de televisão seria abolida e substituída por um subsídio do Estado à

RTP de 500 escudos por aparelho a preto e branco e 850 escudos por aparelho a cores, valores que seriam periodicamente actualizados por portaria mediante *"proposta justificada da RTP empresa pública"*. No mesmo documento (art. 10.º), eram propostos máximos de 5 minutos horários e de 15 minutos diários na difusão de publicidade por cada um dos canais da RTP. No entanto, o Governo não acolheria estas propostas, subscritas pelo presidente e pelo vice-presidente da empresa, respectivamente Manuel Bello e António Sousa Gomes.

Em 1976, no mesmo diploma (DL n.º 353/76, de 13/5) que estabelece um aumento no valor da taxa, estima-se em centenas de milhar o número de *aparelhos clandestinos* e em mais de mil os processos de cobrança judicial de taxas em dívida, *"sem que o aparelho judiciário se mostre apto a recuperar o atraso"*. Em consequência, era facultada uma legalização dos receptores em *"situação de clandestinidade"* e concedida uma amnistia das infracções e o perdão das taxas em dívida.

Ao mesmo tempo, mantinha-se o quadro de controlo do percurso dos receptores: os fabricantes, montadores, importadores, vendedores grossistas e revendedores intermediários da cadeia de comercialização de receptores deveriam preencher em quadruplicado e assinar um boletim contendo vários dados, incluindo a identificação e o domicílio do adquirente e a relação das unidades transaccionadas (art. 1.º do mesmo diploma).

Ao abrigo do disposto naquele Decreto-Lei de 1976, seria publicado o Despacho Normativo n.º 3-A/78 de 11/11/77 (DR de 9/1/78), que visava pôr termo gradualmente à cobrança de taxas pela RTP, substituída nessa função pelos CTT. Previa-se, no entanto, que a RTP continuasse a efectuar a cobrança das taxas de televisão que fossem apresentadas a pagamento nos seus serviços de tesouraria, em Lisboa e no Porto, e a promover nos tribunais fiscais a cobrança contenciosa de todas as taxas de televisão.

O insucesso destas medidas seria assumido pelo poder político que, entre 1979 e 1982, publicaria sete novos diplomas visando aperfeiçoar o insatisfatório sistema de cobrança da taxa de televisão:

– DL n.º 401/79, de 21/9, onde, entre outras medidas, se estipula que a RTP *"disporá de aparelhos detectores de televisores, os*

quais não poderão, por qualquer forma violar a intimidade dos cidadãos" (art. 15.º, n.º 1);
- DL n.º 483/79, de 14/12, que se limita a prorrogar o prazo estabelecido no diploma anterior para os cidadãos registarem os receptores não registados sem se sujeitarem a qualquer penalidade;
- Portaria n.º 26-N1/80, de 9/1, que aprova o regulamento relativo à cobrança de taxas previsto no artigo 34.º do DL n.º 401/79;
- DL n.º 171/80, de 29/5, que concede isenção ao pagamento de taxa de televisão a preto e branco aos reformados e beneficiários de pensões de invalidez e sobrevivência;
- DL n.º 161/81, de 11/6, que confere um prazo de 60 dias para a regularização sem multa de receptores não registados;
- DL n.º 261/81, de 3/9, que prorroga o prazo por mais 60 dias o prazo do diploma anterior;
- e o DL n.º 472/82, de 16/12, que actualiza o regime das isenções ao pagamento da taxa, alargando-a aos receptores a cores.

Além destes diplomas, duas portarias (95/80, de 10/3 e 225/81, de 28/2) estabeleceriam os montantes das taxas.

No entanto, persistiriam os sinais preocupantes.

O relatório de um Grupo de Trabalho para o contrato-programa da RTP, criado pelo Conselho de Gerência da empresa em Novembro de 1986, assinalaria o crescimento do número de isenções a um ritmo bem superior aos dos registos dos novos receptores: a relação entre ambos variaria de 1,5% em 1980 para 4,7%, cinco anos depois. 75 mil pessoas estariam, nesse ano, isentas do pagamento de taxa.

O mesmo relatório referia outros dados assinaláveis. Em relação à cobrança coerciva, assumia-se que a RTP, *"por falta de meios e estruturas adequadas, tem-se limitado a um esforço para evitar a prescrição (5 anos)"*. Recordava-se que, entre 1977 e 1981, para um total de cerca de 420 mil contos de cobranças enviado para tribunal, apenas tinham sido recebidos cerca de 124 mil.

Em 1980, duas medidas governamentais afectariam drasticamente o sistema de cobrança.

Um protocolo assinado pela RTP com os comerciantes de receptores, por iniciativa do então Secretário de Estado da Comunicação Social, Sousa e Brito, libertava-os da obrigação de avisar a RTP por cada televisor vendido. A empresa passaria a desconhecer o volume de receptores, valor tanto mais relevante quanto é certo que persistia o hábito de muitas famílias manterem o registo de um receptor a preto e branco quando já possuíam um a cores.

A decisão de isentar da taxa os reformados com mais de 65 anos representaria um desvio de receitas total de cerca de 600 mil contos entre 1980 e 1986 (Documento da Equipa 09 – Taxas de Agosto de 1986, anexo ao Relatório para o Contrato-Programa da RTP).

A burocracia atingiria níveis invulgares: no Relatório e Contas de 1986, assinala-se que o Departamento de Taxas da RTP utilizava cerca de 70 modelos ou impressos diferentes.

No relatório do ano seguinte, sublinha-se que *"o simples facto de a cobrança coerciva das taxas não poder ser imediatamente aplicada pelos tribunais leva a uma sensação de impunidade proporcionadora do não pagamento"*. Assinala-se então que é cada vez maior o número de pessoas que se habilitam à isenção.

O Grupo de Trabalho para o Contrato-Programa formularia então diversas propostas: o regresso a uma forma de registo dos receptores; a possibilidade de pagar a taxa por desconto na conta bancária; a criação de um Tribunal de execuções fiscais na área de Lisboa, dedicado exclusivamente à cobrança coerciva das taxas da RTP; a criação de uma taxa única para todos os receptores a cores ou a preto e branco; a definição da taxa como uma prestação de serviços de natureza fiscal, o que permitiria à RTP o acesso às execuções fiscais em pé de igualdade com o Estado; e a indemnização do Estado à RTP correspondente ao valor relativo às quebras de receitas provenientes das isenções.

No entanto, em nenhum momento se sugeriu que na cobrança da taxa da RTP se utilizasse o mecanismo adoptado para a taxa de radiodifusão. Desde 1976 (DL n.º 389/76, de 24/5), esta taxa era cobrada em duodécimos pelas distribuidoras de energia eléctrica, integrada na respectiva factura relativo ao preço da energia eléctrica consumida. É verdade que ao pagamento desta taxa estavam obrigados todos os consumidores domésticos de iluminação e outros usos, universo seguramente bem superior ao dos possuidores de receptores de televisão. Porém, no final dos anos 80, já o universo dos lares das famílias utentes do serviço público de televisão se aproximava de valores elevados, correspondentes à generalidade da população.

Em 1988, o XI Governo, de Cavaco Silva, aprovaria aquele que seria o último diploma regulamentador da taxa de televisão (DL n.º 38/88, de 6 de Fevereiro) antes da sua supressão, perto de três anos depois. Estabelecia-se então o princípio da taxa por lar com televisor, independentemente do número de receptores existentes, unificava-se o valor da taxa quer os receptores fossem a cores ou a preto e branco, alargava-se o universo de isenções a diversas pessoas colectivas e simplificavam-se os procedimentos para obter isenção, mas diversas medidas propostas pelo Grupo de Trabalho não seriam acolhidas.

Muitas famílias continuariam a furtar-se ao pagamento da taxa, cuja impopularidade crescia à medida que se anunciavam novos operadores de televisão, de acesso gratuito.

A taxa de televisão era igualmente contestada do ponto de vista da sua constitucionalidade, tendo a sua natureza sido muito debatida na doutrina portuguesa, por se considerar controvertida a sua classificação como taxa e não como imposto. Tal questão foi objecto de um parecer da Comissão Constitucional (Parecer n.º 30/81) que viria a confirmar a sua natureza de taxa, incidindo sobre *"os detentores de aparelhos devidamente registados e licenciados"*. A apreciação da constitucionalidade fora solicitada ao Conselho da Revolução pelo Presidente da Assembleia da República, na sequência de uma exposição apresentada por deputados da Acção Social Democrata Independente (ASDI), que pretendiam a declaração de inconstitucionalidade da Portaria n.º 225/81, de 28 de Fevereiro, através da qual fora determinado um aumento das taxas de televisão.

O parecer entenderia que o Governo podia criar taxas por decreto-lei e, ainda, que era constitucionalmente admissível que esse diploma estabelecesse que o montante de uma taxa poderia, como acontecera, ser fixado por uma portaria.

No entanto, após três acórdãos sucessivos proferidos durante o ano de 1989 (acórdãos n.ºs 115/89, de 12/1/89; 310/89, de 9/3/89; e 421/89, de 15/6/89, publicados no DR, 2.ª série, respectivamente em 26/4/89, 16/6/89 e 15/9/89), o Tribunal Constitucional viria, em Março de 1990, a declarar a inconstitucionalidade com força obrigatória geral, por violação do artigo 167.º, alínea j) da Constituição (versão de 1976), da norma constante do artigo 25.º do Decreto-Lei n.º 401/79, de 21 de Setembro (acórdão n.º 72/90, relativo ao Processo n.º 72/90, DR, 1.ª Série, de 2/4/90). Em causa estava o facto de o referido artigo, ao determinar a transferência da competência para a cobrança coerciva das taxas e multas, relativas à taxa de televisão, dos tribunais fiscais para os tribunais comuns, incidir sobre matéria da exclusiva competência da Assembleia da República, sem que o Governo, seu autor, se tivesse munido previamente da necessária autorização legislativa.

De qualquer forma, aumentando o seu valor em percentagem continuamente inferior à da inflação, a taxa representava cada vez menos uma insubstituível fonte de financiamento do serviço público de televisão.

Em apenas uma década, de 1980 para 1990, as receitas de publicidade passariam de cerca de um terço (33,1%), para cerca de dois terços (65,7%) das receitas totais da RTP. Em 1993, atingiriam o seu valor mais alto de sempre: 73,6%. A RTP estava então claramente dependente das receitas da publicidade comercial (ver anexo VII).

Em contrapartida, a taxa, que até aos anos 80, fora quase sempre a principal fonte de receita da empresa, chegando em 1977 a representar 53% do total dos proveitos, cairia a pique nesses anos 80: 44% em 1980, 30% em 1986, apenas 17% em 1989 e 18% (ou seja 5,12 milhões de contos) em 1990, último ano de cobrança da taxa (ver anexo IX).

Não faltavam pois razões para o Governo optar pelo fim da taxa de televisão.

A taxa era impopular não só porque muitos impunemente não a pagavam, como ainda porque se anunciava para breve a possibilidade de ver gratuitamente as emissões de dois operadores privados.

A taxa era também alegadamente desnecessária. A empresa tinha resultados positivos desde 1986. As receitas da RTP dependiam muito mais da publicidade. O Governo entendia possível compensar a empresa com subsídios estatais anuais e não estava visivelmente sensibilizado para a importância de um pagamento universal para a afirmação do conceito de serviço público de televisão.

A taxa tinha igualmente problemas de constitucionalidade. Além disso, mesmo sendo a norma em causa relativamente secundária e corrigível, a sua correcção obrigaria a uma iniciativa legislativa sempre polémica.

Finalmente, a sua extinção era um razoável trunfo político, sobretudo a poucos meses de eleições legislativas em que o Governo de Cavaco Silva se preparava para obter uma segunda folgada maioria absoluta.

Ao deixarem antecipar-se pelo Partido Socialista, que no final de 1989 apresentava na Assembleia da República um projecto de lei que permitia a abertura da televisão à iniciativa privada, o Governo e o PSD, que reclamavam a liderança desse processo, ficavam numa situação desconfortável. Divididos sobre o papel a conferir à Igreja Católica – da atribuição do segundo canal, total ou parcialmente, recuava-se de forma internamente controvertida para a obrigatoriedade de submissão da Igreja Católica a concurso público para um canal privado –, os sociais democratas sentiam a necessidade de ir mais além.

A seguir à reunião do Conselho de Ministros de 9 de Fevereiro, seria o próprio Primeiro-Ministro, Cavaco Silva, quem anunciaria a aprovação de uma proposta de nova Lei da Televisão a submeter ao Parlamento. Com o início da televisão privada, afirmava, não faria sentido a continuação do pagamento de uma taxa para o serviço público.

O Governo não anunciava qualquer data para o fim da taxa, mas esta estava ferida de morte. O seu anúncio prematuro provocaria mesmo uma ligeira quebra na cobrança relativa ao ano de 1990. A atribuição de uma indemnização compensatória de 6 milhões de contos levaria o jornal *Expresso,* na sua edição de 13 de Abril de 1991, a relacionar essa verba com as perdas sofridas pela RTP devido ao anúncio prematuro do fim da taxa, mas, em nota oficiosa, a Presidência do Conselho de Ministros desmentiria parcialmente a notícia, esclarecendo que a indemnização visava financiar algumas atribuições de serviço público, designadamente a transmissão para as regiões autónomas e as acções de cooperação com os países africanos de expressão portuguesa.

A extinção da taxa fora, de facto, pouco ponderada, não sendo conhecido qualquer estudo sobre as suas implicações.

Em Março, o ministro que tinha a tutela da Comunicação Social, Couto dos Santos, voltaria a referir-se à ideia de abolir a taxa. No mesmo mês, no debate parlamentar em que se apreciavam o projecto do PS e a proposta governamental sobre a Lei da Televisão, o deputado social-democrata Rui Machete referiu que *"a eliminação das taxas é uma decisão que deve ser ponderada"* (DAR n.º 50, de 9/3/90). Em Julho, numa declaração de voto sobre a nova Lei da Televisão, o deputado do PSD Nuno Delerue afirmava concordar com o anunciado fim da taxa (DAR n.º 100, de 13/7/90, p. 3586).

Quando foi formalmente concretizada, através de um decreto-lei (DL n.º 53/91, de 26 de Janeiro) aprovado em 13 de Dezembro de 1990, a extinção da taxa não causaria surpresa, nem mereceria qualquer crítica.

A comunicação social menosprezou mesmo a sua relevância. A edição do dia seguinte do *Diário de Notícias* divulgava-a laconicamente na informação sobre as deliberações do Conselho de Ministros, mas o título da *peça,* na 3.ª página, era reservado à actualização do valor do salário mínimo nacional. As edições do *Público* da mesma data ou do fim-de-semana seguinte, onde há artigos que procedem ao balanço da semana, e do *Expresso* omitiriam completamente essa deliberação.

A própria RTP desvalorizaria a importância da medida. No Telejornal das 19h30 de 13 de Dezembro, a deliberação do Conselho de Ministros sobre o salário mínimo teve a primazia, mas logo a seguir, o então porta-voz do Governo, Marques Mendes, surgiria de novo, desta vez a anunciar o fim da taxa. Em poucas palavras, invocaria a então próxima fase de concorrência entre operadores público e privados como justificação para *"deixar de exigir aos portugueses o pagamento da taxa de televisão".* A seguir, uma voz *off* complementaria a notícia com a referência a um próximo contrato-programa, onde seria previsto o montante destinado ao financiamento dos custos dos centros regionais dos Açores e da Madeira.

A abolição de taxa não suscitaria qualquer polémica, mesmo entre a oposição parlamentar. Pelo contrário, ela seria mesmo expressamente apoiada pela bancada do PCP.

No mesmo dia em que o Conselho de Ministros aprovava o diploma que estabelecia o fim da cobrança da taxa de televisão, o deputado do PCP António Filipe, numa intervenção no *período de antes da ordem do dia,* lembrava que *"a justa extinção da taxa de televisão não pode ser pretexto para uma diminuição dramática do nível das suas receitas",* acrescentando que *"a RTP não tem recebido, de há dois anos para cá, as indemnizações compensatórias que lhe são devidas por assegurar as transmissões para as regiões autónomas"* (DAR n.º 26, p. 932).

O financiamento da RTP só voltaria a ser abordado, ainda que limitadamente, em Fevereiro do ano seguinte, no debate na generalidade sobre as propostas do Governo social-democrata e do PS de nova Lei da Televisão. Enquanto deputado eleito pelo PS, limitámo-nos então a lembrar que as indemnizações compensatórias não deveriam por em causa a leal concorrência entre a RTP e os operadores privados, frisando que *"essa concorrência será desleal se, por exemplo, não se limitar a publicidade no serviço público"* (DAR n.º 42, de 15/2/91, p. 1374).

Aliás, já em Janeiro de 1990, propuséramos que o financiamento através de indemnizações compensatórias fosse acompanhado pela redução da publicidade. Na mesma intervenção sobre o projecto de lei socialista de abertura da televisão à iniciativa privada, onde se evidenciaria a posição ambígua do PS acerca do financiamento da RTP, apelaríamos a que se revisse *"com coragem o problema da taxa de televisão, cada vez mais difícil de explicar à medida que os canais privados tiverem de competir com uma empresa pública, que recebe ainda as verbas provenientes das receitas publicitárias"*(DAR n.º 30, de 12/1/90, p. 1074).

Perante o silêncio de toda a classe política, seriam poucas as vozes que chamariam a atenção para as consequências do fim da taxa. Soares Louro, ex-presidente da RTP, e António-Pedro Vasconcelos, realizador que chegou a ocupar nessa época o cargo de coordenador do Secretariado Nacional para o Audiovisual, estiveram entre aqueles que chamaram a atenção para as consequências negativas do fim da taxa. Já depois de se demitir daquele cargo, Vasconcelos escreveria mesmo quatro artigos sobre o serviço público de televisão em que abordaria, entre outros, esse tema (*Público* de 24 a 27 de Outubro de 1993).

A supressão da taxa não consistia unicamente no fim de uma receita que rondava então apenas 18% do total dos proveitos da empresa. O principal problema adviria sobretudo da inconstância e da insuficiência das formas de financiamento alternativas. O Governo atribuiria anualmente à empresa verbas invariavelmente menores do que o necessário e entregues tardiamente.

2. A crise de financiamento (1991-2003)

A abolição da taxa, com efeitos a partir do início de 1991, e, pouco tempo depois, a partilha do mercado publicitário, imposta pelo início das emissões dos operadores privados (a SIC em 6 de Outubro de 1992 e a TVI em 20 de Fevereiro de 1993), conduziram a uma importante modificação no modelo de financiamento da RTP.

É verdade que a intenção governamental era, em 1990/1991, a de assegurar à empresa o mesmo montante que antes se obteria graças à colecta da taxa, com a vantagem de poupar os cidadãos a esse pagamento e a empresa a uma cobrança, tornada mais difícil pela burocracia, pela evasão ao seu pagamento e pela notória incapacidade de sancionar muitos dos que a praticavam. De facto, a indemnização compensatória relativa a 1991, no montante de 4,6 milhões de contos, correspondia de modo aproximado ao montante da taxa de televisão em 1990, último ano de cobrança, em que atingira 4,3 milhões.

No entanto, a decisão de extinguir a taxa, então praticamente incontestada, viria a revelar-se desastrosa para a empresa. Grande parte do montante das indemnizações compensatórias seria muitas vezes atribuída na fase final de cada ano, ou mesmo, na sua totalidade, como se verá, no início do ano seguinte, como aconteceu, aliás, logo em 1991, através de uma Resolução do Conselho de Ministros (2/92) de 4 de Janeiro...de 1992. O próprio montante, bem como as outras formas casuísticas de intervenção financeira do Estado, como as dotações de capital, seriam insuficientes para subsidiar os custos da empresa e sobretudo para compensar a progressiva queda das audiências e consequentemente das receitas publicitárias, cada vez mais repartidas pelos operadores privados e mais tarde também pelos canais das emergentes plataformas de distribuição por cabo e por satélite.

De resto, o início da concorrência entre operadores suscitou, no domínio da programação, um súbito aumento dos custos, em especial nos direitos de transmissão do futebol e nos *pacotes* de filmes estrangeiros (McKinsey, 1995:5).

A manifesta insuficiência das indemnizações compensatórias e de outras subvenções atribuídas à RTP raramente impediria, entretanto, o poder político de promover novos serviços e obrigações que agravariam a já de si crítica situação financeira da empresa.

Pior ainda: o inevitável início de um período de contínuos *deficits* implicaria o recurso a empréstimos e ao pagamento de juros relativos ao *serviço da dívida*, numa espiral de crescente endividamento. No final de 1993, o total da dívida financeira ascenderia já a cerca de 22,4 milhões de contos (cerca de 112 milhões de euros), implicando encargos financeiros líquidos anuais de perto de 3 milhões (cerca de 15 milhões de euros). Em 2000, o total da dívida financeira atingia cerca de 770 milhões de euros e o *serviço da dívida* de mais de 39 milhões de euros. Em 2003, a RTP tinha um passivo bancário de 203,9 milhões de contos (mais de mil milhões de euros) e um passivo total de 281,3 milhões de contos (cerca de mil e trinta e sete milhões de euros) (ver anexo X).

Ao mesmo tempo, a RTP *mergulhava* numa *crise de legitimidade*. O gradual aumento de simpatia pelas estações privadas, unicamente subsidiadas pelas receitas publicitárias, levava muitos contribuintes a questionarem o financiamento público da RTP, a quem acusavam de ineficiente, governamentalizada e com uma programação pouco distinta face à emitida pela concorrência.

Por outro lado, a manifesta insuficiência das receitas publicitárias e das indemnizações compensatórias, em grande medida devida à inadequação ou ao incumprimento por parte do Estado dos contratos de concessão, obrigaria os governos a frequentes intervenções através de auxílios avulsos desligados de uma política consistente.

Deste modo, entre 1991 e 2003, a intervenção financeira do Estado concretizou-se através:

– da atribuição anual de uma indemnização compensatória, como contrapartida da prestação do serviço público de televisão;

- da realização de aumentos de capital para saneamento financeiro e para financiamento do investimento técnico realizado no âmbito da sua actividade;
- da concessão, em 1998, através do Fundo de Regularização da Dívida Pública, de um suprimento de capital para saneamento financeiro da RTP no montante de 20 milhões de contos;
- da realização em 2000, através da Portugal Global, de um suprimento de 500 mil contos e de uma prestação suplementar de 15 milhões de contos, destinada à liquidação de um montante de cerca de 13,2 milhões de contos que a RTP deveria ao próprio Estado pelo IVA que não liquidou em relação às indemnizações compensatórias anteriormente recebidas respeitantes ao período entre 1992 e 1999 (Relatório do Tribunal de Contas n.º 08/02 – 2.ª secção, p. 52).

No conjunto, o esforço financeiro do Estado atingiu 1 037,21 milhões de euros (cerca de 200 milhões de contos), representando cerca de metade das receitas da RTP nesse período (1991-2003), embora no seu início a percentagem pouco ultrapassasse os 20% e no final, também devido à quebra das receitas publicitárias, o peso dos fundos públicos subisse acima dos 60%.

Apesar disso, o endividamento da RTP foi sempre crescendo, fruto dos resultados negativos verificados em todos os anos deste período, atribuíveis a um diversificado conjunto de factores:

- Inadequação do modelo de financiamento previsto no contrato de concessão de 1993;
- Incumprimento do contrato de concessão de 1997;
- Redução das receitas publicitárias por diminuição das audiências e, a partir de 1997, devida também a uma específica limitação contratual do volume de publicidade;
- Aumento dos custos do serviço público, designadamente devido a novas obrigações e serviços e ao encarecimento dos custos de difusão e de programação; e
- Ausência de medidas de saneamento financeiro e de reestruturação da empresa.

a) A inadequação do modelo de financiamento previsto no contrato de concessão de 1993;

O contrato de concessão de 17 de Março de 1993 cingia o financiamento da prestação do serviço público a um conjunto de obrigações específicas, que não incluía, todavia, a actividade mais relevante da empresa – a programação dos dois principais canais – a RTP1 e a RTP2.

Desta forma, para o cálculo da indemnização compensatória a atribuir à empresa, eram contabilizados:
- o chamado *diferencial de cobertura*, determinado pela diferença entre os custos suportados com o transporte e difusão do sinal televisivo pelo Canal 1 e pelo maior operador privado em cobertura territorial que utilizasse a mesma entidade difusora (no caso a SIC), tendo em conta o número de horas das emissões em referência;
- os défices de exploração dos Centros de Produção das Regiões Autónomas e do Arquivo Audiovisual;
- e os custos de exploração da RTP Internacional, de funcionamento da estrutura ligada à cooperação, da cedência do tempo de emissão para direito de antena e confissões religiosas, das delegações e correspondentes e da Fundação de São Carlos (Cláusula 12.ª do contrato).

Embora o contrato (cl. 4:ª) impusesse à empresa a emissão de dois canais – um de *carácter eminentemente generalista* e o outro *vocacionado para servir públicos potencialmente minoritários* – o seu financiamento ficava totalmente dependente das receitas publicitárias.

Esta opção acarretaria nefastas consequências. A exclusiva subordinação às verbas da publicidade obrigava os responsáveis a uma concorrência directa com os operadores privados, atenuando-se o carácter distintivo de uma programação de serviço público. Além disso, as receitas publicitárias seriam claramente insuficientes para fazer face às despesas, tanto mais que no decurso de 1995, menos de três anos após iniciar as suas emissões, a SIC passava a ter maior audiência do que a RTP1, cujo *share* descia imparavelmente. No final de 1993, a RTP1 tinha tido 61,4% do *share*, contra 14,3% da SIC e

6,7% da TVI. Um ano depois, a RTP1 desceria para apenas 46,9%, contra 28,7% da SIC e 14,7% da TVI. No final de 1995, a SIC já ultrapassara a RTP1: 41,3% contra 38,5%, tendo a TVI 12,3% (ver anexo XI).

Por outro lado, ao determinar que a RTP2 (então com a designação *TV2*) estivesse vocacionada *"para servir públicos potencialmente minoritários, e integrando programas de carácter educativo nos domínios da Literatura, da Ciência, da Música, do Teatro, da Ópera, do Bailado e das Artes Plásticas"*, (CC, cl. 4.ª, alínea i) do n.º 2), o Governo condenava o canal a uma drástica redução nas audiências. De um *share* de 18% em 1993, a *TV2* baixaria para 6,4% apenas dois anos depois, tornando-se mais clara a manifesta impossibilidade de financiar um canal com este perfil através do mercado publicitário. Este argumento relativo ao segundo canal seria utilizado pelo Conselho de Administração, que sublinhava mesmo que *"o deficit por ele gerado é a principal componente do deficit de exploração da RTP"* (Relatório de prestação do serviço público relativo a 1994).

Os custos operacionais da RTP mantinham-se à volta dos 40 milhões de contos, o que significa que a relação entre tais custos e cada ponto do *share* de audiência dos dois canais não cessava de subir.

No final de 1995, quando o XIII Governo Constitucional, liderado por António Guterres, tomou posse, a RTP tinha receitas anuais próprias, essencialmente decorrentes da publicidade, de 15 milhões de contos (em 1992, quando os operadores privados iniciaram a sua actividade, as receitas publicitárias tinham atingido 28,2 milhões) e recebia por via da prestação de serviços específicos cobertos pelo contrato de concessão mais cerca de 7 milhões de contos (6,2 em 1992, 7,1 em 1993, 7,145 em 1994 e 7,2 em 1995). Estas receitas totais de cerca de 22 milhões/ano representavam, no entanto, apenas sensivelmente metade dos custos de exploração anuais – 44 milhões, dos quais 26 milhões respeitavam à RTP1 e cerca de 10 milhões à RTP2. Acresciam ainda perto de 4,5 milhões de contos de encargos financeiros (Dados do Relatório e Contas de 1995).

O reduzido montante do financiamento público implicava uma significativa dependência das receitas publicitárias, o que se tornava mais assinalável, tendo em consideração a pronunciada quebra de audiências e, consequentemente, de *share* comercial da RTP1. Em 1993, a indemnização compensatória representava apenas 21% dos proveitos totais da empresa. Em 1995, sobretudo como consequência da imparável queda das audiências, essa percentagem aumentaria, embora atingindo apenas 28,4%, o que colocava a empresa entre as mais *comerciais* de entre as concessionárias do serviço público televisivo na Europa.

A RTP apresentava então um acentuado desequilíbrio de exploração (25,4 milhões de contos em 1995), um passivo próximo dos 51 milhões de contos (dos quais 30,2 milhões de passivo bancário) e o acesso ao crédito cortado, dado que o Governo não tinha concedido avales ou *confortado* a dívida.

A forma de financiamento da RTP, com recurso simultâneo a fundos públicos e às receitas provenientes da publicidade, levou o então principal operador comercial português, a SIC, a apresentar três denúncias, em 1993, 1996 e 1997, às instâncias europeias, iniciando-se um longo contencioso, que se prolongaria até hoje.

Com efeito, em 26 de Julho de 1993, cerca de quatro meses depois da entrada em vigor do então novo contrato de concessão, a SIC apresentou à Comissão Europeia uma denúncia sobre os métodos de financiamento da RTP. A SIC alegava que algumas medidas tomadas pelo Governo a favor da RTP eram incompatíveis com o mercado comum, de acordo com o então artigo 92.º (actualmente artigo 87.º) do Tratado CE (Jornal Oficial das Comunidades Europeias, C 98/2 e seguintes, de 23/4/2002). Além disso, a SIC argumentava que tinha sido cometida uma outra infracção, por não se ter cumprido a obrigação de notificação prévia dessas medidas. Em causa, estavam as subvenções concedidas pelo Estado à RTP a fim de compensar a empresa pelas suas obrigações de serviço público em 1992 e 1993, bem como as isenções das taxas de registo e um sistema de auxílios ao investimento estabelecido no acordo de concessão.

Na altura, face a idênticos procedimentos por parte de vários Estados europeus no financiamento dos operadores públicos de televisão, os serviços da Comissão encomendaram um estudo sobre o financiamento das empresas públicas de televisão na Comunidade Europeia.

Mais tarde, a SIC juntaria novas denúncias à Comissão: sobre o reescalonamento da dívida à Segurança Social, uma isenção do pagamento dos juros de mora, a aquisição por parte do Estado, por um preço alegadamente inflacionado, da rede de teledifusão, a aceitação pela empresa proprietária da rede de atrasos no pagamento das taxas devidas pela RTP pela sua utilização e, em Abril de 1994, o pagamento de uma nova indemnização compensatória referente a esse ano.

Depois dos necessários procedimentos, em Novembro de 1996, a Comissão viria a concluir não existirem indícios de auxílios estatais irregulares face às normas comunitárias, tendo em consequência a SIC retirado a acção que intentara. Aliás, a Comissão reconheceria mesmo que a RTP tinha *"um mandato de serviço público extremamente claro e um sistema de contabilidade analítica transparente"* (XXIX Relatório sobre política de concorrência, 1999, p. 115).

No entanto, em Outubro de 1996, a SIC voltou a apresentar uma segunda denúncia, alegando que as subvenções pagas pelo Estado português à RTP entre 1994 e 1996 eram incompatíveis com o mercado comum e queixando-se de novos auxílios: o aumento de capital de 5,4 milhões de contos em 1994, a emissão de obrigações acompanhadas de uma garantia concedida pelo Estado, o protocolo entre a RTP e o Ministério da Cultura para apoiar a actividade cinematográfica e o Plano de Reestruturação para o período 1996-2000.

Após apreciarem todos os elementos aduzidos nesta nova denúncia, os serviços da Comissão viriam a decidir não prosseguir a sua investigação, não tendo todavia tomado qualquer decisão formal.

Em 3 de Março de 1997, a SIC solicitaria junto do Tribunal de Primeira Instância a anulação da decisão da Comissão referente à primeira queixa e da *"decisão alegadamente contida"* numa carta dos serviços da Comissão de 20 de Dezembro de 1996 sobre as indemnizações compensatórias pagas à RTP no período 1994-1996.

Cerca de três anos depois, em 10 de Maio de 2000, o Tribunal de Primeira Instância anularia a decisão da Comissão de Novembro de 1996 relativa a todos os pontos arguidos pela SIC, excepto sobre o preço de compra da rede de teledifusão e o regime de auxílios ao investimento referido no artigo 14.º do contrato de concessão de 1993.

A partir do acórdão deste Tribunal, a apreciação pela Comissão da compatibilidade comunitária dos financiamentos concedidos à RTP seria objecto de procedimentos de avaliação diferentes dos que vigoravam até então.

Em Novembro de 2001, a Comissão informaria as autoridades portuguesas de que decidira iniciar um processo em relação a um conjunto de medidas pontuais a favor da RTP, apontadas pela SIC nas denúncias atrás referidas, bem como a aumentos de capital da RTP no período entre 1994 e 1997 e a um contrato de empréstimo subordinado entre o Fundo de Regularização da Dívida Pública e a RTP, celebrado em Dezembro de 1998.

No entanto, os processos relativos a este conjunto de financiamentos *ad hoc* conheceriam um desfecho favorável às autoridades portuguesas em Outubro de 2003, já que a Comissão consideraria que o auxílio estatal concedido à RTP não conduzira a qualquer sobrecompensação dos custos líquidos das funções de serviço público que lhe tinham sido confiadas (Decisão da Comissão de 15/10/2003 relativa a medidas pontuais aplicadas por Portugal a favor da RTP, Jornal Oficial da União Europeia, 6/6/2005, L 142/1 a 25).

A SIC recorreu desta decisão, tendo o Tribunal de Primeira Instância, através de um Acórdão de 25 de Junho de 2008, anulado parcialmente a decisão da Comissão, considerando, não só que ela deveria ser mais adequadamente fundamentada, como também que, ao contrário do que fora decidido, a verba correspondente a isenções de taxas e emolumentos constituía um auxílio de Estado à RTP, o que poderia implicar uma devolução de uma quantia computada, todavia, em apenas cerca de 50 mil euros.

Por sua vez, o processo relativo às indemnizações compensatórias, intentado em 1996, seria encerrado em Março de 2006. Com base nos compromissos assumidos pelas autoridades portuguesas, de aplicar medidas no sentido de reforçar a transparência e a proporcionalidade do seu sistema de financiamento, a Comissão considerava que o sistema de indemnizações compensatórias pagas à RTP era compatível com o mercado comum (Carta de 22/3/2006 ao ministro português dos Negócios Estrangeiros). Em Julho do mesmo ano, a Comissão procederia de igual forma em relação ao *Acordo de Reestruturação Financeira* estabelecido entre o Estado e a RTP em Setembro de 2003. A decisão da Comissão cingia-se ao apoio financeiro concedido à RTP, "*destinado a reduzir as dívidas acumuladas pela empre-*

sa até 2003" (C(2006) 2952 final sobre o Auxílio estatal NN 31/2006 (ex-CP 164/2001, CP 60/2003 e CP 114/2004 – Portugal), de 4/7/2006).

b) *O incumprimento do contrato de concessão de 1997*

O contrato de concessão de 1997 corrigiria a principal deficiência apontada ao contrato de 1993, abrangendo, deste modo, além das anteriores obrigações específicas, também a exploração da RTP1 e da RTP2. Os custos imputados a estes canais eram também aumentados pelo facto de ser imposto, ao mesmo tempo, um limite de 7,5 minutos por hora de emissão na publicidade na RTP1 e a sua proibição total na RTP2. Por outro lado, o contrato, que fora de facto celebrado no último dia de 1996, data a partir da qual começaria a produzir efeitos, estipulava que a indemnização compensatória já deveria incluir o custo de exploração da RTP2 durante 1996 (cl. 3.ª, n.º 4).

De acordo com o ponto essencial do novo contrato, como contrapartida do efectivo cumprimento das obrigações de serviço público, o Estado obrigava-se a atribuir à RTP, anualmente, uma indemnização compensatória destinada a pagar o conjunto de obrigações da empresa – os défices de exploração dos seis canais – da RTP1 aos canais regionais e internacionais – e dos arquivos audiovisuais, bem como os custos das outras obrigações específicas, desde o funcionamento da estrutura ligada à cooperação com os PALOP's até à difusão da RTP1 nas regiões autónomas e ao défice de exploração do teletexto.

As indemnizações não incluíam os encargos financeiros, os custos extraordinários e as provisões não directamente relacionadas com a actividade, nem os custos relativos à inovação e ao desenvolvimento tecnológico – que assumiriam a forma de aumento de capital – e outros serviços específicos prestados pela concessionária ao abrigo de protocolos celebrados com a Administração Pública (Cláusula 21.ª do contrato de concessão de 1997).

A atribuição das indemnizações compensatórias dependia, em primeiro lugar, do montante previsto pela empresa no seu Plano de Actividades e Orçamento para o ano seguinte (cláusula 16.ª).

Acompanhada pelo parecer do Conselho de Opinião, a proposta da empresa era submetida às tutelas técnica (membro do Governo com a tutela da área da Comunicação social) e financeira (Ministério das Finanças), que, no âmbito dos trabalhos de preparação do Orçamento do Estado, determinariam então o montante a conceder à RTP. Essa verba seria, mais tarde, depois da aprovação do OE pela Assembleia da República, atribuída à empresa mediante uma Resolução do Conselho de Ministros.

O apuramento dos custos totais efectivos da prestação do serviço público processava-se no ano seguinte àquele a que respeitavam as indemnizações compensatórias, através da apresentação pela RTP de um relatório de actividades de serviço público, determinando-se então o montante exacto de indemnização a que a empresa teria direito, mediante certificação de custos efectuada pela Inspecção-Geral de Finanças.

De qualquer forma, os custos da prestação do serviço público eram previamente calculados pela RTP e contabilizados no seu Plano de Actividades e Orçamento relativos à prestação do serviço público no ano seguinte.

O apuramento definitivo da indemnização compensatória tinha, no entanto, um regime diferenciado. Se os custos reais da exploração da RTP1 e da RTP2 se revelassem superiores aos orçamentados, a RTP não receberia qualquer indemnização complementar (cláusula 19.ª n.º 3). Para as obrigações de prestação de serviços específicos, prevalecia o princípio da compensação dos custos efectivos despendidos.

Este regime de atribuição de indemnizações compensatórias, estabelecido no contrato de concessão de 1997, não seria todavia cumprido pelos próprios governos, gerando-se antes um sub financiamento crónico, resultante sobretudo de três factores:
– a não orçamentação pelo Estado dos valores impostos pelo contrato de concessão, implicando a atribuição à RTP de verbas menores do que as previstas e necessárias – em 1998 e 1999, por exemplo, em vez de 24,339 e 30,253 milhões de contos, verbas apuradas pela Inspecção Geral de Finanças, o Governo atribuiria à RTP, respectivamente, 14 e 20,8 milhões de contos (Relatório do Tribunal de Contas n.º 8/02 2.ª secção, 2002, p. 34);
– o sistemático atraso na atribuição das indemnizações compensatórias, obrigando à negociação de empréstimos – em 1998 e 2001, a RTP não recebeu qualquer montante relativo às indemnizações desse ano, dado que elas apenas foram entregues em Janeiro do ano seguin-

te; parte importante das verbas relativas a 1995, 1996, 1997, 1999, 2000 e 2002 só seriam disponibilizadas à RTP no ano seguinte; e as relativas a 1997 e 2000 começaram a ser parcialmente disponibilizadas apenas depois de Setembro dos respectivos anos, tendo cerca de 50% do montante sido entregue no ano seguinte (Memorando do Conselho de Administração da RTP de Maio de 2004);

– a sujeição à tributação em IVA das indemnizações compensatórias, o que faria reduzir o seu respectivo valor líquido.

O montante do financiamento era, aliás, muito mais condicionado pela conjuntura económica e financeira do país do que pelas necessidades da empresa. Em vários anos, as resoluções dos conselhos de ministros sobre as indemnizações compensatórias a atribuir à RTP, da mesma forma e em percentagem aliás idêntica às empresas concessionárias de transportes, impunham um corte substancial face ao requerido pela empresa, e até ao que estava previsto no Orçamento do Estado, o que acentuaria o seu défice crónico, que crescia anualmente, tanto mais que se impunha financiar e suportar os respectivos custos financeiros. Em 1997, 1998 e 1999, por exemplo, registaram-se visíveis diferenças entre as indemnizações compensatórias efectivamente atribuídas por resolução do Conselho de Ministros e as indemnizações justificadas pela RTP: 10,350 milhões de contos em vez de 21,026 milhões de contos em 1997; 14 milhões em vez de 30,101 em 1998; e 20,800 em vez de 31,026 em 1999. Sublinhe-se, de resto, que se no primeiro daqueles anos, o cálculo da indemnização compensatória apurado pela Inspecção-Geral de Finanças (IGF) alcançava valores muito próximos da indemnização atribuída pelo Governo, o que justificaria a redução daquele montante, o mesmo já não ocorreria nos anos seguintes. Em 1998 e 1999, a indemnização apurada pela IGF atingiria, respectivamente, 24,339 e 30,253 milhões de contos (Relatório n.º 08/02 – 2.ª secção do Tribunal de Contas, p. 34).

Antes, em Outubro de 1996, na preparação do Orçamento do Estado relativo ao ano seguinte, seria deliberado reduzir a indemnização compensatória em 4 milhões de contos, compensando-a, todavia, com uma dotação de capital de igual montante, devido a razões orçamentais.

Manifestamente, aos governos socialistas da época (1995-2002), que não tinham obtido uma maioria parlamentar, era apesar de tudo preferível sustentar a impopularidade de um crescimento da dívida da RTP do que justificar perante a opinião pública um acréscimo das subvenções atribuídas à empresa, tornado necessário com as regras do novo contrato de concessão e com o aumento dos serviços e obrigações que lhe eram cometidas.

Esta aparente imponderação decorria em grande medida da evidente *crise de legitimidade* da RTP.

As audiências do seu primeiro canal baixavam continuamente, distanciando-se da *SIC*, que aparentemente conseguia o *milagre* exigível ao serviço público de televisão: conciliar a popularidade, em grande parte devida às novelas da *TV Globo*, com uma apreciável qualidade, sobretudo patente na sua informação. Sem uma verdadeira concorrência da TVI, cuja ligação à Igreja Católica limitava então a sua agressividade comercial, a SIC não hesitava em reclamar-se do cumprimento de um *serviço público de televisão*...gratuito.

Em contraste, a RTP custava muito dinheiro, mantinha avultados prejuízos e, acossada pela concorrência da SIC, não exibia uma programação suficientemente qualificada ou convincentemente distinta.

Neste contexto, crescia a polémica em torno da RTP. Sectores da opinião publicada, mesmo os menos próximos dos interesses da SIC, assinalavam então uma *suposta* desnecessidade da RTP1, preconizando que o serviço público de televisão ficasse cingido aos programas que os operadores privados não difundem – numa palavra à RTP2. Essa opinião encontrava algum eco no próprio governo, nomeadamente no Ministro das Finanças entre 1995 e 1999, Sousa Franco. A oposição à direita do Governo socialista, contestando também uma alegada governamentalização da informação da RTP, exibia como trunfos políticos as verbas em torno da empresa – o seu custo, os seus prejuízos e (ou) os seus défices. O próprio PSD chegaria, em 1998 e em 2000, a propor, primeiro, a privatização integral da RTP, mais tarde a privatização apenas da RTP1 através de projectos de lei (n.os 519/VII e 178/VIII) apresentados na Assembleia da República que, todavia, não recolheriam apoio de nenhum outro grupo parlamentar.

Em 1999/2000, quando a TVI encetou uma recuperação fundada numa programação mais popular (ancorada no *reality show Big Brother*), que a levaria em 2001 a ultrapassar as audiências da RTP1, a SIC seria também obrigada a tornar a sua grelha de programas mais agressiva, respondendo por vezes na mesma moeda e abandonando a sua ambição de marcar pontos no próprio terreno da RTP. Era todavia tarde de mais para o operador público, cujas audiências, imagem pública e situação financeira continuavam em imparável queda.

A progressiva degradação da situação financeira da RTP constituiu o seu principal foco de atenção e polémica, durante os governos socialistas (1995-2002).

Numa primeira fase, porém, face às sucessivas solicitações dos conselhos de administração da RTP, secundadas pela tutela política, o Ministério das Finanças arguiria diversas vezes o alegado incumprimento por parte da empresa no que toca a ganhos de eficiência ou a contenção nos custos para não atribuir a indemnização compensatória, de acordo com as regras do contrato de concessão, de que era afinal um dos subscritores.

Em 1998, por exemplo, face ao montante calculado para a indemnização compensatória – 37,9 milhões de contos (cerca de 189,5 milhões de euros) – o então Ministro das Finanças, António Sousa Franco, exarou um despacho em que, depois de referir que aquele valor *"dispensa comentários"*, alegava que *"não se constando haver um esforço mínimo de ganhos de eficiência e de contenção orçamental, não estando cumprido em diversos aspectos o contrato de serviço público"*, afirmava que – *"este deverá ser renegociado globalmente e, até lá, nenhum pagamento deve ser feito. O dinheiro público"* – concluía – *"não é para esbanjar assim"* (despacho de 16 de Agosto).

Mais tarde, em Dezembro de 2001, quando o Ministério das Finanças, dirigido por Guilherme Oliveira Martins, se empenhou em encontrar uma solução estrutural para a difícil situação da RTP, o Secretário de Estado do Tesouro e das Finanças, Rodolfo Lavrador, consideraria, em despacho de 28 de Dezembro de 2001, que não seria *"razoável"*, face aos constrangimentos orçamentais existentes e previsíveis, que o Estado pudesse assumir custos anuais superiores a 20 milhões de contos (100 milhões de euros). Nessa altura, era já claro que a aplicação estrita das regras previstas no contrato de concessão implicaria a atribuição de uma indemnização compensatória bem superior, pelo que o seu incumprimento gerava uma imparável espiral de endividamento, que, como atrás se referiu, ultrapassaria em 2003 os 1,4 mil milhões de euros de passivo.

Nessa altura, a RTP tinha capitais próprios negativos de 198,2 milhões de contos, uma dívida financeira de perto de 204 milhões de contos e 8,164 milhões de contos de encargos financeiros líquidos.

Entretanto, de acordo com dados publicados num Memorando do Conselho de Administração da RTP de Junho de 2004, confirmados pela Comissão Europeia na decisão atrás referida de 4 de Julho de 2006, sobre o auxílio estatal NN 31/2006, o valor do sub financiamento das actividades de serviço público entre 1992 e 2003 chegou a 1 001 milhões de euros, aos quais haveria que adicionar 57 milhões relativos à tributação das indemnizações compensatórias.

c) A redução das receitas publicitárias

O início da *era da concorrência*, em Outubro de 1992 com o arranque das emissões da SIC, conduziu a uma crescente fragmentação das audiências e do mercado publicitário.

Em 1992, a RTP ainda garantiria mais de 28,1 milhões de contos de receitas publicitárias, mas a constante subida de audiências dos operadores privados, designadamente da SIC, começava a ter drásticas consequências, que se agravariam cada ano.

Em Maio de 1995, o *share* da SIC ultrapassaria o da RTP1: SIC 40,3%, RTP1 39,1%, TVI 14,5%. Nesse ano, a RTP receberia apenas cerca de metade daquela verba – 14,7 milhões de contos, valor que se manteria relativamente constante até 2000, excepto em 1997, ano em que a indemnização compensatória se ficaria pelos 10,35 milhões de contos e 1999, em que atingiria 20,8 milhões de contos (104 milhões de euros).

Neste contexto, embora simbolizasse alguma indiferença perante a grave situação financeira da empresa, que poderia ter reflexos numa gestão menos restritiva, a redução do tempo de publicidade emitida pela RTP1 – de doze minutos para um máximo de sete minutos e trinta segundos – e a interdição de qualquer tipo de publicidade comercial na RTP2 não teriam tão drásticas consequências como a quebra nas audiências. Iniciada em 1997, com o novo contrato de concessão (cl. 6.ª, n.º 3), a restrição ao volume de publicidade não impediria mesmo que a RTP aumentasse ligeiramente o seu *share* de 1996 para 1997 – de 32,6 para 33 por cento, apesar do pequeno decréscimo nas receitas publicitárias (de 13,5 para 12,6 milhões de contos). Estes resultados, que contrariavam as expectativas mais pessimistas então existentes, decorriam do aumento do preço da publicidade na RTP, dada a sua maior visibilidade, e do crescimento do mercado publicitário devido à realização em Portugal da Expo 98.

De qualquer forma, os estudos realizados pela RTP em 1996 sobre as restrições à emissão de publicidade calculavam que essa medida implicasse uma redução líquida de perto de 3 milhões de contos por ano.

Independentemente destas estimativas, a decisão de limitar a emissão de publicidade deveu-se, sobretudo, ao contencioso com a Comissão Europeia sobre o financiamento da RTP e à difícil situação dos operadores privados, designadamente da TVI, com avultados resultados negativos desde a sua fundação. A TVI tinha no final de 1996 um passivo de aproximadamente 15 milhões de contos, dos quais 6,3 a instituições de crédito, 5,3 a fornecedores, 1,5 a accionistas e 1,3 ao Estado e a outros entes públicos, de acordo com o requerimento que este operador apresentara ao Tribunal Judicial de Oeiras no âmbito do processo referente à acção de recuperação de empresa, em Junho de 1997.

A opção de retirar 4,5 minutos na publicidade da RTP1 e proibi--la na RTP2 prevaleceu sobre outras alternativas então igualmente ponderadas – a proibição de publicidade na RTP1 entre as 20 e as 23 horas (sugestão da SIC), nos dois canais até às 18 horas ou aos domingos, ou ainda a criação de um tecto máximo de publicidade contabilizado anualmente.

De qualquer forma, a limitação da difusão de publicidade comercial tornaria a RTP mais dependente das receitas provenientes das indemnizações compensatórias. Estas, que no início da década não atingiam 30% dos proveitos totais da RTP, excluindo os aumentos de capital, ficariam a partir dessa limitação claramente acima dos 40% – 48,1% em 1996, 42,3% em 1997, 43,4% em 1998, 51,2% (devido a um aumento da indemnização compensatória para 20,8 milhões de contos) em 1999, 46,5% em 2000, 54,6% em 2001 (reflectindo a quebra do *share* de audiência e consequentemente das receitas publicitárias) e 60,2% em 2002 (idem).

A RTP voltava a figurar na lista dos operadores europeus de serviço público maioritariamente financiados por fundos públicos e, consequentemente, mais independentes das receitas da publicidade. De facto, estas receitas, que tinham chegado a representar 73,6% em 1993, cairiam para valores próximos dos 40% entre 1998 e 2001.

d) O aumento dos custos do serviço público

É possível elaborar uma *história* da RTP a partir do contínuo aumento das obrigações e serviços que o Estado lhe impõe, envolvendo inevitavelmente um significativo acréscimo dos custos do serviço público.

No entanto, se a empresa, nas primeiras décadas em situação de monopólio, estaria preparada para essa evolução, dado o crescimento do número de lares com televisão, acarretando um contínuo e sustentado aumento das receitas da taxa e da publicidade, o mesmo não se passaria a partir dos anos 90.

Confrontada com a quebra de receitas, sobretudo da publicidade, a RTP não cessou todavia de oferecer novos serviços, aparentemente em clara contradição com a sua situação financeira, cada vez mais deficitária:

– novas delegações nos países africanos de língua oficial portuguesa ou noutros países estrangeiros;
– acções de cooperação com as televisões daqueles países africanos;
– alargamento da rede de satélites de cobertura da RTP Internacional, fundada em 1992, cujas emissões durante 24 horas por dia começariam três anos depois, em 10 de Junho de 1995;
– criação da RTP África (a partir de 1998);
– lançamento do teletexto (a partir de 1 de Janeiro de 1997);
– emissão da Tele Expo (canal emitido durante a Expo 98);
– legendagem para deficientes auditivos;
– abertura de centros de emissão em várias capitais de distrito para a produção de noticiários em simultâneo através de emissões regionalizadas;

- emissão de tempos de antena para as confissões religiosas;
- cobertura das regiões autónomas pelas emissões da RTP1, entre outros.

Por outro lado, a venda da rede de transporte e distribuição do sinal da RTP à Teledifusora de Portugal (TDP, mais tarde integrada na Portugal Telecom) conduziria a empresa a suportar significativos custos anuais relativos à difusão das emissões. De facto, a RTP, que recebeu 5,4 milhões de contos por essa cedência, concretizada em 1991, pagaria, até ao fim de 1993, 9,964 milhões de contos pela utilização da rede, o que suscitaria fundadas dúvidas sobre o acerto da medida, apesar de ela implicar igualmente a transferência de cerca de 200 trabalhadores da RTP para a TDP. Em 1994 e 1995, por exemplo, a RTP suportaria custos anuais de difusão de perto de 3 milhões de contos, montante que subiria para perto dos 4 milhões no final dessa década (Dados dos Relatórios e Contas da RTP e do Plano de Reestruturação da RTP (1996-2000).

Refira-se, no entanto, que a Comissão Europeia, que analisaria a venda da rede, devido a queixa da SIC, consideraria, em Novembro de 1996, os montantes envolvidos de acordo com os valores praticados no mercado.

O crescimento dos custos dos conteúdos nos mercados nacionais e internacionais e a *"rigidez de custos em matéria de recursos humanos"* (Relatório do Tribunal de Contas n.º 08/02, 2.ª secção, p. 54), decorrente do Acordo de Empresa da RTP, constituíram igualmente importantes constrangimentos à gestão da empresa, cuja estrutura de custos operacionais era aproximadamente a seguinte, de acordo com um memorando confidencial do Conselho de Administração ao Governo, de Abril de 1999: compras de programas – 40%, despesas de pessoal – 30%, despesas correntes e outras – 17% e redes de emissão – 13%.

Entre 1993 e 2000, os custos operacionais da RTP a preços correntes passaram de cerca de 44 para cerca de 60 milhões de contos, o que corresponde a um crescimento anual inferior a 5%.

Considerando, no entanto, que a inflação cresceu em média, no mesmo período, cerca de 3,5% ao ano, concluir-se-á que, apesar das novas obrigações e serviços no âmbito do serviço público de televisão, a evolução dos custos foi moderada. Sublinhe-se até que ela foi negativamente afectada por novos custos sociais, como o provisionamento, a partir de 1997, das responsabilidades com pensões e despesas relativas aos cuidados de saúde dos colaboradores da empresa.

De facto, analisando a evolução do custo de exploração a preços constantes de 2004, constata-se que passaram de 57,9 milhões de contos em 1993 para 63,5 milhões de contos em 2000, o que representa um aumento de cerca de 9,6% em 7 anos.

Verifica-se ainda que o custo de exploração médio anual no período 1993-1995 foi da mesma ordem de grandeza (cerca de 50 milhões de contos) do custo médio anual durante o período 1996--2000, o que permite constatar que houve neste período uma assinalável contenção das despesas, apesar do importante efeito negativo da combinação das restrições à difusão de publicidade comercial com as novas obrigações de serviço público e demais responsabilidades impostas à empresa. Por exemplo, o número anual de horas de emissão dos diferentes canais da RTP aumentou 70,9%, ao passar de 26 964 horas em 1993 para 46 126 horas em 2000, de acordo com dados do Conselho de Administração da RTP.

Apesar deste aumento dos serviços e obrigações cometidos à RTP, o seu quadro de pessoal passou de 2761 trabalhadores no final de 1993 para 2438 no final de 2000. Neste ano, seria criada uma empresa autónoma de produção para televisão a partir do departamento respectivo, o que reduziria mais 353 trabalhadores àquele número.

Ao mesmo tempo, o Acordo de Empresa tinha, no período entre 1992 e 2003, um efeito anual nos custos de exploração superior a 2% acima da correcção anual da erosão do poder de compra, levando a que as despesas de pessoal tenham crescido anualmente a uma média de cerca de 5%. Sublinhe-se ainda que, em 1997 e 1998, foram admitidos para os quadros da empresa 241 colaboradores que estavam em situação precária, mas que viriam a ter direitos sobre a empresa confirmados por decisões judiciais.

Em 2001, todavia, um aumento substancial nos custos relacionados nomeadamente com a programação e com as rescisões no quadro de pessoal elevaria os custos operacionais de 63,5 para 70,4 milhões de contos, ainda a preços constantes de 2004 (anexo XII).

e) A ausência de medidas de saneamento financeiro e de reestruturação da empresa

A deterioração da situação financeira da RTP, constatável desde o início das emissões dos operadores privados, tornou imprescindível não só a reestruturação da empresa, diminuindo os seus custos, como igualmente a alteração do seu modelo de financiamento, tornando-o suficiente, regular e previsível.

Quer o Estado, accionista e concedente do serviço público, quer os sucessivos conselhos de administração da empresa terão tido consciência dessa imperiosa necessidade, sucedendo-se, desde 1994, os planos de reestruturação da RTP, acompanhados de garantias de solução dos problemas de financiamento. No entanto, grande parte das medidas propostas não seria aplicada, devido à frequente substituição de responsáveis – oito conselhos de administração e sete ministros da tutela entre 1991 e 2002.

Fruto desta instabilidade, mas igualmente da ausência de uma inegável vontade política, ultrapassando a frequente dessincronização entre as tutelas política e financeira, tão evidente entre 1996 e 2000, nunca neste período se concretizaram as medidas necessárias para ultrapassar a crise de financiamento da empresa, designadamente o aumento das verbas disponibilizadas para a RTP e a diminuição dos seus custos operacionais. A clara insuficiência dos meios colocados à disposição da empresa, o atraso na sua atribuição e o seu carácter imprevisível retirariam autoridade e mesmo legitimidade às tutelas política e sobretudo financeira – o Ministério das Finanças – para obrigar os gestores da empresa a empreenderem as reformas – impopulares mas absolutamente necessárias – que reduzissem os seus custos.

A persistente inexistência desta conjugação de vontades agravaria a situação, uma vez que exigia a imperiosa concretização de uma terceira vertente – o saneamento do passivo, que cresceu imparavelmente entre o início da década de 90 e 2003, tornando cada ano mais difícil a solução desse problema.

Não faltaram, todavia, ao longo deste período esforços mais ou menos consistentes para ultrapassar esta situação.

Em Maio de 1994, o Conselho de Administração apresentou ao Governo o primeiro documento contendo medidas tendentes a solucionar os complexos problemas devidos às mudanças geradas pela redução das receitas publicitárias e pelo fim da taxa – o *estudo de pré-viabilidade de uma solução de saneamento económico-financeiro da RTP – Radiotelevisão Portuguesa, SA.*

O Conselho propunha a alteração do contrato de concessão, devendo o Estado financiar o 2.º canal, que deixaria de emitir publicidade, passando a sua programação, que chegara a ter, no início dos anos 90 uma vocação concorrencial com os operadores privados, incluindo a difusão de jogos de futebol, a ser assumidamente dirigida a minorias.

O estudo propunha igualmente *"o apoio do Estado a um plano de saneamento da empresa aos níveis financeiro e operacional o qual passa por definir como óptimo um efectivo de 1400 trabalhadores e por centralizar todas as funções da empresa em Lisboa em novas instalações, alienando as actuais, com economias nos custos de exploração"* (p. 2).

Com o objectivo de ajudar a concretizar alguns destes projectos, a RTP contrataria, ainda em 1994, a empresa de consultoria *McKinsey*, que elaboraria um *programa de mudança* a executar em três anos.

No programa, com quatro vertentes, defendia-se que o Canal 1 deveria ser *"financiado exclusivamente por receitas comerciais"*, adoptando *"um modelo de financiamento diferente para a TV2 e para as restantes missões do Serviço Público, através de outras fontes que não as receitas de publicidade";* propunha-se a melhoria da *"máquina operativa para que a empresa possa aumentar de imediato a sua competitividade";* sugeria-se a execução do *"saneamento financeiro da empresa através por exemplo do reforço dos capitais próprios e da constituição de um fundo de pensões";* e defendia-se a implantação de *"um novo modelo de gestão"* que passava *"pelo desenvolvimento de capacidades competitivas e de sistemas nas áreas de venda de publicidade, programação e "sourcing", no caso do Canal 1; e de satisfazer as necessidades de audiência potencialmente minoritárias ao menor custo possível, no caso da TV2, RTPI, RTP Açores e RTP Madeira"* (McKinsey, 1995:10).

O Conselho de Administração da RTP assumiria o Programa de Mudança proposto pela *McKinsey*, apresentando-o ao Governo em Maio de 1995, mas este não aceitaria a proposta por considerar que ela implicaria um esforço financeiro demasiado elevado.

Com a mudança de maioria política e de conselho de administração da RTP, decorrentes das eleições legislativas de Outubro de 1995, não cessariam as iniciativas tendentes à reestruturação da empresa, embora com alteração dos respectivos pressupostos.

Para o novo Governo socialista era ponto assente que o essencial do serviço público consistia na programação dos dois principais canais da RTP, pelo que os respectivos custos não poderiam deixar de ser assegurados pelo Estado.

O *"Plano de Reestruturação 1996-2000"*, apresentado pelo Conselho de Administração à tutela em Junho de 1996, propunha assim a celebração de um novo contrato de concessão, como viria a ser feito, incluindo as emissões dos canais 1 e 2 entre as obrigações de serviço público, cujo custo seria integralmente financiado através de uma indemnização compensatória. De acordo com o plano, deveriam ser criadas as condições necessárias para a empresa se afastar da *"competição absurda com os canais comerciais"*, que caracterizara antes a programação da RTP (Plano de Reestruturação 1996-2000, p.7).

A redução do número de trabalhadores, visando-se uma evolução de 2 519 então existentes para 1 788 em 2000, constituía igualmente um dos objectivos prioritários. No final de 1995, o Governo tinha recusado uma proposta do Conselho de Administração da RTP, que pretendia o reconhecimento legal da *situação económica difícil*, o que permitiria a rápida redução dos quadros da empresa, pelo que se impunha encontrar uma solução alternativa (Memorando da Presidente da RTP, Manuela Morgado, ao Governo, 29 de Novembro de 1995, p. 3).

A reformulação do Acordo de Empresa, a mudança de instalações, o saneamento financeiro estrutural, mediante a consolidação da dívida bancária e a realização de aumentos de capital, e a *entrada* na oferta das redes de cabo *"em associação com interesses privados, dispondo de experiência no sector"* eram os outros objectivos enumerados pelo Plano. Este documento visava igualmente estabilizar os custos com a programação, recuperar os níveis de audiência de modo a justificar o serviço público e o esforço financeiro associado, reduzindo tanto quanto possível o seu custo e atingir patamares de qualidade global do serviço público de forma a tornar a empresa num referencial do sector.

O plano mereceria um *"acordo global"* da tutela, que determinava a sua reelaboração em versão final depois de ser estabelecido o novo contrato de concessão.

Ao mesmo tempo, o Governo solicitava a uma *"Comissão de Reflexão sobre o Futuro da Televisão"* (CRFT) que procedesse a uma reflexão sobre *"os possíveis efeitos a prazo no quadro televisivo português das inovações tecnológicas em curso, da evolução do mercado publicitário e dos incentivos da sociedade civil, com vista a preparar as adequadas respostas legislativas e reguladoras"*. Criada por um despacho conjunto de 8 de Março de 1996, subscrito pelos secretários de Estado do Tesouro e Finanças e da Comunicação Social, a comissão era composta por Rui Assis Ferreira (presidente), António-Pedro Vasconcelos, Trigo de Sousa, Artur Ramos, Duarte João d'Oliveira, Fernando Lopes, Francisco Rui Cádima, Helena Vaz da Silva, João Soares Louro, Suzette Abreu, Nelson Traquina, Nuno Cintra Torres, Pedro Braumann e Teresa Ribeiro.

A Comissão, cujas conclusões influenciariam indubitavelmente o novo quadro legal do sector decorrente da Lei da Televisão de 1998, seria chamada a pronunciar-se igualmente sobre o financiamento do serviço público.

Nas suas conclusões, apresentadas através de um *Relatório Final* em Outubro de 1996, a Comissão considerava que *"a solidez financeira do serviço público passa pela manutenção de níveis de financiamento estatal adequados à satisfação das suas exigências intrínsecas – domínio em que a RTP tem recebido contrapartidas remuneratórias (excluídos, pois, os aumentos de capital) inferiores à média europeia –, mas também compatíveis com os critérios definidos para o investimento público e com as regras comunitárias de salvaguarda da concorrência"* (CRFT, 1996:209).

Entendia-se em consequência que o financiamento deveria ser estruturado em torno de três eixos fundamentais: *"a atribuição de indemnizações compensatórias adequadas, devidamente quantifica-*

das e sujeitas a um processo de rigorosa auditoria externa ao operador; a valorização dos proveitos comerciais da RTP, com diversificação da sua presença no mercado (exploração de novos canais, produtos e serviços, merchandising) e rentabilização do património da empresa (arquivo audiovisual, rede de frequências do segundo canal); e redução da dependência da RTP das receitas publicitárias".

Neste contexto, o saneamento económico-financeiro da RTP deveria ser realizado através da consolidação da dívida, da desoneração da gestão dos centros regionais dos Açores e da Madeira, da plena assunção dos encargos próprios do serviço internacional, acompanhada da autonomização da sua estrutura jurídica; da transferência do arquivo audiovisual da RTP para outra entidade, sugerindo-se o ANIM (Arquivo Nacional das Imagens em Movimento); e da desvinculação da RTP dos custos inerentes à sua participação na Fundação do Teatro S. Carlos.

A forma de financiamento do serviço público mereceria igualmente a ponderação da Comissão. Alguns membros, recordava o relatório, advogaram o restabelecimento da taxa, *"dadas as dificuldades que a sua supressão gerou para a RTP e a disparidade de regimes entre ela e a RDP"* (CRFT, 1996:151). No entanto, acrescentava-se, *"formou-se algum consenso sobre a inoportunidade de tal medida, por razões conceptuais – desaparecimento do pressuposto histórico de que à detenção de um aparelho receptor corresponderia o consumo efectivo de uma programação concreta – e pragmáticas – ausência de um clima psicológico favorável e dos meios de controlo indispensáveis".*

Não havendo condições para retomar a cobrança de uma taxa, restava aquele conjunto de medidas, que deveriam articular-se com a *"reorganização estratégica e estrutural da RTP"*, a ser instituída no contexto da criação de um grupo societário, sob a forma de *holding*, repartido por diferentes áreas de actividade, *"minoritariamente abertas – com excepção dos canais de serviço público – a capitais privados"* (CRFT, 1996:210).

A maioria dos membros da Comissão defendia então a passagem da RTP2 a um regime de televisão por assinatura, mediante associação da empresa com investidores privados e subordinação a *"um rigoroso caderno de encargos"* (CRFT, 1996:211), o que, no seu entender, libertaria recursos financeiros necessários à satisfação dos encargos de serviço público da RTP e fomentaria as receitas publicitárias dos operadores privados. A proposta não obteria, porém, o acordo do Governo.

A ideia da *holding* seria retomada pelo Governo em 1997, já depois da entrada em vigor, no início desse ano, do novo contrato de concessão. Ficava claro que, embora mais coerente com o modelo europeu de serviço público, assente na programação dos principais canais da concessionária, o novo contrato não permitira resolver os graves problemas de financiamento da empresa, tanto mais que, aumentados inclusivamente os custos a suportar pelo Estado, se mantinha uma situação de incumprimento das respectivas obrigações.

Um despacho do ministro da tutela, Jorge Coelho, então Ministro-Adjunto do Primeiro-Ministro, datado de 3 de Julho, solicitava ao Conselho de Administração da RTP que apresentasse num prazo de 3 meses um projecto de estruturação de um grupo empresarial sob a forma de *holding*, integrando duas empresas de capitais exclusivamente públicos – uma para os dois principais canais e outra para a emissão dos canais internacionais, onde além da *RTP Internacional* e da *RTP África* se projectava uma *RTP Brasil* – e um conjunto de mais sete empresas *abertas ou eventualmente abertas* ao capital privado, onde se incluíam os canais regionais, a exploração da publicidade e do *merchandising*, a produção, a comercialização dos arquivos, o lançamento de canais temáticos e a *"exploração de publicações que interessem à programação de televisão"*.

O objectivo central, de acordo com o despacho, seria *"cumprir o determinado no contrato de concessão, procurando dotar a estrutura empresarial de um modelo que, por um lado, faça baixar significativamente os meios que os contribuintes, através do Orçamento de Estado, colocam anualmente na empresa e, por outro lado, permita criar as condições organizativas para que, em várias áreas específicas, ela possa disputar o mercado por forma a aumentar os seus proveitos"*.

Para concretizar as medidas propostas pelo Governo, a RTP voltaria a contratar os serviços da *McKinsey,* que apresentou no início de 1998 um novo estudo intitulado *"Definir a orientação estratégica e organizativa da RTP no contexto de uma visão de futuro do sector da Televisão Multimédia em Portugal"*, em que se voltava a apostar na constituição de um *Grupo de Media do Estado* através de uma *holding*. A *McKinsey* propunha igualmente a autonomização da RTP1, que deveria assumir uma atitude mais competitiva face aos operadores privados, e a constituição de empresas autónomas, ainda que integradas nessa *holding*, para a criação de programas e para a produção de notícias – o *Centro de Notícias*.

A mudança de Conselho de Administração, ocorrida no final de Outubro de 1998, conduziria os novos responsáveis à elaboração de um novo *Plano Estratégico*. Estabelecido para um horizonte de 4 anos (2000-2004), o documento, que retomava algumas das propostas da *McKinsey*, incluía o saneamento económico e financeiro entre os objectivos estratégicos da empresa. Por outro lado, assumia-se a criação de um grupo de *media* de capitais exclusivamente públicos nas actividades inerentes à prestação do serviço público de televisão, recorrendo a parcerias estratégicas nas restantes actividades, sendo esta estratégia suportada por uma *holding* de capitais exclusivamente públicos a constituir (Plano Estratégico da Radiotelevisão Portuguesa 2000-2004, p.1). Competiria à *holding* assegurar o saneamento financeiro da RTP, através da assumpção da sua dívida estrutural.

A baixa do custo do serviço público para um montante de 31 milhões de contos (mais eventualmente 3 milhões para pagar o *simulcast* das emissões analógicas e digitais) e o "*redimensionamento da estrutura humana da empresa, através de uma política de rescisões contratuais totalizando entre cerca de 600 a 650 pessoas, com refrescamento simultâneo do quadro de efectivos de cerca de 100 pessoas*" figuravam como pontos principais das medidas preconizadas "*a acordar com o accionista*". Era igualmente proposta uma "*reestruturação organizacional que traga mais eficácia à gestão da empresa, e que permita fortes medidas de contenção de custos, nomeadamente ao nível das aquisições de programas, com reestruturação das áreas de negociação*".

O *Plano Estratégico 2000-2004* não seria aprovado pelo novo Ministro da Tutela da Comunicação Social, Armando Vara, que preferiu integrar a RTP numa *holding* mais vasta e substituir o Conselho de Administração que o elaborara.

Em Maio de 2000, o Governo criaria a *Portugal Global, S.G.P.S., SA*, que integrava não apenas as empresas do *universo RTP*, como se previra anteriormente, mas as participações detidas pelo Estado em empresas da área da comunicação social, associando a RTP, a RDP e a LUSA. Subsequente a nova mudança no Conselho de Administração da RTP, a nova empresa tinha, no entanto, de acordo com o preâmbulo do diploma que a criou (DL n.º 82/2000, de 11 de Maio), como incumbências imediatas *"a elaboração e a coordenação de planos de reestruturação e de saneamento financeiro das empresas do sector que de tal necessitem, principalmente da RTP".* "*A reestruturação da RTP e o respectivo saneamento económico-financeiro, com a autonomização de algumas das suas áreas funcionais, constituirá*" – acrescentava-se – "*uma medida susceptível de proporcionar maior rigor na imputação de custos e um desempenho mais ágil, até pela possibilidade de associação de outros capitais públicos ou privados nas áreas não ligadas aos diversos canais da empresa*".

Simultaneamente, em Junho de 2000, a RTP recebia as conclusões de um novo estudo – "*Diagnóstico da Situação Económico-Financeira, Modelo de Reestruturação*", encomendado ao *Totta&Sotto Mayor* e ao *Santander Investment,* que, todavia, nada traria de relevante face a estudos anteriores.

A criação da *Portugal Global* não produziria os efeitos desejados. Ela fora, aliás, acolhida com cepticismo pelos gestores da RDP e da Lusa. José Manuel Nunes e Manuel Pedroso Marques, presidentes destas duas empresas, que dispunham de uma invejável situação financeira, temeriam uma *contaminação* das insuficiências estruturais e financeiras da RTP, tanto mais que a presidência da *holding* fora atribuída a João Carlos Silva, Presidente da RTP desde Março de 2000. Uma nova mudança de ministros na tutela – Armando Vara por Guilherme Oliveira Martins – limitaria, no entanto, substancialmente as suas atribuições e competências.

A actividade da *Portugal Global* viria a ser extremamente reduzida, não se tendo sequer concretizado algumas das iniciativas equacionadas, a mais importante das quais era a constituição de uma *sub-holding*, *PG-Inovação*. Visava-se envolvê-la em áreas complementares de actividade e negócio, eventualmente com parceiros privados, nos domínios do multimédia e da comunicação *on line*, de acordo com uma carta do Conselho de Administração da *Portugal Global* ao Secretário de Estado do Tesouro e Finanças, requerendo autorização para a constituição da *sub-holding*, em 12 de Setembro de 2001.

A demissão do Governo e a subsequente convocação das eleições legislativas, no início de 2002, interromperiam este processo, sobre o qual não chegou a existir qualquer tomada de decisão por parte do Ministério das Finanças

Em Junho de 2000, a RTP apresentaria ao Ministério das Finanças um plano de reestruturação que visava obter em 4 anos "*a sustentabilidade económica e financeira*", dotando igualmente "*a RTP dos meios necessários para poder cumprir as obrigações de serviço público na era digital*". Sugeria-se então a atribuição de uma indemnização compensatória *estabilizada* nos 25 milhões de contos (100 milhões de euros), pagos em duodécimos.

A atribuição de uma indemnização compensatória anual desse montante viria mesmo a ser acordada numa reunião promovida pelo próprio Primeiro-Ministro António Guterres, em 23 de Novembro de 2000, com os membros do Governo encarregados das tutelas política e financeira da RTP, mas o Orçamento de Estado para 2001 incluiria uma verba de 17,8 milhões de contos, dos quais a empresa, obrigada a pagar o IVA sobre esse montante, apenas receberia 14,4 milhões (Carvalho, 2002:33).

Mais de um ano depois, seria criada uma "*task force*" com a missão de estudar alternativas de solução do problema criado pela difícil situação económico-financeira da RTP, integrada por representantes das Secretarias de Estado do Tesouro e Finanças e da Comunicação Social, da Direcção Geral do Tesouro, Inspecção-Geral das Finanças e do Conselho de Administração da RTP e respectivos consultores jurídicos e financeiros (Despacho n.º 928/01-MF, de 23 de Outubro). Guilherme Oliveira Martins, que na qualidade de Ministro da Presidência tutelara a RTP entre Setembro de 2000 e Julho de 2001, era então o Ministro das Finanças.

A "*task force*", coordenada pela representante da Direcção-Geral do Tesouro, Isabel Vicente, formaria dois grupos de trabalho: o primeiro apreciaria a dificílima situação de tesouraria da RTP, analisando a possibilidade de conceder uma garantia pessoal do Estado a um financiamento bancário num montante entre 72 e 145 milhões de contos, justificado perante a Comissão Europeia pelo sub financiamento passado do serviço público de televisão; o segundo reapreciaria o plano global de saneamento financeiro e operacional da RTP.

No entanto, os elevados montantes envolvidos e a necessidade de ponderar a possibilidade de atribuir essa garantia face às regras comunitárias adiariam a concretização das medidas propostas. A inesperada demissão do Governo, pouco tempo depois, na sequência das eleições autárquicas de 16 de Dezembro de 2001, faria suspender os trabalhos da *task force* e cessar os esforços do Ministério das Finanças.

Face aos sucessivos impasses a que chegaram as iniciativas tendentes ao saneamento financeiro da RTP, tinham sido entretanto diversas as alternativas estudadas pelo Governo, sobretudo entre 1998 e 2002, para garantir o seu financiamento suficiente, regular e previsível, como a atribuição de uma percentagem fixa do PIB (calculada em 0,1334), a cobrança de um escudo por chamada telefónica ou por impulso, em ambos os casos extensível às redes fixas e móveis e o aumento da taxa de radiodifusão, atribuindo o excedente à RTP e, antes destas, o recomeço da cobrança da taxa de televisão, proposta pelo então Presidente da Assembleia da República, Almeida Santos, em Fevereiro de 1998.

A iniciativa mais consistente partiria, porém, de uma comissão designada em 2001 pelo Secretário de Estado da Comunicação Social, que, inspirada no modelo holandês, proporia a consignação para o serviço público de televisão de uma percentagem entre 1% e 1,5% das receitas do IRS e do IRC. A comissão, integrada pelo Prof. António Carlos Santos, que fora Secretário de Estado dos Assuntos Fiscais, e pelos ex-administradores da RTP Alberto Miranda e Rui Assis Ferreira, previa que a verba obtida, alcançando um montante entre 24,8 e 37,2 milhões de contos (em valores de 2001) reverteria igualmente para um sistema de apoio à indústria audiovisual, substituindo a taxa adicional de 4% sobre as receitas de publicidade que constituía receita do ICAM e da Cinemateca Nacional (Carvalho, 2002:33-34).

3. A definição de um novo modelo e a recuperação da empresa (2003-...).

Em Abril de 2002, quando o governo de coligação PSD-PP, liderado por Durão Barroso, substituiu o Executivo socialista liderado por António Guterres, a crise na RTP tornara-se um dos temas centrais da agenda política.

A empresa atravessava porventura a mais grave crise desde a sua fundação, quase meio século atrás. O seu sistemático sub financiamento ao longo da última década, agravado pela quebra das receitas publicitárias e pela atribuição de novos serviços e obrigações sem a devida cobertura financeira, provocara uma situação líquida negativa de cerca de 900 milhões de euros, acrescida de um grave desequilíbrio da sua exploração corrente, que dificultavam cada vez mais o indispensável recurso ao crédito.

Generalizara-se por outro lado a convicção popular de que a RTP se transformara numa empresa *devoradora de dinheiros públicos* e com um custo bem superior ao seu contributo social.

A necessidade de uma profunda mudança tornava-se imperiosa. O novo Governo iria tornar a intervenção na RTP como um dos *ex libris* da sua governação, exibindo as medidas implementadas de forma a contrastarem mais nitidamente com a situação anterior.

Depois de receber os contributos de um *Grupo de trabalho sobre o serviço público de televisão* (dirigido por Helena Vaz da Silva, que viria a falecer antes de concluídos os trabalhos, Maria José Nogueira Pinto, vice-presidente, Cáceres Monteiro, Eduardo Cintra Torres, João David Nunes, Azeredo Lopes, José Manuel Fernandes, Luís Osório, Manuel Falcão, Miguel Sousa Tavares, Nuno Rogeiro e Pedro Brandão Rodrigues) e do *Boston Consulting Group*, o Executivo lançaria, em Dezembro de 2002, o documento "*Novas opções para o audiovisual*", que incluía o elenco de medidas a concretizar, nomeadamente sobre o serviço público de televisão.

Afastada a polémica sobre o segundo serviço de programas (RTP2), que o Governo tinha admitido alienar ou mesmo encerrar, a Assembleia da República aprovaria sob proposta governamental um pacote legislativo, que viria a ser publicado em 22 de Agosto de 2003, contendo uma nova *Lei da Televisão* (Lei n.º 32/2003), e diplomas sobre a *Reestruturação do sector empresarial do Estado na área do audiovisual* (Lei n.º 33/2003, que integra em anexo os *Estatutos da RTP*) e o *Financiamento do serviço público de radiodifusão e de televisão* (Lei n.º 30/2003).

Mais tarde, em 22 de Setembro e 17 de Novembro, respectivamente, seriam assinados os contratos de concessão *geral* e *especial* – este relativo à *2:*, antes RTP2 – de serviço público de televisão. Na primeira dessas datas, 22 de Setembro, seria igualmente concretizado, sem assinalável divulgação pública, um Acordo de Reestruturação Financeira (ou, na sua terminologia então utilizada, "*Acordo de Restruturação Financeira*") entre o Governo e a *holding* Rádio e Televisão de Portugal SGPS, S.A., válido por um período de dezasseis anos, mas sendo obrigatoriamente revisto no prazo de dez.

O *Acordo* fixa os direitos e deveres recíprocos do Estado e da RTP no que respeita à reestruturação financeira da empresa e prevê um *esforço financeiro do Estado,* repartido entre indemnizações compensatórias e dotações de capital no valor total de 2 371,9 milhões de euros, dos quais 58,5% (1 386,9 milhões) respeitam àquela forma de pagamento do Estado à RTP e o restante decorre sobretudo da gestão da dívida financeira acumulada no decénio anterior a 2003.

O novo quadro legal reformularia o modelo de financiamento do serviço público, tornando-o sobretudo suficiente, previsível e definido num quadro plurianual. Apesar dos partidos que então compunham o executivo – nomeadamente o PSD – terem durante a anterior governação socialista contestado o alegadamente elevado volume de verbas atribuído à RTP, aumentariam substancialmente os fundos públicos que lhe eram anualmente destinados.

Além disso, foi então estabelecido um programa de reestruturação da dívida, consubstanciado na negociação de um empréstimo com a *maturidade média* de 8,5 anos, no montante de 800 milhões de euros.

O Governo de Durão Barroso aprofundou igualmente o anterior modelo da *holding* Portugal Global, criando uma nova *holding*- a *RTP SGPS,* onde integraria progressivamente as estruturas da RTP e da RDP, através da designação, na prática, da mesma administração para as duas empresas. Com essa mudança estrutural, acrescida de outras medidas de contenção de encargos, diminuiriam de forma significativa os seus custos operacionais.

O novo contexto televisivo favoreceu a política governamental. A acesa concorrência entre os dois operadores privados afastava-os cada vez mais do perfil exigível a um operador de serviço público, permitindo à RTP recuperar o seu espaço próprio e a sua legitimidade.

Com assinalável pragmatismo, o Governo, através do Ministro da Presidência com a tutela da comunicação social, Morais Sarmento, recupera então grande parte do modelo europeu de serviço público tão caro à esquerda – que a direita portuguesa várias vezes pusera em causa no passado – e valoriza publicamente muito mais a diminuição de custos da empresa do que a discreta...mais que duplicação do esforço financeiro do Estado em seu benefício.

De facto, apesar de receber as mais elevadas subvenções públicas de sempre, que em 2004, devido a um mais elevado aumento de capital, ultrapassaria mesmo os duzentos milhões de euros anuais, sem incluir a parte que lhe é destinada da contribuição para o audio-visual, a RTP e o seu modelo de financiamento deixaram, por algum tempo, de ser um tema de controvérsia na comunicação social ou no campo político partidário.

Após a mudança de Governo, decorrente das eleições de Fevereiro de 2005, o novo executivo, liderado por José Sócrates manteria, no essencial, o quadro geral relativo ao modelo de financiamento da RTP, embora o Ministro dos Assuntos Parlamentares com a tutela da comunicação social, Augusto Santos Silva, tenha promovido a aprovação de uma nova legislação para o serviço público de televisão – uma nova Lei da Televisão (Lei n.º 27/2007, de 30 de Julho), novos estatutos da Rádio e Televisão de Portugal, S.A. (Lei n.º 8/2007, de 14 de Fevereiro) e um novo contrato de concessão do serviço público de televisão, subscrito em Março de 2008. No novo quadro legal, os pontos mais relevantes, com reflexos no modelo de financiamento, seriam a plena reintegração do segundo canal na RTP, o estabelecimento de um mais exigente quadro de obrigações para os diferentes canais e o aprofundamento da fusão, no quadro de uma mesma empresa, das concessões dos serviços públicos de televisão e de rádio. Ao mesmo tempo, os objectivos relativos à recuperação da RTP continuariam a ser cumpridos.

a) *O novo modelo de financiamento de 2003*

O modelo de financiamento, decorrente do acervo legislativo de 2003, em cuja concepção o vice-presidente da RTP, entre 2002 e 2007, Jorge Ponce Leão, teve um papel proeminente, prosseguido com alguns aperfeiçoamentos pelo Governo socialista desde 2005, assenta em quatro fontes principais: as indemnizações compensatórias, as receitas comerciais de publicidade, as dotações de capital e as contribuições para o audiovisual que não sejam utilizadas no financiamento do serviço público de radiodifusão (RDP).

A Lei n.º 30/2003, que o Governo socialista manteria em vigor, definiria os princípios gerais sobre o financiamento do serviço público, desenvolvendo as normas constantes na Lei da Televisão de 2003 (art. 52.º, cujo conteúdo seria retomado com pequenas alterações no art. 57.º da lei de 2007).

São aí estabelecidos como meios de financiamento a *indemnização compensatória* e a parte da receita da *contribuição para o áudio--visual* não utilizada para financiar o serviço público de radiodifusão. As receitas provenientes da publicidade comercial – limitada agora a seis minutos por hora – embora, na prática, utilizadas na gestão quotidiana da empresa, são formalmente destinadas a custear o serviço da dívida financeira "*e, posteriormente, a novos investimentos*" (art. 4.º, n.º 1), o que se traduz, para a RTP, numa obrigação de, anualmente, diminuir os seus débitos perante a banca, pelo menos, no montante equivalente ao das receitas publicitárias.

Deste modo, os eventuais desvios na obtenção de receitas de publicidade reflectem-se na gestão da dívida financeira acumulada e não na gestão corrente, tanto mais que no caso de o valor das receitas comerciais ser inferior ao estimado, a RTP é desde logo autorizada, nos termos do *Acordo de Reestruturação Financeira*, a "*contrair novos financiamentos pelo prazo de um ano com vista a assegurar o cumprimento do serviço da dívida, obrigando-se simultaneamente a reduzir os custos de exploração do exercício imediato, por forma a garantir o seu reembolso*" (ponto 6).

O *Acordo de Reestruturação Financeira* fixaria também um conjunto de dotações anuais de capital, cujo avultado valor as tornaria parte significativa do *esforço financeiro do Estado*. Os anexos ao

Acordo contêm um calendário referente a dotações de capital a atribuir no período entre 2004 e 2013.

O montante das indemnizações compensatórias seria estabelecido por períodos de 4 anos (2004-2007 e, posteriormente, com base no contrato de concessão de 2008 e no seu *Acordo complementar* anexo, 2008-2011), registando-se uma coincidência com a duração do mandato das administrações da empresa, o que permite igualmente uma adequada responsabilização pelo cumprimento dos orçamentos.

O seu valor é determinado de acordo com critérios e regras definidos no contrato de concessão geral de 2008 (cláusulas 25.ª, que corresponde *grosso modo* à cláusula 15.ª do contrato de 2003). Os encargos relativos ao quadriénio 2008-2011 seriam também fixados numa portaria (n.º 537/2008, de 7/5/2008, publicada no DR, 2.ª série, de 23/5/2008), reflectindo com exactidão os valores incluídos no *Acordo de Reestruturação Financeira*, embora aos valores referidos naquele texto legal acrescesse IVA à taxa legal fixada para o exercício orçamental a que respeitava a indemnização compensatória.

A principal regra relativa ao cálculo desse montante consistiria na forma de apuramento da comparticipação nos custos relativos à RTP1. Enquanto que no contrato de concessão de 1997 o valor calculado correspondia aos custos orçamentados deduzidos das receitas publicitárias, os contratos de 2003 e 2008 estabeleceriam uma comparticipação de "*valor correspondente, a preços de mercado, à perda de receitas de publicidade decorrente* da *imposição de critérios específicos quanto ao conteúdo da programação de serviço público e de um limite ao número de minutos de publicidade por hora inferior ao fixado para os restantes operadores*" (cláusula 15.ª, 1.1 do contrato de 2003 e, com alterações meramente formais, cláusula 25.ª, 1.1 do contrato de 2008). Ou seja, entendia-se como custo do serviço público não o custo efectivo da RTP1, mas a perda de receitas imposta pelo Estado ao estabelecer uma *ética de antena* e uma limitação a 6 minutos do tempo de publicidade comercial por hora de emissão.

Deste modo, ao invés do que acontecia com o contrato de concessão de 1997, a fixação do montante da indemnização compensatória não estaria, no contrato de 2003, tal como no de 2008, sujeita a correcção *a posteriori*, excepto se tivesse havido durante dois anos consecutivos uma alteração substancial dos pressupostos em que assentou a sua fixação (cláusula 19.ª do contrato de 2003 e cláusula 38.ª, n.º 3 do contrato de 2008).

No aditamento ao contrato de concessão geral de 2003 e no acordo complementar ao contrato de 2008, estabeleciam-se, de forma semelhante, os pressupostos do cálculo da indemnização compensatória: a redução da publicidade comercial na RTP1 a seis minutos por hora, a avaliação do mercado publicitário dos canais generalistas de sinal aberto em cerca de 300 milhões de euros (entre 300 e 320 milhões no contrato de 2008) e *"a perda de cerca de 20% da quota de mercado natural do canal generalista, decorrente dos padrões de exigência de uma Televisão de Referência que constitua uma verdadeira alternativa de serviço público"* (Cláusula 2.ª).

Por outro lado, o Acordo de Reestruturação Financeira anexo ao contrato de concessão de 2003 estabeleceu como referência para a indemnização compensatória o valor então fixado pelo Governo (120,350 milhões de euros em 2004), prevendo-se o crescimento anual desse valor de acordo com uma inflação prevista de 2,5%, incorporando, no entanto, 1% de ganhos de eficiência, o que se traduziria numa efectiva redução progressiva da indemnização compensatória a preços constantes.

No entanto, entre os contratos de 2003 e 2008 existem várias diferenças assinaláveis:

– de acordo com o contrato de 2003, face à criação de um modelo específico para o segundo canal da RTP – então denominado *2:* e dotado de um estatuto específico que previa no prazo de oito anos a sua concessão a uma entidade a constituir, cuja organização reflectisse a *diversidade da sociedade civil* – o financiamento desse canal seria assegurado pela alocação de fundos provenientes da contribuição para o audiovisual que não fosse necessário para o cumprimento das obrigações relativas ao serviço público de radiodifusão; segundo o contrato de 2008, o valor da contribuição para o audiovisual não afecta ao serviço público de radiodifusão reverte para o financiamento da RTP no seu conjunto;

– nos contratos de concessão geral e especial de 2003, tal como na Lei da Televisão então aprovada, as obrigações em matéria de programação eram marcadamente subjectivas, não figurando mesmo qualquer detalhe ou a quantificação mínima em horas de difusão de alguns géneros de programação, ao contrário do que sucedia no contrato de 1997 (cláusula 6.ª, n.º 2), lacuna aliás assinalada pelo Tribunal de Contas (Auditoria à RTP, Relatório n.º 45/05 – 2.ª secção, p. 7). Essa omissão seria corrigida no contrato de concessão de 2008. Na parte III deste contrato, cláusulas 8.ª a 14.ª, foram incluídas normas que impõem aos diferentes canais do serviço público um vasto elenco de tipos de programação (*"espaços regulares"*), dos quais alguns são mesmo acompanhados da sua frequência mínima de emissão (desde três vezes por dia, exemplo dos noticiários da RTP1, até bimestral, exemplo dos *"grandes espectáculos culturais ou artísticos"* e dos *"programas dedicados à música portuguesa"*;

– ao mesmo tempo que estabelece que o serviço público de televisão *"deve estar presente nas diversas plataformas tecnológicas apropriadas à sua difusão, podendo contemplar serviços de programas ou outras formas de organização de conteúdos audiovisuais especialmente concebidos para cada uma delas"* – a cláusula 3.ª refere mesmo a televisão móvel e a televisão digital terrestre – o contrato de 2008, no seu acordo complementar (cl. 6.ª) estipula que em 2009 se procederá a uma *"análise e eventual revisão extraordinária"* desse acordo *"tendo em conta as circunstâncias específicas decorrentes da televisão de acesso não condicionado livre no quadro da Televisão Digital Terrestre"*. O contrato de concessão de 2003 era praticamente omisso em relação ao novo quadro digital;

– os contratos de 2003 e 2008 incorporam diversas normas que visam satisfazer os critérios de financiamento, nomeadamente de transparência e de proporcionalidade, impostos pelas instituições europeias, mas o documento de 2008 prevê que *"sempre que os resultados operacionais de cada exercício excederem 10% do montante total de proveitos decorrentes da indemnização compensatória e da contribuição para o audiovisual"*, existindo desta forma uma *sobrecompensação financeira*, haverá lugar *"à redução automática na indemnização compensatória do exercício imediato do montante em excesso"* (cl. 24.ª n.º 6).

De acordo com este conjunto de regras, a RTP receberia as mais elevadas indemnizações compensatórias da sua história. De facto, além das verbas relativas à programação do seu canal generalista, as indemnizações compensatórias incluíam ainda o financiamento de outros serviços e obrigações da RTP (serviços de programas internacionais e regionais, arquivo, delegações, cooperação, apoio ao ICAM), assim como da difusão do sinal (pelo *método do diferencial de cobertura*) e dos custos com os subsídios ao cinema, a transmissão de eventos considerados de interesse público em que a transmissão não se mostre assegurada sem a intervenção da RTP e com actividades de "*host broacasting que não possam ser recuperados com a venda de serviços a terceiros*" (cláusula 15.ª, n.º 1.8). Nestes casos, mantinha-se o critério adoptado no contrato de concessão de 1997 – o princípio da recuperação de custos baseado no custo líquido e calculado numa base estritamente marginal, ou seja, apenas os custos em que o operador deixaria de incorrer se não prestasse o serviço, deduzidos das respectivas receitas.

Apesar de integrados na concessão de serviço público, desde o contrato de 2003, não se previu qualquer verba destinada a custear as despesas relativas à RTP Memória e à RTP N, deduzindo-se que esses canais deveriam conseguir o equilíbrio financeiro, com base em receitas de publicidade e de distribuição. Todavia, enquanto que a RTP N obteve em 2007 cerca de 563 mil euros de publicidade comercial e institucional, a RTP Memória não receberia mais de 178 euros, cabendo às receitas de distribuição (cerca de 1,9 milhões face a pouco mais de 3 milhões da RTP N) a parte essencial dos seus proveitos.

De acordo com o conjunto destes critérios, as verbas previstas no *Plano de Reestruturação Financeira (2003/2013)*, integrado no *Acordo de Reestruturação Financeira*, alcançavam, em valores correntes, verbas entre 127,7 milhões de euros em 2008 e os 137,6 em 2013, correspondentes, em valores constantes, respectivamente a 114 milhões e 107,5 milhões (ver anexo XIII).

Todavia, o modelo de financiamento estabelecido nos contratos de concessão geral e especial e no *Acordo de Reestruturação Financeira* implicaria a atribuição de mais verbas:

– àqueles valores deveria ser acrescido IVA à taxa fixada para o exercício orçamental a que respeitava a indemnização compensatória (19% até Junho de 2005, 21% depois desse mês, 20% depois de 1 de Julho de 2008).

– O Estado obrigava-se a comparticipar na recapitalização da empresa, mediante a atribuição de dotações de capital calculadas do seguinte modo:

– 261 milhões de euros correspondentes ao saldo a favor da empresa na execução dos contratos de concessão anteriores, devido ao seu comprovado sub financiamento (116 milhões mediante a conversão em capital do empréstimo do Fundo de Regularização da Dívida Pública, operação realizada em 2004, e 145 milhões em aumentos de capital, divididos em parcelas no valor de 55 milhões em 2004 e 10 milhões por ano entre 2005 e 2013, inclusive);

– 56 milhões de euros para compensação do défice de exploração resultante da redução, por força da sujeição a IVA, do valor das indemnizações compensatórias referentes ao período entre 2001 e 2003, verba que todavia não foi ainda disponibilizada à empresa;

– um montante anual (ver anexo XIII) correspondente ao valor estimado para as receitas comerciais, *"por forma a fazer reflectir na melhoria da situação líquida da empresa o cumprimento do preceito legal que determina a afectação anual ao serviço da dívida do valor integral das receitas comerciais"* (Acordo, ponto 4 b.).

Refira-se que o valor fixado nas indemnizações compensatórias tinha em conta uma contribuição dos orçamentos das regiões autónomas no montante correspondente a 50% do valor dos custos suportados pelos canais regionais. No entanto, essa cláusula (1.ª n.º 3 do aditamento ao contrato) nunca seria cumprida, não tendo a RTP recebido qualquer dessas verbas, alegadamente por não se ter concretizado o modelo de gestão dos centros regionais que começara a ser negociado entre o governo central da coligação PSD/PP e os governos regionais.

Como o valor da indemnização compensatória não considerava (até ao contrato de concessão de 2007) os custos do serviço de programas objecto da Concessão Especial de Serviço Público (a 2:), cujo financiamento era efectuado com o valor da contribuição para o audiovisual não aplicado à RDP – 28,477 milhões de euros em 2004, 30,633 milhões em 2005, 48,995 em 2006 e 64,361 em 2007 – e com as contribuições dos respectivos parceiros – em todo o caso praticamente inexistentes – conclui-se que a RTP recebeu, desde a aplicação do contrato de concessão de 2003, verbas anuais provenientes de fundos públicos superiores a 200 milhões de euros. Esta quantia, que inclui a contribuição para o audiovisual e as dotações de capital, representa substancialmente mais do que o dobro das verbas não comerciais atribuídas em qualquer outro período da história da RTP, não só em valores absolutos como se as calcularmos anualmente em percentagem do produto interno bruto (ver anexo XIV).

Em 2005, além dos 24,033 milhões atribuídos à 2:, verbas de 4 milhões e de 2,6 milhões, igualmente provenientes da contribuição para o audiovisual seriam, respectivamente, atribuídas à RTP Açores e à RTP Madeira.

Refira-se, entretanto, que a partir de Novembro de 2005 a colecta da contribuição para o audiovisual foi alargada à totalidade dos fornecimentos de energia eléctrica, cujo consumo anual esteja acima dos 400 kWh, e não apenas, como até aí, ao uso doméstico.

Ao aprovar o diploma (DL n.º 169-A/2005, de 3 de Outubro) onde se estabeleceu esta alteração, o Governo aproveitaria para introduzir outra norma que impede o pagamento da factura relativamente ao consumo da electricidade sem proceder a idêntico pagamento da contribuição para o audiovisual, proibindo as empresas distribuidoras de energia eléctrica de emitir facturas ou aceitar o respectivo pagamento pelos consumidores nessas condições, o que contribuiria para impedir a evasão ao seu pagamento. Em 2007, o Governo socialista, tendo em conta a entrada em vigor de legislação (DL 230/2007, de 14 de Julho) que admitia a separação entre actividades de produção, transporte, distribuição e comercialização de electricidade, tornaria clara a extensão a estas últimas da cobrança da contribuição.

A alteração ao universo de cobrança da contribuição, que fora já objecto de dois pedidos de autorização legislativa posteriormente não aproveitados nas leis que aprovavam os orçamentos de Estado de 2004 e 2005, proporcionaria um acréscimo de cerca de 15% no universo de consumidores abrangidos, com reflexos nos montantes globais da contribuição para o audiovisual, que em 2005 representavam para a RTP SGPS (incluindo portanto a RDP) um montante de 79,7 milhões de euros e em 2007, 114,4 milhões.

No entanto, a circunstância de a cobrança se estender a todas as situações de consumo de energia eléctrica, incluindo serviços municipais relacionados com a iluminação das ruas, semáforos, funcionamento de equipamentos de elevação e tratamento de águas e com a explorações agrícolas e com os jardins, tem conduzido a alguns protestos por parte dos municípios e das associações de agricultores. Seriam sobretudo entidades representativas dos agricultores que tentariam, junto do Governo, a mudança na legislação, visando a possibilidade do pagamento da taxa ficar meramente associado à exploração agrícola, independentemente do número de contadores que cada agricultor tivesse na sua exploração. A mudança na legislação colocaria complexas questões de natureza jurídica – a consagração de uma excepção ao princípio da igualdade tributária – e prática – a criação de mecanismos que garantissem o controlo e a fiscalização da isenção.

O tema seria mesmo, em 2007, objecto de um projecto de lei do PEV na Assembleia da República (projecto n.º 424/X), mas PS, PSD e PP votariam contra, reprovando a iniciativa. Todavia, na proposta de Orçamento do Estado para 2009, o Governo viria a aceitar essa excepção, propondo que fosse aprovada a concessão de uma autorização legislativa para alterar a lei de financiamento do serviço público no sentido de cobrar aos consumidores não domésticos ligados à actividade agrícola, que tivessem mais de um contador por exploração, apenas o valor mensal da contribuição para o audiovisual correspondente a um contador. Simultaneamente, seria rejeitada uma nova proposta do PEV que visava agora isentar os municípios em todos os consumos de energia não associados a instalações dos seus serviços.

Quer o Tribunal Constitucional (acórdãos n.ºs 307/89 e 354/98), quer a generalidade da doutrina consideraram a contribuição para o audiovisual como *"um verdadeiro imposto progressivo sobre o consumo de energia eléctrica, e não uma taxa, já que a sujeição ao seu pagamento é independente da posse ou do uso de aparelhos de radiodifusão, ficando a tributação unicamente dependente da quali-*

dade de consumidor doméstico de energia eléctrica e do volume efectivo desse consumo" (Teixeira, 1985:45).

O substancial aumento do financiamento público, acompanhado por uma drástica redução dos custos operacionais, e a sua previsibilidade mudaram significativamente o quadro económico-financeiro da empresa, tanto mais que ela estaria agora imune às conjunturas políticas e financeiras.

Por outro lado, foram escrupulosamente cumpridas as normas relativas aos montantes a atribuir à RTP, com excepção das verbas provenientes das regiões autónomas. Não se repetiram os *cortes* determinados pelos governos anteriores a 2002 ao sabor de critérios puramente financeiros na fase final de elaboração do Orçamento de Estado e mesmo já depois dela. Foi igualmente aplicada a cláusula 17.ª do contrato de concessão, que determinava um pagamento mensal de um doze avos do valor fixado para o respectivo ano.

A reestruturação da dívida, acordada com os credores bancários, e a previsibilidade das verbas atribuídas à RTP tornariam assim desnecessária a obtenção de novos financiamentos. Aliás, a empresa não podia, *"salvo autorização expressa do Governo, contrair empréstimos que não se destinem a financiamento de curto prazo e até ao montante máximo correspondente a 20% da indemnização compensatória anual"* (art. 2.º, n.º 3 da Lei n.º 30/2003).

O novo modelo inclui ainda outras regras relativas ao cálculo e à execução orçamental (ver "Observações da República Portuguesa à Comissão Europeia relativas aos processos NN 133/A/2001, NN 85/A/2001 e NN 94/A/1999 – Portugal"):

– a definição de um Plano a dez anos, estabelecido no *Acordo*, que constitui a base do compromisso entre o Estado e a RTP, com incremento da eficiência quer nos custos (indemnização compensatória cresce 1% abaixo da inflação estimada), quer nas receitas comerciais (estimativa baseada num crescimento de 1% acima da inflação);

– a imposição de uma redução automática no orçamento de cada ano, caso as receitas de publicidade não tenham no ano anterior atingido o valor estimado;

– a impossibilidade de recuperação de custos *a posteriori*, uma vez que a relação entre o Estado e a RTP se processa numa

base plurianual prefixada, que apenas pode ser modificada no caso de alteração substancial dos pressupostos que serviram de justificação à quantificação da indemnização compensatória anual (cláusula 19ª);
– a inclusão no contrato de financiamento acordado com um *sindicato bancário*, que garantiu a reestruturação da dívida de 800 milhões de euros, de regras que determinam o imediato vencimento da dívida, caso se verifiquem desvios substanciais ao plano anexo ao *Acordo de Reestruturação Financeira*.
– e a clarificação da sujeição a IVA das indemnizações compensatórias e a assumpção das respectivas obrigações pelo Estado.

A inversão da subida do endividamento da RTP, assinalado logo no Relatório e Contas de 2004, resultou igualmente das medidas de contenção de custos. Contribuíram para esse objectivo, a redução de pessoal potenciada pelas sinergias com a RDP, facilitadas pela mudança das duas empresas para novas instalações a partir de 31 de Março de 2004, a revisão do Acordo de Empresa, acordada com os sindicatos em Abril de 2006, os desinvestimentos de activos imobiliários considerados como *não essenciais ao serviço público*, a venda da participação na *Sport TV*, a liquidação da *RTC*, que durante várias décadas gerira a publicidade da RTP, da *FOCO*, criada pela Administração presidida por Brandão de Brito, em 2000, para a produção de televisão, da *EDIPIM* e da *Viver Portugal*, que desde a mesma época assegurava o sector multimédia e o teletexto.

O *Acordo de Reestruturação Financeira* estabelece, por sua vez, que a RTP se obriga a transferir "*para a entidade que venha a ser designada pelo Estado, a titularidade do seu Arquivo Histórico, mediante adequada compensação*", calculada entre 110 e 150 milhões de euros (ponto 5.).

No que diz respeito aos custos de pessoal, os valores relativos à *holding*, que incluem a RTP e a RDP, reflectem uma pronunciada descida: em 2002 os custos de pessoal eram de 136,4 milhões de euros, montante que baixaria em 2005 para 98,2 milhões, para voltar a subir posteriormente: 107,2 milhões em 2006 e 109,9 milhões em 2007.

Simultaneamente, a lenta mas contínua recuperação do *share* da RTP1, iniciada ainda na época (2001) em que Emídio Rangel era responsável pela respectiva programação, permitiria um pequeno aumento das receitas publicitárias – 5% de 2003 para 2004, apesar da diminuição do tempo de publicidade comercial estabelecido no contrato de concessão de 2003. O crescimento das receitas publicitárias manter-se-ia moderado: 47,7 milhões em 2005, 48,1 em 2006 e 54,2 em 2007.

No entanto, as receitas publicitárias significavam cada vez menos no conjunto de receitas da empresa: em 2003, valiam apenas um pouco mais de 20% das receitas operacionais da RTP, valores que ainda desceriam nos anos seguintes para os 16 ou 17 por cento. Além disso, as receitas da publicidade significavam em 2007 apenas 73% do total das receitas comerciais, dada a emergência de outra importante fonte de proveitos proveniente da distribuição das emissões da RTP pelas redes alternativas, nomeadamente o cabo. De 2005 para 2006, estas verbas tinham crescido de 3,7 para 7,3 milhões, mantendo-se um assinalável aumento.

O conjunto das receitas de distribuição e também do multimédia registariam desta forma um crescimento regular: 8,8 milhões de euros em 2005, 10,1 em 2006 e 10,8 em 2007. Neste exercício, estas receitas da RTP representavam já 3,4 por cento do total dos seus proveitos operacionais e 14,5 por cento das receitas comerciais.

O cumprimento dos compromissos assumidos no *Acordo de Reestruturação Financeira* – excepto a ausência das atrás referidas contribuições das Regiões Autónomas da Madeira e dos Açores, que deveriam corresponder a 50% dos custos dos respectivos centros regionais, afectando os proveitos operacionais acumulados (2003--2007) em cerca de 36,6 milhões de euros, e um aumento dos custos de programação em 2007 – e a lenta mas regular subida dos proveitos comerciais e da contribuição para o audiovisual tornariam previsível e sem sobressaltos a condução financeira da empresa. Atestam-no os resultados líquidos ligeiramente negativos dos exercícios entre 2003 e 2007, sucessivamente 32,8; 6,0; 31,9;24,7; e 36,1 mil euros.

Para esse facto contribuiu o claro aumento dos fundos públicos. Este acréscimo de fundos públicos, neles se devendo integrar a contribuição para o audiovisual, colocou, a partir de 2003, a sua percentagem no conjunto dos proveitos da RTP num patamar bem acima dos

60% (cerca de 76% em 2007), tornando-a claramente mais independente das receitas provenientes da publicidade emitida.

O equilíbrio das contas verificado nos últimos anos, resultado do aumento dos fundos públicos, da contenção de custos (que apenas excederam o planeado no período 2003-2007 em 39,9 milhões de euros, sobretudo devido ao agravamento do IVA não reembolsável e, em 2007, ao maior custo da grelha de programação) e da aplicação criteriosa do *Acordo de Reestruturação Financeira* de 2003, tornaria o modelo de financiamento mais consensual na sociedade portuguesa, apesar das avultadas verbas atribuídas à concessionária do serviço público de rádio e de televisão.

Apesar disso, não estão garantidos novos sobressaltos, caso a introdução da televisão digital terrestre venha a limitar drasticamente as receitas de publicidade da RTP, o que parece pouco provável atendendo à limitação nos horários da sua difusão – 6 minutos por hora. Em todo o caso, a cláusula 6.ª do *acordo complementar referente ao quadriénio 2008-2011*, celebrado em anexo ao contrato de concessão de Março de 2008 entre o Governo e a RTP, dispõe que será concretizada, no prazo de um ano, uma revisão extraordinária deste anexo "*tendo em conta as circunstâncias específicas decorrentes do desenvolvimento da televisão de acesso não condicionado livre no quadro da Televisão Digital Terrestre e a eventual necessidade de uma nova fase do plano de reestruturação da empresa*".

De qualquer forma, o licenciamento de um novo operador, que depois do *switch off* analógico estará em condições de igualdade com os actuais operadores por via hertziana terrestre, chegando a todos os lares portugueses, poderá fortalecer a argumentação daqueles que pretendem o fim da publicidade comercial na RTP1. O recente projecto de lei (463/X, de Março de 2008), que a liderança de Luís Filipe Menezes no PSD chegou a entregar na mesa da Assembleia da República, visando o fim da publicidade comercial nos canais generalistas, mas que a direcção seguinte do partido não agendaria para debate, poderia constituir um tema para novas iniciativas, sempre bem recebidas pelos operadores comerciais de televisão.

Conclusões

Na maioria dos países europeus, o serviço público de televisão foi criado, em situação de monopólio, sob o impulso e na mesma empresa do operador estatal de rádio e, tal como neste, mediante o recurso a capital público. Apesar disso, nos países democráticos, uma das suas características matriciais consistiria no estabelecimento de garantias que assegurassem a sua independência face ao poder político.

No momento da sua constituição, a originalidade do modelo português de serviço público de televisão residiria principalmente em três factores: os serviços públicos de rádio e de televisão seriam prestados por empresas diferentes; a maioria do capital da nova empresa de televisão seria privada; este facto não a impediria de estar estreitamente ligada ao poder político, constituindo mesmo um dos seus instrumentos fundamentais.

A deliberação de atribuir a concessão do serviço público de televisão a uma nova empresa e não à Emissora Nacional, que tinha inclusivamente desempenhado um papel determinante em toda a fase de estudo e preparação da instalação da televisão, deveu-se a diversas razões. Em primeiro lugar, um motivo de natureza económica: o custo dos investimentos a efectuar era excessivamente elevado face aos meios ao alcance da Emissora Nacional. Tal obrigaria mesmo, quanto à televisão, a um recurso às receitas da publicidade comercial, vedada àquele operador público, e à opção pela constituição de uma empresa com uma maioria de capital privado. Em segundo lugar, também pesaria uma razão de natureza organizativa: considerou-se que o dinamismo exigível a uma empresa com uma nova tecnologia como a televisão era incompatível com as dificuldades burocráticas a que estavam sujeitos os organismos do Estado. Em terceiro lugar, haverá que considerar uma razão de natureza política: o Governo quis satisfazer as pretensões do Rádio Clube Português, operador dirigido por pessoas afectas ao regime, que tinha mesmo requerido autorização para emitir televisão e que figuraria na lista dos accionistas, a par de outros operadores privados de rádio.

Apesar desse modelo misto, a participação minoritária do Estado no capital inicial da RTP não impediria que o Governo garantisse uma influência decisiva na empresa. Esse papel resultava não apenas do conjunto das normas que regulavam a sua estrutura e a actividade e dos poderes de nomeação, fiscalização e orientação que o Governo para si reservava, mas sobretudo do contexto político da época, um regime ditatorial que controlava a comunicação social por todas as formas, incluindo a censura prévia. De resto, a composição maioritariamente privada do capital não se manteria por muito tempo, uma vez que, quando no final dos anos 50, face à insuficiência das receitas da taxa e da publicidade, foi necessário recorrer a aumentos do capital social da empresa, seria o Estado a assumir esse apoio à RTP, que passaria a ter, a partir dessa data e até à sua nacionalização, em Dezembro de 1975, um capital maioritariamente público.

Salvaguardada a enorme diferença resultante da natureza ditatorial do regime, com reflexos nos conteúdos emitidos, nos seus primeiros tempos, a televisão em Portugal não se diferenciaria, no entanto, do contexto europeu: passada a fase de crescimento da rede de emissores e do consequente alargamento do número de lares dotados de receptores, a televisão seria considerada como um importante instrumento de afirmação nacional, de difusão cultural, através de uma programação pedagógica dirigida sobretudo aos gostos das classes médias e assente no clássico tríptico da BBC, "*formar, informar, divertir*", mas também de mobilização política dos governados pelos governantes.

Quer antes, quer mesmo depois do 25 de Abril, durante muitos anos sem concorrência, sobre o operador de serviço público não incidiam quaisquer críticas relativas à sua legitimidade nem ao seu financiamento.

O fim do monopólio televisivo em Portugal revestir-se-ia igualmente de algumas especificidades assinaláveis face às restantes experiências europeias.

Em primeiro lugar, o momento relativamente tardio em que ocorreu esta mudança. Se antes do 25 de Abril o monopólio da RTP decorria do apertado controlo imposto pelo regime a toda a comunicação social, depois dessa data, os contextos político e económico não permitiriam qualquer modificação. O período revolucionário vivido depois daquela data, a profunda retracção do investimento privado que dele resultou e a tradicional exiguidade do mercado da comunicação social, agravada pela existência de um forte sector público que se estendia a vários dos principais jornais diários, tornariam política e comercialmente inviável qualquer candidatura à televisão privada. Aliás, caso viesse a ter consistência, esta pretensão depararia ainda com o obstáculo proveniente de um preceito constitucional, que, impondo um monopólio, apenas poderia ser ultrapassado com um alargado, mas inexistente consenso parlamentar, traduzido por uma votação favorável de mais de dois terços dos deputados.

Em segundo lugar, a circunstância de as primeiras tentativas de ultrapassar o quadro legal que impunha o monopólio da RTP terem partido, num caso, de um grupo de personalidades independentes da direita do espectro político e noutro, por iniciativa da Igreja Católica e não em resultado de projectos empresariais, bem sustentados do ponto de vista económico.

Porém, a partir de meados dos anos 80, o contexto político e económico que impedira a abertura da televisão à iniciativa privada sofreria profundas modificações. A mudança que ocorria noutros países europeus, com o início de actividade de operadores comerciais concorrentes do serviço público, repercutia-se amplamente na comunicação social portuguesa. A isso acresciam o crescimento económico, a diminuição do peso do Estado na economia, a crescente importância da televisão como veículo informativo e como actividade lucrativa, a constituição de grupos empresariais no sector da comunicação social, fortalecidos com a privatização da imprensa *estatizada* concretizada no final dos anos 80, a contestação ao *governamentalizado* monopólio da RTP e a enorme evolução tecnológica, que permitia a recepção do sinal de televisão através de antenas parabólicas. A conjugação destes factores criava as condições para que, progressivamente, se instalasse, tanto na opinião pública como nos parceiros do sector, a ideia de que a chegada da televisão privada, de uma televisão alternativa aos dois canais da RTP, era inevitável...e necessária.

O crescente mercado publicitário da televisão que, ao contrário do que acontecia na generalidade dos países europeus, atingia um volume percentual bem superior ao dos outros meios, incluindo a imprensa, criaria também um contexto favorável ao desenvolvimento de um sector privado na televisão.

Contudo, as decisões de carácter político e legislativo que marcaram o início da era da concorrência acarretariam graves consequências para o operador de serviço público, o que constitui uma terceira singularidade. De facto, a RTP não ficaria apenas perante dois novos concorrentes nacionais, com quem teria que partilhar audiências e receitas publicitárias. A simultânea extinção da taxa, substituída por indemnizações compensatórias tardiamente disponibilizadas, insuficientes face aos custos da empresa e atribuídas sem qualquer planeamento plurianual, determinaria o início de uma longa *crise de financiamento*. Ao mesmo tempo, a legislação aprovada no início dos anos 90, marcada por um limitado elenco de obrigações impostas aos operadores público e privados, estabelecia um sistema de financiamento da RTP, que excluía os seus dois canais nacionais do apuramento dos custos da empresa suportados pelos fundos públicos, tornando-a nessa matéria totalmente dependente das verbas provenientes da publicidade. Desta forma, a RTP seria impelida para uma concorrência directa com os outros operadores, o que afectaria o carácter distintivo da sua programação, frequentemente criticada por sectores da opinião...*publicada* como demasiado popular, mesmo depois da correcção daquela anomalia na lei da actividade televisiva e no contrato de concessão de 1997.

A era da concorrência desencadearia desta forma assinaláveis consequências para a RTP e para a popularidade do serviço público de televisão. A estreita dependência face aos governos, estabelecida pelo modelo de governação da empresa, a progressiva espiral de endividamento gerada pela considerável diferença entre os proveitos e os custos da RTP e os ecos desta crise financeira numa opinião pública, que acedia agora sem pagar taxa nem contribuir com os seus impostos à programação popular, e por vezes com qualidade, de outros operadores, incutiam em muitos portugueses a ideia da desnecessidade do serviço público.

Estas dificuldades da RTP tornaram-se, aliás, um importante instrumento da luta político-partidária, o que tornava mais distante e inexequível qualquer esforço de consensualização de um modelo de governação e financiamento.

O modelo de governação a adoptar tem constituído um dos temas centrais do debate em torno do modelo europeu do serviço público de televisão.

As competências reservadas, na generalidade dos países, aos governos e ao poder político em geral, na definição não só da política para a televisão, mas também do próprio quadro geral da actividade do operador concessionário do serviço público tornam aparentemente legítima a sua intervenção em diversos aspectos da sua execução. Tal sucede, por exemplo, com as grandes opções estratégicas relativas à presença em novas plataformas de distribuição, a definição da oferta de canais e serviços e até com o quadro geral da programação a emitir. Ora como compete ao poder político definir os modelos de governação e financiamento e as obrigações gerais de programação, lógico se tornará concluir que o poder de designação dos seus gestores surja, em muitos países, na sequência das competências antes assinaladas.

Desta forma, a questão da independência dos operadores de serviço público de televisão face ao poder político viria a constituir um dos problemas centrais da política de comunicação social nos regimes democráticos.

Ocupando os operadores públicos de televisão um lugar nuclear no processo de comunicação política, que o fim do monopólio apenas atenuou, compreende-se que o seu modelo de organização reflicta, na generalidade dos países, a estrutura e a tradição política de cada estado.

Em grande parte dos países europeus, o modelo de governação existente pressupõe que, na sua origem ou no decurso da sua história, houve um *momento de consensualização,* em que uma maioria política auto limitou e repartiu o seu poder sobre o operador de serviço público, definindo regras a vários níveis, desde a forma de designação dos seus dirigentes até à atribuição a entidades externas à empresa de poderes de intervenção ou fiscalização da sua actividade.

Em traços gerais, a existência ou não dessa partilha divide os modelos de gestão entre aqueles onde o governo continua a manter o seu poder sobre o operador, e, por outro lado, os países onde a empresa está longe de qualquer tutela directa do poder político ou vigora uma repartição do poder entre a maioria e as oposições ou entre os grupos sociais mais representativos. Nos países em que se segue este último modelo atribuem-se consideráveis poderes, quanto à designação dos principais responsáveis dos operadores ou à determinação dos conteúdos, quer a órgãos representativos da diversidade político partidária, como o Parlamento ou entidades emanadas da sociedade civil, quer a outras entidades, com destaque para as autoridades administrativas independentes com funções reguladoras no sector audiovisual.

Não obstante esta diversidade, podemos encontrar, sobretudo nos países do centro e do norte da Europa, regras comuns sobre os modelos de governação: a sua consensualização entre as principais forças políticas, a representação da sociedade civil nos órgãos internos da empresa e regras que asseguram a inamovibilidade dos gestores e directores e a desconexão entre os respectivos mandatos e os mandatos parlamentares e governamentais. E, factor não desprezível, uma arreigada tradição de proceder a escolhas baseadas em critérios de competência profissional.

A atribuição ao Governo do poder de escolher os administradores do operador pode ser, no entanto, justificada pela responsabilidade do executivo na condução de uma política para o audiovisual, do qual o serviço público de televisão representa uma componente essencial. De facto, a definição do quadro geral de actuação do operador, o seu papel no novo quadro digital ou na indústria audiovisual, os serviços de programas internacionais, entre outras opções, legitimam um certo grau de intervenção do Governo. Em muitos países europeus, essa competência governamental não é contestada, tanto mais que existe uma sólida tradição de nomeações, fundadas em critérios de indiscutível competência profissional.

A escolha parlamentar dos gestores tem a vantagem de obrigar em regra a um consenso entre as principais formações partidárias, já que surge quase sempre associada à exigência de uma maioria qualificada. Em alternativa, pode instituir-se uma eleição através de método proporcional, processo que apresenta como vantagem a representação das minorias. Num caso ou noutro, existem inconvenientes, como os de retirar coesão ao conselho e de politizar e partidarizar mais as escolhas, muitas vezes em detrimento da qualificação técnica dos indigitados, por desconfiança recíproca dos partidos proponentes.

A escolha por indicação de organismos representativos, como os conselhos de opinião, pode aparentemente proporcionar uma maior independência. Todavia, a prévia selecção das entidades envolve um juízo sobre a sua representatividade que nem sempre está isento de controvérsia, tanto mais que o decurso do tempo pode torná-la obsoleta, além de poder ser sempre acusada de politicamente parcial. De resto, a escolha a cargo de um órgão colectivo, como estes conselhos, com membros não profissionais e com diversos graus de conhecimento sobre as exigências do serviço público, pode suscitar uma indesejável *desresponsabilização* na condução de uma empresa sensível e influente como o operador público de televisão.

Outra solução seria a repartição da responsabilidade da indicação dos gestores entre o governo, a quem competiria a escolha de membros executivos, e o Conselho de Opinião, que designaria não executivos, com poderes de acompanhamento e fiscalização. Este modelo poderia compensar algumas das desvantagens do modelo governamentalizado, mas conduziria eventualmente a uma menor eficácia na gestão da empresa.

Finalmente, a escolha feita por uma multiplicidade de entidades apresenta o inconveniente de retirar coesão ao órgão de gestão, contribuindo também para a sua *desresponsabilização*.

O processo de nomeação dos responsáveis por sectores da empresa – designadamente do que tem a seu cargo a chefia da sensível área dos conteúdos – pode igualmente ser revestir formas diversas. Uma delas, recorrendo a um concurso público, tornaria mais transparente a selecção do candidato vencedor, mas constituiria, muitas vezes, um inultrapassável obstáculo para potenciais pretendentes ao lugar, que não querem sujeitar-se a esse veredicto, pela publicidade que ele envolve.

A RTP esteve sujeita, desde a sua fundação, a um modelo bastante governamentalizado. O 25 de Abril não implicaria qualquer mudança significativa no modelo de governação, subordinando a RTP às vicissitudes da vida política. Até à década de 90, o seu modelo de governação seria praticamente idêntico ao de qualquer outra empresa pública.

Essa estreita dependência do poder político manifestar-se-ia em numerosas vertentes da actividade da empresa.

Em primeiro lugar, na invulgar rotação de conselhos de administração, que está longe de poder ser exclusivamente atribuída à ausência de estabilidade política no período posterior ao 25 de Abril, traduzida em 6 governos provisórios e 17 constitucionais em 34 anos de democracia. Se desde a sua fundação, em 1955, até ao 25 de Abril de 1974, a RTP conhecera apenas quatro presidentes do conselho de administração, depois dessa data passaram pela empresa 25 presidentes, dos quais apenas dois cumpririam os seus mandatos até ao fim.

Em segundo lugar, na relação entre a mudança de maioria política e a escolha de um novo conselho de administração. O Governo actualmente em funções foi o único até hoje que manteve um conselho de administração designado por uma maioria política diferente, respeitando integralmente o seu mandato. Tal se deveu ao cumprimento da regra da inamovibilidade dos gestores, estabelecida na legislação de 2002, que assegurava, além de maior independência, uma estabilidade antes inexistente. Antes disso, existiu uma evidente relação de causalidade entre a mudança de maioria política e a subsequente designação de uma nova equipa de administradores. As mudanças das equipas de gestores da RTP foram consideradas tão prioritárias, quer nos *timings* adoptados, quer nos critérios de confiança política envolvidos na selecção das novas equipas, como as que tradicionalmente rodeiam a escolha pelos governos, logo a seguir à sua posse, dos mais altos quadros da Administração Pública.

Em terceiro lugar, em muitas circunstâncias, a indigitação de um novo conselho de administração não representou mais do que um passo instrumental para a colocação, poucas semanas depois, nos influentes lugares de chefia dos sectores de programação e, sobretudo, da informação, de pessoas da estrita confiança política do Governo e do partido maioritário. Em alternativa, tal mudança seria, pelo menos, justificada pela intenção de substituir os responsáveis anteriores, considerados como afectos à maioria política cessante. Era desta forma criada, em pouco tempo, uma *cadeia hierárquica de controlo político* desde o Governo até ao interior dos departamentos informativos.

No entanto, sem nunca pôr em causa o núcleo essencial do modelo governamentalizado que caracteriza a RTP desde a sua fundação, importará sublinhar que, na última década e meia, foram sendo progressivamente instituídas medidas de salvaguarda da sua independência face ao poder político. Assim, em 1992, seria institucionalizado um Conselho de Opinião socialmente representativo, com competências essencialmente consultivas, quanto à gestão administrativa e financeira e à área da programação. Por outro lado, atribuiu-se a responsabilidade exclusiva pela selecção e conteúdo da programação e da informação aos directores das respectivas áreas. Em 1998, seria consagrado o carácter vinculativo dos pareceres do Conselho de Opinião sobre a designação e a destituição dos gestores. Tal competência seria substituída, em 2002, por um parecer vinculativo da AACS (mais tarde da ERC) sobre a designação e destituição dos directores das áreas da programas e da informação. Em 2002, seria estabelecido o princípio da inamovibilidade dos gestores. Finalmente, nos Estatutos de 2007, foi institucionalizado um acompanhamento parlamentar em relação à actividade desenvolvida pela concessionária.

Ao mesmo tempo, a concorrência dos operadores privados, a partir de 1992/93, obrigaria a RTP a acrescidas preocupações relativamente à independência e ao pluralismo da sua informação.

Essa terá sido a razão fundamental para a progressiva desgovernamentalização da informação da RTP desde essa época. No entanto, quer devido a essa competição com a SIC e a TVI, quer em consequência daquelas modificações no modelo de governação, quer ainda por outras circunstâncias não menos relevantes – por exemplo, a acrescida consciência profissional dos jornalistas e o maior escrutínio da opinião pública (e da opinião *publicada...*) sobre o rigor e a independência da informação, a controvérsia em torno da independência da RTP não assumiu nos últimos anos, justificadamente, a intensidade que a caracterizou até então.

No entanto, nunca se gerou um consenso em torno do modelo de governação do operador público, mesmo quando a inexistência de uma maioria parlamentar poderia convidar os partidos da oposição a imporem regras limitadoras da influência dos governos na condução da empresa. Sempre que a Assembleia da República aprovou novos estatutos para a RTP, o que aconteceu em 1992, 2003 e 2007, a generalidade da oposição votaria contra, considerando incumprido o princípio da independência perante o poder político. Porém, não apresentaria qualquer proposta visando um modelo alternativo, mesmo quando as mudanças apresentadas e votadas constituíam avanços – embora limitados – na consagração daquele princípio. Ao longo dos anos, as recorrentes críticas partidárias à alegada governamentalização da RTP seriam também utilizadas como forma de pressão sobre os seus responsáveis, visando a mera prevenção de futuros abusos ou a obtenção de maior visibilidade noticiosa.

Desta forma, nem a recente evolução do modelo de governação das sociedades comerciais, nem a necessidade de assegurar o imperativo constitucional de garantir a independência da RTP face ao poder político colocariam em causa a estrutura clássica do seu modelo tradicional: designação dos gestores pelo governo, designação dos directores pelos gestores.

Ao manterem o modelo *clássico*, os sucessivos governos, independentemente da intenção de conservarem na sua tutela directa um órgão de comunicação que conserva uma indiscutível influência na formação da opinião pública, privilegiaram a possibilidade de definirem (e acompanharem) directamente uma política para o serviço público de rádio e de televisão – nomeadamente, a definição dos objectivos a prosseguir pelos diferentes serviços de programas, a modernização tecnológica, incluindo a nova oferta que ela proporciona e o acompanhamento da gestão financeira, particularmente relevante no contexto de recuperação da empresa e dos novos condicionalismos impostos pelo surgimento de novos operadores e plataformas.

Como se referiu, no modelo português, nunca foi posta em causa a competência dos governos para designarem os gestores, pois, no máximo somente se limitou o seu exercício, através de um parecer vinculativo do Conselho de Opinião.

Assim sendo, o caminho alternativo para garantir a independência decorreria sobretudo da separação entre a gestão e a programação, criando uma inultrapassável barreira nas competências dos administradores da empresa relativamente à programação e à informação. Esta proibição de interferir no domínio dos conteúdos, apenas excepcionada, no momento da definição do contrato de concessão e pela competência para definir anualmente o quadro orçamental global para a programação e para a informação, não tem paralelo nos restantes modelos europeus.

O modelo português apresenta desta forma uma especificidade assinalável: a clara separação entre a gestão da empresa, a cargo do conselho de administração, e a direcção de conteúdos, atribuída aos directores de programas e de informação. Em matérias relativas à programação e à informação, compete apenas aos gestores estabelecer no orçamento anual as verbas globais que lhes estão destinadas. Nem sequer podem exonerar os directores, sem um parecer vinculativo favorável da entidade reguladora, o que lhes assegura maior independência. Não está igualmente estabelecido qualquer limite para a duração do mandato dos directores.

No entanto, a autonomia do responsável pela programação tem um limite. De acordo com uma disposição introduzida no Estatuto da RTP de 2007, a responsabilidade pela selecção e pelo conteúdo da programação deverá respeitar as orientações de gestão definidas pelo conselho de administração no estrito âmbito das suas competências e de acordo com os objectivos e obrigações previstos na legislação e no contrato de concessão. Contudo, este limite à autonomia, ditado pela necessidade de conformar os custos da grelha de programação com o orçamento da empresa, não se estende sequer ao campo informativo.

Esta garantia de uma plena autonomia dos responsáveis pela informação, maior do que na área da programação, destina-se a assegurar uma clara barreira, mesmo na gestão de recursos financeiros, que impeça uma intervenção do conselho de administração, que fica desta forma, sem ambiguidades, limitado à definição anual de uma verba destinada àquele sector politicamente tão sensível.

Esta diferenciação de regimes aplicáveis às áreas da programação e da informação representa uma separação inédita nos modelos de governação dos outros operadores públicos europeus. De facto, na generalidade dos operadores, como no modelo alemão em que ao conselho de administração está reservado um papel de mero acompanhamento e fiscalização da gestão, um mesmo responsável tem até atribuições bem mais vastas, conciliando as responsabilidades na definição dos conteúdos com a direcção efectiva de toda a empresa, incluindo naturalmente a sua efectiva condução financeira e administrativa.

Não é essa a tradição portuguesa. Foram poucos os responsáveis que exerceram funções de coordenação e direcção, tanto da programação como da informação. Depois de 25 de Abril de 1974, apenas Carlos Cruz (1979-80), José Eduardo Moniz (1989-94), Joaquim Furtado (1996-98), Emídio Rangel (2001-02), e, durante menos tempo ou com menor notoriedade, Adriano Cerqueira (1994-95) e João Grego Esteves (1999-00) assumiram essa função de liderança de toda a área dos conteúdos. Quando existiram diferentes responsáveis, essa necessidade de articulação entre estas duas áreas – por exemplo, na afectação de recursos e na própria organização da grelha de programas – imporia mesmo uma arbitragem ou mesmo uma coordenação pela administração, legitimando a sua participação em decisões que estatutariamente lhes estariam vedadas.

Não é fácil encontrar uma explicação para esta singularidade. É verdade que escasseiam em Portugal os profissionais capazes de assumir (e de ver reconhecida) uma liderança num domínio tão sensível como os conteúdos do serviço público de televisão. No entanto, a designação de alguém, desse *homem forte* para os conteúdos, com as correspondentes qualidades e responsabilidades, acarretaria uma tal auto-limitação no âmbito de intervenção dos conselhos de administração, que poucos terão querido optar por esse caminho.

Este modelo original português depara-se com outras dificuldades.

Qual é, nos seus exactos termos, a separação entre tarefas de gestão e de definição quotidiana dos conteúdos de programação e de informação? A nomeação em 2004 pelo Conselho de Administração da RTP de uma jornalista para o cargo de correspondente em Madrid, contra o parecer da Direcção de Informação, alicerçado num concurso público interno, conduziria à demissão do seu responsável, demonstrando que a divisória entre esses dois mundos não era completamente linear, nem isenta de potenciais focos de tensão.

A própria definição pelo governo concedente do serviço público do conjunto de obrigações de programação da concessionária, o que é feito de forma quantificada e com algum detalhe, como sucede no contrato de concessão de 2007, recoloca a questão da barreira à intromissão do poder político. Ao impor essas obrigações (divulgação de obras, criadores e instituições culturais portuguesas, longas metragens, grandes espectáculos culturais ou artísticos, programação para o público infanto-juvenil, etc.) e a sua frequência, o governo força a empresa a prosseguir um certo tipo de programação, mesmo que essa definição não envolva qualquer tipo de condicionamento directo nas escolhas diárias dos responsáveis pela programação e informação.

Haveria vantagens, no capítulo da independência face ao poder político, em que o Parlamento viesse a substituir o Governo como concedente do serviço público, negociando e subscrevendo o respectivo contrato com a administração da empresa? É possível que tal inovação pudesse consensualizar o serviço público e afastá-lo de uma intervenção abusiva dos governos. Todavia, parece igualmente indiscutível que essa modificação poderia constituir também um retrocesso no desejável caminho de autonomização face à vida política, uma vez que a parlamentarização da RTP geraria inevitavelmente um complexo processo de repartição de influências na empresa.

O segundo tema de controvérsia em Portugal relativamente ao serviço público de televisão decorre da convicção, bastante generalizada, de que ele tem uma relação custo/benefício demasiado onerosa, que deveria impor profundas modificações na RTP. Aliás, esse argumento tem sido frequentemente utilizado pelos operadores concorrentes, que invocaram mesmo, embora sem êxito, junto de instâncias europeias, alegadas formas de concorrência desleal em que a RTP incorreria.

A origem dos montantes adstritos ao financiamento do operador de serviço público, a dimensão e as suas diversas modalidades, podendo condicionar a independência dos operadores e o tipo de programação emitida, revestem-se da maior relevância, constituindo um dos aspectos nucleares do modelo europeu de serviço público de televisão.

A importância do modelo de financiamento, bem como a necessidade de clarificar as regras de financiamento do serviço público, sobretudo tendo em conta a actividade concorrente de operadores comerciais, suscitou na última década e meia um conjunto de tomadas de posição por parte de instâncias europeias. A diversidade de modelos de financiamento, decorrente das diferentes origens e características históricas, culturais e políticas dos serviços públicos de televisão dificultaria a elaboração e a consensualização de regras comuns.

Na generalidade dos países europeus, a taxa constitui a principal e a mais antiga forma de financiamento dos operadores públicos, mas quase todos recorrem a fontes complementares, sobretudo à publicidade comercial.

De facto, o modelo de financiamento predominante na Europa é o misto, variando todavia de forma substancial, consoante os países, as percentagens relativas da taxa e das receitas comerciais.

Em Portugal, o modelo inicial de financiamento foi igualmente o misto, mas a RTP passaria por três fases: uma primeira, até 1991, em que esse financiamento fundamentalmente baseado nas receitas da taxa e da publicidade seria geralmente suficiente para a auto-sustentação da empresa; uma segunda, posterior à extinção da cobrança da taxa, em que prevaleceria uma grave crise de financiamento, dada a insuficiência dos fundos públicos e a diminuição relativa das receitas publicitárias; uma terceira, desde 2003, de consistente recuperação económico-financeira da RTP, devida à diminuição dos seus custos operacionais e ao aumento dos fundos públicos, entre os quais uma parcela da contribuição para o audiovisual.

O acesso às receitas da publicidade distinguiria, desde o início, os modelos de financiamento da RTP e da Emissora Nacional, uma vez que esta nunca auferiria esse tipo de receitas.

Na rádio, a emissora oficial coexistia com operadores privados, alguns dos quais, casos do Rádio Clube Português e da Rádio Renascença, recolhiam uma clara simpatia do poder político. Na televisão, havia um operador em situação de monopólio.

A Emissora Nacional era um organismo estatal directamente dependente do Governo. Na RTP, havia uma maioria de capital privado, um terço do qual aliás detido por vários operadores privados de radiodifusão, que gostariam de extrair lucros da exploração deste novo meio de comunicação.

As receitas da taxa eram previsivelmente suficientes para a gestão da Emissora Nacional, mas já não para o equilíbrio financeiro da RTP, uma vez que a televisão exigia meios mais avultados. A taxa teria até, inicialmente, um valor relativamente elevado, o que conduziu o poder político a manter o seu montante inalterado, desde o início da sua cobrança, em 1958, até 1976, face ao risco de limitar a expansão da televisão.

O alargamento da rede de emissores e o aumento, quer do número de receptores registados, correspondentes ao número de famílias que pagavam a taxa de televisão, quer das horas de emissão, proporcionaram um crescimento sustentado da empresa, que reflectia o entusiasmo do público em torno do novo meio de comunicação social.

Após alguns anos – até 1962 – em que teria resultados negativos, a RTP atravessaria, entre 1962 e 1973, um período de incontestável saúde financeira, alicerçada nas receitas provenientes da taxa de televisão e da publicidade emitida, ambas com um crescimento regular, que traduzia a contínua expansão do meio televisivo em Portugal. Nesse período, apesar do seu valor não ter sido alterado, as receitas provenientes da taxa ultrapassaram sempre os 50% do total dos proveitos.

O período conturbado subsequente ao 25 de Abril modificaria esta situação, iniciando-se uma fase, até 1985, em que a RTP apenas apresentaria lucros em 1980 e 1981. O aumento das despesas com o pessoal – em 1975 representavam mais de dois terços dos custos totais da empresa... – os elevados níveis de inflação insuficientemente compensados pelas receitas da taxa, a crise no mercado publicitário provocada pela retracção no crescimento da economia, o aumento das despesas de funcionamento, designadamente no domínio da programação e a instabilidade vivida na empresa explicavam o agravamento da situação financeira da RTP. Esgotara-se assim o modelo de sustentabilidade da empresa baseado no regular crescimento do número de espectadores e dos consequentes volumes das receitas da taxa e da publicidade.

Esta situação conduziria o poder político a adoptar novas medidas. O recurso a avales do Estado e a subsídios não reembolsáveis – as então chamadas *compensações à exploração*, mais tarde denominadas *indemnizações compensatórias* – marcariam, sobretudo a partir dos anos 80, uma terceira fonte relevante de financiamento da RTP, que, no entanto, até 1991, nunca atingiriam sequer 10% dos proveitos totais da empresa.

Porém, a possibilidade de recorrer a fundos públicos tornava a taxa menos insubstituível. A sua extinção, no final de 1990, deveu-

-se ainda a outras razões. Ela representava uma percentagem progressivamente menor das receitas da RTP, atingindo os 18% em 1990. A taxa era impopular, visto que se anunciava para breve a possibilidade de ver gratuitamente as emissões de dois operadores privados. Estava sujeita a uma complexa e dispendiosa rede burocrática e tinha problemas de constitucionalidade apenas corrigíveis mediante uma sempre polémica iniciativa legislativa. A sua extinção, em data próxima de eleições legislativas, constituiria um indiscutível trunfo político e não seria contestada por nenhuma força partidária.

A extinção da taxa, a crescente partilha do mercado publicitário com os novos operadores privados e o recurso a fundos públicos marcariam a segunda fase da *história financeira* da RTP.

Nesse período (1991-2003), o esforço financeiro do Estado atingiu mais de mil milhões de euros, cerca de metade das receitas da RTP. Apesar disso, o endividamento da RTP foi sempre crescendo, fruto dos resultados negativos verificados em todos os anos deste período, atribuíveis a um diversificado conjunto de factores: inadequação do modelo de financiamento previsto no contrato de concessão de 1993, que não previa qualquer compensação para a programação dos dois principais canais do serviço público; incumprimento do contrato de concessão de 1997, resultante da não orçamentação pelo Estado dos valores impostos pelo contrato de concessão e pelo sistemático atraso na atribuição das indemnizações compensatórias; redução das receitas publicitárias por diminuição das audiências. A partir de 1997, o défice agravou-se ainda mais devido a uma específica limitação contratual do volume de publicidade; ao aumento dos custos do serviço público, atribuíveis a novas obrigações e serviços, ao encarecimento dos custos de difusão e de programação e à ausência de medidas de saneamento financeiro e de reestruturação da empresa.

Ao mesmo tempo, a RTP mergulhava numa *crise de legitimidade*. O gradual aumento de simpatia pelas estações privadas, unicamente subsidiadas pelas receitas publicitárias, levava muitos contribuintes a questionarem o financiamento público da RTP, a quem acusavam de ineficiente, governamentalizada e com uma programação pouco distinta face à emitida pela concorrência. Neste quadro, a RTP transformou-se num alvo preferencial do combate político partidário, sendo sempre mais útil às oposições utilizarem-na como objecto de críticas do que demonstrar alguma abertura para uma solução consensual que minorasse os graves problemas da empresa.

A mudança de Governo, em Abril de 2002, acarretaria uma profunda mudança na RTP, iniciando-se uma terceira fase. O novo quadro legal, em vigor desde o ano seguinte, reformularia o modelo de financiamento do serviço público, tornando-o sobretudo suficiente e previsível, por ser definido num quadro plurianual. Aumentariam substancialmente os fundos públicos que lhe eram anualmente destinados, atingindo em termos absolutos ou em percentagem do PIB, valores sem precedentes. Um Acordo de Reestruturação Financeira entre o Governo e a *holding* Rádio e Televisão de Portugal, válido por um período de dezasseis anos (2003-2019), asseguraria um quadro de financiamento previsível e suficiente. Ao mesmo tempo, além da integração da RTP e da RDP na mesma empresa, seria empreendida uma significativa redução dos seus custos operacionais.

O modelo de financiamento, decorrente do pacote legislativo de 2003, prosseguido com alguns aperfeiçoamentos pelo Governo socialista desde 2005, assenta em quatro fontes principais: as indemnizações compensatórias, as receitas comerciais de publicidade, as dotações de capital e as contribuições para o audiovisual que não sejam utilizadas no financiamento do serviço público de radiodifusão. Atingindo mais de 80% das receitas totais da empresa em 2007, os fundos públicos, aí se incluindo a contribuição para o audiovisual, constituem a principal origem do financiamento da empresa, o que lhe assegura uma benéfica independência das receitas comerciais, quer da publicidade, quer dos crescentes proveitos provenientes do multimédia e das plataformas de distribuição. Recorde-se que, em 1993, a publicidade chegara a representar perto de 75% dos proveitos totais da RTP, iniciando-se nessa altura uma inversão da origem do financiamento, que coloca hoje a RTP num patamar bem mais adequado ao modelo europeu de serviço público.

A recuperação económico-financeira da RTP, proporcionada pelo cumprimento dos aspectos essenciais do detalhado acordo estabelecido em 2003 e pela contenção de custos então iniciada, retirou a empresa não apenas da difícil situação em que se encontrava desse ponto de vista, mas também lhe devolveu a indispensável legitimidade. Para isso contribuiu também a consistente subida do *share* da RTP desde 2001 e o, ainda que por vezes alegadamente insuficiente, carácter distintivo da sua programação.

O sucesso desta recuperação secundarizou o financiamento da RTP na agenda política, subtraindo-o das críticas da opinião pública menos sensível à necessidade de um forte e influente serviço público.

O facto de o referido pacote legislativo, bem como a reorganização da empresa, terem sido inicialmente definidos e realizados pelos partidos da direita do espectro partidário, tradicionalmente menos sensíveis à importância de um influente serviço público de televisão, garantiu-lhe uma acrescida solidez, tanto mais que o actual governo socialista se limitou, prudentemente, a assegurar a continuação do plano de recuperação e o seu cumprimento. Não se pode concluir, no entanto, que exista um sólido consenso sobre os aspectos essenciais do modelo de financiamento do serviço público de televisão, cuja inexistência contribuiu para a crise que a empresa atravessou no período entre 1991 e 2003. Apesar de os aspectos essenciais do modelo de financiamento em vigor terem sido arquitectados e concretizados pelo Governo PSD/PP, têm sido frequentes, nos últimos anos, as críticas ao *elevado custo* do serviço público de televisão e a apresentação de propostas para alterar aquele modelo, provenientes de responsáveis do PSD.

Aliás, a fixação anual do valor da contribuição para o audiovisual, concretizada através de uma disposição legal incluída na proposta de lei referente ao Orçamento do Estado, tem sido objecto de votações muito diversas pela Assembleia da República. Se incluirmos as posições das diferentes forças parlamentares referentes à taxa de radiodifusão (antecessora da contribuição para o audiovisual), poderemos concluir que sobretudo o PS, mas na maior parte das ocasiões, sobretudo desde 2003, também o PSD têm votado a favor, o PCP, o BE e o PEV se pronunciam geralmente contra e o PP varia muito o seu sentido de voto (ver anexo XV).

Não se poderá concluir, no entanto, que essas opções reflictam directamente a posição dessas forças partidárias relativamente à existência de um influente serviço público de televisão, tanto mais que PCP, BE e PEV lhe têm repetidamente manifestado o seu apoio. A divergência dessas forças partidárias referir-se-á assim à existência de uma taxa paga por todas as famílias e, sobretudo, ao regular aumento do seu montante. De resto, nenhuma destas forças políticas de esquerda contestou o elevado volume das verbas inscritas no Orçamento do Estado para as indemnizações compensatórias ou pôs em causa o montante das dotações de capital.

Ao contrário do que sucede na maior parte dos países europeus, o financiamento do serviço público de televisão em Portugal é assegurado essencialmente através de verbas previstas no Orçamento do Estado, uma vez que os montantes provenientes da exploração da publicidade, de outras receitas comerciais e da contribuição para o audiovisual atingem em conjunto valores inferiores.

A taxa continua a ser a principal fonte de receita dos operadores públicos europeus. A sua generalização e o facto de ser cobrado um montante igual a todas as famílias foram sendo considerados como formas de fortalecer o próprio serviço público, legitimando as exigências de qualidade, independência e pluralidade que todas essas famílias contribuintes apresentam à *sua* televisão.

Em contrapartida, a imposição de uma taxa não é isenta de polémica. A necessária actualização do seu montante, nomeadamente face aos recentes desafios da tecnologia digital, acarreta-lhe uma crescente impopularidade, tanto mais que o aumento da oferta televisiva, em alguns casos inclusivamente através de serviços apenas acessíveis mediante pagamento, e a consequente fragmentação das audiências têm atenuado o tradicional vínculo entre cada cidadão e o serviço público de televisão. De facto, a legitimidade político-jurídica da taxa fragiliza-se com a transferência de espectadores para os operadores privados, porque eles continuam a pagar um serviço de que usufruem menos ou de que já não usufruem mesmo. É por isso que, doutrinariamente, a sua classificação como imposto se torna mais justificável, uma vez que não lhe subjaz uma relação sinalagmática.

Finalmente, o referido carácter *socialmente injusto* da taxa, de montante igual para todos os contribuintes, apresenta também inconvenientes. O igualitarismo prevalecente na determinação do montante tem constituído um importante factor de limitação da sua actualização, sendo o seu valor invariavelmente *alinhado* pelos rendimentos mais baixos.

Desta forma, tornando-se impossível aumentar o montante da contribuição para o audiovisual de forma a tornar dispensável o recurso às indemnizações compensatórias, o que envolveria um valor incomportável para muitas famílias, a existência deste tipo de fundos públicos é inevitável. Estabelecidos com um horizonte plurianual, garante-se a previsibilidade e a independência indispensáveis à gestão do operador público.

O recurso às receitas comerciais, ainda que substancialmente limitadas, parece imprescindível no quadro actual. A sua exclusão dos ecrãs da RTP daria maior sustentabilidade aos operadores privados, sobretudo na véspera da chegada de um novo concorrente, mas oneraria ainda mais os custos públicos. Por outro lado, a presente redução para metade do tempo disponível do espaço publicitário na RTP1 garante que os critérios de programação não estão dependentes de qualquer tipo de critério comercial.

No entanto, haveria certamente aspectos do modelo susceptíveis de aperfeiçoamento. A intervenção de um organismo independente – a entidade reguladora ou uma entidade específica como na experiência alemã – na definição plurianual dos montantes da contribuição para o audiovisual e das indemnizações compensatórias conferiria maior legitimidade e independência à RTP, se tal fosse objecto de um vasto consenso parlamentar. Além disso, teria a vantagem de tornar mais evidentes perante a opinião pública, quer o vasto elenco de canais e serviços oferecidos pelo serviço público – muito para além da RTP1 –, quer o facto de o serviço público português de televisão estar longe de atingir um custo, por exemplo, em percentagem do PIB, equiparável ao de muitos outros países europeus.

Contudo, a existência de um detalhado e realista plano plurianual, previsto para o período entre 2003 e 2019, impõe redobrada prudência, inviabilizando modificações que possam pôr em causa regras estipuladas nesse documento, nomeadamente os compromissos assumidos pelo Estado português face a entidades bancárias.

Curiosamente, ao contrário dos modelos de governação e de financiamento, sobre os quais não se forjou qualquer consenso continuado, o modelo de regulação da comunicação social tem tido um percurso invariavelmente associado à renovação de acordos político partidários, nomeadamente entre os dois maiores partidos portugueses. A aparente facilidade com que, em 1976, 1982, 1989 e 2005, estes sucessivos entendimentos foram concretizados em sede parlamentar e de revisão constitucional dever-se-á ao facto de o funcionamento das sucessivas entidades reguladoras, por mais deficiente que tenha sido, nunca constituiu objecto útil de luta política. Prevaleceu, desta forma, a convicção de que se tornava imprescindível aperfeiçoar o modelo existente, mesmo se isso viesse a ser alvo da desconfiança da generalidade dos órgãos de comunicação social.

A ausência de consenso relativamente aos modelos de governação e de financiamento da RTP não constituirá todavia o seu maior desafio.

As profundas mudanças decorrentes do advento da era digital criarão novas condições para a actividade do serviço público de televisão, crescentemente influenciado pela evolução das tecnologias, do mercado, da legislação e do comportamento dos consumidores.

Em Portugal, todavia, o alargamento da oferta televisiva concorrente do serviço público foi tardio e, apesar de tudo, relativamente escasso.

A legislação da televisão cingiria, até 1998, o papel das empresas de televisão por cabo à mera distribuição de canais já licenciados, recusando o chamado *cabo activo*, o que teria reflexos negativos no desenvolvimento da produção audiovisual, embora favorecendo a sustentação comercial da SIC e da TVI. Mais tarde, ultrapassada essa limitação, a oferta televisiva portuguesa por cabo distinta da emitida pela rede hertziana analógica não ultrapassaria de forma relevante a que era disponibilizada pela SIC e também pela RTP, para o que contribuíra um discreto acordo entre aquele operador privado e a TV Cabo, celebrado em 2000, que lhe conferia direitos de preferência sobre novas ofertas de canais, limitando de forma grave a liberdade de criação de empresas operadoras de televisão. Portugal seria mesmo, no espaço da União Europeia, então com 15 membros, o último país a concretizar uma iniciativa de *pay tv*.

As mudanças na oferta televisiva não ficariam por aqui.

Em primeiro lugar, o aumento do número de canais falados ou legendados em português, mais do que o número dos produzidos por operadores portugueses, potenciaria o sustentado crescimento do *share* dos canais exclusivamente transmitidos pelas plataformas de cabo e satélite, agravando a lenta erosão das audiências dos canais generalistas difundidos pela rede hertziana analógica. Para ela contribuiria, no entanto, mais o aumento do número de alojamentos ligados às redes de cabo/satélite do que a própria mudança de hábitos de consumo dos espectadores.

Em segundo lugar, foi-se acentuando progressivamente uma clara *dualidade social* no acesso à oferta televisiva. Os lares das famílias com maiores poder de compra e nível de instrução constituem aqueles onde existe, em percentagens superiores a 65-70 por cento, um acesso a essa diversidade de canais, proporcionada pela recepção por antena parabólica a partir dos anos 80, pelo cabo desde os anos 90 e, já neste século, com a difusão do sinal por outras plataformas (*IPTV, mobile,* etc.). Ao mesmo tempo, a RTP e os restantes canais generalistas perderam para a nova oferta temática uma considerável fatia do público das classes A e B, enquanto que os mais jovens repartem hoje o visionamento da televisão com a Internet, as consolas de jogos ou outras formas de entretenimento.

Em terceiro lugar, nos últimos anos, no âmbito dos desenvolvimentos relacionados com a implantação da tecnologia digital, surgiriam também em Portugal novas plataformas de acesso aos serviços de distribuição de televisão como o *IPTV*, a Internet e a telefonia móvel. Elas complementam hoje, com uma crescente, embora ainda escassa penetração, a difusão hertziana terrestre, o satélite, que teve em 1983/1984 o seu início como plataforma de distribuição sem todavia ter alguma vez transportado o sinal de qualquer novo canal português, e o cabo.

A concorrência no sector televisivo não se limitaria assim, desde há alguns anos, aos operadores de conteúdos, alargando-se igualmente aos operadores de comunicações, designadamente com o *spin-off* da *TV Cabo* face à PT e com emergência dessas novas plataformas.

O novo contexto relativo à oferta televisiva apresenta desta forma características assinaláveis:

- a oferta de conteúdos televisivos integra-se cada vez mais em ofertas *triple play* ou *quad play* (televisão, Internet, telefone fixo e móvel), reflectindo os efeitos da convergência, potenciada pela entrada de novos actores, nomeadamente operadores de telecomunicações e ISP's (*Internet Service Providers*) e pela expansão de uma nova forma de financiamento, o pagamento específico;

- a diversidade de serviços disponibilizados aos consumidores, permitindo um vasto leque de opções, que variam consoante as suas preferências e o seu poder de compra, acentua os traços de *dualidade social*, substituindo a tradicional oferta televisiva apenas generalista e igual para todos, que prevaleceu no primeiro meio século de televisão em Portugal, por outra, crescentemente diferenciada, em função, sobretudo, das classes sociais e do nível de instrução;
- depois dos sucessivos monopólios dos conteúdos e (ou) da distribuição (primeiro da RTP, depois dos canais generalistas, mais tarde, no domínio das plataformas alternativas à difusão hertziana terrestre, da *PT*, que incluía a *TV Cabo*), emerge uma situação de acrescida concorrência, fundada sobretudo na diversidade de plataformas disponíveis (e nos respectivos serviços e modalidades de subscrição), mas também, embora em menor escala, de conteúdos oferecidos.

Essa lenta evolução prosseguirá inexoravelmente. O relançamento do projecto da televisão digital terrestre, em curso, ficará marcado pela polémica em torno da decisão governamental de diferenciar a oferta do *multiplexer* FTA *(Free To Air)* da oferta analógica tradicional, privilegiando o carácter mais aliciante da oferta, o incentivo à indústria audiovisual e o aumento do pluralismo, em detrimento dos argumentos expendidos pelos operadores privados sobre a escassez do mercado publicitário e as suas consequências na qualidade da programação televisiva.

Neste contexto, o serviço público de televisão defronta novos desafios, decorrentes da partilha das audiências com um número crescente de operadores privados, que oferecem novos canais e serviços. Essa tendência parece irreversível, embora se processe de forma mais lenta do que se poderia esperar. Em primeiro lugar, os dois principais canais de serviço público obtiveram nos últimos anos um *share* superior ao que tinham conseguido no início da década. Em segundo lugar, o *share* relativo ao conjunto dos canais das plataformas alternativas à difusão hertziana terrestre estabilizou, nos últimos quatro anos, em torno dos 15%, sustendo a tendência de crescimento antes verificada.

Em todo o caso, impõe-se ao operador de serviço público uma escolha idêntica à que se colocou aos seus congéneres europeus: manter-se, de forma conservadora, em torno da sua oferta clássica, resistindo o mais possível à lenta e inexorável erosão do papel central, de coesão social, outrora desempenhado pelo seu principal canal ou, em alternativa, mesmo contribuindo para uma ainda mais acentuada fragmentação das audiências, oferecer também novos canais e serviços, adequados à natureza e à finalidade do serviço público, fiéis aos seus valores tradicionais e visando responder às necessidades das minorias mais vulneráveis económica e socialmente.

Ainda que, em Portugal, o debate sobre o futuro do serviço público de televisão no quadro digital tenha sido quase inexistente, as medidas tomadas pelo poder político, sem contestação assinalável, permitem concluir não haver consistente oposição a que ele opte por este segundo caminho.

De facto, para assegurar o seu papel nuclear, o serviço público não deverá limitar-se aos tradicionais serviços lineares, quer os dirigidos à generalidade do público, quer os que visam audiências específicas, abrangendo igualmente os serviços que cada consumidor pode utilizar, incluindo aqueles que, estando disponíveis através do operador de serviço público, revestem um forte carácter interactivo e multimédia.

Essa tem sido a opção da RTP. No entanto, até agora, a sua adaptação às exigências e benefícios da era digital tem decorrido muito mais de sucessivos impulsos gerados na própria empresa, percorrendo um caminho paralelo às suas congéneres de outros países, confortado por toda a doutrina emanada das diferentes instâncias europeias, do que de uma estratégia global do poder político ou dos seus gestores e responsáveis.

As mudanças tecnológicas dos meios e sistemas de produção e emissão, a presença nas múltiplas plataformas, os novos canais temáticos e a própria oferta multimédia e na *mobile tv* onde a RTP desempenhou um papel pioneiro, foram assim sendo introduzidos, mau grado as evidentes limitações económicas e financeiras que a empresa sofreu desde praticamente o início dos anos 90, a instabilidade política e a ausência de um consenso político inter partidário expresso e duradouro sobre o papel e a extensão do serviço público de televisão.

Todavia, não podem ser desvalorizadas as consequências do novo contexto digital na legitimidade e, consequentemente, no próprio futuro do serviço público de televisão em Portugal. Aos seus responsáveis cabe agora provar que ele continua a ser indispensável, numa época em que, apesar da crescente oferta de canais e outros serviços, incluindo os não lineares, continuam a existir largos extractos populacionais limitados à oferta televisiva tradicional.

Esta ambição, à altura do próprio contributo de muitos operadores europeus, impõe que ele seja capaz, em primeiro lugar, de assegurar não só um papel qualificado e inovador, rejeitando o mimetismo face à oferta comercial, mas também influente, não se conformando com uma posição meramente suplementar ou mesmo marginal face a esta. O serviço público deverá pois responder às insuficiências do mercado, oferecendo uma *televisão popular de qualidade*.

Em segundo lugar, o serviço público não deve permanecer acantonado na sua oferta tradicional. No momento em que as próprias instâncias europeias se referem a um *serviço público de media*, representando o pleno aproveitamento das potencialidades tecnológicas, a RTP deverá igualmente seguir esse caminho, entendendo a universalidade, conceito tão inseparavelmente associado à origem do serviço público, como um imperativo para a sua presença nas diferentes plataformas e as consequentes disponibilidade e acessibilidade de conteúdos e serviços.

A capacidade de adaptação da RTP aos desafios da era digital surge, todavia, claramente condicionada não só pela sua situação financeira, mas também pela tradicional falta de consenso na classe política sobre o papel do serviço público de televisão. Noutros países europeus (Alemanha, Grã-Bretanha, Itália), a era digital impôs até um reforço da presença do operador público no quadro da oferta proporcionada pela própria televisão digital terrestre.

Tal dificilmente acontecerá em Portugal. Se existe uma clara linha de continuidade na história do serviço público de televisão, desde 1974, ela consiste na controvérsia, quer na classe política, quer na própria comunicação social, em torno da RTP, desde os seus modelos de governação e de financiamento até ao seu papel na era digital.

ANEXOS

ANEXO I

Share dos operadores e canais de serviço público

País	Share do conjunto de canais de serviço público		Share do canal mais popular de serviço público	
	2007	1995	2007	1995
Polónia	48,4	77,0	24,1	54,0
Finlândia	44,1	46,7	23,8	26,0
Alemanha	43,6	40,1	13,4	14,6
Áustria	43,3	63,0	25,5 (1)	36,0 (1)
Itália	42,2	47,9	22,3	22,8
Noruega	40,0	45,0	37,0	45,0
Irlanda	39,8	53,5	25,0	35,3
Bélgica (flam.)	39,4	22,6	30,2	17,5
França	35,2	41,4	18,1	23,8
Suécia	34,5	51,4	19,0	26,3 (2)
Reino Unido	34,1	43,2	22,0	32,0
Suíça (alemã)	33,5	32,6	24,1	28,9
Holanda	31,3	39,3	17,8	15,8 (3)
Dinamarca	31,1	28,0	26,5	28,0
Rep. Checa	30,7	25,4	22,7	22,4
Suíça (francesa)	30,7	32,1	24,3	29,9
Suíça (italiana)	30,5	27,3	24,3	25,9
Portugal	30,4	44,9	25,2	38,5
Eslováquia	22,8	73,7	17,7	60,5
Espanha	21,8	36,8	17,2	27,6
Bélgica (franc.)	19,7	19,1 (4)	15,2	16,8 (4)
Grécia	16,2	8,8	9,6	4,6 (5)
Hungria	14,5	72,7	12,8	49,8

(1) Dados relativos ao canal ORF2. O ORF1 teve shares de 17,6 em 2007 e 27,0 em 1995
(2) Em 1995, o principal canal era o SVT-2, com um share de 26,3. O SVT-1 tinha então 25,1.
(3) Em 1995, o canal Nederland 1 tinha um share de 11,8, atrás do Nederland 2 que tinha 15,8.
(4) Dados relativos a 1997.
(5) Em 1995, o canal mais popular era o ERT-ET1 e em 2007 foi o ERT NET.

Quadro elaborado pelo autor com base nos dados incluídos no EBU Guide – vol. 2 de Julho de 2008

ANEXO II

Dados relativos à evolução dos números de alojamentos e de assinantes das redes de cabo e DTH (1995-2007)

Ano	Alojam. Cablados (milhares)	Crescimento face ao ano anterior (%)	Assinantes redes de cabo (milhares)	Crescim. face ano anterior (%)	Assin. redes cabo /alojamento cablado (%)	Assin. DTH (milhares)	Crescim. face ano anterior (%)	Assin. cabo+DTH (milhares)	Crescim. face ano anterior (%)
1995	377	-	58	-	15,4	-	-	58	-
1996	977	159,2	171	194,8	17,5	-	-	171	-
1997	1466	53,1	383	123,6	26,1	-	-	383	-
1998	1827	24,6	596	55,6	32,6	35	-	631	64,8
1999	2259	23,6	760	27,5	33,6	80	128,5	840	33,1
2000	2601	15,1	925	21,7	35,6	132	65,0	1057	25,8
2001	3024	16,2	1119	20,9	37,0	224	69,7	1343	27,2
2002	3361	11,1	1262	12,7	37,5	289	29,0	1551	15,3
2003	3488	3,8	1334	5,7	38,2	341	18,3	1676	8,1
2004	3624	3,9	1416	6,1	39,1	375	9,6	1791	6,9
2005	3775	4,2	1398	-1,3	37,0	394	5,0	1792	0,05
2006	4022	6,5	1418	1,4	35,3	436	10,7	1854	3,5
2007	4033	0,3	1488	4,9	36,9	476	9,2	1964	5,9

Quadro elaborado pelo autor com base em dados estatísticos relativamente a números de alojamentos cablados e de assinantes das redes de cabo e de DTH, incluídos em relatórios da ANACOM.

ANEXO III

Os presidentes da RTP (1955-2008)

Presidente	data da posse
1. Camilo de Mendonça	15.12.55
2. Luís Athaíde	28.09.60
3. João Duque	01.07.66
4. Ramiro Valadão	08.04.69
5. Manuel Bello[1]	25.05.74
6. Cor. Augusto Gomes	05.08.74
7. Major Ramalho Eanes	28.10.74
8. Major João Figueiredo	13.03.75
9. Major Emílio da Silva	19.03.75
10. Ten. cor. Tavares Galhardo	31.03.75
11. Major Manuel Pedroso Marques	14.10.75
12. Cap Tomás Rosa	01.09.76
13. Edmundo Pedro	11.03.77
14. Soares Louro	29.03.78
15. Vítor Cunha Rego	21.02.80
16. Proença de Carvalho	18.07.80
17. Macedo e Cunha	14.12.82
18. Palma Ferreira	14.07.83
19. Palma Carlos	03.10.84
20. Coelho Ribeiro	17.12.85
21. Vítor Coelho	10.02.92
22. Monteiro de Lemos	10.12.92
23. Freitas Cruz	15.02.93
24. Manuela Morgado	05.12.95
25. Manuel Roque	30.03.96
26. Brandão de Brito	22.10.98
27. João Carlos Silva	21.03.00
28. Almerindo Marques[2]	22.07.02
29 Guilherme Costa	02.01.08

---

[1] Entre 25 de Abril e 25 de Maio de 1974, a RTP foi dirigida por uma comissão administrativa composta pelo Com. Conceição Silva, pelo Ten. cor. Costa Brás e pelo Maj. Duarte Ferreira.
[2] Entre 21 de Novembro e 31 de Dezembro de 2007, face à saída de Almerindo Marques, que assumiria então o cargo de Presidente da empresa pública *Estradas de Portugal,* a presidência da RTP seria interinamente assumida pelo vice-presidente Jorge Ponce Leão até à posse do novo presidente, Guilherme Costa, no início de 2008.

ANEXO IV

Membros dos Governos com a tutela da RTP (1974-2008)

Gov	Primeiro Ministro	Data posse	Ministros, Secretários e Subsecretários de Estado com a tutela da RTP
	Governos Provisórios		
I	Adelino Palma Carlos	16.05.1974	Raul Rego (Min)
II	Vasco Gonçalves	18.07.1974	Sanches Osório (Min.) e Luís de Barros (Sub, desde 7.8.74)
III	Vasco Gonçalves	30.09.1974	Vítor Alves (Min), Guilherme Conceição Silva (SE) e Luís de Barros (Sub.) até 24.02.1975. Correia Jesuíno (Min.) desde 24.02.1975
IV	Vasco Gonçalves	26.03.1975	Correia Jesuíno (Min.)
V	Vasco Gonçalves	08.08.1975	Correia Jesuíno (Min.)
VI	Pinheiro de Azevedo	19.09.1975	Almeida Santos (Min.) e Ferreira da Cunha (SE)

Governos Constitucionais

I	Mário Soares (PS)	23.07.1976	Manuel Alegre (SE) e Soares Louro (Sub.) até 25.03.1977, **Roque Lino** de 25.03.1977 até 16.11.1977, depois Min. Justiça, **Almeida Santos**, por delegação do Primeiro Ministro.
II	Mário Soares (PS/CDS)	30.01.1978	João Gomes (SE)
III	Nobre da Costa (iniciativa presidencial)	29.08.1978	Costa Freitas (Min.) e João Figueiredo (SE)
IV	Mota Pinto (inic. pres.)	22.11.1978	Proença de Carvalho (Min.)
V	Lurdes Pintasilgo (inic. pres.)	07.08.1979	João Figueiredo (Min.)
VI	Sá Carneiro (PSD/CDS/PPM)	03.01.1980	Sousa e Brito (SE)
VII	Pinto Balsemão (PSD/CDS/PPM)	09.01.1981	Augusto Ferreira do Amaral (Min.) e **Luís Fontoura** (SE) até 4 Junho de 1981, depois **José Alfaia** (SE)
VIII	Pinto Balsemão (PSD/CDS/PPM)	04.09.1981	José Alfaia (SE)
IX	Mário Soares (PS/PSD)	09.06.1983	Almeida Santos (Min.) e Anselmo Rodrigues (SE)
X	Cavaco Silva (PSD)	06.09.1985	Fernando Nogueira (Min.) e Marques Mendes (SE)
XI	Cavaco Silva (PSD)	17.08.1987	Couto dos Santos (Min.) e Albino Soares (SE)
XII	Cavaco Silva (PSD)	31.10.1991	Couto dos Santos (Min.) e Albino Soares (SE) até 19.03.92, depois **Marques Mendes** (Min.) e **Amândio Oliveira** (Sub)
XIII	António Guterres (PS)	28.10.1995	Jorge Coelho (Min.), depois de 27.11.97 **José Sócrates** (Min); Arons de Carvalho (SE)
XIV	António Guterres (PS)	25.10.1999	Armando Vara (Min.), depois de 14.09.2000 **Guilherme Oliveira Martins**, depois de 03.07.2001 **Augusto Santos Silva**; Arons de Carvalho (SE)
XV	Durão Barroso (PSD/CDS)	06.04.2002	Morais Sarmento (Min.)
XVI	Santana Lopes (PSD/CDS)	17.07.2004	Morais Sarmento (Min.)
XVII	José Sócrates (PS)	20.02.2005	Augusto Santos Silva (Min.)

ANEXO V
Directores de Programas e de Informação da RTP (1974-2008)

Data	Presidente da RTP	Director de programas e informação	Direcção de programas	Direcção de informação	Notas
02.05.74	Comissão Administrativa (Conceição Silva, Costa Brás, Duarte Ferreira)		Artur Ramos, Manuel Jorge Veloso, Álvaro Guerra (programas informativos) e Manuel Ferreira	Alberto Vilaverde Cabral (director do Telejornal) Sob a direcção de Álvaro Guerra)	Nomeações interinas em substituição de Lima Araújo (DG Programas) e Vasco Hogan Teves (Telejornal)
28.08.74	Cor. Augusto Gomes (desde 05.08.74)		Maj. Ramalho Eanes	Álvaro Guerra	
28.10.74	Major Ramalho Eanes (desde 28.10.74)		Cap. Machado e Moura		Eanes ascende a Presidente da RTP
05.02.75	«			Ten. Bargão dos Santos	Álvaro Guerra mantém-se como Dir.Adj. para o Telejornal até 04.04.75. Bargão dos Santos cessa funções em 05.07.75
07.02.75	«			Com. António Bettencourt	Nomeado interinamente
08.04.75	Ten. Cor. Tavares Galhardo (desde 31.03.75)		Cap. Ten. Lobo de Oliveira		
04.06.75	«			Ten. Fernando Cardeira	Nomeado interinamente
17.07.75	«			Ten. Fernando Cardeira	Acumulando com a programação
24.11.75	Maj. Pedroso Marques (desde 14.10.75)		Ten. Manuel Geraldes	Carlos Veiga Pereira	Tenente Cardeira nomeado director delegado para a informação, mas demitir-se-ia em 24.03.76
01.01.76	«		Mário Dionísio		
22.04.76	«		Carlos Cruz		

29.09.76	Cap. **Tomás Rosa** (desde 01.09.76)			Ten. **Costa Parente**	
26.01.77	«		Cap. **Tomás Rosa**		O Presidente da RTP assume a direcção de programas a título provisório
16.03.77	**Edmundo Pedro** (desde 11.03.77)		**José Niza**		
27.04.77	«			**Botelho da Silva**	
27.03.78	«		**António Botelho**		
31.08.78	**Soares Louro** (desde 29.03.78)		**Vasco Graça Moura** (1.º canal) e **Fernando Lopes** (2.º canal)		Graça Moura seria demitido em 20/12/78. Fernando Lopes manter-se-ia até Fevereiro de 1980
07.09.78	«			**Fernando Balsinha** (1.º canal) e **Hernâni Santos** (2.º canal)	Não tendo sido nomeado o subdirector do 1.º canal para a informação, Balsinha dirigia o departamento como chefe dos serviços de informação do 1.º canal
29.12.78	«			**Sarsfield Cabral**	Nomeado subdirector do 1.º canal para a informação
08.03.79	«		**Luís de Pina**		
19.09.79	«	**Carlos Cruz**			Toda a programação do Canal 1, incluindo a informação, fica subordinada a Carlos Cruz até 26.02.80.
26.02.80	**Vítor Cunha Rego** (desde 21.02.80)		**Carlos Cruz**	**Fialho de Oliveira**	Cruz fica também com a responsabilidade do Canal 2.
14.08.80	**Proença de Carvalho** (desde 18.07.80)			**Duarte Figueiredo**	
25.08.80	«		**Maria Elisa Domingues**		
19.01.83	**Macedo e Cunha** (desde 14.12.83)			**José Eduardo Moniz**	

21.07.83	Palma Ferreira (desde 14.07.83)			Nuno Coutinho (informação diária) e Hélder Freire (informação não diária)	Assumem os cargos a título interino
19.09.83	«		Luís Andrade	Fialho de Oliveira	Coutinho e Freire continuam com os mesmos cargos sob a direcção de Fialho de Oliveira. Em 4/11/83, Fernando Balsinha substitui Freire.
09.01.84	«		Afonso Rato		Substituído interinamente em 12.11.84 por Emídio Uva e Torquato da Luz.
29.10.84	Palma Carlos (desde 03.10.84)			Nuno Coutinho (noticiários) e Fernando Balsinha (actualidades)	Coutinho e Balsinha já tinham assumido essas funções interinamente em 24/02/84
22.01.85	«		Seixas Santos	Fernando Balsinha	
10.01.86	Coelho Ribeiro (desde 17.12.85)			José Eduardo Moniz	
04.02.86	«		Carlos Pinto Coelho		Seixas Santos passa a director adjunto para os programas
18.09.89	«	José Eduardo Moniz (Canal 1) e Adriano Cerqueira (Canal 2)			Manuel Ricardo (canal 1) e Grego Esteves (canal 2) são designados directores adjuntos para a informação
25.02.92	Vítor Coelho (desde 10.02.92)	José Eduardo Moniz			Manuel Ricardo é designado director adjunto para a informação, mas em 07/07/93 seria substituído por Mário Moura.
06.05.94	Freitas Cruz (desde 15.02.93)	Adriano Cerqueira			Manuel Rocha designado director de informação na equipa de Cerqueira

15.12.95	Manuela Morgado (desde 05.12.95)	Joaquim Furtado				Joaquim Vieira e Cesário Borga seriam nomeados em 28/12/95 directores adjuntos para os programas e a informação, respectivamente
12.03.98	Manuel Roque (desde 30.03.96)	----------	Maria Elisa Domingues		João Grego Esteves	Com a demissão de Furtado deixa de haver director coordenador
27.08.99	Brandão de Brito (desde 22.10.98)	João Grego Esteves				Com a demissão de Maria Elisa, Grego Esteves acumula programação e informação até Junho de 2000.
21.06.00	João Carlos Silva (desde 21.03.00)	----------	Jaime Fernandes		José Rodrigues dos Santos	Jaime Fernandes e Clara Alvarez são designados, respectivamente, gestores dos canais 1 e 2
04.10.01	«	Emídio Rangel	António Borga		José Fragoso	Borga e Fragoso são directores adjuntos na equipa de Rangel
23.09.02	Almerindo Marques (desde 22.07.02)	---------------	Luís Andrade		José Rodrigues dos Santos	Cessa funções Emídio Rangel
03.12.04	«	---------------			Luís Marinho	
17.02.05	«	--------------- -	Nuno Santos			
02.01.08	Guilherme Costa	--------------- -	José Fragoso		José Alberto Carvalho	Os directores tomam posse a 24/1/2008

ANEXO VI

Receitas da RTP entre 1957 e 1973 (em percentagem)

ANO	TAXA (%)	PUBLICIDADE (%)	OUTRAS (%)	RESULTADOS em milhares de contos
1957 (1) (2)	76,3	2,6	20,6	- 12 938
1958	75,8	17,7	6,5	- 21 547
1959	71,9	20,2	7,9	- 21 070
1960	63,1	35,0	1,9	- 14 787
1961	57,7	40,6	1,7	- 9 220
1962	57,4	32,3	10,3	231
1963	53,6	40,8	5,6	1 576
1964	56,1	39,6	4,3	2 351
1965	54,6	42,1	3,3	11 658
1966	50,6	37,1	4,3	11 818
1967	57,8	38,3	3,9	14 285
1968	57,1	38,8	4,1	28 387
1969	57,1	38,2	4,7	12 764
1970	53,6	38,9	7,5	7 193
1971	52,0	41,9	6,1	10 005
1972	54,5	42,3	3,2	13 481
1973	53,9	41,5	4,6	12 714

1. O primeiro Relatório e Contas da RTP refere-se ao ano de 1956, logo antes do início das emissões regulares. 97,3% das receitas, correspondentes a cerca de 4 655 contos, provinham então da percentagem de 10% da taxa da Emissora Nacional.

2. A taxa de televisão começou a ser cobrada apenas em 1958, pelo que a verba da taxa relativa a 1957 corresponde, tal como no ano anterior, apenas a 10% da taxa da EN. Até 1969, as receitas da taxa incluiriam a taxa de televisão e essa percentagem da taxa de radiodifusão.

ANEXO VII

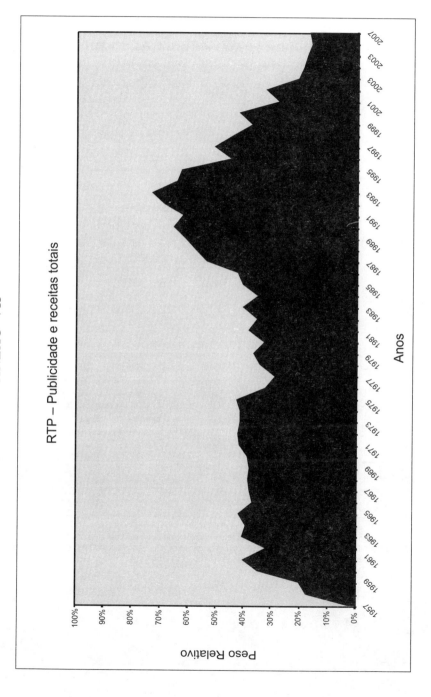

ANEXO VIII

Valor da taxa de televisão a preços correntes e a preços de 2007 (1957-1990)

ANO	DIPLOMA LEGAL	VALOR DA TAXA ANUAL PRETO E BRANCO (em escudos)	VALOR DA TAXA ANUAL COR (em escudos)	% AUMENTO preto e branco - cor	% AUMENTO DA TAXA INFLAÇÃO	VALOR DA TAXA EM EUROS A PREÇOS DE 2007 [2]
1957		360	-----------	-----------	---------------	145,7 (preto e branco)
1976		480 ou 540 [1]				51,9 ou 58,4 (preto e branco)
1980	Port. 95/80	800	1600		16,7	76,9
1981	225/81	960	1920	16,6 ˜ 16,6	20,0	76,9
1982	270/82	1125	2250	17,2 ˜ 17,2	22,7	73,4
1983	51/83	1300	2600	15,5 ˜ 15,5	25,1	67,8
1984	71-A/84	1625	3250	25,0 ˜ 25,0	28,8	65,8
1985		1980	3965	22,0 ˜ 22,4	19,6	67,1
1986	57-A/86	2340	4520	14,0 ˜ 18,2	11,8	68,5
1987	193/87	2600	5000	10,6 ˜ 11,1	9,3	69,3
1988		2760	5250	6,15 ˜ 5,0	9,7	66,3
1989		3200			12,6	35,9
1990		3500			13,4	34,6

(1) Os valores de 540 escudos e de 58,4 euros respeitavam aos receptores cujo custo fosse superior a 10 contos.
(2) Os valores da taxa anual em euros a preços de 2007 estão calculados para os montantes da taxa relativos aos receptores a cores, excepto nos valores de 1957 e 1976.

ANEXO IX

Receitas da RTP entre 1974 e 1990 (em percentagem)

ANO	Taxa (%)	Outros Fundos Públicos (%)	Publicidade (%)	Outras receitas (%) [1]	Resultados (em milhares de contos)
1974	53,6	---	41,6	4,8	- 0,389
1975	48,8	4,2	42,9	4,1	- 25,285
1976	60,1	2,3	32,4	5,2	- 177,245
1977	53,0	3,8	29,0	14,2	- 69,708
1978	38,0	15,0	35,6	11,4	- 138,038
1979	31,0	16,0	37,0	16,0	-363
1980	44,0	12,0	33,0	11,0	23 922
1981	41,0	10,7	38,7	9,6	158
1982	36,0	9,3	35.6	19,1	-42 893
1983	39,3	7,0	40,8	12,9	- 1 015, 636
1984	37,0	11,0	35,3	16,7	- 685,941
1985	38,5	6,0	40,9	14,6	- 661
1986	29,8	11,0	42,6	16,6	1 200
1987	27,0	7,0	53,9	12,1	1 455
1988	22,0	4,5	57,6	15,9	2 517
1989	17,0	8,0	61,7	13,3	2 012
1990	18,0	1,0	65,7	15,3	361

(1) Entre as principais receitas para além da taxa e da publicidade, estava a cedência de tempo de antena para as emissões da TV Escolar e Educativa, que atingiriam montantes próximos dos cem mil contos/ano - 98 mil em 1978, 119 mil em 1979, 138 mil em 1980, correspondentes a, respectivamente, 9, 8 e 5 por cento do total das receitas. Antes, essas verbas tinham sido de cerca de 16 mil, 9 mil e 32 mil contos, respectivamente em 1975, 1976 e 1977. Estes montantes baixariam posteriormente para valores menos significativos ˜ 3,7% das receitas em 1981, 3,3% em 1982, 2% em 1983,1984 e 1985, cerca de 1% em 1986 e 1987 e 0,5% em 1988. Optámos por considerá-las como fundos públicos, dada a proveniência das verbas.

444 A RTP e o Serviço Público de Televisão

ANEXO X

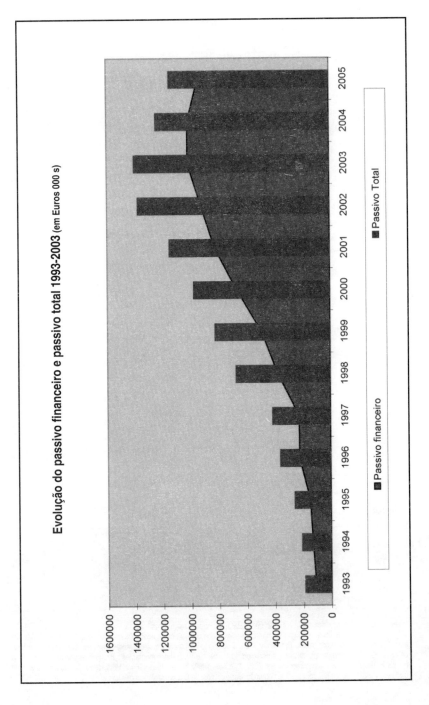

Evolução do passivo financeiro e passivo total 1993-2003 (em Euros 000 s)

ANEXO XI
Share dos canais generalistas (1992-2008)

ANOS	RTP 1	RTP 2	SIC	TVI	OUTROS
1992	73,5	18,0	8,5	**	
1993	61,5	17,6	14,3	6,6	
1994	46,9	9,8	28,6	14,7	
1995	38,4	6,4	41,4	13,8	
1996	32,6	6,5	48,6	12,3	
1997	33,0	5,6	49,3	12,0	
1998	31,5	6,2	49,2	13,1	
1999	27,0	5,6	45,5	16,4	5,5
2000	24,3	5,6	42,2	20,8	7,1
2001	20,1	5,6	34,0	31,9	8,4
2002	21,1	5,3	31,5	31,4	10,6
2003	23,8	5,0	30,3	28,5	12,3
2004	24,7	4,4	29,3	28,9	12,7
2005	23,6	5,0	27,2	30,0	14,1
2006	24,5	5,4	26,2	30,0	14,0
2007	25,2	5,2	25,1	29,0	15,4
2008	23,8	5,6	24,9	30,5	15,2

Os dados relativos ao período entre 1992 e 1998 são os do Painel da AGB. A partir de 1999, a fonte é o serviço de audimetria da Marktest Audimetria.
Os valores relativos a 1992 reportam-se ao último trimestre desse ano. A SIC iniciou as suas emissões a 06-10-92. A TVI fá-lo-ia em 20-02-93.
A Marktest iniciou apenas em 1999 a audimetria relativa aos canais das redes de cabo ou difundidos por satélite.

ANEXO XII

Programação e pessoal em % de custos de exploração

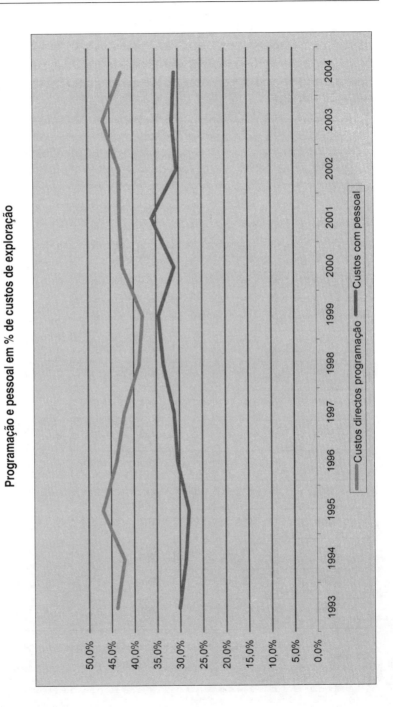

ANEXO XIII

Mapa anexo ao Acordo de Reestruturação Financeira de 2003 relativo aos objectivos de exploração corrente

	2003	2004	2005	2006	2007	2008	2009	2010	2011	2012	2013
Proveitos Correntes											
Indemn. Compens. ˜ val. const.	98,7	117,4	116,3	115,1	114,0	112,9	111,8	110,7	109,6	108,6	107,5
Indemn. Compens. ˜ val. corrent.	98,7	120,4	122,2	124,0	125,8	127,7	129,7	131,6	133,6	135,6	137,6
Indemn. Compens. ˜ Suplementar											
Taxa do Audiovisual	68,4	75,1	77,0	78,9	80,8	82,9	84,9	87,1	89,2	91,5	93,8
Contribuição das Regiões Autónomas		8,4	9,2	9,4	9,6	9,9	10,1	10,4	10,8	10,9	11,2
Receitas Comerciais	48,0	44,2	45,7	47,3	49,0	50,7	52,4	54,3	56,2	58,2	60,2
Total	215,1	248,0	254,0	259,6	265,3	271,2	277,2	283,3	289,6	296,1	302,7
Custos Operacionais											
RDP	56,0	48,0	42,0	43,1	44,1	45,2	46,4	47,5	48,7	49,9	51,2
Holding Audiovisual	13,1	7,5	7,7	7,9	8,1	8,3	8,5	8,7	8,9	9,2	9,4
RTP SPT	172,8	157,9	152,9	156,7	159,8	163,0	166,3	169,6	173,0	176,5	180,0
Canal Sociedade	29,3	27,7	22,1	22,6	23,2	23,8	24,4	25,0	25,6	26,2	26,9
RTP Madeira	6,7	7,3	8,1	8,3	8,5	8,7	8,9	9,1	9,4	9,6	9,8
RTP Açores	9,1	9,5	10,3	10,5	10,8	11,1	11,3	11,6	11,9	12,2	12,5
Total Televisão	231,0	209,9	201,0	206,0	210,4	214,9	219,4	224,1	228,8	233,7	238,6
Total	287,0	257,9	243,0	249,1	254,5	260,1	265,8	271,6	277,5	283,6	269,8
Saldo de exploração	-71,9	-9,9	11,0	10,5	10,8	11,1	11,4	11,7	12,1	12,5	12,9

ANEXO XIV

FINANCIAMENTO DA RTP
(em % do PIB)

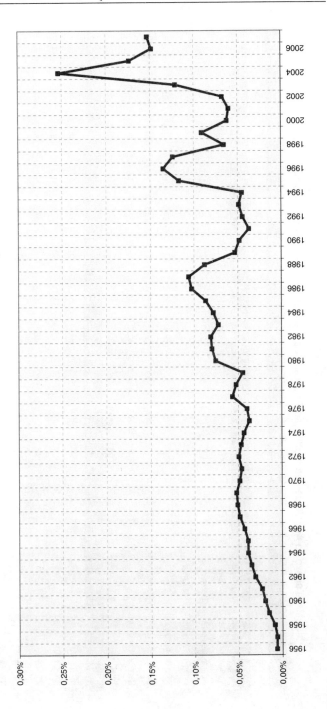

ANEXO XV

Taxa de radiodifusão e contribuição para o audiovisual - votações no Orçamento de Estado

Ano	artº	epígrafe	proposta	PS	PSD	CDS	PCP	BE	PEV
2008	artº 118º	Contribuição para o audiovisual	mantém-se em 1,71€ o valor mensal da contribuição para o audio visual....	favor	favor	contra	contra	contra	-
	artº 122	Contribuição para o audiovisual	Fixa-se em (euro) 1,71 o valor mensal da contribuição para o áudio-visual a cobrar em 2007, nos termos da Lei n.º 30/2003, de 22 de Agosto.	favor	favor	favor	contra	abstenção	-
2007	artº 123	Alteração da Lei n.º 30/2003, de 22 de Agosto	Fica o Governo autorizado a legislar, até 30 de Junho de 2007, de modo a alterar a Lei n.º 30/2003, de 22 de Agosto, sobre financiamento do serviço público de radiodifusão e de televisão, com os seguintes sentido e extensão:a) Alargar às entidades que comercializam energia eléctrica o dever de liquidação e de cobrança da contribuição audiovisual, previsto no n.º 1 do artigo 5.º da Lei n.º 30/2003, de 22 de Agosto;b) Alargar às entidades que comercializam energia eléctrica o direito à compensação pelos encargos de liquidação, previsto no n.º 3 do artigo 5.º da Lei n.º 30/2003, de 22 de Agosto;c) Alargar às entidades que comercializam energia eléctrica os deveres de emitir facturas e de recusar o respectivo pagamento sempre que aquelas não incluam o montante da contribuição audiovisual, previstos no n.º 5 do artigo 5.º da Lei n.º 30/2003, de 22 de Agosto.	favor	favor	abstenção	contra	contra	contra
2006	artº 67	Contribuição para o audiovisual	Fixa-se em € 1,67 o valor mensal da contribuição para o audiovisual a cobrar em 2006, nos termos da Lei n.º 30/2003, de 22 de Agosto.	favor	favor	favor	abstenção	abstenção	abstenção
2005	artº 49º	Contribuição para o áudio-visual	1 - Fixa-se em € 1,63 o valor mensal da contribuição para o áudio-visual a cobrar em 2005, nos termos da Lei n.º 30/2003, de 22 de Agosto.2 - Fica o Governo autorizado a legislar, alterando a Lei n.º 30/2003, de 22 de Agosto, no sentido de ampliar o âmbito de incidência da contribuição para o áudio-visual, de modo a abranger a totalidade dos fornecimentos de energia eléctrica.	favor	favor	favor	abstenção	abstenção	abstenção
2004	artº 46º	Contribuição para o áudio-visual	1 - Mantém-se em 1,60 euros o valor mensal da contribuição para o audiovisual a cobrar em 2004, nos termos da Lei n.º 30/2003, de 22 de Agosto. 2 - Fica o Governo autorizado a legislar, alterando a Lei n.º 30/2003, de 22 de Agosto, nosentido de ampliar o âmbito de incidência da contribuição para o audiovisual, de modo a abranger a totalidade dos fornecimentos de energia eléctrica.	abstenção	favor	favor	abstenção	abstenção	abstenção
2003	artº48 (Novo) OE aprovado (Lei 32 B/2003)	Taxa de radiodifusão	Mantém-se em: € 1,39 o valor da taxa de radiodifusão a cobrar em 2003, nos termos do Decreto-Lei n.º 389/76, de 24 de Maio.	favor	favor	favor	favor	favor	favor
2002	artº 50º	Taxa de radiodifusão	O valor da taxa de radiodifusão a cobrar em 2002, nos termos do Decreto-Lei n.º 389/76, de 24 de Maio, mantém-se em 1,39 euros.	favor	abstenção	abstenção	favor	favor	favor
2001	artº 48º	Taxa de radiodifusão	Mantém-se em vigor o valor da taxa de radiodifusão constante no artigo 54º da Lei n.º 87-B/98, de31 de Dezembro.	favor	contra	contra	abstenção	favor	abstenção
2000	artº 66º	Taxa de radiodifusão	Mantém-se em vigor o valor da taxa de radiodifusão constante no artigo 54º da Lei nº 87-B/98, de 31 de Dezembro.	favor	contra	abstenção	favor	favor	favor
1999	artº 51º	Taxa de radiodifusão	A taxa de radiodifusão, a cobrar no ano de 1999, nos termos do Decreto-Lei n.º 389/76, de 24 de Maio, é fixada em 278$00 mensais	favor	contra	contra	abstenção	-	-

Bibliografia e Fontes

AA.VV. (1990), *Las Radiotelevisiones en el espacio europeo*, RTVV, Valência.

AA. VV. (1991), *L'Espace Audiovisuel europeen*, Études Européennes, Bruxelas.

AA. VV. (1991), *La Régulation de la Liberté de la Communication Audiovisuelle*, Economica e Presses Universitaires d' Aix-Marseille.

AA. VV. (1992), *La Télévision Publique en Europe*, Media Business School, Madrid.

AA. VV. (1996), *Public Service Broadcasting, Cultural and Educational Dimensions*, Unesco, Paris.

AA. VV. (1997), *Public Service Broacasting and Editorial Independence*, The Finnish National Commission for Unesco e Unesco, Helsinquia.

AA. VV. (1997), *The media in Western Europe*, The Euromedia Research Group, Sage, Londres.

AA. VV. (1998), *Media Policy – Convergence, Concentration &Commerce*, Sage, Londres.

AA. VV. (1999), *Reflections on Public Service Broadcasting*, Nordicom Review, vol. 20, n.º 1, Novembro 1999, Goteborg University, Gotemburgo.

AA. VV. (1999), *Televisão em Portugal. Que Presente, que Futuro*, ATV, Lisboa.

AA. VV. (2000), *Television across Europe*, Sage, Londres.

AA. VV. (2003), *Televisão e cidadania*, Instituto de Ciências Sociais da Universidade do Minho, Braga.

AA.VV. (2005), *Can the market deliver? Funding public service television in the digital age*, John Libbey Publishing, Londres.

AA.VV (2007), *Los desafíos de la televisión pública en Europa*, EUNSA, Pamplona.

AACS (1993), *O Pluralismo na Comunicação Social*, AACS, Lisboa

AACS (1995), *Primeiro Mandato 1990-1994 – Actividade desenvolvida*, AACS, Lisboa.

ACHILLE, Yves (1994), *Les Télévisions Publiques en Quête d'Avenir*, Pug, Grenoble.

ACHILLEAS, Philippe (1995), *La Télévision par Satellite – Aspects Juridiques Internationaux*, Montchrestien, Paris.

AGEE, Warren e TRAQUINA, Nelson (1987), *O Quarto Poder Frustrado –os Meios de Comunicação Social no Portugal Pós-Revolucionário*, Veja e Comunicação e Linguagens, Lisboa.

ALBERT, Pierre e TUDESQ, A. J. (1981) *História da Rádio e Televisão*, Notícias, Lisboa.

ALBERT, Pierre e LETEINTURIER, Christine (1999), *Les Médias dans le Monde*, Ellipses, Paris.

ALCALÁ, Leopoldo Abad (1999), *El Servicio Público de Televisión ante el Siglo XXI*, Dykinson, Madrid.

ALCOLEA, Gema (2003), *La Televisión digital en España*, Comunicación Social Ediciones e Publicaciones, Sevilha.

ALEXANDRINO, José Alberto de Melo (1998), *Estatuto Constitucional da Actividade de Televisão*, Coimbra Editora, Coimbra.

ANDRINGA, Diana (2002), *Televisão: e não se pode regulá-la?*, revista trajectos n.º 1, Notícias, Lisboa.

ANG, Ien (1996a), *Desperately Seeking Audience*, Routledge, Londres.

ANG, Ien (1996b), *Living Room Wars*, Routledge, Londres.

ASSOCIAÇÃO DOS JORNALISTAS PARLAMENTARES (1989), *II Encontro dos Jornalistas Parlamentares*, Assembleia da República, Lisboa.

ATKINSON, Dave, RABOY, Marc e outros, (1999), *La Télévision de Service Publique: Les Défis du XXI Siècle*, Unesco, Paris.

AZURMENDI, Ana (dir.) (2007), *La reforma de la televisión pública española*, Tirant lo blanch, Valência.

BALLE, Francis (2007), *Médias et Sociétés*, 13.ª edição, Montchrestien, Paris.

BAPTISTE, Eric e outros (2000), *L'Infosphère: Stratégies des Médias et Rôle de l'État*, La Documentation Française, Paris.

BBC (1996), *Producers' Guidelines*, BBC, Londres.

BELOT, Claude (2000), *L'Audiovisuel public en danger*, Sénat, Paris.

BERTRAND, Claude-Jean (1989), *Les Etats-Unis et leur Télévision*, INA e Champ Vallon, Paris.

BÍVAR, Manuel (1967), *A Televisão em Portugal*, RTP, Lisboa

BLUMLER, Jay e NOSSITER, T.J. (1991), *Broadcasting Finance in Transition: a comparative handbook*, Londres.

BLUMLER, Jay (1992), *Television and the Public Interest*, Sage, Londres.

BONDEBJERG, Ib e BONO, Francesco (1996), *Television in Scandinavia*, University of Luton Press, Luton.

BONNELL, René (1996), *La Vingt-cinquième Image*, Gallimard, Paris.

BOURGEOIS, Isabelle (1993), *Radio et Television Publiques en Allemagne*, Cirac, Paris.

BOURGEOIS, Isabelle (1995), *Radios et Televisions Privées en Allemagne*, Cirac, Levallois-Perret, França.

BOURGES, Hervé (1993), *La Télévision du Public*, Flammarion, Paris.

BRANDÃO, Nuno Goulart (2002), *O Espectáculo das Notícias*, Notícias, Lisboa.

BRANDÃO, Nuno Goulart (2005), *Prime Time – do que falam as notícias dos telejornais*, Casa das Letras, Lisboa.

BRAUMANN, Pedro Jorge (2002), *Políticas e Economia do Audiovisual numa Sociedade da Informação*, in As Ciências da Comunicação na Viragem do Século, Actas do I Congresso da Associação Portuguesa de Ciências da Comunicação, Vega, Lisboa.

BROWN, Allan e PICARD, Robert (2005), *Digital Television in Europe*, LEA, Londres.

BUSTAMANTE, Enrique e VILLAFAÑE, Justo, ed. (1986), *La televisión en España mañana – Modelos televisivos y opciones ideológicas*, Siglo veintiuno de España, Madrid.

BUSTAMANTE, Enrique (org.) (1990), *Telecomunicaciones y audiovisual en Europa – Encuentros y divergencias*, Fundesco, Madrid.

BUSTAMANTE, Enrique (1999), *La Televisión Económica*, Gedisa, Barcelona.

BUSTAMANTE, Enrique e MONZONILLO, José Maria Alvarez, ed. (1999), *Presente de la Television Digital*, Édipo, Madrid.

BUSTAMANTE, Enrique (coord.)(2003), *Hacia un nuevo sistema mundial de comunicación – las industrias culturales en la era digital*, Gedisa, Barcelona.

BUSTAMANTE, Enrique (2006), *Radio y televisión en España – Historia de una signatura pendiente de la democracia*, Gedisa editorial, Barcelona.

BUSTAMANTE, Enrique (2007), *Lecciones de un Laboratorio Peculiar. La Televisión Digital y sus tortuosos caminos*, in Cultura y Comunicación para el siglo XXI – Diagnóstico y políticas públicas, IDECO, Tenerife.

BUSTAMANTE, Enrique (2008), "*Public Service in the Digital Age. Opportunities and Threats in a Diverse Europe*", in Fernández Alonso, Isabel and Moragas, Miquel de: Communication and Cultural Policies in Europe. Barcelona. 2008. Generalitat de Catalunya, Colección Lexikon, pp. 185-215.

CÁDIMA, Francisco Rui (1995), *O Fenómeno Televisivo*, Círculo de Leitores, Lisboa.

CÁDIMA, Francisco Rui (1996a), *História e Crítica da Comunicação*, Século XXI, Lisboa.

CÁDIMA, Francisco Rui (1996b), *Salazar, Caetano e a Televisão Portuguesa*, Presença, Lisboa.

CÁDIMA, Francisco Rui (1999), *Desafios dos Novos Media*, Notícias, Lisboa.

CÁDIMA, Francisco Rui (2006), *A Televisão 'light' rumo ao digital*, Formalpress, Lisboa.

CÁDIMA, Francisco Rui (2007a), *Bloqueios e desafios da regulação do audiovisual em Portugal*, Comunicação e Sociedade n.º 11, 2007, p. 65-83, ed. Universidade do Minho e Campo das Letras.

CÁDIMA, Francisco Rui (2007b), *A crise do audiovisual europeu – 20 anos de políticas europeias em análise*, Formalpress, Lisboa.

CAETANO, Marcelo (1977), M*inhas memorias de Salazar*, ed. Verbo, Lisboa.

CANOTILHO, Gomes e MACHADO, Jónatas (2003), *"Reality shows" e liberdade de programação*, Coimbra Editora, Coimbra.

CANOTILHO, Gomes e MOREIRA, Vital (2007), *Constituição da República Portuguesa Anotada – artigos 1.º a 107º*, 4.ª ed. revista, Coimbra editora, Coimbra.

CARDOSO, Gustavo (2006), *Os media na sociedade em rede*, Fundação Calouste Gulbenkian, Lisboa.

CARDOSO, José Lucas (2002), *Autoridades Administrativas Independentes e Constituição,* Coimbra Editora, Coimbra.

CARVALHO, Alberto Arons de (1986), *A Liberdade de Informação e o Conselho de Imprensa,* Edição da Direcção-Geral da Comunicação Social, Lisboa.

CARVALHO, Alberto Arons de (2002), *Valerá a pena desmenti-los?,* Minerva, Coimbra.

CARVALHO, Alberto Arons de, CARDOSO, António Monteiro e FIGUEIREDO, João Pedro (2005), *Direito da Comunicação Social,* 2.ª ed., Casa das Letras, Lisboa.

CLUZEL, Jean (1995), *Communication Audiovisuelle,* Sénat, Paris.

CLUZEL, Jean (1997), *Manifeste pour le secteur public de l'audiovisuel et l'industrie française de programmes,* LGDJ, Paris.

CLUZEL, Jean (1998), *À l'Heure du Numérique,* LGDJ, Paris.

COELHO, Pedro (2005), *A TV de Proximidade e os Novos Desafios do Espaço Público,* Livros Horizonte, Lisboa.

COHEN-TANGUI, Laurent (1998), *Le Nouvel Ordre Numérique,* Odile Jacob, Paris.

COLEMAN, James e ROLLET, Brigitte (1997), *Television in Europe,* Intellect, Exeter.

COLLINS, Philip (ed) (2002), *Culture or anarchy – The Future of Public Service Broadcasting,* SMF, Londres.

COLLINS, Richard (1994), *Broadcasting and Audio-Visual Policy in the European Single Market,* John Libbey, Londres.

COMISSÃO DAS COMUNIDADES EUROPEIAS (1984), *Télévision sans Frontières – Livre Vert sur l'Etablissement du Marché Commun* de la Radiodiffusion, *notamment par Satéllite et par Cable,* Bruxelas.

COMISSÃO DE REFLEXÃO SOBRE O FUTURO DA TELEVISÃO (1996), *Relatório Final,* Direcção-Geral da Administração Pública, Lisboa.

COMISSÃO INTERMINISTERIAL PARA O AUDIOVISUAL (1997), *Relatório,* ed. policopiada, Lisboa.

CONDE, Nuno (2002), *Políticas de Incentivo à Produção e Distribuição de Conteúdos Audiovisuais Europeus. A importância estratégica dos operadores televisivos,* in As Ciências da Comunicação na Viragem do Século, Actas do I Congresso da Associação Portuguesa de Ciências da Comunicação, Vega, Lisboa.

CONSEIL SUPERIEUR DE L'AUDIOVISUEL (1992), *Le Positionnement des Chaines Publiques et Privées en Europe,* CSA, Paris.

CONSEIL SUPERIEUR DE L'AUDIOVISUEL (1998), *La Télévision Publique en Europe,* CSA, Paris.

CORREIA, Luís Brito (2000), *Direito da Comunicação Social, vol I,* Almedina, Coimbra.

COSTA, António Gomes da (1997), *A Televisão em Portugal – 40 anos de história legislativa,* TV Guia, Lisboa.

COSTA, Pere-Oriol (1986), *La Crisis de la Televisión Pública,* Paidós, Barcelona.

COUSIN, Bertrand e DELCROS, Bertrand (1990), *Le Droit de la Communication (T1 e T2),*Editions du Moniteur, Paris.

CREMADES, Javier (1995), *Los Limites de la Libertad de Expresión en el Ordenamiento Jurídico Español,* La Ley-Actualidad, Madrid.

CRISELL, Andrew (1997), An *Introductory History of British Broadcasting,* Routledge, Londres.

CURRAN, James e SEATON, Jean (1992), *Power without Responsability – The Press and Broadcasting in Britain,* Routledge, Londres.

DAGNAUD, Monique e outros (2000), *Médias: Promouvoir la Diversité Culturelle,* La Documentation Française, Paris.

DAVIS, William (1999), *The European TV Industry in the 21st Century,* Informa, Londres.

DEBBASCH, Charles e outros (1985), *Radio et Télévision en Europe,* CNRS, Paris.

DEBBASCH, Charles (1991), *Les Grands Arrêts du Droit de l'Audiovisuel,* Sirey, Paris.

DIBIE, Jean-Noël (2000), *Entre l'Enclume et le Marteau – Le Service Public de la Télévision dans l'Union Européenne,* Editions de l'Aube, França.

DICKASON, Renée, *Radio et Télévision Britanniques,* PUR, Rennes.

DOYLE, Marc (1993), *The Future of Television,* NTC Business Books, Lincolnwood, Illinois.

DROUOT, Guy (1988), *Le Nouveau Droit de l'Audiovisuel,* Sirey, Paris.

DUMAS, Roland (1981), *Le Droit de L'Information,* Presses Universitaires de France, Paris.

EBU-UER (1998), *L'Impact de la Télévision Numérique sur la Fourniture de Programmes,* Genève.

EBU-UER (1999), *Diffusion UER – Dossier Financement du service public de la Radio-Télévision,* Genève.

EBU-UER (2000), *Financement de la Radiodiffusion de service public,* Genéve.

EBU-UER (2006), *L'Audiovisuel public à l'ère du numérique,* UER, Genève.

ENCINAR, Jose Juan González (1996), *La Televisión Pública en la Unión Europea,* McGraw Hill, Madrid.

ENGELMANN, Ralph (1996), *Public Radio and Television in America,* Sage, Londres.

EUROMEDIA RESEARCH GROUP (1997), *The Media in Western Europe,* 2.ª ed., Sage, Londres.

FAUSTINO, Paulo (2004), *A Imprensa em Portugal, Transformações e tendências,* Media XXI, Lisboa.

FERNANDES, Ana Paula (2001), *Televisão do Público,* Minerva, Coimbra.

FERNANDES, João Morgado (1984), *Rádios Locais – small is beautifull,*trabalho para a disciplina de Direito e Deontologia da Comunicação Social do DCC da FCSH, Universidade Nova de Lisboa.

FERNÁNDEZ, Isabel e SANTANA, Fernanda (2000), *Estado y Médios de Comunicación en la España Democrática,* Alianza Editorial, Madrid.

FERNÁNDEZ, Maria de los Ángeles Moreno (2003), *La identidad de la televisión pública – Evolución de sus fundamentos económicos, políticos e ideológicos,* Publicaciones Universidad Pontificia, Salamanca.

FLICHY, Patrice (1991), *Les Industries de l'Imaginaire,* PUG, Grenoble.

FLORENSEN, P, BRUGIERE, M e MARTINET, D, *Douze ans de television 1974-1986,* CNCL e La Documentation Française, Paris.

FRAGUAS, Antonio Montoro (2007), *El derecho de acceso a la radiotelevisión pública,* Dykinson, Madrid.

FUENTES, Celeste Gay (1994), *La Television ante el Derecho Internacional y Comunitario,* Marcial Pons, Madrid.

GODOY, Antonio (1995), *El Derecho de la Televisión sin Fronteras,* Aguaclara, Alicante.

GONÇALVES, Maria Eduarda (1994), *Direito da Informação,* Almedina, Coimbra.

GOROSTIAGA, Eduardo (1976), *La Radiotelevisión en España,* Ed. Universidad de Navarra, Pamplona.

GOROSTIAGA, Eduardo (1982), *El Estatuto de la Radio y la Televisión,* Forja, Madrid.

GOURNAY, Chantal de, MUSSO, Pierre e PINEAU, Guy (1985), *Télévisions Dechainées – La Déréglementation en Italie, en Grande-Bretagne et aux États-Unis,* La Documentation Française, Paris.

GRAHAM, Andrew e DAVIES, Gavyn (1997), *Broadcasting, Society and Policy in the Multimedia Age,* John Libbey Media, Londres.

GROOMBRIDGE, Brian e HAY, Jocelyn (1994), *The Price of Choice: Public Service Broadcasting in a Competitive European Market Place,* John Libbey, Londres.

GRUPO DE PROSPECTIVA DE LA TELÉVISION EUROPEA (1989), *La Televisión Europea del año 2000,* Fundesco, Madrid.

GRUPO DE TRABALHO SOBRE O SERVIÇO PÚBLICO DE TELEVISÃO (2002), Relatório, Lisboa.

GUILLOU, Bernard e PADIOLEAU, Jean-Gustave (1988), *La Regulation de la Télévision,* CNCL e la Documentation Française, Paris.

HALLIN, Daniel C. e MANCINI, Paolo (2004), *Comparing Media Systems,* Cambridge University Press, Nova Iorque.

HEAD, Sidney W., STERLING, Christopher H. e SCHOFIELD, Lemuel B. (1994), *Broadcasting in America,* Houghton Mifflin Company, Boston.

HEINDERYCKX, François (1998), *L'Europe des Medias,* Université de Bruxelles, Bruxelas.

HILLIARD, Robert e KEITH, Michael (1992), *The Broadcast Century,* Focal Press, Boston.

HOFFMANN-RIEM, Wolfgang (1996), *Regulating Media,* The Guilford Press, Londres.

HOYNES, William (1994), *Public Television for Sale,* Westview Press, Boulder, Colorado (EUA).

HUBER, Richard (1988), *La RFA et sa Télévision,* INA e Champ Vallon, Paris.

HUGOT, Jean-Paul (1998), *Etats des lieux de la Communication Audiovisuelle 1998,* Senat, Paris.

HUMPHREYS, Peter J. (1994), *Media and Media Policy in Germany,* Berg, Providence (EUA).

HUMPHREYS, Peter J. (1996), *Mass Media and Media Policy in Western Europe,* Manchester University Press, Manchester.

IMCA (1999), *RTP – Rapport d'Étape,* ed. policopiada, Lisboa.

IOSIFIDIS, Petros (2007), *Public Television in the digital era – Technological challenges and new strategies for Europe,* Palgrave, Nova Iorque.

ISAR, Hervé (1995), *Le Service public et la Communication Audiovisuelle,* Presses Universitaires d'Aix-Marseille e Economica, Marselha e Paris.

JANKOWSKI, Nick, PREHN, Ole e STAPPERS, James (1992), *The People's Voice – Local Radio and Television in Europe,* John Libbey, Londres.

JEANNENEY, Jean-Noël (1996), *Une Histoire des Medias,* Seuil, Paris.

JONGEN, François e outros (1992), *Médias et Service Public,* Bruylant, Bruxelas

JONGEN, François (1993), *Les instances de regulation de l'audiovisuel en Europe,* Gerard Heijne den Bak Symposium, Hilversum.

JONGEN, François (1994), *La Police de l'Audiovisuel,* Bruylant, Bruxelas.

JONGEN, François e outros (1998), *Le Nouveau Conseil Supérieur de l'Audiovisuel,* Bruylant, Bruxelas.

JUNQUEIRO, Raúl (2002), *A Idade do Conhecimento,* Notícias, Lisboa.

KELLY, M. (1983), *Influences on broadcasting policies for election coverage,* in J.G Blumler (ed.) Communicating to Voters, Sage, Londres.

KPMG (1996), *Public Policy Issues Arising from Telecommunications and Audiovisual Convergence,* ed policopiada (4 vol.).

KUNCZIK, Michael (1984), *Communication and Social Change,* Friedrich-Ebert Stiftung, Bona.

LAFFOND, José Carlos Rueda e MERAYO, Maria de Mar Chicharro (2006), *La televisión en España,* (1956-2006), Editorial Fragua, Madrid.

LANGE, Andre e RENAUD, Jean-Luc (1988), *L'Avenir de l'Industrie Audiovisuelle Européenne,* Institut Européen de la Communication, Manchester.

LANGE, André (1999), *Les Developpements de la Télévision Numérique dans l'Union Européenne,* Observatoire Européen de l'Audiovisuel.

LE CHAMPION, Rémy e DANARD, Benoit (2000), *Télévision de pénurie, Télévision d'abondance,* La Documentation Française, Paris.

LE GUEN, Jean-Marie (2001), *Télévision numérique et télévisions publiques,* Assemblée Nationale, Paris.

LE PAIGE, Hugues (1997), *Une Minute de silence,* Labor, Bruxelas.

LEIVA, Maria Trindade Garcia (2006), *"Revista de Economia Politica de las Tecnologias de la Información y Comunicación",* Madrid.

LOMBARTE, Artemi Rallo (2000), *Pluralismo Informativo Y Constitución,* Tirant lo Blanch, Valência.

LOPES, Felisbela (1999), *O Telejornal e o Serviço Público,* Minerva, Coimbra.

LOPES, Felisbela (2007), *A TV das Elites,* Universidade do Minho e Campo das Letras, Porto.

LOPES, Felisbela (2008), *A TV do real – a televisão e o espaço público,* Minerva, Coimbra.

LOWE, Gregory Ferell e HUJANEN, Taisto (2003), *Broadcasting&Convergence: New Articulations of the Public Service Remit,* Nordicom, Gotemburgo.

LOWE, Gregory Ferell e BARDOEL, Jo (2007), *From Public Service Broadcasting to Public Service Media,* Nordicom, Gotemburgo.

LUCAS, José Luís e MARTINS, Silvério (1994), *TVI,* Divisão de Investigação da AESE, Lisboa.

MACDONALD, Barrie (1994), *Broadcasting in the United Kingdom,* Mansell, Londres.

MACHADO, Jónatas (2002), *Liberdade de Expressão,* Coimbra Editora, Coimbra.

MACHADO, Santiago Muñoz (1998), *Servicio Público y Mercado – III La Televisión,* Civitas, Madrid.

MACHADO, Santiago Muñoz (ed.) (2007), *Derecho Europeo del Audiovisual – Actas del Congresso organizado por la Asociación Europea del Derecho del Audiovisual, Tomos I e II,* Escuela Libre Editorial, Madrid

MACHET, Emanuelle e Robillard, Serge (1998), *Télévision et Culture – Politiques et réglementations en Europe,* Institut Européen de la Communication e Ministère de la Communauté française, Dusseldorf.

MACHET, Emanuelle, PERTZINIDOU, Eleftheria e WARD, David (2002), *A Comparative Analysis of Television Programming Regulation in Seven European Countries: A Benchmark Study,* The European Institute for the Media, Dusseldorf.

MAGNAN, Valérie (2001), *Transitions démocratiques et télévision de service public – Espagne, Grèce et Portugal 1974-1992,* L'Harmattan, Paris.

MAIA, Matos (1995), *Telefonia,* Círculo de Leitores, Lisboa.

MARIET, François (1992), *La Télévision Américaine,* Economica, Paris.

MARÍN, Carmen Chinchilla (1988), *La Radio-television como Servicio Público esencial,* Tecnos, Madrid.

MARQUES, Pedro Maia Garcia (2000), *O serviço público de televisão,* Revista Direito e Justiça, Faculdade de Direito da Universidade Católica Portuguesa, vol. XIV, Tomo 2, Lisboa.

MARTIN-LALANDE, Patrice (2003), *Réformer la redevance, pour assurer le financement de l'audiovisuel public,* Assemblée Nationale, Paris.

MARTINS, Luís Oliveira (2006), *Mercados Televisivos Europeus – Causas e efeitos das novas formas de organização empresarial,* Porto Editora, Porto.

MATEO, Rosario de e CAMPOS, Francisco (1997), *Comunicación Rexional en Europa,* Lea, Santiago de Compostela.

MATTELART, Armand e PIEMME, Jean-Marie (1980), *Télévision: enjeux sans frontières,* Presses Universitaires de Grenoble, Grenoble.

MATTOS, Sérgio (2000), *A Televisão no Brasil: 50 anos de história (1950-2000)*, Ianamá, Salvador.

MCKINSEY (1995), *Programa de Mudança*, Lisboa.

MCKINSEY (1998), "*Definir a orientação estratégica e organizativa da RTP no contexto de uma visão de futuro do sector da Televisão Multimédia em Portugal*", Lisboa.

MCKINSEY&Company (1999), *Public Service Broadcasters around the world*, edição dos autores.

MCQUAIL, Denis e SIUNE, Karen (1998), *Media Policy*, Sage, Londres

MEHL, Dominique (1992), *La Fenêtre et le Miroir*, Payot, Paris

MESQUITA, Mário (1987), *Sistema Industrial Estratégico – Comunicação / Indústria dos Media*, edição policopiada, Lisboa.

MEYER-HEINE, Anne (1996), *Le Droit Européen des Émissions de Télévision*, Ceric e Economica, Marselha e Paris.

MINISTÉRIO DA EDUCAÇÃO (2008), *Quatro décadas de educação (1962-2005)*, Secretaria-Geral, Lisboa.

MIQUEL, Pierre (1984), *Histoire de la Radio et de la Télévision*, Perrin, Paris.

MIRANDA, Jorge (1990), *Televisão e confissões religiosas – Dois pareceres*, Revista "O Direito", Ano 122.º, Lisboa.

MIRANDA, Jorge (1993), *Serviço Público de Televisão e Regiões Autónomas*, Separata da revista "O Direito", Ano 125.º, Lisboa.

MITCHELL, Jeremy e BLUMLER, Jay G. ed.(1992), *Television and the Viewer Interest*, John Libey, Londres.

MITCHELL, Jeremy e BLUMLER; Jay G. (1994), *Television and the Public Interest*, John Libbey, Londres.

MOEGLIN, Pierre e TREMBLAY, Gaetan (2005), *L' avenir de la télévision généraliste*, L' Harmattan, Paris.

MOLSKY, Norman (1999), *European Public Broadcasting in the Digital Area*, FT Media, Londres.

MONTALBÁN, Manuel Vásquez (2000), *Historia y Comunicación Social*, Mondadori, Barcelona.

MORAGAS, Miquel e GARITAONANDIA, Carmelo ed. (1995), *Decentralization in the Global Era*, John Libbey, Londres.

MORAGAS, Miquel de e PRADO, Emili (2000), *La Televisió Pública a l'era digital*, Portic, Barcelona.

MOREIRA, Vital (1994), *O direito de resposta na comunicação social*, Coimbra Editora, Coimbra.

MOREIRA, Vital (2002), *As entidades administrativas independentes e o Provedor de Justiça*, in "O Cidadão, o Provedor de Justiça e as Entidades Administrativas Independentes, Provedor de Justiça, Lisboa.

MOREIRA, Vital e MAÇÃS, Fernanda (2003), *Autoridades Reguladoras Independentes, Estudo e Projecto de Lei-Quadro*, Coimbra Editora, Coimbra.

Musso, Pierre e Pineau, Guy (1990), *L'Italie et sa télévision*, INA e Champ Vallon, Paris.

Negroponte, Nicholas (1995), *Ser digital*, Caminho, Lisboa.

Neves, Artur Castro (2003), *A Indústria de Conteúdos – uma visão estratégica*, Gabinete de Estudos e Prospectiva Económica do Ministério da Economia, Lisboa.

Nevoltry, Florence e Delcros, Bertrand (1989), *Le Conseil Supérieur de l'Audiovisuel*, Victoires, Paris.

Nissen, Christian (dir) (2006), *Faire la Différence – La radiodiffusion de service public dans le paysage audiovisuel européen*, John Libbey Publishing, Londres.

Nobre-Correia, J M (1996), *A Cidade dos Media*, Campo dos Media, Lisboa.

Obercom (2001), *Anuário Comunicação*, Obercom, Lisboa.

Obercom (2002), *Televisão, qualidade e serviço público*, Obercom, Lisboa.

OBSERVATOIRE EUROPÉEN DE L'AUDIOVISUEL (2000), *Systèmes de radio et télévision en Europe*, Conselho da Europa, Strasbourg.

OBSERVATOIRE EUROPÉEN DE L'AUDIOVISUEL (2001), *Guide Juridique de l'Audiovisuel en Europe*, Conselho da Europa, Strasbourg.

Ojalvo, Andrée (1988), *La Grande Bretagne et sa Télévision*, INA e Champ Vallon, Paris.

Olivesi, Stéphane (1998), *Histoire Politique de la télévision*, L'Harmattan, Paris.

Ordóñez, Rafael Camacho (2004), *La financiación del servicio público de televisión en España*, Tomos 1 e 2, Tese de Doutoramento para a Universidade de Sevilha.

Oreja, Marcelino e outros (1998), *L'Ère Numérique et la Politique Audiovisuelle Européenne*, Comissão Europeia, Bruxelas.

Palacio, Manuel (2001), *Historia de la televisión en España*, Gedisa Editorial, Barcelona.

Paniagua, Enrique e Beltrán, José Maria Vidal (2003), *Derecho Audiovisual*, Colex, Madrid.

Papathanassopoulos, Stylianos (2002), *European Television in the digital age*, Polity Press, Cambridge.

Paracuellos, Jean-Charles (1993), *La Télévision – Clefs d'une Économie Invisible*, La Documentation Française, Paris.

Peacock Committee (1986), *Report of the Committee on Financing the BBC*, Cmnd 9824, HMSO, Londres.

Pertzinidou, Eleftheria (2001), *Study on the Provisions existing within the Member States to implement the Chapter III of the Television without frontiers directive*, The European Institue for the Media, Dusseldorf.

Picard, Robert, *Why should I pay the licence fee?*, texto policopiado.

Pinto, Manuel (1995), *A Televisão no Quotidiano das Crianças*, Universidade do Minho, Braga.

Pinto, Manuel (coord.) (2000), *A Comunicação e os Media em Portugal*, Universidade do Minho, Braga.

PINTO, Manuel (2002), *Televisão, Família e Escola*, Ed. Presença, Lisboa.

PINTO, Manuel (coord.) (2005), *Televisão e Cidadania – Contributos para o debate sobre o serviço público*, Campo das Letras, Porto.

PINTO, Manuel e MARINHO, Sandra (org.) (2008), *Os media em Portugal nos primeiros cinco anos do século XXI*, Universidade do Minho e Campo das Letras, Porto.

PONTE, Cristina (1998), *Televisão para Crianças*, Escola Superior de Educação João de Deus, Lisboa.

PRICE, M. E. e RABOY, Marc (ed) (2001), *Public Service Broadcasting in Transition: A Documentary Reader*, European Institute for the Media, Dusseldorf.

RABAÇA, Clara (2002), *O Regime Jurídico-Administrativo da Concentração dos Meios de Comunicação Social em Portugal*, Almedina, Coimbra.

RABOY, Marc e outros (1995), *Public Broadcasting for the 21 st Century*, University of Luton Press, Luton.

RDP, Radiodifusão Portuguesa (1986), *60 anos de rádio em Portugal*, Vega, Lisboa.

REBELO, José (1993), *No primeiro aniversário da televisão privada em Portugal*, Análise Social, vol. XXVIII (122), 653-677.

REBELO, Maria da Glória Carvalho (1999), *A responsabilidade civil pela informação transmitida pela televisão*, Lex, Lisboa.

REDING, Viviane (2006), *The Role of public service broadcasters in a vibrant and pluralist digital media landscape"*, Conferência promovida pela UER-MTV, Budapeste.

REGOURD, Serge (1992), *La Télévision des Européens*, La Documentation Française, Paris.

REGOURD, Serge (2001), *Droit de la Communication Audiovisuelle*, Presses Universitaires de France, Paris.

RELATÓRIO DA COMISSÃO INTERMINISTERIAL PARA O AUDIOVISUAL (1997), ed. policopiada, Lisboa.

RIBEIRO, Luísa Coelho (2007), *A televisão paga: dinâmicas de mercado em Portugal e na Europa*, Media XXI, Lisboa.

RIBEIRO, Nelson (2005), *A Emissora Nacional nos Primeiros Anos do Estado Novo 1933-1945*, Quimera Ed., Lisboa.

RICHERI, Giuseppe e outros (1983), *La Televisión: entre Servicio Público y negocio*, G. Gili, Barcelona.

RICHERI, Giuseppe (1993), *La TV che conta*, Baskerville, Bolonha.

RIVA, Pedro Orive (1990), *Europa: guerra audiovisual*, Eudema, Madrid.

ROBILLARD, Serge (1995), *Television in Europe: Regulatory Bodies*, John Libbey, Londres.

ROQUE, Ana (2002a), *Comunicação Social – Uma experiência de Regulação*, UAL, Lisboa.

ROQUE, Ana (2002b), *Contributo para a história da Alta Autoridade para a Comunicação Social*, UAL, Lisboa.

ROSSINELLI, Michel (1991), *La Liberté de la Radio-Télévision en Droit Comparé*, Publisud, Suíça.

ROSTAN, Blaise (1982), *Le Service Public de Radio et Télévision*, René Thonney-Dupraz, Lausanne.

RTI (1978), *Dossier R.T.I.*, Edição RTI, Lisboa.

RUSHTON, Dave (1993), *Citizen Television*, John Libbey, Londres.

SALDAÑA, Mercedes Muñoz (2006), *El futuro jurídico de la televisión desde una perpectiva europea*, Marcial Pons, Madrid.

SÁNCHEZ, Juan Luis Manfredi (2008), *La televisión pública en Europa*, Ediciones y Publicaciones Autor, Madrid.

SANTANA, Isabel Fernández Fernanda (2000), *Estado y Medios de Comunicación en la España Democrática*, Alianza, Madrid.

SANTOS, João de Almeida (2000), *Homo Zappiens*, Notícias, Lisboa.

SANTOS, Rogério (1998), *Os Novos Media e o Espaço Público*, Gradiva, Lisboa.

SANTOS, Rogério (2005), *As vozes da rádio 1924-1939*, Caminho, Lisboa.

SARTORI, Giovanni (1997), *Homo Videns*, Terramar, Lisboa.

SILVA, Augusto Santos (2007), *A hetero-regulação dos meios de comunicação social*, Comunicação e Sociedade n.º 11, 2007, p. 15-27, ed. Universidade do Minho e Campo das Letras.

SIMANGO, Américo (2000), *A Alta Autoridade para a Comunicação Social, Direito e Justiça*, Revista da Faculdade de Direito da Universidade Católica Portuguesa, vol XIV, Tomo 1, Lisboa.

SINCLAIR, John (2000), *Televisión: comunicación global y regionalización*, Gedisa editorial, Barcelona.

SIUNE, Karen e TRUETZSCHLER, Wolfgang (1994), *Dynamics of Media Politics*, Sage, Londres.

SOUCHON, Michel (1995), *Qu'est-ce qu'une audience "significative" pour une télévision de service public*, Les Cahiers de L'Audiovisuel n.º 5, Setembro de 1995, Paris.

SOUSA, Helena (1996), *Communications Policy in Portugal and its links with the European Union*, ed. policopiada da School of Social Sciences, City University, Londres, 1996.

SOUSA, Helena (2000), *Políticas da comunicação: reformas e continuidades*, in *A Comunicação e os Media em Portugal (1995-1999)*,coord. Manuel Pinto, Dep. Ciências da Comunicação da Universidade do Minho, Braga.

TEIXEIRA, António Braz (1985), *Princípios de Direito Fiscal*, Coimbra.

TEVES, Vasco Hogan (1998), *História da Televisão em Portugal 1955/1979*, TV Guia, Lisboa.

TEVES, Vasco Hogan (2007), *RTP: 50 anos de história*, RTP, Lisboa.

THOMAS, Ruth (1978), *Radiotelevisión y democracia en Francia*, Ediciones Universidad de Navarra, Pamplona.

TOMASZEWSKI, Rémi (org.) (2001), *Les politiques audiovisuelles en France*, La Documentation Française, Paris.

TORRES, Eduardo Cintra (1998), *Ler Televisão*, Celta, Lisboa.

TRACEY, Michael (1998), *The Decline and Fall of Public Service Broadcasting*, Oxford University Press, Nova Iorque.

TRAQUINA, Nelson (1995), *A programação televisiva na nova era da concorrência*, Revista Comunicação e Linguagens n.º 20, Lisboa.

TRAQUINA, Nelson (1997), *Big Show Media*, Notícias, Lisboa.

TRAQUINA, Nelson (1998), *Western European Broacasting, Deregulation and Public Television: The Portuguese Experience*, Association for Education in Journalism and Mass Communication, University of South Caroline, Columbia.

TRUDEL, Pierre e FRANCE, Abran (1991), *Droit de la Radio et de la Télévision*, Les Editions Themis, Montréal.

UNESCO (2001), *A radiotelevisão pública. Porquê? Como?*, Paris.

VASCONCELOS, António-Pedro (1996), *O cabo e o audiovisual, III- Análise do mercado português (caracterização, perspectivas e recomendações)*, Estudo realizado para a Portugal Telecom, 2.ª versão corrigida e completada, Lisboa.

VASCONCELOS, António-Pedro (2003), *Serviço público, interesses privados*, Oficina do Livro, Lisboa.

VAN BOL, Jean-Marie (1979), *Les politiques de la communication en Belgique*, Textes et documents, Ministère des Affaires Etrangères, du Commerce Extérieur et de la Coopération au Développement, Bruxelas.

VILLANUEVA, Ernesto (1997), *Régimen Juridico de la Televisión privada en Europa e Iberoamérica*, Fragua, Madrid.

WIETEN, Jan, MURDOCK, Graham e DAHLGREN, Peter (2000), *Television across Europe – a comparative introduction*, Sage, Londres.

WOLDT, Runar e outros (1998), *Perspectives of Public Service Television in Europe*, The European Institute for the Media, Dusseldorf.

WOLTON, Dominique (1994), *Elogio do Grande Público*, Asa, Lisboa.

WOLTON, Dominique (1999), *E depois da Internet*, Difel, Lisboa.

Publicações consultadas on line

ACT, ERA e EPC (2004), *Safeguarding the Future of the European Audiovisual Market – A White Paper on the Financing and Regulation of Publicly Funded Broadcasters*.

ANALYSYS (2005), *Public policy treatment of digital terrestrial television (DTT) in communications markets*, Madrid.

ASSOCIATION DES CHAÎNES CONVENTIONNÉES ÉDITRICES DE SERVICES (2008), *Guide des chaînes numériques*, Paris.

BBC (2004), *Building Public Value*, Londres

BRAUMANN, Pedro Jorge (2002), *Economia da Informação e da Comunicação: análise do quadro evolutivo e algumas tendências*, Departamento de Historia de la Comunicación Social da Universidade Complutense de Madrid.

BRAUMANN, Pedro Jorge (2007), *A televisão na era digital: novos desafios*, Actas do 5.º Congresso da SOPCOM, Braga.

BUSTAMANTE, Enrique (2008), *La televisión digital terrestre en España. Por un sistema televisivo de futuro acorde con una democracia de calidad*, Fundación Alternativas, Madrid.

CMVM (2007), *Código de Governo das Sociedades*, Lisboa.

CMVM (2007), *Consolidação de Fontes Normativas e do Código de Governo das Sociedades*, Lisboa.

COMISSÃO DAS COMUNIDADES EUROPEIAS (2008), *Quadro jurídico para as redes e serviços de televisão móvel: Melhores práticas em matéria de autorização – O modelo da União Europeia*, COM(2008) 845 final, Bruxelas.

COMISSION POUR LA NOUVELLE TÉLÉVISION PUBLIQUE (2008), *Rapport*, Paris.

CONSEJO PARA LA REFORMA DE LOS MEDIOS DE COMUNICACIÓN DE TITULARIDAD DEL ESTADO (2005), *Informe para la reforma de los medios de comunicación de titularidad del Estado*, Madrid.

CSA (2008), *Contribution du CSA pour l'établissement d'un schéma national d'arrêt de la diffusion analogique et de basculement vers le numérique*, Paris.

DENICOLI, Sérgio e SOUSA, Helena (2007), *Os bastidores da TV digital terrestre em Portugal: actores políticos e económicos*, Actas do 5.º Congresso da SOPCOM, Braga.

DCMS (2006), *A public service for all: the BBC in the digital age*, Department for Culture, Meida and Sport.

DIGITAG (2007), *Television on handheld receiver*.

DIGITAG e EBU-UER (2008), *Télévision mobile en Europe*.

DIGITAL TERRESTRIAL TELEVISION ACTION GROUP (2003), *The Positioning of Digital Terrestrial Television in Selected European Markets*, UER, Suiça.

EBU-UER (2006), *L'audiovisuel public à l'ère du numérique – comment rester au service de tous les publics*, Rapport du Groupe de Stratégie Numérique de l'UER, Genève.

EBU-UER (2007), *Broadcasters and the Internet*, Genève.

EBU-UER (2008), volumes 1, 2 e 3, Genève.

ENTER (2005), *La Televisión Digital Terrestre: tendencies y perspectives de desarrollo en España*, Madrid.

ERC (2008), *Relatório sobre o pluralismo político-partidário na RTP*, Lisboa.

ESTRADA, Anna (2007), La supervision del pluralismo informativo en la rádio y la televisión en Europa, Cuadernos del CAC.

EUROPEAN INSTITUTE FOR THE MEDIA (2001), *Public Service Broadcasting in Transition: a documentary reader,* European Union e Press and Information Office of the Federal Government.

FONTAINE, Gilles (2002), *Missions, organization et financement du service public de la radiodiffusion,* IDATE e Conselho da Europa.

FOSTER, R (2007), *Future Broadcasting Regulation,* Department for Culture, Media and Sport , Londres.

GAMBARO, Marco (2004), *The evolution of public service television, methods of financing and implications for the consumer,* working paper n.º 02.2004 – Marzo, Dipartamento di Economia Politiv«ca e Azendiale, Universitá degli Studi di Milano.

HALL, Suzanne et altri (2008), *The audiences view on the future of the Public Service Broadcasting – Final Report,* Ipsos Mori, Londres.

HOUSE OF LORDS (2005), *The Review of the BBC's Royal Charter, Vol. I, Report,* Londres.

ICS e ICP-ANACOM (2002), *Relatório Convergência e Regulação,* Lisboa.

IMCA (2008), *Présence et stratégie des médias de service public sur les services numériques, DDM,* Paris.

IMPULSA TDT (2008), *Anuario TDT 2007,* Madrid.

JAKUBOWICZ, Karol (2006), *Public service broadcasting: a new beginning, or the beginning of the end?* Knowledge Politics, Londres.

LEIVA, Maria Trinidad Garcia (2006), *La introducción de la TDT en España en el contexto de la política europea para la transición digital en televisión,* Revista de Economia Política de la Información y Comunicación, Vol. VIII, n.º 1

MONTPLAISIR, Daniel (2005), *Télévision numérique et mobilité,* Rapport établi à la demande du Premier Ministre, Paris.

NISSEN, Christian (2006), *Les médias de service public dans la societé de l'information,* Division Médias, Direction Générale des droits de l'homme, Conseil de l'Europe.

OBERCOM (2008), *Perspectivas de implementação da televisão digital em Portugal – caracterização do acesso TV 2008,* Lisboa.

OBERCOM (2008), *Flash Report,* Lisboa.

OFCOM (2004), *Review of Public Service Broadcasting, Phase 1,* Londres.

OFCOM (2006), *Digital PSB,* Londres.

OFCOM (2007), *A new approach to public service content in the digital media age – the potential role of the Public Service Publisher,* Londres.

OFCOM (2007), *The International Communications Market,* Londres.

OFCOM (2007), *The Future of Digital Terrestrial Television – enabling new services for viewers.,* Londres.

OFCOM (2008), *Ofcom's Second Public Service Broadcasting Review – Phase 2: preparing for the digital future,* Londres.

OFCOM (2008), *PSB Review 2008 Research Findings,* Londres.

OFCOM (2008), *Public Service Broadcasting Review – Phase 1*, Londres.

OFCOM (2008), *The Communications Market – Digital Progress Report*, Londres.

OFCOM (2008), *The International Communications Market 2008 – 4 Television*, Londres.

OFCOM (2008), *What is convergence*, Londres.

OLIVEIRA, José Manuel Paquete (2007), *Relatório do Provedor do Telespectador (2008)*, Lisboa.

OLIVEIRA, José Manuel Paquete (2008), *Relatório do Provedor do Telespectador (2007)*, Lisboa.

OPEN SOCIETY INSTITUTE (2005), *Television across Europe: regulation, policy and independence*, Monitoring Reports, Londres.

QUICO, Célia (2003), *Televisão Interactiva: o estado da arte em 2002 e linhas de evolução*", relatório para projecto de investigação "Validação e Desenvolvimento de um modelo de programas educativo baseado em Televisão Interactiva" (POCTI/COM/ 43208/2001).

QUICO, Célia (2004), "*Cross-Media em emergência em Portugal: o encontro entre a Televisão Digital Interactiva, as Comunicações Móveis e a Internet*", in AAVV *Televisão Interactiva: Conteúdos, Aplicações e Desafios*, Edição COFAC/ Universidade Lusófona de Humanidades e Tecnologias, Lisboa.

QUICO, Célia (2008), *Audiências dos 12 aos 18 anos no Contexto da Convergência dos Media: Emergência de uma Cultura Participativa?* Dissertação de doutoramento em Ciências da Comunicação, Universidade Nova de Lisboa.

QUIJADA, David Fernández (2007), *El Apagón Analógico...?y después qué? Estratégias de TDT en España*, Observatorio (OBS) Journal, 2 (2007), 065-079.

RODRIGUES, Avelino (2003), *Televisão e Serviço Público em Portugal – uma proposta estratégica*, ISCTE/ESCS, Lisboa.

ROEL, Marta (2008), *Audiovisual Digitalization in Spain and Italy – from Neo-Television to Post –Television*, Observatório (OBS*) Journal, 4 (2008), 095-112.

SOUSA, Helena e SILVA, Elsa Costa e (2003), *Os Caminhos Incertos da Convergência: o Caso da Portugal Telecom*".

SOUSA, Helena e SILVA, Elsa Costa e (2003), *Os Caminhos Incertos da Convergência: o Caso da Portugal Telecom*".

SOUSA, Helena e PINTO, Manuel (2004), *A Economia do Serviço Público de Televisão e a Retórica da Cidadania*, Comunicação apresentada na Secção de Economia Política da Conferência Científica da *International Association for Media Communication Research* (IAMCR), Porto Alegre.

TNO-ICT (2007), *Mobile TV*, European Parliament, Bruxelas.

UMTS Forum e GSMA (2008), *Sustainable Economics of Mobile TV Services – 2 nd White Paper*, Londres.

**Relatórios e estudos editados ou promovidos pela RTP,
por entidades reguladoras e outras organizações**

Relatórios e Contas da RTP de 1956 a 2007
Relatórios semestrais do Conselho de Comunicação Social
Relatórios anuais da Alta Autoridade para a Comunicação Social
Relatório da actividade desenvolvida – primeiro mandato (1990-1994) pela AACS
Relatórios de Actividades e Contas da ERC (2006 e 2007)
Relatórios de Regulação da ERC (2006 e 2007)
Relatórios do Provedor do Telespectador da RTP (2006 e 2007)
Relatórios do Tribunal de Contas relativos à RTP de 1998, 2002 e 2005
Relatório "Convergência e Regulação – Consulta Pública", ed. ICS e ANACOM, 2002.
Relatório "Novas Opções para o Audiovisual", Presidência do Conselho de Ministros, 2002.
Arquivo da Presidência do Conselho de Ministros
Arquivo do Instituto da Comunicação Social
Arquivo Oliveira Salazar, Torre do Tombo
Anuário do Obercom
Anuários estatísticos da EBU/UER
Anuários estatísticos do Observatório Europeu do Audiovisual
Anuários do sector das comunicações do ICP-ANACOM
Revista « Íris – observations juridiques de l'Observatoire Européen de l'Audiovisuel », 2004, 2005, 2006, 2007 e 2008
Revista Observatório (Obercom)

Índice Onomástico *

Abreu, Suzette 381
Alçada, António 250
Alegre, Manuel 74, 435
Alfaia, José 435
Almeida, Abel Gomes de 92
Alvarez, Clara 223, 439
Alves, Dinis 91
Alves, Vítor 434
Amaral, Augusto Ferreira do 435
Amaral, Joaquim Ferreira do 179
Amaral, Miguel Pais do 196
Amaral, João Bosco Mota 65, 173
Andrade, Luís 296, 438, 439
Araújo, Lima 436
Ascensão, Oliveira 279
Athayde, Luís 251, 433
Azevedo, Pinheiro de 73, 259, 268, 434
Balsemão, Francisco Pinto 64, 65, 69, 76, 77, 79, 86, 89, 92, 93, 103, 105, 175, 196, 201, 208, 435
Balsinha, Fernando 437, 438
Barata, Filipe Themudo 39, 65
Barbosa, Carlos 105
Barros, Luís de 434
Barroso, José Manuel Durão 199, 264, 388, 389, 435

Bau, José Manuel Graça 179, 186
Beiroco, Luís 89
Beleza, Maria dos Prazeres 267
Bello, Manuel 268, 289, 352, 433
Bettencourt, António 436
Bívar, Manuel 28, 32
Bom, João Carreira 292
Bom, Luís Todo 179
Borga, António 439
Borga, Cesário 439
Botelho, António 437
Braga, Sequeira 93
Branquinho, Agostinho 91
Brás, Costa 433, 436
Braumann, Pedro 103, 381
Brito, José Maria Brandão de 400, 433, 439
Brito, Carlos Sousa e 77, 354, 435
Brito, Maria Helena 267
Cabral, Alberto Vilaverde 436
Cabral, Francisco Sarsfield 437
Cádima, Francisco Rui 103, 381
Caeiro, Igrejas 293
Caetano, Marcelo 28, 29, 32, 37, 249, 251, 252, 255, 288, 332
Caetano, Salvador 73

---

* São apenas incluídos os nomes portugueses

Canotilho, Gomes 82
Cardeira, Fernando 436
Cardia, Mário Sottomayor 96
Carlos, Adelino da Palma 267, 434
Carlos, Manuel João Palma 290, 291, 296, 297, 348, 433, 438
Carneiro, Francisco Sá 65, 77, 79, 273, 435
Carvalho, Alberto Arons de 435
Carvalho, José Alberto 439
Carvalho, Nandin de 76
Carvalho, Proença de 103, 105, 106, 107, 272, 295, 297, 348, 433, 437
Castanheira, José Pedro, 77
Castro, Raul 101
Cerqueira, Adriano 414, 438
Coelho, Carlos Pinto 438
Coelho, Jorge 383, 435
Coelho, Vítor 297, 433, 438
Coissoró, Narana 97
Constâncio, Vítor 94
Correia, Cerqueira 292
Costa, Adelino Amaro da 72, 86
Costa, Guilherme 297, 433, 439
Costa, Nobre da 273, 435
Coutinho, João Pereira 198, 209
Coutinho, Nuno 296, 438
Crespo, Fernando Magalhães 81, 93
Cruz, Carlos 414, 436, 437
Cruz, Freitas 291, 296, 433
Cruz, Monsenhor Lopes da 252
Cunha, Correia da 65
Cunha, Ferreira da 434
Cunha, Macedo e 291, 296, 297, 348, 433, 437
Delerue, Nuno 358
Dionísio, Mário 436
Domingues, Maria Elisa 437, 439
Duarte, Ferreira, 433, 436
Duque, João 252, 433
Eanes, Ramalho 73, 90, 289, 433, 436

Esteves, João Grego 414, 438, 439
Falcão, Manuel 388
Fernandes, Jaime 439
Fernandes, José Manuel 388
Ferreira, Manuel 436
Ferreira, Palma 291, 292, 296, 297, 348, 433, 438
Ferreira, Rui Assis 381, 387
Ferro, António 253
Figueiredo, Duarte 437
Figueiredo, João 289, 433, 435
Fontoura, Luís 435
Fragoso, José 439
Franco, Sousa 284, 371, 372
Freire, Hélder 296, 438
Freitas, Costa 435
Furtado, Joaquim 296, 414, 439
Galhardo, Tavares 289, 291, 296, 297, 433, 436
Geraldes, Manuel 436
Gomes, António Sousa 268, 352
Gomes, Augusto 289, 433, 436
Gomes, João 435
Gonçalves, Maria Augusta 179
Gonçalves, Rolando Lalanda 173
Gonçalves, Vasco 434
Gonçalves, Vítor 197
Guerra, Álvaro 436
Guerra, Miller 65
Guterres, António 112, 190, 222, 266, 291, 364, 386, 388, 435
Horta, Basílio 101
Jardim, Alberto João 173
Jesuíno, Correia 256, 289, 434
José, Francisco 254
Júnior, Abílio Nunes dos Santos 34
Júnior, Marques 98
Junqueiro, Raul 94
Lacão, Jorge 90, 94
Lagoa, Vera 73
Lavrador, Rodolfo 372

Índice Onomástico

Leão, Jorge Ponce 391, 433
Leitão, Pedro Morais 200
Leite (Lumbrales), Costa 28
Leite, Reis 173
Lemos, Jorge 293
Lemos, Monteiro de 433
Lino, Roque 435
Lopes, Azeredo 388
Lopes, Fernando 381, 437
Lopes, Pedro Santana 435
Louro, João Soares 73, 93, 103, 272, 291, 296, 343, 359, 381, 433, 435, 437
Lucas, Adriano 105
Luz, Torquato da 438
Macedo, Carlos 98, 101
Machado, Bordalo 27
Machete, Rui 358
Magalhães, José 97
Marinho, Luís 439
Marques, Manuel Pedroso 270, 289, 291, 296, 297, 385, 433, 436
Marques, Silva 88, 293
Marques, Almerindo 289, 290, 291, 296, 297, 433, 439
Martins, Guilherme Oliveira 222, 372, 385, 386, 435
Matos, Pedro Norton de 198
Melo, Galvão de 73
Mendes, Luís Marques 92, 93, 358, 435
Mendonça, Camilo de 36, 251, 433
Mesquita, Mário 258, 259
Miranda, Alberto 387
Miranda, Jorge 82, 88
Moniz, Jorge Botelho 28, 33, 36, 251
Moniz, José Eduardo 296, 349, 414, 437, 438
Monteiro, Carlos Cáceres 388
Morais, João Tito de 292
Moreira, Vital 75, 82
Morgado, Manuela 291, 296, 297, 380, 433, 439

Mota, Magalhães 65, 284
Moura, Machado e 436
Moura, Vasco Graça 437
Nabeiro, Manuel Rui Azinhais 106
Nazaré, Luís 198
Niza, José 292, 437
Nogueira, Fernando 435
Nunes, João David 388
Nunes, José Manuel 385
Oliveira, Álvaro de 27
Oliveira, Amândio 435
Oliveira, Duarte João 381
Oliveira, Fialho de 296, 437, 438
Oliveira, Joaquim 190, 209
Oliveira, Lobo de 289, 436
Osório, Luís 388
Osório, Sanches 73, 434
Pacheco, Duarte 35
Parente, Costa 437
Pedro, Edmundo 74, 271, 272, 297, 433, 437
Pereira, Francisco Teotónio 223
Pereira, José Pacheco 102
Pereira, Torres 292
Pereira, Veiga 296, 436
Pina, Luís de 28, 29, 30, 36, 437
Pinho, Gomes de 293
Pintasilgo, Maria de Lurdes 273
Pinto, Maria José Nogueira 388
Pinto, Mota 90, 273, 292
Pinto, Paulo Mota 267
Pires, Pedro Salas 179
Quadros, Fausto 77
Ramos, Artur 381, 436
Ramos, Jaime 91
Rangel, Emídio 400, 414, 439
Rato, Afonso 438
Rego, Raul 434
Rego, Vítor da Cunha 272, 291, 295, 296, 297, 433, 437

Ribeiro, Coelho 289, 290, 291, 296, 297, 348, 433, 438
Ribeiro, D. António 76
Ribeiro, Teresa 381
Ricardo, Manuel 438
Robalo, Mário 77
Rocha, Manuel 438
Rodrigues, Anselmo 435
Rodrigues, Ferro 198
Rodrigues, Galveias 93
Rodrigues, Pedro Brandão 388
Rogeiro, Nuno 388
Roque, Manuel 433, 439
Rosa, Américo Leite 73
Rosa, Tomás 73, 74, 270, 289, 297, 433, 437
Rosa, Vitoriano 73
Roseta, Helena 96, 98
Roseta, Pedro 101
Saint-Maurice, Odette de 73
Salazar, Oliveira 288
Salema, Margarida 77
Sampaio, Jorge 264
Santos, Almeida 73, 94, 97, 275, 292, 387, 434, 435
Santos, António Carlos 387
Santos, Bargão dos 436
Santos, Couto dos 100, 104, 358, 435
Santos, Hernâni 437
Santos, José António 105
Santos, José Rodrigues dos 295, 296, 439
Santos, Nuno 439
Santos, Seixas 438
Sarmento, Morais 295, 390, 435
Serra, Bravo 267
Silva, Amado da 104

Silva, Augusto Santos 207, 390, 435
Silva, Botelho da 437
Silva, Cavaco 70, 79, 80, 81, 90, 92, 95, 107, 284, 290, 355, 357, 435
Silva, Conceição 433, 434, 436
Silva, Emílio da 289, 433
Silva, Fraústo da 69
Silva, Helena Vaz da 381, 388
Silva, João Carlos 196, 291, 296, 433, 439
Soares, Albino 104, 435
Soares, Mário 69, 93, 272, 286, 292, 344, 435
Sócrates, José 435
Sousa, Euclides de 179
Sousa, Marcelo Rebelo de 71, 77, 93, 258
Sousa, Trigo de 381
Spínola, António 77
Tavares, Carlos 199
Tavares, Francisco Sousa 88
Tavares, Miguel Sousa 388
Teves, Vasco Hogan 436
Tomé, Mário 287
Torres, Eduardo Cintra 388
Torres, Nuno Cintra 381
Traquina, Nelson 109, 110, 381
Uva, Emídio 438
Valadão, Ramiro 37, 252, 288, 433
Vara, Armando 222, 384, 385, 435
Vargas, Carlos 224
Vasconcelos, António-Pedro 359, 381
Veloso, Manuel Jorge 294, 436
Vicente, Isabel 386
Vieira, Joaquim 439
Vilar, António 93
Vilela, Stichini 28, 36, 251
Vitorino, Orlando 73

Índice

Introdução 7

PARTE I
As três fases do serviço público de televisão em Portugal

Título I – A ERA DO MONOPÓLIO 15

Capítulo I – As origens do monopólio do serviço público de televisão na Europa   15
1. A evolução tecnológica nas comunicações à distância: da radiotelegrafia à televisão 15
2. As razões do monopólio da rádio e da televisão na Europa 19
3. As diferentes experiências nacionais 24

Capítulo II – Portugal: A RTP. Um monopólio maioritariamente privado mas governamentalizado 26
1. Os estudos da Emissora Nacional 26
2. A opção por uma empresa de economia mista 31
3. A dependência do poder político 37

Título II – O FIM DO MONOPÓLIO E A ERA DA CONCORRÊNCIA 41

Capítulo I – As diferentes experiências europeias 41
1. As transformações nos monopólios televisivos 41
2. As origens do fim do monopólio do serviço público 45
3. O início da televisão comercial e as suas diversas experiências 58
4. O novo contexto televisivo e as diferentes respostas do serviço público ... 59

Capítulo II – O fim do monopólio televisivo em Portugal 64
1. As especificidades portuguesas 64
2. A origem do obstáculo constitucional 71
3. As primeiras tentativas de quebrar o monopólio 73
   3.1. A candidatura da RTI (Rádio e Televisão Independente) 73
   3.2. O projeto de Televisão da Igreja Católica 76

4. O processo de mudança: das novas tecnologias ao aparecimento dos grupos de media 82
5. A evolução da opinião dos partidos sobre o monopólio televisivo 86
6. O aguardado fim do monopólio da RTP na revisão constitucional de 1989 ... 96
7. O longo caminho até à selecção dos novos canais privados 99
8. A RTP face ao novo quadro concorrencial 107

Título III – A TRANSIÇÃO PARA A ERA DIGITAL 115

Capítulo I – O caminho europeu para a era digital 115
1. O novo contexto da televisão 115
2. As dimensões da era digital 117
    2.1. A dimensão técnica 117
    2.2. A dimensão económica 121
    2.3. A dimensão política 125
    2.4. A dimensão social 128
3. As diferentes plataformas de distribuição e a transição para o digital 133
    3.1. O cabo 133
    3.2. O satélite 135
    3.3. A Televisão Digital Terrestre 137
    3.4. A televisão móvel 143
    3.5. A *IPTV* 148
    3.6. A Internet 149
4. O serviço público na era digital 152
    4.1. As crises de influência e de legitimidade 152
    4.2. Os novos desafios do serviço público 157
    4.3. As instâncias europeias e o novo rumo do serviço público 163
    4.4. Da oferta multicanal aos novos serviços 166
    4.5. Do serviço público de radiodifusão ao serviço público de ... *media*. 168

Capítulo II – A era digital da televisão em Portugal 172
1. Um mercado escasso e condicionado – o contexto político e económico .. 172
2. As novas plataformas e o fim do oligopólio dos três operadores generalistas 178
    2.1. A televisão por cabo 178
    2.2. A televisão digital terrestre 190
        a) O malogrado lançamento de 2001 190
        b) O relançamento da Televisão Digital Terrestre (TDT) 200
    2.3 As restantes plataformas: da telefonia móvel à *webcasting* 211
3. A RTP no contexto digital 219

PARTE II
Os modelos de governação e de financiamento dos operadores de serviço público e a especificidade portuguesa

TÍTULO 1 – OS MODELOS DE GOVERNAÇÃO 229

CAPÍTULO I – Os modelos de governação e as experiências europeias 229
   1. Monopólio do Estado, monopólio do Governo? 229
   2. Em cada país, o seu modelo? 232
   3. A diversidade de modelos de governação 239
   4. À procura de um modelo de governação ideal 243

CAPÍTULO II – O modelo governamentalizado português 249
   1. O modelo de governação até 1974 e o papel complementar da censura prévia 249
   2. A continuação de um modelo governamentalizado a seguir ao 25 de Abril 255
      2.1. Os preceitos constitucionais sobre a independência da RTP 257
      2.2. A jurisprudência do Tribunal Constitucional 261
   3. Os diferentes estatutos da história da RTP a seguir a 1974 e as normas legais relativas à salvaguarda da independência da empresa 267
   4. A evolução do modelo de governação da RTP 280
   5. A formação de uma cadeia hierárquica de controlo político 288

TÍTULO II – OS MODELOS DE FINANCIAMENTO 299

CAPÍTULO I – Os modelos de financiamento e as experiências europeias 299
   1. As modalidades de financiamento 299
   2. O financiamento pela taxa 302
   3. A publicidade e as outras formas de financiamento 312
   4. O financiamento e a política europeia de livre concorrência 314
   5. O financiamento na era digital 321

CAPÍTULO II – As três épocas do modelo de financiamento português 331
   1. Monopólio e auto-sustentação (1957-1991) 331
      a) A adopção de um financiamento misto baseado nas receitas da taxa e da publicidade 331
      b) A expansão da RTP e o seu reflexo nas receitas 336
      c) O 25 de Abril e os primeiros sinais de crise financeira 341
      d) O início do recurso às subvenções públicas regulares 343
      e) A taxa e o seu fim: da burocracia à impopularidade 349
   2. A crise de financiamento (1991-2003) 360
      a) A inadequação do modelo de financiamento previsto no contrato de concessão de 1993 363

  b) O incumprimento do contrato de concessão de 1997 368
  c) A redução das receitas publicitárias 373
  d) O aumento dos custos do serviço público 375
  e) A ausência de medidas de saneamento financeiro e de reestruturação
    da empresa 378
 3. A definição de um novo modelo e a recuperação da empresa (2003-...) .. 388
  a) O novo modelo de financiamento de 2003 391

Conclusões 403

Anexos 429

Bibliografia e fontes 451

Índice Onomástico 469